Herausgegeben von Wilhelm Füger
James Joyces »*Portrait*«

»Das Wissenschaftliche Taschenbuch«
Abteilung Geisteswissenschaften

Immer deutlicher zeichnet sich auf dem Gebiet des englischen Romans James Joyce als der wohl bedeutendste Klassiker unseres Jahrhunderts ab. Entsprechend nimmt die internationale Joyce-Forschung Jahr für Jahr an Umfang und Bedeutung zu, so daß es mittlerweile selbst Experten schwerfällt, den kritischen Blick für das Wesentliche zu wahren. Im großen Chor dieser vielfältigen Stimmen spielt die deutsche Joyce-Kritik, die ihre pionierhafte Stellung aus den Tagen der frühen *Ulysses*-Rezeption längst verloren hat, eine vergleichsweise bescheidene Rolle. Insbesondere gilt dies für das Jugendwerk *A Portrait of the Artist as a Young Man,* das allzu lange gänzlich im Schatten der beiden großen Spätromane stand. Erst in den letzten zwei Jahrzehnten werden auch hierzulande Ansätze erkennbar, die sich um ein differenzierteres Bild dieses keineswegs unwichtigen Romanerstlings und seiner Vorstufe *Stephen Hero* bemühen. Die markantesten dieser Arbeiten mit einigen noch unveröffentlichten Studien gleicher Zielrichtung in einem vorläufigen Gesamtrahmen zusammenzufassen und einem breiteren Publikum bequem zugänglich zu machen, ist das Anliegen des vorliegenden Bandes. Er möchte allen Interessierten als Leitfaden und erste Hilfestellung für eine wissenschaftsorientierte Auseinandersetzung mit dem Werk selbst dienen. Nicht zuletzt versteht sich die Aufsatz-Sammlung auch als eine Art praktisches »case-book« für Lehr- und Studienzwecke, und entsprechend sind die angehängten Arbeitsmaterialien speziell auf die Bedürfnisse von Seminar-Übungen u. ä. zugeschnitten. –

Die Beiträger:

DR. JÖRG DREWS (geb. 1938 in Berlin) studierte Germanistik, Anglistik und Geschichte in Heidelberg, London und München und ist Feuilleton-Redakteur bei der *Süddeutschen Zeitung.*

DR. ROSEMARIE FRANKE (geb. 1937 in Remscheid) ist Assistenz-Professorin für Englische Philologie an der Freien Universität Berlin.

DR. WILHELM FÜGER (geb. 1936 in Bodenbach) ist Privatdozent für Englische Philologie an der Universität München.

DR. HANS WALTER GABLER (geb. 1938 in Saalfeld) ist Wissenschaftlicher Assistent am Englischen Seminar der Universität München.

PROF. DR. WALTER HÖLLERER (geb. 1922 in Sulzbach-Rosenberg) ist Inhaber des Lehrstuhls für Deutsche Sprache und Literatur an der Technischen Universität Berlin.

PROF. DR. LUDWIG W. KAHN (geb. 1910 in Berlin) ist Professor für Germanistik an der Columbia University in New York.

DR. ORTWIN KUHN (geb. 1938 in Seitendorf) studierte Anglistik, Germanistik und Altphilologie in München und ist z. Z. Habilitand an der Universität Regensburg.

FRÄNZI MAIERHÖFER (geb. 1927 in Nürnberg) studierte Philosophie, Germanistik, Anglistik und Geschichte in Regensburg, München und Würzburg und übt z. Zt. eine Lehrtätigkeit am Nürnberg-Kolleg aus.

Herausgegeben von WILHELM FÜGER

# James Joyces »Portrait«

Das *Jugendbildnis* im Lichte
neuerer deutscher Forschung

Mit Beiträgen von:
JÖRG DREWS, ROSEMARIE FRANKE,
WILHELM FÜGER, HANS WALTER GABLER,
WALTER HÖLLERER, LUDWIG W. KAHN,
ORTWIN KUHN, FRÄNZI MAIERHÖFER

»Das Wissenschaftliche Taschenbuch«
Abteilung Geisteswissenschaften

WILHELM GOLDMANN VERLAG MÜNCHEN

Alle Rechte, insbesondere das Recht der Vervielfältigung und Verbreitung sowie der Übersetzung, vorbehalten. Kein Teil des Werkes darf in irgendeiner Form (durch Fotokopie, Mikrofilm oder ein anderes Verfahren) ohne schriftliche Genehmigung des Verlages reproduziert werden.

© 1972 by Wilhelm Goldmann Verlag GmbH, München. Gesamtherstellung: Friedrich Pustet, Regensburg. Wi/Kö 70210, I. Printed in Germany.
ISBN 3-442-80015-3

# Inhalt

**Einleitung** .................................. 7
Anmerkungen .................................. 18

**Aufsätze** ................................... 19

HANS WALTER GABLER
**Zur Textgeschichte und Textkritik des »Portrait«** ........ 20
Anmerkungen .................................. 37

ROSEMARIE FRANKE
**Die Rezeption des »Portrait« im deutschen Sprachbereich:**
**Übersetzung, Verbreitung und Kritik** ............... 39
Übersetzungen und Übersetzungskritik .............. 39
Werkkritik .................................... 41
Rezeptionsstadien .............................. 44
Die *Portrait*-Kritik im Rahmen der Sage-Kritik ....... 54
Anmerkungen .................................. 57

WALTER HÖLLERER
**Die Epiphanie als Held des Romans** ................ 65
Anmerkungen .................................. 74

FRÄNZI MAIERHÖFER
**Die fledermausähnliche Seele des Stephen Dedalus** ....... 75
Stephen und sein Thomas von Aquin ................. 78
Stephen und die Kirche ........................... 82
Stephen und die Minne ........................... 86
Dämmerung .................................... 89
Anmerkungen .................................. 92

LUDWIG W. KAHN
**Der Künstler als Luzifer und Heiland** ............... 95
Anmerkungen .................................. 101

ORTWIN KUHN
**Zur Rolle des Nationalismus im Frühwerk von James Joyce** .... 102
Forschungsstand und Sachlage .................... 102
Der historische Hintergrund ..................... 111
Joyces kritisches Werk .......................... 131
Das Weihnachtsmahl im »Portrait« ................. 139

Davin . . . . . . . . . . . . . . . . . . . . . . . 148
Joyce und die Irische Literaturrenaissance . . . . . . . . . 157
Anmerkungen . . . . . . . . . . . . . . . . . . . . 160

WILHELM FÜGER
**Türsymbolik in Joyces »Portrait«** . . . . . . . . . . . . . 165
Bedrohung und Schutz, Herausforderung . . . . . . . . . 166
Verlockung und Gefahr, Distanzierung . . . . . . . . . . 169
Seelenkampf und Selbstfindung . . . . . . . . . . . . . 172
Entscheidung und Befreiung . . . . . . . . . . . . . . 175
Motivverkettung . . . . . . . . . . . . . . . . . . . 178
Zur Methode . . . . . . . . . . . . . . . . . . . . 182
Anmerkungen . . . . . . . . . . . . . . . . . . . . 184

JÖRG DREWS
**Enzyklopädisches Stichwort: Joyces »Portrait«** . . . . . . . . 187

**Arbeitsmaterialien** . . . . . . . . . . . . . . . . . . 191

**Themenvorschläge für Referate und Diskussionen** . . . . . . . 192

**Literatur** . . . . . . . . . . . . . . . . . . . . . . 195
1. Bibliographien . . . . . . . . . . . . . . . . . . 195
2. Textausgaben . . . . . . . . . . . . . . . . . . . 195
3. Manuskripte und Textkritik . . . . . . . . . . . . . 198
4. Übersetzungen von *A Portrait of the Artist as a Young Man* und *Stephen Hero* . . . . . . . . . . . . . . . . . 198
5. Dramatisierungen, Rundfunklesungen, Plattenaufnahme . . 202
6. Sekundärliteratur zu *Stephen Hero* und *A Portrait of the Artist as a Young Man* . . . . . . . . . . . . . . . . 202

**Personen- und Sachverzeichnis** . . . . . . . . . . . . . 226

# Einleitung

Kein englischer Autor unseres Jahrhunderts hat das Interesse der Literaturkritiker und -liebhaber stärker zu wecken vermocht als James Joyce, der neben Proust und Kafka wohl markanteste epische Gestalter des modernen Weltbewußtseins. Schon heute würde ein vollständiges Verzeichnis der Sekundärliteratur zu seinem Werk einen stattlichen Band füllen. Bereits drei Jahrzehnte nach dem Tode des Autors nähert sich die Joyce-Forschung damit einem Stand, wie er uns aus der Shakespeare-Philologie seit langem vertraut ist: Selbst dem Fachmann bereitet es zunehmend Mühe, in der ständig wachsenden Flut einschlägiger Publikationen die Überschau und den klaren Blick für das Wesentliche zu wahren. Dieser sich fortlaufend ausweitende und vertiefende Rezeptionsvorgang kann indes kaum verwundern, denn wenn man heute bereits eine Prognose über das Bleibende wagen darf, so hat es ganz den Anschein, daß Joyce noch vor T. S. Eliot die besten Aussichten hat, d e r englische Klassiker unseres Jahrhunderts zu werden.
Diese sich immer deutlicher abzeichnende Erkenntnis hat freilich auch dazu geführt, daß vereinzelt des Guten zuviel getan wurde. Geniekult und Deutungssucht haben gerade im Falle Joyce gelegentlich Blüten getrieben, deren wissenschaftlichen Wert man durchaus bezweifeln mag. Besonders die Amerikaner haben sich in solcher »Joyce industry« eifrig hervorgetan, so daß Arno Schmidt in seinem Radio-Essay zum 25. Todestag von James Joyce nicht zu Unrecht einen der Gesprächspartner die besorgte Frage aussprechen lassen konnte: »Man verlöre sich drüben bereits jetzt in Minutien & Adiaphora. Und vernachlässigte darüber Wichtigeres?« – und zwar als Reaktion auf die vorangehende Feststellung des A: »Wie denn die anglo-amerikanische JOYCE-Philologie auf dem besten Holzwege begriffen ist, sämtliche Lachhaftigkeiten unserer ähnlich hypertrophierten deutschen GOETHE-Forschung getreulich nachzubilden.«[1] Tatsächlich beschäftigten sich dort verschiedentlich nicht die schlechtesten Köpfe hartnäckig mit Bagatellen und kaum relevanten Spitzfindigkeiten oder verloren sich in fragwürdige Spekulationen. Ist es für das Verständnis des *Ulysses* z. B. wirklich unabdingbar, entlegenste Winkel zu durchstöbern, in Dubliner Häusern Toiletten zu inspizieren u. ä.? Müssen bereits in einem vergleichsweise naturalistisch angelegten Frühwerk wie *Dubliners* hinter jedem Detail vielschichtige Symboltiefen erschlossen werden, die oft mehr von der Gelehrsamkeit des Interpreten zeugen als von der wirklichen Absicht Joycescher Erzählkunst? Eine selbstkritische Distanz zum Stellen- und Aussagewert des eigenen

Tuns und der getroffenen Befunde könnte sich für manche Joyce-Fans zweifelsohne vorteilhaft auswirken.
Allen skurrilen Irrwegen und Hypertrophien zum Trotz bleibt indes weiterhin festzuhalten: In ihrer Gesamtheit hat die bisherige Joyce-Forschung ungleich mehr positive als negative Seiten aufzuweisen, und ihre generelle Zielrichtung grundlegender Werkerhellung ist prinzipiell zu begrüßen. Zumindest hat sie nämlich das eine erreicht, daß wir heute das komplexe und schwierige Gesamtwerk dieses esoterischen Autors sehr viel schärfer und profunder sehen und verstehen als noch vor wenigen Jahrzehnten. Noch 1953 konnte z. B. George Sampson in der 9. Auflage der *Concise Cambridge History of English Literature* lapidar schreiben, der *Ulysses* sei schlechthin »unlesbar« (unreadable; S. 972). Diesem apodiktischen Urteil wird mittlerweile niemand mehr ernsthaft zustimmen, und es ist nicht zuletzt das Verdienst der ständig wachsenden Joyce-Kritik, durch eine Vielzahl sorgsamer Einzelanalysen dieses Werk immer mehr zu einer wenn auch nicht gerade leichten, so doch für den aufgeschlossenen Leser einigermaßen gut verdaulichen Lektüre gemacht zu haben. Dieser fortschreitende Klärungsprozeß, der noch keineswegs abgeschlossen ist, dürfte das Buch auf die Dauer immer breiteren Leserkreisen zugänglich machen, und es ist unschwer vorherzusagen, daß sich ein ähnlicher Prozeß mit einer gewissen Zeitverschiebung auch für *Finnegans Wake* vollziehen wird – ein Werk, das vielen heute noch ebenso unzugänglich erscheint wie einst seinen ersten Lesern der *Ulysses*. Im Interesse einer solchen möglichst umfassenden Werkerhellung und einer daraus resultierenden wissenschaftlich fundierten Popularisierung einer der bedeutendsten dichterischen Leistungen der Moderne muß man demnach vorbehaltlos Arno Schmidt zustimmen, der in seinem bereits genannten Aufsatz (S. 291) u. a. forderte, alle noch erreichbaren Informationen über Joyce und sein Gesamtoeuvre möglichst rasch und vollständig zusammenzutragen. Das große Ziel einer immer besseren Zugänglichmachung dieses epochalen Werkkomplexes für immer breitere Leserkreise verleiht einer intensiven Joyce-Forschung somit weiterhin ihre Berechtigung wie ihr wissenschaftliches Ethos.
An der bisher geleisteten Arbeit in dieser Richtung hat naturgemäß die angelsächsische Forschung den Löwenanteil für sich zu verbuchen. Der deutsche Beitrag nimmt sich daneben relativ bescheiden aus und setzt – mit Ausnahme der Reaktion auf den *Ulysses* – vergleichsweise spät ein, wie jeder Blick auf eine Gesamtsekundärbibliographie bestätigt. Die bloße Zahl der Publikationen sagt über den qualitativen Aspekt dieser Kritik freilich wenig aus, und jeder Kenner der Materie wird gern bestätigen, daß es eine Reihe durchaus beachtenswerter Arbeiten aus deutscher Feder zum Werk des

irischen Dichters gibt, die im Falle des *Ulysses* sogar die Rezeption dieses Werks in dessen eigenem Sprachraum nicht unerheblich gefördert und beeinflußt haben[2]. Nach einer längeren Pause scheint der Anschluß an diese große Tradition durch Kreutzers *Ulysses*-Studie von 1969 wieder gewonnen zu sein[3], doch konzentrieren sich gewichtigere Arbeiten dieser Art noch immer vorwiegend auf die großen Spätromane und berücksichtigen nur vereinzelt oder am Rande das nicht minder interessante Jugendwerk von Joyce. Zwar ist es durchaus verständlich, daß sich die meisten Kritiker vom *Ulysses* mehr angezogen fühlen als etwa vom *Portrait,* das ja nicht zu Unrecht in gewissem Sinne als dessen noch weniger entwickelte Vorstufe bzw. Komplementärerzählung gilt. Dennoch ist das *Portrait* deswegen keinesfalls weniger wichtig oder gar unbedeutend, da seine genaue Kenntnis eine der entscheidenden Voraussetzungen für das volle Verständnis des *Ulysses*-Romans ist und bleibt. Zweifellos ist es nicht d a s Schlüsselwerk für das gesamte Joyce-Opus, als das es Robert S. Ryf 1962 darzustellen suchte, als er in einer Art fundamentaler »revaluation« schrieb:

Ich glaube, daß das *Portrait,* richtig verstanden, eine zentrale Stellung im Joyce-Kanon einnimmt. Es ist ein Kernwerk und kann mit Fug und Recht als ein Führer zu seinen übrigen Schriften betrachtet werden. Wenn wir das *Portrait* und dessen organische Beziehung zu den anderen Schriften verstehen, werden wir auch zu einem besseren Verständnis der anderen Schriften gelangen, und unser Gesamtverständnis für Joyce wird sich fühlbar verstärken.[4]

Hier wird diesem Jugendwerk wohl doch etwas zuviel Ehre angetan. Aber andererseits wird man auch der entgegengesetzten Ansicht nicht vorbehaltlos zustimmen können, die das *Portrait* als nur halb ausgegorenes Übungsstück für die späteren Romane abqualifizieren möchte. In diesem Sinne heißt es z. B. in dem genannten Radio-Essay von Arno Schmidt auf die Frage des B: »S i e mögen das Buch nicht?«:

A. (*nüchtern*): »Nein. Weil es, zum beträchtlichen Teil, ein retrograder Ausflug in eben jenes erwähnte Falsche-Feinsinnige war, der JOYCE mißraten *mußte:* die frühe Fassung, desselben Themas, der »HEROS STEPHEN«, deucht *mir* weit reicher; resoluter ...« B. (*ihm ins Wort fallend*): »... sagen Sie doch gleich ›keptischer, realistischer, NIKOLAI'itischer‹; dann hätten Wir's präziser. –« (S. 258)

Wenig später werden diese Bedenken genauer erläutert, im Zusammenhang mit kritischen Bemerkungen über die »Brüche« im »Odysseus«. Dabei geht es zunächst um die ersten drei *Ulysses*-Kapitel, die bekanntlich Stephens Entwicklung nach Abschluß des *Portrait* in vergleichbarer biographischer Perspektive fortsetzen. Über diesen als »Telemachie« bekannten Einleitungsteil heißt es dabei seitens des Berichterstatters (A):

»die, erfreulicherweise nur kurze Einleitung, ist unverkennbar noch ganz im Stil jenes, von den JOYCE-fans grotesk überschätzten »PORTRAIT«; das heißt: halb überanstrengter IBSEN; halb GÖRRES' »Christliche Mystik«; und zur dritten Hälfte unangenehmster D'ANNUNZIO »IL FUOCO«. – (*sachlich*): Vermutlich wird es sich sogar um echte Reste aus seiner schriftstellerischen Lehr- & Gesellenzeit handeln; um nachgesickertes Material, das JOYCE weit organischer in Band 1 mit dem »PORTRAIT« hätte zusammendrucken lassen sollen; anstatt es hier mühsam davorkünsteln und uns als »Telemachie« aufschwatzen zu wollen.« B. (*bereitwillig*): Das ist auch mir immer gezwungen erschienen, daß er eine, ursprünglich noch *einwandfrei anders* angelegte, *ja ausgeführte* Gestalt – DÄDALUS, den selbst-großen, sehr künstlichen Labyrinth-Erbauer: und es *gibt* doch eigentlich keinen schöneren Vergleich für einen literarischen Super-Architekten! – (*nüchtern-abfällig*): – daß er *Den* hier so einfach zu einem »Telemach« vorschuht – »*degradiert*«, müßte man eigentlich sagen. A.: Sicher; es stört. Ich beginne meist erst ab Seite 48 meines Exemplars zu lesen, wo Blum-Odysseus seinen 1 Dubliner Tag startet: [...]« (S 264 f.)

Hier wird das Frühwerk wohl zu stark vom Blickpunkt der – zweifellos gewichtigeren – Spätromane her gesehen und bewertet, als deren unentbehrliche Vorstufe es aber gerade von entscheidendem Interesse bleibt. Weder durch die Proklamation zum zentralen Schlüsselwerk noch durch rückblickende Bagatellisierung seiner künstlerischen Bedeutung läßt sich dem *Portrait* deshalb voll gerecht werden.

Die Wahrheit liegt auch hier wie so oft in der Mitte, will heißen: Das *Portrait* und seine Vorstufe *Stephen Hero* haben innerhalb der Gesamtskala von Joyces Schaffen einen ganz speziellen Rang und Stellenwert, den es für das rechte Verständnis dieser Werke sowohl wie des Gesamtœuvres objektiv zu erkennen und darzulegen gilt. Dem sehr viel bewußter konstruierten *Portrait* wird dabei notwendigerweise eine größere Bedeutung zukommen müssen als dem vergleichsweise noch rudimentären, gerade deshalb freilich als Kontrastfolie weiterhin interessanten Fragment *Stephen Hero*. Ohne seinen Wert zu überschätzen oder zu verabsolutieren, wird man bei genauer Analyse der zahllosen Querbezüge zu den großen Romanen feststellen müssen, daß eine fundierte Kenntnis dieses Buches für eine adäquate Würdigung von Joyces Lebenswerk unerläßlich ist. Denn wenn es schon zutrifft – um noch einmal Arno Schmidt zu zitieren –, daß Joyce »in keinem Sinne ein Privatbesitz mehr [ist]; wohl aber ein *Eigentum der Menschheit!*«, und wenn es deshalb gilt, »nun rasch, ehe die große Dämm'rung kommt, aber auch schon alles herauszusagen, was zu seinem Verständnis irgendwie noch beitragen könnte« (S. 291), dann ist nicht einzusehen, wieso gerade das *Portrait* von einer solchen umfassenden Bestandaufnahme ausgenommen bleiben sollte. Die angelsächsische Kritik hat dies seit längerer Zeit sehr wohl erkannt und sich ausgiebig diesem

Werk gewidmet, während man es hierzulande bisher doch ziemlich vernachlässigt und, wenn überhaupt, dann mehr am Rande mitbehandelt hat. Es gibt hier also deutscherseits einiges nachzuholen, denn zumindest bis Ende der vierziger Jahre hat man bei uns dem *Portrait* kaum spezielle Aufmerksamkeit geschenkt. Jedenfalls gibt es unter den älteren deutschen Joyce-Studien nichts, was etwa den bekannten *Ulysses*-Deutungen von E. R. Curtius (1929) oder Hermann Broch (1936) ebenbürtig wäre. Eine einzige, dazu noch unveröffentlichte Dissertation (L 252) beschäftigt sich in dieser Zeit u. a. etwas ausführlicher mit dem *Portrait;* eine sich ausschließlich diesem Werk widmende größere Einzelstudie gibt es – abgesehen von Wolfgang Wilhelms Zeitschriftenartikel 1942 (L 446) – vor Erzgräber (1965) nicht. Auch deutsche Übersetzungen des *Portrait* erreichen – abgesehen von der Erstausgabe der Goyert-Version (Basel 1926) – breitere Leserkreise erst nach dem zweiten Weltkrieg (vgl. Übersetzungsbibliographie S. 198 *post*). Der hieran ablesbare relativ schwache Publikumskontakt des Textes dürfte nicht zuletzt mitverantwortlich sein für die relativ geringe kritische Auseinandersetzung mit diesem Werk vor den fünfziger Jahren, wie letztere umgekehrt natürlich auch ersteren mitbedingt haben mag. Auch dieser Nachholbedarf läßt sich statistisch leicht belegen. Von den in unserer nachstehenden, auf Vollständigkeit bedachten Sekundärbibliographie angeführten 482 Titeln sind nur knapp zehn Prozent deutschsprachige Beiträge zum *Portrait* bzw. zu dessen Dramatisierungen; Arbeiten zu *Stephen Hero* sind dabei so gut wie nicht vertreten. Ein Blick auf deren Publikationszeit zeigt überdies, daß man sich dem Jugendbildnis praktisch erst im letzten Jahrzehnt stärker zugewandt hat. Immerhin gibt es inzwischen auch zu diesem Frühwerk einige eingehendere Untersuchungen, die vielleicht einen Ansatz zu einer etwas ausgewogeneren Akzentsetzung der deutschen Joyce-Forschung erkennen lassen.
Leider sind diese verstreuten Einzelbeiträge in der allgemeinen Joyce-Diskussion bislang wenig zur Geltung gekommen und selbst in Deutschland nur einem engeren Kreis von Fachanglisten zugänglich geworden, da sie meist nur einzelne Teilaspekte behandeln und sich räumlich wie zeitlich über eine Vielzahl von Zeitschriften bzw. Buchkapiteln verteilen. In ihrer Gesamtheit bieten sie aber eine durchaus repräsentative, dem neuesten Forschungsstand adäquate und in Einzelaspekten sogar neue Gesamtsicht des *Portrait,* die einem breiteren Lesepublikum einen brauchbaren Zugang zu diesem mit der Frankfurter Neu-Übersetzung von Klaus Reichert (1972) verstärkt in den Blickpunkt des Interesses tretenden Werk eröffnen könnte. Die Wahrnehmung dieser Sammelperspektive scheiterte bisher wohl nicht zuletzt an der etwas mühsamen Zugänglichkeit der entsprechenden Einzelstudien bzw. an ihrer man-

gelnden Einordnung in einen übergreifenden Rahmen. Diesem bedauerlichen Manko möchte der vorliegende Sammelband teilweise abhelfen, indem er einige wichtige, z. T. noch unveröffentlichte Beiträge der genannten Art systematisch zusammenfaßt und einem breiten Publikum mühelos zugänglich macht. Er versteht sich dabei gewissermaßen als ein deutsches Komplementärstück zu den bekannten und vielgelesenen »case-books« über das *Portrait,* wie sie sich in Amerika schon seit längerem für Informations- und Lehrzwecke bewährt haben, z. B. die Bände von Connolly (L 83), Feehan (L 127), Morris/Nault (L 299) oder Schutte (L 379). Hauptanliegen solcher Materialbereitstellung ist natürlich letztlich die Absicht, die kritische Eigenlektüre des Originals anzuregen und zu fördern. Günter Blöckers bittere Feststellung von 1957, Joyce sei von allen modernen Autoren »der am meisten zitierte und am wenigsten gelesene«[5], ist ja leider nicht ganz unbegründet, wenngleich das uns hier speziell interessierende *Portrait* neuerdings auch in Deutschland auf verstärktes Interesse zu stoßen scheint und sich sogar schon als Schullektüre durchgesetzt hat. Wenn unser »casebook« diesen Rezeptionsvorgang weiter fördern und in einem Teilbereich dazu beitragen könnte, daß der Befund Blöckers allmählich revidiert werden muß, hätte es sein Ziel mehr als erreicht. In diesem Sinne möchte es als erster Leitfaden für alle Interessierten verstanden sein, darüber hinaus als vielleicht nicht unwillkommene Hilfestellung für Studierende und Lehrende in Seminarübungen und Unterrichtssituationen, auf deren Bedürfnisse die angehängten Themenvorschläge für Referate und Diskussionen primär zugeschnitten sind. Für den »general reader« aber ist eine eingehendere Beschäftigung mit dem *Portrait* nicht zuletzt deshalb von Interesse, weil die sorgsame Lektüre dieses Buches – neben derjenigen von *Dubliners* – noch immer eine der besten Zugangsmöglichkeiten zum Verständnis der schwierigeren Joyceschen Spätwerke bildet. Denn noch immer gilt uneingeschränkt, was T. S. Eliot 1942 im Nachwort zu seiner Joyce-Auswahl gesagt hat:

Man versuche ... nicht, *Finnegans Wake* zu lesen, ehe man *Ulysses* gelesen hat, und den *Ulysses* nicht, ehe man richtig Freude am *Portrait* hat. Und zuallererst lese man die *Dubliner.* Es ist die einzige Möglichkeit, das Werk eines der größten Schriftsteller zu verstehen, eines der größten nicht nur unserer Zeit, sondern aller europäischen Literatur.[6]

Die Verfasser des vorliegenden Bandes hoffen, allen interessierten Lesern in einem bestimmten Stadium dieses zu durchlaufenden Verstehensprozesses einige Wegweiserdienste leisten zu können. Aus dieser Absicht heraus wurde versucht, die einzelnen Aufsätze so anzuordnen, daß sich dem Leser schrittweise die wichtigsten Aspekte des *Portrait* zumindest exemplarisch erschließen. Zwar ergibt sich dabei gewiß kein vollständiges oder gar endgültiges Bild dieses Werks, vielleicht aber so etwas wie eine erste Einführung und eine einigermaßen verläßliche und repräsentative Überschau über einige der Hauptannäherungsmöglichkeiten, deren weiteren Verzweigungen der Leser bei Interesse und Bedarf mit Hilfe der beigefügten Bibliographie dann weiter nachgehen kann. Nachdem aus verständlichen Gründen keine der Einzeldarstellungen auf die Verankerung ihrer Befunde in übergreifenden Ordnungen verzichten will, ergeben sich gelegentlich sachliche Überschneidungen bzw. Berührungspunkte, die freilich im Grunde gar nicht so unwillkommen sind, weil sie die zahlreichen Querverbindungen und inneren Verflechtungen verschiedener Textschichten dieses so komplex und vielschichtig gewebten Werkes mehrfach erkennen oder zumindest ahnen lassen. Nichtsdestoweniger steht im Mittelpunkt jeder Darstellung ein ganz bestimmter Einzelaspekt, nach dessen Relevanz und Stellenwert die folgenden Aufsätze ausgewählt und angeordnet wurden.

In diesem Sinne beginnt die Aufsatzreihe mit einer Untersuchung von H. W. Gabler, in der die Frage der reichlich komplexen Textüberlieferung des *Portrait* kritisch durchleuchtet wird – eine unabdingbare Voraussetzung für jede Interpretation, deren Befunde nicht dem Zufallsspiel beliebiger Textvarianten ausgesetzt bleiben wollen. Denn was für die Auseinandersetzung mit älteren Texten längst als selbstverständlich gilt, ist auch im Falle Joyce nicht ohne Bedeutung: Vor Beginn seiner eigentlichen Arbeit muß sich der ernsthafte Interpret zunächst einmal über die Zusammenhänge der Textgeschichte restlos im klaren sein. Es wird an diesem Beispiel damit zugleich deutlich, wie wichtig der textkritische Aspekt auch bei neueren Autoren sein kann, bei denen man die Bedeutung solcher Untersuchungen gemeinhin für weniger vordringlich hält als beispielsweise bei mittelalterlichen Werken. Auf der Basis der dabei gewonnenen Einsichten wurde auch der Bibliographie-Teil »Textausgaben« erstellt, und hieraus erklären sich u. a. gelegentliche Abweichungen von der bekannten Einteilung der Frühausgaben durch Slocum/Cahoon (B 1). – Der Beitrag von R. Franke ist ein überarbeiteter Auszug aus der Dissertation der Verfasserin (L 139). Er untersucht Übersetzung, Verbreitung und Kritik des *Portrait* im deutschen Sprachraum seit 1919. Damit läßt diese rezeptionsgeschichtliche Studie den allgemeinen Rahmen erkennen, innerhalb dessen sich hierzulande die Auseinandersetzung mit dem *Portrait* bis heute bewegt hat, und liefert zugleich eine Art entwicklungsgeschichtlichen Hintergrund für das vorliegende Unternehmen. – Als logisch nächstliegende Stufe einer systematischen Einführung hätte sich nun eine kritische Gesamtwürdigung des Werks angeboten, gleichsam als tragende Basis für die nachfolgenden Einzeluntersuchungen. Ursprünglich war deshalb für diese Stelle ein entsprechender Aufsatz von W. Erzgräber (L 119) vorgesehen, die z. Z. beste und umfassendste Gesamtinterpretation des *Portrait* im deutschen Sprachraum. Leider konnte diese wichtige Studie aus urheberrechtlichen Gründen nicht mitaufgenommen werden, was im Hinblick auf den Titel unseres Bandes eine schmerzliche Lücke bedeutet. Andererseits erschien es wenig sinnvoll, das von Erzgräber bereits gültig Gesagte mit anderen Worten noch einmal zu sagen. Der Leser sei deshalb nachdrücklich auf die zusätzliche Lektüre dieser unschwer zugänglichen Arbeit verwiesen, die eine organische Ergänzung zu vorliegendem Sammelband darstellt. Ein gewisser Ausgleich für diese Lücke ist vielleicht dadurch gegeben, daß der Beitrag von R. Franke themabedingt mit einiger Ausführlichkeit auf diese Interpretationsstudie eingeht.

Mit Walter Höllerers bekanntem Aufsatz über die Epiphanie als Held des Romans wird die Reihe der Untersuchungen eröffnet, die sich einem speziellen Einzelaspekt des Werkes widmen. Wenn dabei mit dem Epiphanie-Problem ein zentraler Aspekt Joycesehen Ausdruckswollens angesprochen wird, dessen Bedeutung weit über das *Portrait* hinausreicht, so ist dies insofern ein willkommener Vorteil, als auf diese Weise zugleich die innere Verkettung des *Portrait* mit dem Gesamtoeuvre des Autors sichtbar wird; der zweite (hier nicht abgedruckte, da primär auf *Ulysses* bezogene) Teil des Höllerer-Aufsatzes (L 206) kann als Ergänzung dazu mit Gewinn herangezogen werden. Darüber hinaus treten in diesem Zusammenhang auch aufschlußreiche Querverbindungen jenes Aussagetypus' zu anderen Werken der neueren europäischen Literatur in das Blickfeld. – Einer ebenfalls über den engeren Rahmen des Einzelwerks hinausgreifenden Perspektive bedient sich auch der Beitrag von F. Maierhöfer, dessen Erkenntnisinteresse sich gezielt auf die Gestalt und Entwicklung Stephens konzentriert. Hieraus ergeben sich wichtige Aufschlüsse über die Hauptfigur des *Portrait* sowie deren Rolle innerhalb dieses Romans. Umfang und Bedeutung autobiographischer Elemente kommen dabei ebenso zur Sprache wie Hintergründe und Funktion autortypischer Züge. Insbesondere aber werden Art und Wurzeln der in diesem Werk entwickelten ästhetischen Konzeption dargelegt, und zwar mit ständig vergleichendem Blick auf *Stephen Hero* und *Ulysses*. – Der Aufsatz von Ludwig W. Kahn, ein durch eine kurze Vorbemerkung ergänzter Auszug aus einer umfassenderen Studie über Literatur und Glaubenskrise (L 227), untersucht auf teilweise ähnlicher Basis, aber aus einem anderen Gesamtzusammenhang heraus einen zusätzlichen Sonderaspekt von Joyces Kunstauffassung: die Priesterrolle des Künstlers in ihrer generellen Implikation sowie ihrer besonderen Ausprägung im *Portrait*. – Die bisher nur sporadisch dargelegte Bedeutung irisch-nationalistischer Aspekte für die Gesamtaussage des *Portrait* versucht der Aufsatz von O. Kuhn an ausgewählten Einzelbeispielen sichtbar zu machen und durch Einbezug von Joyces *Critical Writings* auf eine umfassendere Basis zu stellen. Die vorangestellten Ausführungen über die für Joyces Aussageabsicht relevanten historischen Hintergründe wollen dem mit der irischen Geschichte weniger vertrauten Leser dabei eine Informationshilfe bieten. Die Funktion dieser teilweise latenten Bedeutungsschicht für das Werkganze soll von dieser Basis her explizit gemacht werden. – Mein eigener Beitrag will am Beispiel eines noch nicht detailliert untersuchten Symbolkreises dem Leser einen Eindruck vermitteln von der überaus reichen und komplexen Symbolik dieses Romans, um deren (noch keineswegs abgeschlossene) Erhellung sich bisher fast ausschließlich angelsächsische Interpreten bemüht haben. Als vorteilhafte Ergänzung könnte der Leser hierzu die instruktiven Abschnitte über das Labyrinth-Motiv heranziehen, die sich in der seit 1960 auch auf Deutsch vorliegenden Joyce-Studie von Jean Paris (L 330) finden. Auf weitere – analoge bzw. komplementäre – Untersuchungen zu Symbolik, Motivik, Assoziationsfeldern und sonstigen »inner correspondences« des *Portrait* wird im Text laufend verwiesen. – Auch die vielfältigen komparatistischen Ansatzpunkte für eine weitere Erhellung dieses so einbezugsreichen Romans sind von der Joyce-Kritik noch keineswegs vollständig erfaßt. Als Illustrationsbeispiel zu diesem Forschungszweig sollte der Band ursprünglich einen weiteren Aufsatz von mir enthalten, der sich mit den Beziehungen des *Portrait* zum Werk Nietzsches befaßt. Da diese Arbeit, die Ende 1972 in der Zeitschrift *arcadia* erscheinen wird, aus Copyright-Gründen ebenfalls nicht mehr aufgenommen werden konnte, muß der Leser auch hier vorerst auf den Zeitschriftenabdruck als nützliche Ergänzungslektüre verwiesen werden. – Den Abschluß des Aufsatzteils bildet ein leicht überarbeiteter Lexikon-Artikel über das *Portrait* von J. Drews. Er bietet einen kurzen, primär informatorisch gedachten Gesamtüberblick über das Werk und seine Entstehungsgeschichte, der als eine Art enzyklopädisches Stichwort speziell jenen Lesern als erklärende Grundlage dienen mag, die mit den entsprechenden Fakten noch nicht oder nur wenig vertraut sind; gegebenenfalls sollte dieser Abschnitt deshalb vielleicht zuerst gelesen werden.

Die angehängten Arbeitsmaterialien wollen all denen eine Hilfe bieten, die sich eingehender mit dem Werk befassen und dazu auf die bereits vorliegenden umfangreichen Ergebnisse der internationalen Joyce-Kritik zurückgreifen möchten. Die 50 Themenvorschläge für Referate und Diskussionen zielen dabei speziell auf praktische Lehr- und Studienzwecke für Seminar-Übungen u. ä. ab, können vielleicht aber auch als Anregung für den Schulunterricht bzw. als Denkanstoß für private Werkanalysen von Nutzen sein. Der nach verschiedenen Sachgruppen untergliederte Literaturnachweis stellt meines Wissens die umfassendste Spezialbibliographie zu *Stephen Hero* und *A Portrait of the Artist as a Young Man* dar, die bislang existiert. Sie wurde in Teil 6 (Sekundärliteratur) im wesentlichen auf der Basis der bekannten Standard-Bibliographien von Deming (B 2) und Beebe/Herring/Litz (B 3) erarbeitet und aus zusätzlichen Quellen (vor allem den *PMLA*-Jahresbibliographien sowie den laufenden Ergänzungslisten des *James Joyce Quarterly*) systematisch ergänzt. Letzteres gilt bis 1969 einschließlich; für die nachfolgenden Jahre habe ich mich um weitestmögliche Erfassung aller bekannt gewordenen Arbeiten bemüht, doch werden hier sicher noch Nachträge fällig sein. Um den »general reader« durch die Fülle der angeführten Titel nicht mehr zu verwirren als in seinem Verständnisbemühen zu unterstützen, sind diejenigen Werke, die sich am besten für eine erste Einarbeitung eignen, mit Asterisken gekennzeichnet. Der Nichtfachmann mag sich mit ihrer Lektüre begnügen. Nichtsdestoweniger erschien es für ein »case-book« der vorliegenden Art angebracht, möglichst alle vorhandenen Hilfsmittel restlos zu erfassen, um dem interessierten Leser zumindest die Möglichkeit zu bieten, in der wissenschaftlichen Auseinandersetzung mit dem Werk den Anschluß an den gegenwärtigen Forschungsstand zu finden. Insbesondere Teil 6 der Bibliographie strebt deshalb Vollständigkeit an, mit folgenden Ausnahmen: Nicht aufgenommen wurden beiläufige Erwähnungen, Routine-Besprechungen oder lediglich konstatierende Informationen in nicht primär auf Joyce ausgerichteten Studien, Literaturgeschichten, Lexika u. dgl. Verzichtet wurde ebenfalls auf die Angaben von Rezensionen von Sekundärwerken wie von Dramatisierungen des *Portrait*, über die sich der Leser im Bedarfsfalle leicht aus entsprechenden Verzeichnissen des *James Joyce Quarterly* informieren kann. Lediglich Besprechungen deutscher Bühnenaufführungen wurden vermerkt, um deren früherem oder künftigem Publikum die Möglichkeit zu geben, die Rezeption solcher Dramatisierungen in unserem Sprachraum genauer zu verfolgen. Aufgenommen sind hingegen alle bekannten Rezensionen des Primärtextes, insbesondere die aus früher Zeit, weil sich an ihnen in recht instruktiver Weise die allgemeine Rezeptionsgeschichte des Werks verfolgen läßt, die für ein angemessenes Gesamtbild nicht unwichtig erscheint. Ein vollständiges Verzeichnis aller vorliegenden Übersetzungen bzw. Teilübersetzungen von *Stephen Hero* und *A Portrait of the Artist as a Young Man* erschien angebracht, da es eine solche aufschlußreiche Zusammenstellung bislang noch nicht gab. Der Herausgeber hofft, durch dieses Gesamtmaterial auch dem forschenden Leser eine brauchbare Grundlage für weitergehende eigene Studien vermitteln zu können.

Im Hinblick auf den breiteren Leserkreis interessierter Laien wurden alle Zitate aus dem Original – sofern es nicht um speziell textkritische Belange geht – auf Deutsch wiedergegeben, und zwar nach der Neuversion von Klaus Reichert in der Frankfurter Ausgabe, die erheblich besser ist als die alte Goyert-Übersetzung, wenn auch keineswegs vollkommen. Außerdem wurden im Interesse der Einheitlichkeit alle Zitate aus der (zumeist angelsächsischen) Sekundärliteratur vom Herausgeber ins Deutsche übertragen. Die entsprechenden Originaltexte sind im Bedarfsfalle über die Bibliographie unschwer zu finden. –

Ein Wort aufrichtigen Dankes gebührt allen Beiträgern für ihre bereitwillige Mitarbeit sowie den in den Anmerkungen genannten Verlagen für die freundliche Erlaubnis zum Nachdruck einzelner Artikel bzw. Buchauszüge.

WILHELM FÜGER

## Anmerkungen

1 Arno Schmidt, *Der Triton mit dem Sonnenschirm. Großbritannische Gemütsergetzungen*, Karlsruhe 1969, S. 259.
2 Vgl. hierzu die Ausführungen über die *Ulysses*-Rezeption im deutschen Sprachraum in der Dissertation von Rosemarie Franke, *James Joyce und der deutsche Sprachbereich: Übersetzung, Verbreitung und Kritik in der Zeit von 1919–1967*, Berlin 1970.
3 Eberhard Kreutzer, *Sprache und Spiel im ›Ulysses‹ von James Joyce*, Bonn 1969. In seiner Rezension im *James Joyce Quarterly* 7/3 (Spring 1970), 269f., nennt Fritz Senn diese Studie ›... the first important book (in German) to deal with Joyce since the good old days of Ernst Robert Curtius‹. An der gleichen Stelle äußert er sich auch kritisch über die deutsche Joyce-Forschung der letzten Jahrzehnte, und seine Feststellung gilt für das *Portrait* eher noch mehr als für den *Ulysses*: ›So far German books on Joyce have either been just translations of some standard books or else meagre and sometimes biased sideviews‹ (S. 269).
4 Robert S. Ryf, *A New Approach to Joyce. The ›Portrait of the Artist‹ as a Guidebook*, Berkeley and Los Angeles 1962, S. 5 (Üb. v. Hg.).
5 Günter Blöcker, ›James Joyce‹, in: ders., *Die neuen Wirklichkeiten*, Berlin 1957, S. 66–85 (hier S. 66).
6 T.S. Eliot, *Introducing James Joyce: A Selection of Joyce's Prose by T.S. Eliot, with an Introduction*, London 1942; zitiert nach deutscher Ausgabe: James Joyce, *Ausgewählte Prosa*. Ausgewählt und eingeleitet von T.S. Eliot, Zürich 1951, auszugsweise nachgedruckt in: Jean Paris, *James Joyce in Selbstzeugnissen und Bilddokumenten*, Hamburg 1960, ⁶1969, S. 169f. (hier S. 170).

**Aufsätze**

Hans Walter Gabler

# Zur Textgeschichte und Textkritik des »Portrait«

## I

In den ersten zwölf Zeilen des Romans *A Portrait of the Artist as a Young Man* erfährt Stephen Dedalus als kleines Kind seine Umwelt zuerst in einem Märchen und in einem Lied. In das Märchen versetzt er sich hinein, und das Lied macht er zu seinem Lied: Die Verse »O, the wild rose blossoms/On the little green place« dichtet er um und verdichtet sie in seiner Sprache zu

»O, the green wothe botheth.«

So lesen wir in jedem gedruckten Text dies allerfrüheste lyrische Fragment des angehenden Dichters. James Joyce aber hat die Sprache des Kleinkinds genauer belauscht und phonetisch präziser wiedergegeben. In der autographen Reinschrift verzeichnet er die Zeile als

»O, the geen wothe botheth«

Keine Ausgabe des *Portrait* jedoch seit 1914 und bis zum heutigen Tage druckt sie in dieser Fassung. Diese niemals behobene Textverderbnis gleich auf der ersten Seite des Romans ist symptomatisch für den Zustand und die Problematik seiner gesamten textlichen Überlieferung.

Von *A Portrait of the Artist as a Young Man* existieren insgesamt vier autoritative Texte: ein eigenhändiges Manuskript, eine Reinschrift auf knapp 600 halbspaltig beschriebenen Heftseiten (sie wird heute in der National Library of Ireland in Dublin aufbewahrt), die zu einem ersten Abdruck führte in der Zeitschrift *The Egoist* (London), in 25 Fortsetzungen zwischen dem 2. Februar 1914 und dem 1. September 1915; die erste Buchausgabe vom Dezember 1916 bei B. W. Huebsch in New York, von der 750 Exemplare als importierte Druckbögen mit variantem Titelblatt und in eigenem Einband auch in London vom Verlag The Egoist Ltd. im Februar 1917 herausgebracht wurden; die zweite englische Ausgabe von 1918, ebenfalls bei The Egoist Ltd. erschienen, welche zugleich die erste in England hergestellte Buchausgabe ist; und schließlich die erste Auflage des Romans im Verlag von Jonathan Cape in London von 1924[1]. Der Abdruck in *The Egoist* geht über die Zwischenstufe einer nicht erhaltenen Schreibmaschinenabschrift auf die Reinschrift zurück und bezieht seine textliche Autorität ausschließlich aus dieser Nähe zum Manuskript. Von ihm leiten sich die genannten Buchausgaben in linearer Reihenfolge ab: Jede von ihnen hat die ihr zeitlich vorausgehende als Vorlage. Doch hat James Joyce auf die Textfassungen in den Buchausgaben jeweils noch einmal mittelbaren oder unmittelbaren Einfluß genommen, was ihnen gegenüber dem Text in Manuskript und *Egoist* zusätzliche Autorität verleiht. Nach 1924 hat sich der Autor mit dem Text des Romans nicht mehr befaßt. Hinter solcher Übersichtlichkeit der frühen Textgeschichte jedoch verbergen sich Schwierigkeiten der Bewertung eines jeden einzelnen der erhaltenen oder verlorenen Stadien, durch die der autoritative Text des *Portrait* gegangen ist.

Das Dubliner Manuskript ist eine fast korrekturlose Reinschrift. Es bildet den Endpunkt der Werkgenese und schließt den Kreis eines kreativen Prozesses, dessen Beginn zuerst konkret faßbar wird in den Heftseiten vom Januar 1904, in denen James Joyce die essayistische Skizze »A Portrait of the Artist« [= das sog. Ur-*Portrait*] aufgezeichnet hat. James Joyce verweist selbst auf diesen Anfang, wenn er unter die Reinschrift des *Portrait* die Daten setzt: Dublin 1904/Trieste, 1914«. Der Essay »A Portrait of the Artist« verbindet zuerst die Erzählform mit dem thematischen Vorwurf des Künstlerporträts, doch verwendet auch er bereits schon früher aufgezeichnetes Material aus der Werkstatt des Dichters, indem er manche sprachlichen Vorformulierungen aus den Prosaskizzen der »Epiphanies« aufnimmt. Ganze Sätze aus »A Portrait of the Artist« kehren im Roman *Stephen Hero* wieder, und im Text des *Portrait* läßt sich ebenfalls beobachten, wie James Joyce sprachlich vorgeformtes Werkmaterial aus *Stephen Hero* (abgeschlossen spätestens 1907) und aus der Sammlung der »Epiphanies« (ca. 1900–1903) erneut verwendet, ebenso wie er Sprachmaterial auch aus seinen »notebooks« (Pola Notebook, 1904, und Trieste Notebook, 1907–1909) und sogar aus dem Tagebuch seines Bruders Stanislaus benutzt. Doch die Metamorphosen, die das Werk von »A Portrait of the Artist« (1904) zu *A Portrait of the Artist as a Young Man* (1914) durchmacht, sind so tiefgreifend, daß ungeachtet solcher Ökonomie in der schriftstellerischen Arbeit die Werkgenese niemals zugleich auch als Textgenese verstanden werden kann.

Für die Bestimmung der Textgestalt des Romans *A Portrait of the Artist as a Young Man* sind allein das Dubliner Manuskript und seine genannten Folgetexte, nicht aber die werkgenetischen Vorstufen maßgebend. Dementsprechend vermögen wir die Textgeschichte auch erst vom Punkt der Niederschrift dieses Manuskripts ab zu verfolgen. Die Textgenese von *A Portrait* läßt sich zwar umreißen, aber nicht auf breiter Grundlage studieren, da hierzu die handschriftlichen Vorstufen fast gänzlich fehlen, die aufzeigen würden, wie der Text umgearbeitet und neu gefaßt wurde und so aus dem früheren *Stephen Hero* der spätere Roman hervorwuchs. Lediglich aus einem Vergleich des erhaltenen *Stephen Hero*-Fragments mit dem ihm entsprechenden fünften Kapitel von *A Portrait* kann das Ergebnis des Jahre andauernden Arbeitsprozesses beurteilt werden. Einen sehr fragmentarischen Hinweis darauf, wie sich eine allmähliche Kondensierung des Textes ebenso wie des Stoffes hin zu *A Portrait* stufenweise vollzog, geben außerdem vier Manuskriptblätter einer »Doherty-Episode«[2]. Für deren Anfang läßt sich ein sprachlicher Anschluß an das Ende von Kapitel 20 in *Stephen Hero* herstellen, und ihr Gegenstand, ein Gespräch mit Doherty (Gogarty in *Stephen Hero*; eliminiert aus *A Portrait*), ist erzähltechnisch in einen reflektierenden inneren Monolog Stephens hineingenommen und von der Textur der Sprache her in einer Weise verdichtet, die Joyces Stil und Darstellungsweise in *A Portrait* und in den Anfangskapiteln von *Ulysses* entspricht.

Das Material der Szene wird später in den Beginn von *Ulysses* eingearbeitet (Gogarty/Doherty ist der Buck Mulligan des *Ulysses*), doch im endgültigen Text von *A Portrait* ist die Episode nicht enthalten. Beginnend mit den zwei letzten Zeilen des zweiten der vier Manuskriptblätter blendet die »Doherty-Episode« über in eine Version der Auseinandersetzung Stephens mit seiner Mutter über die Osterbeichte, welche gegenüber ihrer Entsprechung in *Stephen Hero* merkbar gestrafft ist; in *A Portrait* ist der Wortwechsel zwischen Sohn und Mutter dann ganz ausgespart und wird nur im Gespräch mit Cranly noch andeutend berichtet. Die Manuskriptblätter gehören somit zwar gewiß in die Arbeitsphase der Textentstehung von *A Portrait,* geben aber dennoch keinen wirklich hinreichenden Aufschluß über die Textgenese. Durch das äußere Kriterium der Schreibung des Namens Dedalus (gegenüber Daedalus in *Stephen Hero*) sind sie auch zwar später als das *Stephen Hero*-Manuskript zu datieren, doch eine genauere Bestimmung ihrer Entstehungszeit erscheint leider nicht möglich. Stammten sie beispielsweise aus jenen Monaten des Jahres 1914, als Joyce nachweislich die Kapitel 4 und 5 in ihrer endgültigen Form verfaßte (neben anderen Arbeiten von Jahresanfang bis in den Oktober), wären sie ein Beleg dafür, daß der Prozeß der textlichen wie der stofflichen Komprimierung noch bis in die letzten Phasen der Arbeit am Roman anhielt. Ließe sich umgekehrt ein früheres Datum für sie erhärten, wäre bezeugt, daß auch zu den Kapiteln 4 und 5, die in der Gestalt, die sie in der Reinschrift haben, unter großem zeitlichen Druck entstanden sein müssen, bereits vorläufige Redaktionen aus den Jahren zwischen 1907 und 1914 vorlagen.

Die Dubliner Reinschrift trägt auf ihrem autographen Titelblatt am unteren Rande links, und ebenfalls in der Handschrift des Autors, den Vermerk »M. S. 1913«. Dies ist nicht der Zeitpunkt, zu dem Joyce den Roman zu schreiben begann, denn seine Briefe bezeugen, daß er bald nach seinem erfolglosen Bemühung um die Veröffentlichung von *Stephen Hero* an *A Portrait* zu arbeiten anfing und in der Zeit vom September 1907 bis zum 7. April 1908 die ersten drei Kapitel verfaßte[3]. Ettore Schmitz (Italo Svevo) las sie in den ersten Wochen des Jahres 1909 und ermutigte Joyce in einem Brief vom 8. 2. 1909, die unterbrochene Arbeit fortzusetzen. Es läßt sich jedoch nicht ausmachen, ob Joyce zu irgendeinem Zeitpunkt zwischen 1908 und 1913 sich dem Roman erneut zuwandte. Wahrscheinlich ist, daß das Datum auf dem Titelblatt der Handschrift angibt, wann die Reinschrift begonnen wurde.

Den Anstoß zur Wiederaufnahme der Arbeit am Werk gab im Jahre 1913 die lang ersehnte Aussicht auf Veröffentlichung. Im Dezember 1913 schrieb Ezra Pound, durch W. B. Yeats dazu angeregt, an Joyce nach Triest und bat ihn um Proben seiner Kunst, um eventuell deren Veröffentlichung zu vermitteln. Mitte Januar erhielt er außer *Dubliners* eine Schreibmaschinenabschrift des ersten Kapitels von *A Portrait,* und bereits am 2. Februar 1914 (Joyces 32. Geburtstag) begann der Roman in der Zeitschrift *The Egoist* in London in Fortsetzungen zu erscheinen. Die drei ersten Kapitel wurden in Schreibmaschinenkopien nach und nach einzeln an Ezra Pound geschickt; das dritte traf am 21. Juli bei ihm ein und wurde in drei Fortsetzungen am 1. 8., 15. 8. und 1. 9. im *Egoist* abgedruckt. Erst die Ausgabe vom 1. 12. jedoch nahm danach die Fortsetzungsfolge mit dem Anfang von Kapitel 4 wieder auf, und eine redaktionelle Anmerkung wies darauf hin, daß es mittlerweile gelungen sei, den Rest von Joyces Manuskript über die Schweiz aus Österreich (Triest) herauszubekommen. Wie Harriet Shaw Weaver, die damalige Redaktionsleiterin des *Egoist,* an anderer Stelle erläutert[4], sind die Kapitel 4 und 5 nicht erst an Ezra Pound, sondern an sie direkt gegangen, so daß aus der Tatsache, daß Ezra Pound den Schluß des Romans erst im Juli oder August gelesen hat, nicht gefolgert werden muß, Joyce habe das Manuskript erst 1915 abgeschlossen[5]. James Joyce hat *A Portrait of the Artist as a Young Man* im Oktober oder Anfang November 1914 beendet: »Dublin 1904/Trieste, 1914.«[6]

Über zehn Jahre lang war es James Joyce nicht gelungen, für irgendeines seiner Werke – außer für die Gedichtsammlung *Chamber Music* (1907) – einen Verleger zu finden. Ironischerweise geschah die Drucklegung des *Portrait* jetzt in so gedrängter Eile (während gleichzeitig die Veröffentlichung von *Dubliners* in London bevorstand), daß die ersten Fortsetzungen bereits erschienen, ehe die fertigen Kapitel noch ganz ins reine und ehe das gesamte Werk überhaupt zu Ende geschrieben war. Bei der notwendigen Gleichzeitigkeit der Arbeitsvorgänge: der sukzessiven Herstellung einer Schreibmaschinenabschrift als Druckvorlage für *The Egoist,* von einem oder eher wohl nach und nach von mehr als einem Kopisten verfertigt; der Anfertigung der autographen Reinschrift als Vorlage für die Abschrift und überhaupt zur Aufzeichnung des Werkes in seiner endgültigen Gestalt; und vor allem der Abfassung der letzten beiden Romankapitel, konzentrierte Joyce sich auf die eigene schöpferische und ausformende Tätigkeit und widmete einer Kontrolle der Abschrift weitaus geringere Aufmerksamkeit. Trotz der starken Beanspruchung des Autors auch durch seine reguläre Beschäftigung als Sprachlehrer in Triest und trotz der Unruhe der Zeit des beginnenden ersten Weltkrieges weisen die Schlußkapitel in Anlage und Konzeption keinerlei Anzeichen der Konzentrationsschwäche auf, und die Flüchtigkeitsversehen in der Reinschrift sind gering. Doch in der Schreibmaschinenabschrift blieben eine Fülle von teilweise erheblichen Textversehen unbeachtet und gingen so in die textliche Überlieferung der gedruckten Fassungen des Romans ein. Sie werden noch zu erörtern sein.

Für den Druck in *The Egoist* las der Autor selbst nicht Korrektur. Die Zeitschrift erschien 1914 vierzehntägig, 1915 dann monatlich, und die Schreibmaschinenabschrift wanderte routinemäßig in den Papierkorb, nachdem sie als Druckvorlage der Fortsetzungen gedient hatte. Nur für das fünfte Kapitel war das maschinenschriftliche Original noch Teil eines von mehreren Geheften der Zeitschriftenfortsetzungen, welche in den Jahren 1915 und 1916 etlichen Verlegern im Hinblick auf die Buchveröffentlichung des Romans zur Beurteilung vorlagen.

James Joyce sah den Text des Romans erst wieder in der publizierten Form der Zeitschriftenfortsetzungen, die ihn durch die Kriegswirren und seine eigene Übersiedlung nach Zürich im Juni 1915 mit zunehmender Verzögerung erreichten. Die Reinschrift hatte er mit dem Großteil seiner Habe in Triest zurückgelassen, und nichts deutet darauf hin, daß er je, und so auch nicht unter den nach Zürich mitgebrachten Papieren, einen Durchschlag der Schreibmaschinenabschrift besessen hätte. Doch seine Erinnerung an den Text war acht Monate nach Abschluß des Romans noch präzise genug, daß er in der Fortsetzung vom 1. Januar 1915, die er im Juli in Zürich erhielt, zwei Auslassungen von je einem Satz gegen Ende von Kapitel 4 bemerkte:

It was a pain to see them and a swordlike pain to see the signs of adolescence that made repellent their pitiable nakedness.
(Viking [Anderson], S. 168)[7].

und

> Her thighs, fuller and softhued as ivory, were bared almost to the hips where the white fringes of her drawers were like featherings of soft white down. (Viking [Anderson], S. 171)

Auf seine Beschwerde über die Nachlässigkeit der Drucker erhielt er von Harriet Weaver die Auskunft, daß diese nicht nachlässig, sondern prüde gewesen seien und aus Furcht vor strafrechtlicher Verfolgung den Text eigenmächtig zensiert hätten. Harriet Weaver hatte ab dem 1. 2. 1915 bereits eine neue Druckerei für die Herstellung des *Egoist* verpflichtet, wie schon einmal zuvor während der Zeit, als *A Portrait* in der Zeitschrift erschien, die Druckerei gewechselt hatte. Die Drucker der Fortsetzung vom 1. 1. 1915, Partridge & Cooper, hatten schon in der Nummer vom 1. 8. 1914 in gleichem Sinne in den Text eingegriffen und die längste von insgesamt vier Passagen herauszensiert, die der *Egoist*-Fassung gegenüber den Buchfassungen des Romans fehlen. Dabei ist bemerkenswert, daß der betreffende Absatz »It would be a gloomy secret night. . . . Coming in to have a short time?« (Viking [Anderson], S. 102, 8–27), der aus dem veröffentlichten Text des *Egoist* eliminiert wurde, in den Umbruchfahnen vom Anfang des Kapitels 3 noch enthalten ist[8]. Die vierte Passage, die im Text des *Egoist* fehlt, ist Teil des Gesprächs Stephens und seiner Studienkameraden auf der Treppe der National Library in Kapitel 5. Die Zeilen »The stout student who stood below them on the steps farted briefly. Dixon turned towards him saying in a soft voice: – Did an angel speak?« (Viking [Anderson], S. 230) wurden von der Druckerei Ballantyne ausgelassen, die es auch vorzog, kurz darauf zweimal statt des Wortes »ballocks« Sternchen in den Text zu setzen.

Noch während die Fortsetzungen in *The Egoist* liefen, waren die Bemühungen rege, einen Verleger für die Buchveröffentlichung des Romans zu finden. Dabei wurde von Joyce selbst und den in London für ihn handelnden Personen – vor allem Ezra Pound und Harriet Weaver, sowie der literarische Agent Pinker – zur kompromißlosen Bedingung gemacht, daß keinerlei Textkürzungen vorgenommen werden dürften. Teils aus diesem Grunde, teils auch aus generellem Unverständnis gegenüber dem Werk – wofür die Beurteilung eines Lektors des Verlages Duckworth vom 26. Januar 1916 das beredteste Zeugnis darstellt[9] – fand sich kein englischer Verleger zur Übernahme des *Portrait* bereit. In dieser Situation wurde Harriet Weaver zuerst zu James Joyces energischster, selbstlosester und getreuester Sachwalterin in England, die sie selbst über Zeiten der Entfremdung hinweg bis zu James Joyces Tod und noch zwanzig Jahre darüber hinaus bis zu ihrem eigenen Tod bleiben sollte.

Es gelang ihr, Dorothy Marsden, die Verlegerin des *Egoist,* dazu zu überreden, den Zeitschriftverlag zu einem Buchverlag eigens zum Zwecke der Veröffentlichung des *Portrait of the Artist as a Young Man* zu erweitern. Der Schritt wurde wesentlich erleichtert durch die Zeichnung einer Ausfallgarantie von anonymer Hand – sie stammte aus Harriet Weavers Privatvermögen. Doch die Suche nach einem Drucker in England, der den Text ungekürzt gedruckt hätte, blieb ebenso erfolglos wie die vorangegangene Suche nach einem Verleger. Es wurde schon ernsthaft erwogen, den Roman mit Leerstellen im Text drucken zu lassen und die »anstößigen« Passagen maschinenschriftlich vervielfältigt in alle Exemplare des Buches einzukleben: Der Plan stammte von Ezra Pound, der die Klebearbeit selbst besorgen wollte. Schließlich jedoch fand sich durch Ezra Pounds Vermittlung der Verleger, der den Wert des Werkes erkannte und den Mut zur Veröffentlichung aufbrachte, in Amerika. Harriet Weaver schloß mit B. W. Huebsch in New York im Namen der Firma The Egoist Ltd. ein Abkommen, das von ihm publizierte Buch in 750 Exemplaren nach England zu importieren. Mehrere Gehefte der *Egoist*-Fortsetzungen, die zuerst bei Verlegern und Druckern in England im Umlauf gewesen waren, kursierten jetzt in Amerika, und sie enthielten in unterschiedlicher Vollständigkeit Korrekturen des Autors, die Harriet Weaver anbot, noch zu ergänzen durch Korrekturwünsche, die Joyce ihr zu verschiedenen Zeitpunkten mitgeteilt hatte. B. W. Huebsch jedoch bestand darauf, den Roman nach einer einwandfrei autorisierten Vorlage zu drucken, und erhielt dazu ein neues, größtenteils von Joyce selbst durchkorrigiertes Geheft der Fortsetzungen aus *The Egoist*[10]. Wann es in New York vorlag, ist ungewiß, doch Joyce schrieb am 24. Oktober 1916 an Huebsch, er hoffe, seine Korrekturen seien rechtzeitig eingetroffen. Einschließlich aller Berichtigungen der Interpunktion, deren ursprünglichen Charakter die Drukker des *Egoist* gänzlich verwischt hatten, gingen diese Korrekturen in die Tausende. Doch an einen Austausch von Korrekturfahnen zwischen New York und Zürich zu ihrer Kontrolle vor der endgültigen Drucklegung der Buchfassung war inmitten des Ersten Weltkrieges natürlich kaum zu denken. Zudem hatte Joyce am 24. Oktober darauf gedrängt, den Roman noch im Jahre 1916 erscheinen zu lassen, und B. W. Huebsch veröffentlichte ihn am 29. Dezember. Die Exemplare mit der Verlagsbezeichnung The Egoist Ltd. erschienen in London im Februar 1917. Alle Anzeichen deuten auf eine schließliche große Eile bei der Herstellung der ersten Buchausgabe des Romans hin. Als James Joyce sie in Händen hielt, mußte er feststellen, daß etliche seiner Korrekturen nicht beachtet und eine Vielzahl von ihnen mißverstanden worden waren. Er verzeichnete im April 1917 handschriftlich auf sieben Aktenbogen erneut knapp 400 Korrekturwünsche, die er seinem Agenten Pinker nach London sandte, damit sie in einer zweiten Auflage berücksichtigt würden, »wofern eine zweite Auflage in diesem Jahrhundert noch zustande kommen sollte«. Es scheint, daß Pinker zwar auftragsgemäß von ihnen eine Schreibmaschinenfassung mit Kopie herstellen ließ, diese aber dann lediglich verwahrte. Dem New Yorker Verleger schickte er das Original, doch es traf erst ein, als ein erster Nachdruck im April bereits besorgt worden war. Auf eine korrigierte Zweitauflage bestand danach keine unmittelbare Aussicht in Amerika. Nachdem Huebsch das handschriftliche Original der Korrekturen dann Ende Juni 1916 auftragsgemäß an John Quinn ausgehändigt hatte, einen Sammler, dem Joyce alle Materialien zur Erstauflage des Romans verkaufte, erhielt er im August wiederum von Harriet Weaver eine Kopie der Pinkerschen Schreibmaschinenabschrift der Korrekturen.

In England waren mittlerweile Importrestriktionen verhängt worden, die es dem Verlag The Egoist Ltd. unmöglich machten, weitere Exemplare des Romans in der New Yorker Druckfassung einzuführen. Harriet Weaver bemühte sich erneut, und diesmal schließlich mit Erfolg, in England einen Drucker für die von ihr projektierte zweite englische Ausgabe des *Portrait* zu finden. James Joyce unterrichtete sie am 7. Juli davon, daß Pinker ein Verzeichnis seiner Korrekturen besitze. Pinker muß Harriet Weaver beide maschinenschriftlichen Exemplare überlassen haben, und sie sorgte anscheinend an seiner Stelle dafür, daß das Original, nunmehr sehr verspätet, an B. W. Huebsch gesandt wurde. Auf dem ihr verbliebenen Durchschlag vermerkt sie: »Copy of corrections made by Mr. Joyce to 1st edition. Sent to Mr. Huebsh [sic] August 16, 1917...«. Doch schon am 2. Mai 1917 (jedoch zu spät für seinen Nachdruck vom April) hatte Huebsch bereits ein Verzeichnis mit 70 Korrekturen von Harriet Weaver erhalten, die folglich ebenfalls im April unabhängig von Joyce die Buchfassung durchgesehen und mit den ihr bekannten Korrekturwünschen am *Egoist*-Text verglichen haben muß. Dieses Verzeichnis von Harriet Weaver hat Huebsch zusammen mit dem ihm im August übersandten Exemplar der knapp 400 Autorenkorrekturen später der Lockwood Memorial Library in Buffalo vermacht – ohne daß die Korrekturen selbst je in einer der bis 1950 über 40 Nachdrucke des New Yorker Textes vorgenommen worden wären[10a].

Ein Vergleich der Verzeichnisse ergibt, daß Joyce über 300 Korrekturen am Text der ersten Buchfassung gewünscht hat, die Harriet Weaver nicht veranlaßt hätte. In 51 Fällen decken sich beide Listen, doch weist Harriet Weavers Verzeichnis noch weitere 17 Korrekturen auf, die Joyce übersehen hat, obwohl sie allesamt, wie die meisten seiner eigenen knapp 400 Korrekturen, ebenfalls

Verbesserungen von mißverstandenen Berichtigungen am *Egoist*-Text sind. Diese 17 Korrekturen, die demnach nur indirekt autorisiert sind, hat Harriet Weaver in ihrem Exemplar der maschinenschriftlichen Kopie der Autorenkorrekturen handschriftlich nachgetragen. Danach hat sie mit großer Sorgfalt ein Exemplar der Londoner Erstausgabe als Druckvorlage für die zweite englische Ausgabe annotiert. Dabei hat sie noch weitere sechs Berichtigungen nachgetragen, die sowohl Joyces wie ihrer eigenen Aufmerksamkeit zuvor entgangen waren. Außerdem hat sie in der zweiten Hälfte des Romans, ab etwa dem Ende der zweiten Höllenpredigt im dritten Kapitel bis zum Ende von Kapitel 5, die typographische Auszeichnung von direkten Reden vereinheitlicht. Joyce benutzt niemals Anführungszeichen; doch analog dazu bezeichnet er in seiner Reinschrift ausnahmslos sowohl den Anfang wie das Ende von direkten Reden (oder, vor Einschüben wie – Stephen said –, Teilen davon) mit einem Gedankenstrich. Wenn von direkten Reden unmittelbar in den erzählten Text übergeleitet wird, ersetzt der Gedankenstrich am Ende oftmals eine alternative Interpunktion; auf jeden Fall aber steht er noch zusätzlich zu Interpunktionszeichen, die die Rede abschließen. Im Abdruck des Romans in *The Egoist* sind in den ersten zehn Fortsetzungen, gedruckt von Robert Johnson & Co., Southport, nur die einleitenden Gedankenstriche stehengeblieben, alle abschließenden und alle vor und nach Einschüben aber sind verschwunden und, wo nötig, durch alternative Interpunktion (Kommata oder Punkte) ersetzt worden. In der ersten von Partridge & Cooper gedruckten Fortsetzung vom 1. 7. 1914 werden Anführungszeichen verwendet, gegen die die Redaktion oder Joyce selbst aber anscheinend sofort Einspruch erhoben hat. Danach erscheinen alle Fortsetzungen der Druckereien Partridge & Cooper und Ballantyne mit der Joyceschen Originalauszeichnung der direkten Reden. Diese typographische Uneinheitlichkeit setzt sich in die erste Buchausgabe fort (abgesehen von den Anführungszeichen aus der Fortsetzung vom 1. 7. 1914, die bereits in der Druckvorlage für B. W. Huebsch getilgt wurden). Harriet Weaver vereinheitlicht bei ihrer Annotation der Druckvorlage für die zweite englische Ausgabe die Typographie nach dem Muster des Romananfangs, so daß Gedankenstriche durchgehend nur noch zu Beginn von direkten Reden stehenbleiben. Das resultierende Druckbild, einschließlich der Alternativinterpunktion am Ende von direkten Reden und vor und nach Einschüben, hat somit keine unmittelbare auktoriale Autorität.

Eine solch genaue Unterscheidung, welche Korrekturen und Änderungen in der zweiten englischen Ausgabe gegenüber der ersten Buchausgabe des *Portrait* auf Veranlassung des Autors und welche von Harriet Weaver vorgenommen wurden, ist möglich, da die

Druckvorlage für die zweite englische Ausgabe noch erhalten ist[11]. Ein Vergleich der Zweitausgabe mit ihrer Vorlage zeigt, daß die vorgezeichneten Korrekturen fast ausnahmslos ausgeführt wurden. In zwei eindeutigen und zwei nicht ganz eindeutigen Fällen widersprechen dabei Harriet Weavers Anweisungen denen in Joyces Korrekturliste, und die Drucker richten sich nach ihrer Annotation. Nur eine klar bezeichnete auktoriale Korrektur bleibt unbeachtet – S. 87, 9 steht noch wie im *Egoist* und der ersten Buchausgabe »reverie« statt des gewünschten ›revery‹ –, und in etwa einem halben Dutzend Fälle weicht die aus der typographischen Vereinheitlichung der Auszeichnung von direkten Reden resultierende Interpunktion von Harriet Weavers Anweisungen ab. Doch darüber hinaus führt die Ausgabe natürlich ihre eigenen Versehen in den Text ein, die unentdeckt bleiben und sich in die wiederum neugesetzte Ausgabe bei Jonathan Cape von 1924 vererben.

Im August 1924 las James Joyce, während er sich in Saint-Malo von seiner dritten Augenoperation erholte, zehn Tage lang Umbruchkorrektur an der Ausgabe des *Portrait,* die Jonathan Cape in London herausbrachte. Es war das erste und das letzte Mal, daß er als Autor die Gelegenheit hatte und wahrnahm, den Text dieses Romans im Druck vor dem Erscheinen noch einmal durchzusehen. Leider ist sein Korrekturexemplar nicht mehr erhalten oder doch nicht auffindbar. So muß eine Analyse der Varianten im Text von 1924 selbst Aufschluß geben über Art und Ausmaß seiner Eingriffe. Dies ist bisher erst unvollkommen geschehen. Anderson, der über seine Ergebnisse aus einer solchen Untersuchung berichtet, konstatiert ohne genauere Angaben, daß die Ausgabe von 1924 in etlichen Fällen Lesarten des 1916/17er Textes aufweist, die in den knapp 400 Autorenkorrekturen berichtigt waren, oder gar zu solchen des *Egoist*-Textes zurückkehrt, die Joyce in der Druckvorlage für Huebsch verbessert hatte[12]. Grundsätzlich stehen alle diese Varianten in dem Verdacht, auktoriale Korrekturen zu sein. Doch die zahlreichen eindeutigen Textfehler in der Ausgabe von 1924, die als sinnwidrig leicht ins Auge fallen und gewiß von Joyce bei der Umbruchkorrektur übersehen worden sind, machen sehr dringlich eine exakte Analyse der Varianten in dieser Ausgabe erforderlich, welche die Perpetuierung von unautorisierten Lesarten aus früheren Ausgaben und die neuen unsanktionierten Veränderungen von Händen der Setzer isolieren würde von den Korrekturen und Revisionen, die tatsächlich auf der Intention und dem aktiven Eingriff des Autors beruhen.

## II

Nach der vorangegangenen faktischen Übersicht über den Verlauf der Entstehungs- und Überlieferungsgeschichte des *Portrait of the Artist as a Young Man* von Ende 1913 bis 1924 bleibt noch zusammenfassend darzulegen, von welcher Art die nachweisbaren Eingriffe des Autors in den gedruckten Text seines Romans waren, um so deren Gewicht für die Textkritik am Werk zu bestimmen. Der Erstdruck in Fortsetzungen in *The Egoist* läßt sich, wie anfangs dargelegt, der Triester Schreibmaschinenabschrift als seiner Druckvorlage nicht mehr gegenüberstellen, noch diese ihrer Vorlage, der Reinschrift selbst. Die Varianz der Schreibmaschinenabschrift gegenüber der Handschrift wird bei der Betrachtung des ersten Versuchs einer kritischen Ausgabe noch zu erörtern sein. In ihrer Invarianz gegenüber der Handschrift kann das Manuskript jedoch selber für sie einstehen. Denn insofern sie der autographen Reinschrift am nächsten stand, bewahrte sie daraus gewiß am weitestgehenden den Wortlaut und die äußeren Kennzeichen der Orthographie und Interpunktion. Die Abweichungen im *Egoist* betreffen vor allen Dingen die sogenannten Akzidentien des Textes: Die Drucker der Zeitschriftenfortsetzungen haben in großem Ausmaß die Zeichensetzung des Originals nicht beachtet und den Text durch eine Unmenge von Kommata zergliedert. Ferner sind in der Handschrift viele Doppelwörter durch Bindestrich zusammengefügt, daneben aber auch oft als ein Wort zusammen- oder als zwei Wörter auseinandergeschrieben. Die Drucker des *Egoist* haben fast ausnahmslos daraus Wortfügungen mit Bindestrich gemacht. Mit Sorgfalt haben sie andererseits eine Reihe von Großschreibungen des Manuskripts erhalten, und obwohl sie mit Druckfehlern nicht sparsam gewesen sind, haben sie relativ wenige ausgesprochene Textfehler auf dem Gewissen.

James Joyce konnte die *Egoist*-Fassung nicht mit seiner in Triest zurückgelassenen Handschrift vergleichen. Er nahm seine Korrekturen entweder aus dem Gedächtnis oder nach Gutdünken vor. Sinnentstellende Textfehler entdeckte und berichtigte er, allerdings nicht immer so, daß er den Text des Manuskripts wiederhergestellt hätte. Wo *The Egoist* beispielsweise im 2. Kapitel den unvollständigen Satz enthält: »His tormentors set off towards Jones's Road, laughing and jeering at him, while he, half blinded with tears, clenching his fists madly and sobbing«, korrigierte Joyce zu: ». . . while he, half blinded with tears, stumbled on, clenching his fists madly and sobbing«, und dieser Wortlaut blieb in allen folgenden Ausgaben erhalten. Im Manuskript aber lautet die Stelle: ». . . while he, torn and flushed and panting, stumbled after them half blinded with tears, clenching his fists madly and sobbing« (Viking [Ander-

son], S. 82, 13–16). Aus dem Erscheinungsbild dieser Stelle im Manuskript ist nicht wahrscheinlich, daß der im *Egoist* fehlende Teil des Satzes bereits bei der Übertragung aus dem Manuskript in die Schreibmaschinenabschrift verlorengegangen ist, zumal diese sich gewöhnlich keiner sinnentstellenden Auslassungen schuldig gemacht zu haben scheint. Dagegen ist es, nach der Länge der Auslassung zu urteilen, sehr wohl möglich, daß sie gerade eine Zeile in der (womöglich mit breitem Rand geschriebenen) Schreibmaschinenfassung ausmachte, welche der Setzer des *Egoist* versehentlich übersprungen hat. Jedenfalls hat Joyce die Textverderbnis bei der Durchsicht des *Egoist*-Textes erkannt, doch an den originalen Wortlaut seines Manuskripts hat er sich nicht erinnert.
Mit erstaunlicher Präzision hat Joyce sich dagegen einen Sinn für den Rhythmus seines Textes bewahrt. Er hat in sehr großer Zahl Kommata aus dem Drucktext des *Egoist* ausgemerzt oder sie in geringfügigem Maße in ihm auch restituiert. Das Studium von Joyces Berichtigungen der Interpunktion in *A Portrait* lehrt, wie konkret aus der Sprache selbst seine frühe programmatische Forderung, enthalten in der Erzählung »A Portrait of the Artist« vom Jahre 1904, verstanden sein will, daß die Kunst der Darstellung darin bestehe, aus ungeformter Materie »individuating rhythm« und »the curve of an emotion« herauszulösen, und es lehrt, wie zentral diese Vorstellung für Joyces Verständnis seiner eigenen Dichtkunst ist.
Sinnentstellende Textfehler hat Joyce also berichtigt, und den Rhythmus seiner Sprache hat er restituiert und bewahrt. Zugleich hat er aber auch das äußere Erscheinungsbild des Textes auf der gedruckten Seite konsequent zu verändern gesucht. Die vielen Doppelwörter mit Bindestrich und die häufigen Großschreibungen, die er handschriftlich verwendet hatte, haben ihm im gedruckten Text offenbar nicht gefallen. Denn er reduziert alle Großschreibungen, und in den Doppelwörtern mit Bindestrich streicht er den Bindestrich, meist um zu indizieren, daß er die Wörter zusammengeschrieben haben möchte. Diese Anweisungen sind es vor allem, die die Setzer der ersten Buchausgabe mißverstehen: Sie setzen die Doppelwörter überwiegend in zwei Wörtern. Dementsprechend sind von den knapp 400 Korrekturen, die Joyce für die zweite Buchausgabe zusammenstellt, allein 146 Anweisungen zur Zusammenschreibung von Doppelwörtern. 88 weitere setzen die Ausmerzung von Kommata und 60 die Reduzierung von Großschreibungen fort, die doch noch aus *The Egoist* übriggeblieben waren, und neben 60 weiteren Anweisungen zur Berichtigung von diversen typographischen Einzelheiten stehen noch 24 Korrekturen von Textfehlern. Lediglich zwei der knapp 400 Korrekturwünsche sind als regelrechte Textrevisionen anzusehen. Die weitaus höhere Gesamtzahl an Korrekturen an den *Egoist*-Fortsetzungen für den Druck

der ersten Buchausgabe weist einen ebenso geringen Anteil an Revisionen auf, und im Vorgriff auf eine exakte Variantenanalyse der Ausgabe von 1924 läßt sich ebenfalls sagen, daß Textrevisionen, die neue auktoriale Intentionen in Wortlaut, Ausdruck und Stil spiegeln würden, auch hier nur in geringer Zahl zu veranschlagen sind.
Im Hinblick auf die Edition des *Portrait* lägen also durchaus überschaubare und textkritisch nicht schwer zu bewältigende Verhältnisse vor, wenn die autoritativen Stadien der Überlieferung auf das Dubliner Manuskript (angefertigt 1913–14 in Triest) und die vier gedruckten Texte von 1914–15, 1916/17, 1918 und 1924 beschränkt blieben und der Text substantiell in ihnen identisch wäre. Anhand des Manuskripts wären alle aus den rein mechanischen Überlieferungsprozessen resultierenden Textverwitterungen zu beheben, und anhand des Manuskripts im Vergleich mit den Korrekturgängen am *Egoist* und der ersten Buchausgabe wäre die Interpunktion gemäß den Intentionen des Autors zu reproduzieren, während die Berücksichtigung der dokumentierten auktorialen Berichtigungen insgesamt den wenigen Textrevisionen ebenso wie der intendierten Umgestaltung der Typographie in bezug auf Großschreibungen und die Behandlung von Doppelwörtern Eingang in einen kritischen Text verschaffen würde. Doch Tatsache ist, daß der Text in der Handschrift einerseits und den Druckfassungen bis 1924 (und allen von ihnen abgeleiteten Ausgaben in England und in Amerika) andererseits substantiell nicht identisch ist. Die Kollationierung der *Egoist*-Fortsetzungen mit dem Manuskript ergibt Differenzen, die erheblich über das hinausgehen, was an verändernden Eingriffen den Setzern und Druckern des *Egoist* anzulasten ist. Ihre Quelle muß bei der gegebenen Überlieferungslage die verlorene Schreibmaschinenabschrift von der Reinschrift sein, die als Druckvorlage des *Egoist*-Textes diente. Von welcher Art sie dort waren, ob Versehen des oder der Kopisten oder Korrekturen und Revisionen des Autors selbst, ist dokumentarisch nicht nachweisbar. Doch die Beurteilung der Varianz in der Schreibmaschinenabschrift ist untrennbar verknüpft mit der Bestimmung der Bedeutung der Reinschrift für die Textkonstituierung.
Das Dubliner Manuskript ist für eine Ausgabe des *Portrait* zum allerersten Mal in den sechziger Jahren herangezogen worden. 1962 promovierte Chester G. Anderson an der Columbia University, New York, mit einer Dissertation »*A Portrait* ... Critically Edited ...«, die unveröffentlicht blieb. Auf ihrer Grundlage nahm Richard Ellmann eine eklektische Auswahl von Lesarten vor und schuf im Einvernehmen mit Anderson einen Text, der in die Ausgabenserien des Romans bei den Verlagen Viking Press, New York

(ab 1964) und Jonathan Cape, London (ab 1968) übernommen wurde. Allen früheren Drucktexten fehlten gegenüber dem Manuskript 264 Wörter, die hier nun zum großen Teil restituiert sind: Das sind ganze Sätze, Teilsätze, Einzelwörter und -wendungen und mindestens zweimal eine Rede und Gegenrede im Dialog. In der Übersicht über seine Forschungen zum Text hat Anderson[13] überzeugend dargestellt, daß die Auslassungen, die seit dem Abdruck im *Egoist* tradiert worden waren, nicht sinnverändernd und zugleich von mechanischer Art sind: Der Stil des *Portrait* ist voll von Wiederholungen und Parallelismen, die leicht dazu führen können, daß ein Kopist, dessen Blick von seiner Abschrift wieder auf seine Vorlage zurückfällt, an der falschen Stelle anknüpft. Dies sei in der Triester Schreibmaschinenabschrift regelmäßig geschehen. Eine Untersuchung des Manuskripts bestätigt, daß Fälle von Auslassungen der beschriebenen Art besonders in den ersten Kapiteln häufig sind und stetig abnehmen, was für ein allmähliches Vertrautwerden des Kopisten mit seiner Vorlage sprechen würde. Solche Beobachtungen lasten die Auslassungen dem Kopisten als Versehen an und bewerten sie als unautorisierte Textkorruptionen. Daß sie von Joyce weder entdeckt noch berichtet worden sind, wäre mit der Eile bei der Herstellung der Abschrift und mit Joyces gleichzeitiger großer Belastung mit anderer Arbeit zu erklären, die vorhin ausführlich beschrieben wurden. Doch um die Textauslassungen, die im Druck des *Egoist* zuerst erscheinen (und dort nicht, wie bei dem bereits zitierten Beispiel aus Kapitel 2, sinnentstellend sind), ausnahmslos als Versehen des Kopisten in der Schreibmaschinenabschrift zu klassifizieren und somit in einem kritischen Text restituieren zu können, wäre es methodisch am konsequentesten zu postulieren, daß eine auktoriale Durchsicht dieser Abschrift überhaupt nicht stattgefunden habe. Bei abwägender Analyse der Varianten jedoch erweist sich eine solch radikale Hypothese als unhaltbar. Joyce hat zweifelsohne bei einer Durchsicht noch Veränderungen an der Schreibmaschinenabschrift angebracht – doch wenn dem so ist, wird die Abgrenzung der auktorialen Revisionen von den Versehen des Kopisten zum diffizilen Problem.
Im summarischen Fazit seiner Forschungen zum Text hat Chester G. Anderson diese Frage nicht erörtert. Aus einer genaueren Untersuchung der Textausgabe, die aus ihnen hervorgegangen ist, wird allerdings ersichtlich, daß er für die Schreibmaschinenabschrift neben Textkorruption auch auktoriale Revision angenommen hat. Prinzipien der logischen Abgrenzung werden jedoch – ebensowenig wie in dem ähnlich gelagerten, doch für die Textkonstituierung weniger schwerwiegenden Fall der Varianten in der Ausgabe von 1924 – nicht deutlich, und hierin erweist sich vor allem, daß die seit 1964 verfügbaren Ausgaben des *Portrait of the*

Artist as a Young Man nicht, wie sie vorgeben, einen kritischen oder gar den definitiven Text des Romans drucken. Sie enthalten auch keinerlei kritischen Apparat, der die Varianten verzeichnen und die ausgewählten Lesarten bestätigen und rechtfertigen würde. Dabei schafft der Verweis auf das Vorliegen eines solchen Apparats in Andersons Dissertation hier keine Abhilfe: denn Beobachtungen an den Texten selbst, am Manuskript, an den autorisierten Drucken und an der Viking-Ausgabe, lassen erkennen, daß die erforderlichen Prinzipien der Abgrenzung auktorialer gegenüber textkorrumpierenden Veränderungen in der verlorenen Schreibmaschinenabschrift auch dort nicht voll entwickelt sind. Das führt zu einer Textsituation, wie wir sie beispielsweise in Kapitel 3 des Viking-Textes beobachten können:

Im Kapitel 3 des Romans tauchen in der ersten Druckfassung im *Egoist* 34 substantielle Textabweichungen gegenüber der Handschrift auf und bleiben – bis auf eine, die von Joyce später als sinnentstellend empfunden und abweichend vom Manuskript korrigiert wurde – in den folgenden auktorialen Textfassungen unverändert. 18 dieser Varianten übernehmen Anderson und Ellmann in der Form der Druckfassungen, entscheiden also editorisch gegen das Manuskript und implizieren damit, daß die Veränderungen autorisiert sind; jene eine geben sie in der nachträglich korrigierten Form wieder und übersehen, daß die Variante im *Egoist* nichts als ein Druckfehler war (»In hell ... there is no thought of family or country, of ties or relationship« (MS) wird in *Egoist* zu: »... of ties of relationship« und wird von Joyce korrigiert zu: »... of ties, of relationships«, womit die ursprüngliche Parallelkonstruktion in eine Reihung umgewandelt worden ist). Demgegenüber werden 15 Lesarten des Manuskripts wiederhergestellt. Dabei werden gewiß einige Irrtümer des Kopisten berichtigt. Daß er sich beispielsweise in dem Satz

The glories of Mary held his soul captive: spikenard and myrrh and frankincense, symbolising [the preciousness of God's gifts to her soul, rich garments, symbolising] her royal lineage, her emblems, the lateflowering plant and lateblossoming tree, symbolising the agelong gradual growth of her cultus among men.     (Viking [Anderson], S. 104)

versehen hat, als er die eingeklammerte Passage ausließ, macht nicht nur der Sinn des Textes, sondern auch ein Blick auf das Erscheinungsbild des Manuskripts an dieser Stelle deutlich, wo die beiden »symbolising« parallel an Zeilenanfängen mit dreizeiligem Abstand auseinanderstehen.

Zugleich wird aber nicht mit genügender Sorgfalt geprüft, ob und wo Streichungen des Autors vorliegen. Mindestens eine Passage von neun Wörtern wird von den Herausgebern so behandelt, als sei sie von Joyce gestrichen worden. Zwischen den Sätzen

He could still escape from the shame. Had it been any terrible crime but that one sin!
(Viking [Anderson], S. 142)

stehen im Manuskript noch der Ausruf und der Satz: »O what shame! His face was burning with shame.« Auch hier ließe zwar das Erscheinungsbild des Manuskripts die Erklärung zu, daß der Kopist zwei Zeilen übersprungen habe, was zu einer Restituierung der Auslassung im kritischen Text führen müßte. Doch ein Herausgeber hat auch in Rechnung zu stellen, daß Joyce gegenüber sprachlichen Redundanzen durchaus kritisch war. Das belegt etwa eine Streichung, die noch im Text des *Egoist* für die erste Buchausgabe vorgenommen wurde. Bei seinem Gang zur Beichte läuft Stephen an Mädchen vorbei, die am Bordstein Waren feilbieten:

Frowsy girls sat along the curbstones before their baskets.
(Viking [Anderson], S. 140)

»... before their baskets of herrings« lautet der Text noch im Manuskript und im *Egoist*. Auf dem ersten von fünf Blättern mit handschriftlichen Korrekturen, die zusammen mit Harriet Weavers Geheft von *Egoist*-Fortsetzungen (s. Anm. 8) im British Museum aufbewahrt werden, hat Joyce noch nachträglich vermerkt (so daß der Blick zuerst darauf fällt): »delete ›of herrings‹«, und auf dieser Streichung hat er bei seinen Korrekturen für Huebsch bestanden. Auch in der verlorenen Schreibmaschinenabschrift ist gewiß mit revidierenden Eingriffen des Autors zu rechnen. In »friend is torn apart from friend, children from their parents, husbands from their wives« (MS) ist im *Egoist* eingefügt »... children are torn ...«. Gleich im nächsten Satz begegnet eine Streichung: aus »the poor sinner holds out his arms to those who were dear and near to him in this earthly world ...« (MS) wird »... those who were dear to him...«. Man wird geneigt sein, mit den Herausgebern Anderson und Ellmann hinter Varianzen wie diesen die Hand des Autors zu vermuten. Da Art und Ausmaß seiner Revisionen jedoch dokumentarisch nicht belegbar sind, kommt die Textkritik hier nicht mehr ohne Stilkritik aus. Diese sollte deshalb konsequent eingesetzt werden. Andererseits sollte der Ansatz von textkorrumpierenden Versehen bei der Abschrift mit gleicher Konsequenz eingeschränkt werden auf solche Fälle, wo sich zur stilistischen Wahrscheinlichkeit einer Textverderbnis eindeutige Hinweise auf die Mechanik ihres Zustandekommens aus dem graphischen Erscheinungsbild des Manuskripts ergeben. Eine rhetorische Klimax der Predigt über die Qualen der Hölle würde dann, beispielsweise, in einen »definitiven« Text ohne die eingeklammerten Passagen, und also so, wie sie in allen frühen Drucken steht, eingehen:

O what a dreadful punishment! An eternity of endless agony, of endless bodily and spiritual torment, without one ray of hope, without one moment of cessation, of agony [limitless in extent,] limitless in intensity, of torment [infinitely lasting,] infinitely varied, of torture that sustains eternally that which it eternally devours, of anguish that everlastingly preys upon the spirit while it racks the flesh, an eternity, every instant of which is itself [an eternity, and that eternity] an eternity of woe. Such is the terrible punishment decreed for those who die in mortal sin by an almighty and a just God. (Viking [Anderson], S. 133)

Eine Einfügung der bezeichneten Passagen in den edierten Text nach Maßgabe des Manuskripts, wie sie bei Anderson und Ellmann vorgenommen ist, wird von der Erscheinung des Schriftbilds in der Handschrift nicht zwingend nahegelegt und setzt eine dreimalige je isolierte Unkonzentriertheit des Abschreibers voraus. Ihre Auslassung hingegen nach Maßgabe des Textes in der ersten Druckfassung sieht die Streichung der drei Passagen als einen Vorgang und versteht sie als das Resultat einer wiederholt sich manifestierenden, auf sprachliche Straffung abgezielten auktorialen Revision. Sie würde zudem logisch einerseits in Zusammenhang und andererseits in klarem Gegensatz zu Entscheidungen an anderer Stelle stehen – etwa der zu der Auslassung von »O what shame! His face was burning with shame« oder der zur Wiedereinfügung von Passagen nach eindeutiger Maßgabe des graphischen Erscheinungsbilds im Manuskript, wie etwa des »(symbolising) the preciousness of God's gifts to her soul, rich garments, symbolising (her royal lineage)« – und würde so aus einer Gesamtbeurteilung der Überlieferungslage den editorischen Einzelfall übergreifenden Editionskriterien unterordnen. Solche Kriterien stehen nicht mit hinreichender Konsequenz hinter dem Text in der Ausgabe von Anderson und Ellmann.

An einer Stelle im dritten Kapitel des Romans ist jenem Kopisten in Triest, dessen Beitrag zur Textverderbnis sonst nur erschlossen werden kann, anhand des Manuskripts nachzuweisen, wie er die Intention der handschriftlichen Aufzeichnung mißverstanden und so Joyces Text verfälscht hat. Der ursprüngliche Wortlaut des Manuskripts: »Adam and Eve were then created by God and placed in Eden, that lovely garden resplendent with sunlight and colour, teeming with luxuriant vegetation« ist vom Autor noch in der Handschrift mit dem zwischen die Zeilen geschriebenen Zusatz versehen worden: »in the plain of Damascus«. Der Kopist fügt ihn mitten in die Manuskriptzeile ein, über der er steht: »... and placed in Eden, in the plain of Damascus, that lovely garden ...« Er übersieht, daß Joyce selbst mit einem dicken Haken, jedoch ganz am rechten Blattrand, bezeichnet hat, wie der Satz mit der Einfügung lauten soll: »Adam and Eve were then created by God and placed in Eden, that lovely garden in the plain of Damascus resplendent with sunlight and colour, teeming with luxuriant vegetation.« Aufgrund eines Mißverständnisses beim Abschreiben der Handschrift also erscheint er so nicht im Londoner *Egoist* vom 15. August 1914 und nicht in irgendeiner der letztlich hiervon abgeleiteten Ausgaben und Auflagen bis 1964. Doch auch die Ausgabe von Anderson und Ellmann gibt den intendierten Wortlaut nicht wieder. Ebenso wie bei dem Beispiel von den »geen wothe«, der grünen Rose, das diese Darlegungen eröffnete, ist die Perpetuierung eines frühen Textfehlers an dieser Stelle eines von vielen tradierten und manchen neuen Versehen im Text der Ausgabe von Anderson und Ellmann. Er ist zwar der beste gegenwärtig verfügbare Text des Romans. Eine in vollem Sinne kritische Edition von James Joyces *A Portrait of the Artist as a Young Man* aber bleibt erst noch zu leisten.

## Anmerkungen

1 Die umfassendste Übersicht über die Text- und Editionsgeschichte, auf die sich die folgenden Darlegungen vor allem stützen, gibt Chester G. Anderson, »The Text of James Joyce's *A Portrait of the Artist as a Young Man*«, *Neuphilologische Mitteilungen* 65 (1964), 160–200. (Im folgenden abgekürzt: Anderson.) Wertvolle verlagsgeschichtliche Ergänzungen dazu sind enthalten in der Harriet Weaver-Biographie von Jane Lidderdale und Mary Nicholson, *Dear Miss Weaver*, London 1970. Die exakten bibliographischen Daten geben John J. Slocum and Herbert Cahoon, *A Bibliography of James Joyce, 1882–1941*, London 1953.

2 Vgl. Robert Scholes and Richard M. Kain, *The Workshop of Daedalus*, Evanston 1965, S. 107–108, und A. Walton Litz, *The Art of James Joyce*, London 1961, Appendix B, S. 132–141.

3 Zu den biographischen Daten vgl. Richard Ellmann, *James Joyce*, New York 1959, S. 274 und *passim*.

4 Siehe Slocum-Cahoon, S. 136.

5 Dieser Meinung ist Ellmann (S. 365), wobei er den Brief von James Joyce an Harriet Weaver vom 11. November 1914, der bestätigt, daß die beiden letzten Kapitel an sie abgeschickt seien, weder erwähnt noch ihm zu glauben scheint. Tatsächlich las Pound den Schluß des Romans bezeugtermaßen erst im September in der gedruckten Fassung des *Egoist* (Pound an Joyce in der zweiten Septemberwoche 1915: *Pound/Joyce Letters*, ed. F. Read, London 1967, S. 44).

6 Siehe auch Anderson, S. 183 f. Die Fußnote in Lidderdale-Nicholson (S. 98), nach der erst eine nochmalige Überarbeitung des fünften Kapitels im *Egoist* zum Abdruck gelangte, beruht anscheinend auf Ellmann und ist gegenstandslos. Die erste Fortsetzung von Kapitel 5 ist bereits am 1. Februar 1915 in *The Egoist* enthalten, und das vollständige MS dieses Kapitels ist spätestens Ende März in London nachweisbar (dürfte aber jedoch mit dem von Kapitel 4 seit November 1914 dort vorgelegen haben). Am 29.(?) März 1915 trug es Ezra Pound von der Redaktion oder der Druckerei des *Egoist* (das Kapitel war erst teilweise abgesetzt) zu Grant Richards, den Joyce zu

einer Entscheidung über eine mögliche Buchveröffentlichung drängen ließ (vgl. *Pound/Joyce Letters*, S. 33). Bis zum 20. Mai war das Manuskript wieder zurück in der Druckerei.

7 Zitiert nach: *A Portrait of the Artist as a Young Man*. The definitive text, corrected from the Dublin holograph by Chester G. Anderson and edited by Richard Ellmann, New York 1964, im identischen Abdruck der ›Viking Critical Library‹, New York 1968.

8 Ein Geheft von *Egoist*-Ausschnitten, das Harriet Weaver 1951 der Bibliothek des British Museum vermacht hat, setzt sich teilweise aus Satz- und Umbruchfahnen zusammen, und im Hinblick auf die Restituierung des gestrichenen Textabschnittes für den Anfang des Kapitels 3 enthält es sowohl die Umbruchfahne wie den veröffentlichten Text des Kapitelanfangs vom 1.8.1914.

9 Vgl. Ellmann, S. 416f.

10 Aufgrund der Darstellung der Zusammenhänge in Lidderdale-Nicholson, *Dear Miss Weaver*, S. 124–126, folgere ich hier anders als Anderson (S. 187f.). Da mittlerweile John Quinn, ein Literaturmäzen in Amerika, zum Sammler von Joyceana geworden war und vom Autor auch alle noch erhaltenen Vorstufen seiner veröffentlichten Werke kaufte, ist die von B.W. Huebsch benutzte Druckvorlage zusammen mit zwei weiteren Geheften der Fortsetzungen erhalten geblieben; alle drei befinden sich heute in der Slocum Collection an der Universitätsbibliothek der Yale University in New Haven, Connecticut. Weitere Exemplare der gebündelten Fortsetzungen, die 1915 und 1916 im Umlauf waren, dürften verlorengegangen sein, so auch jenes oben erwähnte Exemplar, welches das fünfte Kapitel in Maschinenschrift enthielt. Das vierte noch existente (Anderson jedoch nicht bekannte) Geheft der Fortsetzungen ist jenes teilweise aus Satz- und Umbruchfahnen bestehende Exemplar in der Bibliothek des British Museum, welches aus Harriet Weavers Privatbesitz stammt.

10a Aus der kürzlich eingesehenen unveröffentlichten Korrespondenz zwischen B.W. Huebsch und Harriet Weaver ergibt sich in teilweiser Abweichung von der hier noch gegebenen Darstellung des Schluß, daß Joyces Originalkorrekturen nicht im April bei J.B. Pinker in London, sondern erst im Juni 1917 bei B.W. Huebsch in New York abgeschrieben wurden. Huebsch behielt für sich die Abschrift im Original, den Durchschlag sandte er an Harriet Weaver, die ihm ergänzte und für ihre neue Ausgabe verwendete. Bei der Korrespondenz liegt unter dem 16. 8. 1917 eine für Huebsch bestimmte Liste mit 15 der 17 Korrekturen, die Harriet Weaver im Durchschlag nachgetragen hat, und dazu die Berichtigung eines Tippfehlers in der Anschrift.

11 Harriet Weaver scheint nach Abschluß des Druckes das annotierte Exemplar, das zusätzlich noch etwa alle vier Seiten Setzerzeichen aufweist, die jeweils mit den oftmals um einige Silben oder Wörter verschobenen Seitenanfängen in der Zweitauflage korrespondieren, in ihren Privatbesitz zurückgenommen zu haben. Im Zuge der Auflösung ihrer Joyce-Sammlung hat sie es im März 1952 der Bodleian Library in Oxford geschenkt, wo es verwahrt wird, ohne bisher von der Textforschung entdeckt und in seinem dokumentarischen Wert erkannt und untersucht worden zu sein.

12 Siehe Anderson, S. 199f.

13 Anderson, S. 171ff.

ROSEMARIE FRANKE

# Die Rezeption des »Portrait« im deutschen Sprachbereich: Übersetzung, Verbreitung und Kritik*

## Übersetzungen und Übersetzungskritik

Zehn Jahre nach der ersten englischsprachigen Buchausgabe von *A Portrait of the Artist as a Young Man* veröffentlichte der Rhein-Verlag (Basel) 1926 die deutsche Übersetzung von Georg Goyert unter dem Titel *Jugendbildnis*. Eine erste deutsche Taschenbuchausgabe erschien 1960 mit dem erweiterten Titel *Jugendbildnis des Dichters* in der Fischer Bücherei, Exempla Classica 11 (Frankfurt/Main), als Lizenzausgabe des Rhein-Verlags.
Georg Goyerts deutsche Übersetzung von *Stephen Hero* wurde 1958 vom Verlag Günther Neske (Pfullingen) unter dem Titel *Stephen Daedalus* veröffentlicht. Bereits fünf Jahre später folgte die erste deutsche Taschenbuchausgabe in der Fischer Bücherei, 540 (Frankfurt/Main 1963).
Im Rahmen der vom Suhrkamp Verlag herausgegebenen Frankfurter Ausgabe der *Werke* von James Joyce, die neben den neu übersetzten dichterischen Werken auch die erstmalige Übersetzung der Kritischen Schriften und einer Briefauswahl umfaßt, erschienen im Februar 1972 im 2. Band *Stephen der Held* und *Ein Porträt des Künstlers als junger Mann* in einer neuen Übersetzung von Klaus Reichert.
Mit *A Portrait* wurde dem deutschsprachigen Leser 1926 – ein Jahr vor dem Erscheinen der deutschen Fassung von *Ulysses* – ein erstes Erzählwerk von Joyce zugänglich. Joyces Briefe zeigen jedoch, daß man ihm bereits 1919, im Jahr der Veröffentlichung von *Exiles* in deutscher Sprache, ein Übersetzungsangebot unterbreitet hatte. Der Brief an Harriet Shaw Weaver vom 28. Oktober 1919 spiegelt sein Interesse an einer guten deutschen Übersetzung:

---

* Der nachfolgende Beitrag stellt die überarbeitete Fassung eines Teils aus der Dissertation der Verf. dar, die 1970 unter dem Titel *James Joyce und der deutsche Sprachbereich: Übersetzung, Verbreitung und Kritik in der Zeit von 1919–1967* (Berlin FU, Phil. Diss.) erschien. Dort finden sich nähere Ausführungen und Belege zu den Problemen, die im Rahmen dieses Beitrags nur gestreift werden können. Das gilt besonders für alle Vergleiche mit der deutschsprachigen Joyce-Aufnahme insgesamt.

Mir wurde ein verbindliches Angebot für eine deutsche Übersetzung gemacht, aber ich möchte nichts abschließen, bevor ich den Übersetzer kenne oder weiß, daß ich ihm trauen kann.[1]

Nähere Angaben hierzu liegen nicht vor. Offenbar kamen die Verhandlungen jedoch zu keinem Ergebnis, denn am 1. Mai 1920 ergriff Joyce selbst die Initiative und schrieb an Kurt Wolff:

Sehr geehrter Herr: Vielleicht wäre dieser Roman von mir geschrieben und von welchem ich Ihnen einige Presskritiken überreiche geeignet in deutscher Übersetzung für Ihre Sammlung »Moderne Bücher«. Einige meiner Werke sind schon in deutsch, italienisch und swedisch übersetzt. Wenn Sie wünschen könnte ich für Sie ein Exemplar verschaffen
Hochachtend
Prof. James Joyce[2]

Über Wolffs Reaktion ist nichts bekannt. Statt seiner meldete sich zwei Monate später zum ersten Male der Rhein-Verlag und ließ durch seinen Agenten Ivan Goll Interesse an einer deutschen Übersetzung des *Portrait* bekunden[3]. Aus Joyces Bericht vom 31. Juli 1920 geht hervor, daß dem Gespräch nicht unmittelbar ein Vertragsabschluß folgte[4]. Die später ursprünglich für November 1925 geplante Veröffentlichung der Übersetzung von *A Portrait*[5] wurde auf April 1926 verschoben. Zwischen dem ersten Angebot und der endgültigen Veröffentlichung liegen demnach fast sieben Jahre, in denen zumindest drei Verlage als mögliche Publikationsträger zur Diskussion standen.

Anders als bei den späteren Übersetzungen von *Ulysses, Dubliners* und *Anna Livia Plurabelle* hat sich Joyce im Hinblick auf *A Portrait* weder grundsätzlich noch im Detail, weder zur Problematik der Übersetzung überhaupt noch zu ihrer konkreten Ausprägung geäußert.

Georg Goyerts Übersetzung von *A Portrait* findet 1926 die ungeteilte Zustimmung Bernhard Fehrs, der ähnlich wie die Anzeige des Rhein-Verlags von einer »meisterlichen Übertragung« spricht[6]. Ernst Robert Curtius nimmt nicht zur Übersetzung insgesamt Stellung, möchte jedoch den Anruf des Schlußsatzes »old father« nicht wie Goyert mit »Ahn« übersetzt sehen, sondern als »alter Vater«[7]. Eine weitere negative Einzelbemerkung hinsichtlich der Übersetzung des Reims »apologise: pull out his eyes« stammt von Rudolf Hentze, der darauf hinweist, daß dieser Stelle im Deutschen der im Englischen »wiegende, berauschende Rhythmus« fehlt[8]. Mehr konstatierend als enthusiastisch äußern sich Hans Hennecke[9] und Hans Egon Holthusen anläßlich der Übertragung von *Stephen Hero,* die für Holthusen allerdings »aus der angesehenen Übersetzerwerkstatt von Georg Goyert«[10] kommt. 1968 (d. h. 42 Jahre nach der Erstveröffentlichung des deutschen Textes) stellt Fränzi

Maierhöfer fest, daß das *Jugendbildnis des Dichters* eine Reihe von fehlerhaften Übersetzungen katholischer Termini enthält[11].

Diese späte Erkenntnis läßt gemeinsam mit der im Verhältnis zu *Ulysses* und *Finnegans Wake* geringen Anzahl von Stellungnahmen den Schluß zu, daß die Problematik der Übersetzung von *A Portrait* sowohl von Goyert als auch von seinen Kritikern unterschätzt worden ist. Ein Vergleich der Goyertschen Übersetzung mit der von Klaus Reichert erarbeiteten neuen deutschen Fassung, die auch die von früheren Kritikern beanstandeten Übersetzungsdetails modifiziert bzw. korrigiert, bestätigt diese Annahme und relativiert zugleich das Goyert erteilte Prädikat einer »meisterlichen Übertragung«. In der »Nachbemerkung zur deutschen Ausgabe« heißt es:

*Stephen Hero* und *Portrait* stellen den Übersetzer vor zwei gänzlich verschiedene Aufgaben. Im einen Fall läßt sich Satz für Satz vorgehen, im anderen ist man genötigt, strukturell, d. h. ausgehend von bestimmten motivischen Korrespondenzen, zu übersetzen. Die neue *Portrait*-Übersetzung ist somit *grundsätzlich* anders als die frühere von Georg Goyert [...]; hingegen ergeben sich zwangsläufig zahlreiche Übereinstimmungen mit Goyerts Übersetzung des *Stephen Hero* [...].[12]

Im Hinblick auf die neue deutsche Übersetzung von *A Portrait* scheint sich Dieter E. Zimmers These zu bewahrheiten, die auf den Gesamtkomplex der deutschsprachigen Joyce-Rezeption bezogen zumindest undifferenziert nicht akzeptiert werden kann: »Es hat den Anschein, als sollte James Joyce in Deutschland endlich sein Recht werden.«[13]


## Werkkritik

Im Gegensatz zur Übersetzungskritik, die trotz der Bindung an die jeweilige Werkkritik weitgehend unabhängig von der Betrachtung anderer Joyce-Werke und deren Übersetzung geübt wurde, ist die Werkkritik selbst in starkem Maße auf das Gesamtwerk, zumindest aber auf mehr als ein Einzelwerk bezogen. Die Darstellung der kritischen Aufnahme von *A Portrait* soll daher mit einem kurzen Überblick über die äußere Entwicklung der bisherigen Rezeption des Joyceschen Gesamtwerkes beginnen. Dabei bedarf zunächst der hier benutzte Begriff der deutschsprachigen Joyce-Kritik einer näheren Erklärung.

Das dem Überblick zugrunde gelegte Material umfaßt die im deutschen Sprachbereich veröffentlichten deutschsprachigen Beiträge der verschiedensten Aussageebenen, die sich einem Begriff Kritik als wertfreier Bezeichnung für nichtdichterische Aussagen zum

Thema Joyce zuordnen lassen. Übersetzungen und deutsch erschienenen Beiträgen fremdsprachiger Kritiker wird im Hinblick auf das Ziel, wesentliche Züge der deutschsprachigen Aufnahme von Joyce herauszuarbeiten, nur mehr registrierende Behandlung zuteil. Die Organe der Tagespresse werden zwar nicht grundsätzlich, jedoch insbesondere für den jüngeren Zeitraum der Kritik im allgemeinen nur in Auswahl erfaßt. Unberücksichtigt bleiben alle Formen der mündlichen Auseinandersetzung, schriftliche Äußerungen mit zunächst privatem Charakter sowie Lexika und Gesamtdarstellungen der englischen Literatur.

Die seit 1919 vorhandene deutschsprachige Joyce-Kritik umschließt eine geschichtliche Epoche, in der im Bereich der wechselnden deutschen Nationalitätsgrenzen durch politischen Einfluß auch das Forum der Kritik in seiner kontinuierlichen Entwicklung gestört wurde. Die Folgen des nationalsozialistischen Einflusses auf den Bereich der Literatur gliedern den Gesamtkomplex der deutschsprachigen Kritik seit 1919 in zwei Phasen, von denen sich jede durch bestimmte Eigenheiten in Form und Inhalt der Auseinandersetzung auszeichnet.

Im Hinblick auf die quantitative Verteilung ist festzustellen, daß die erste Phase einen bedeutend sprunghafteren Verlauf nimmt als die zweite. Ihre Höhepunkte sind teilweise durch die Übersetzungen der Joyceschen Werke bedingt. Den Anfang der deutschsprachigen Auseinandersetzung mit Joyce bildet ein im März 1919 in der *Neuen Zürcher Zeitung* veröffentlichter Artikel über das Drama *Exiles,* an den sich noch im gleichen Jahr die Rezensionen der Uraufführung des Werkes in deutscher Übersetzung im Münchner Schauspielhaus anschließen. Zwischen 1922 und 1924 folgen vereinzelte Hinweise auf *Ulysses*. Ab 1925 verstärkt sich die Auseinandersetzung und erreicht 1928, nach der Übersetzung von *A Portrait, Ulysses* und *Dubliners,* ihren absoluten Höhepunkt. In dem sich anschließenden Jahrzehnt verzeichnet das Jahr 1932, in dem auch im deutschen Sprachbereich der 50. Geburtstag des Autors gefeiert wird, die größte Anzahl der Beiträge. Insgesamt geht die Zahl der Veröffentlichungen zurück, wobei aber anzumerken ist, daß ein verhältnismäßig großer Teil auf ausschließlich Joyce gewidmete Veröffentlichungen in Buchform entfällt.

Durch die Einbeziehung der deutschsprachigen Schweiz als eines national selbständigen Gebietes in den Bereich der Betrachtung wird der nationalsozialistische Einfluß auf die Kritik – soweit er unter quantitativen Gesichtspunkten faßbar ist – im Jahre 1941 weniger fühlbar. Dem Tod von James Joyce am 13. Januar 1941 in Zürich folgt im deutschen Sprachbereich fast ausschließlich in der Schweiz eine Fülle von würdigenden Nachrufen, von denen viele noch im gleichen Jahr in einem Sammelband vereinigt werden. Dieser letzte Höhepunkt der ersten Phase fällt in einen Zeitraum von sieben Jahren, in denen als einziger unmittelbar auf ein Joycesches Werk bezogener neuer Beitrag 1942 – im Jahre des nationalsozialistischen Verbots von Joyce – Wolfgang Wilhelms Artikel über *A Portrait* in der in Stuttgart erscheinenden *Zeitschrift für Ästhetik und Allgemeine Kunstwissenschaft* veröffentlicht wurde.

Die deutschsprachige Joyce-Kritik nach 1945 verläuft gegenüber der ersten Phase in wesentlich ruhigeren Bahnen. Einmal bekundetes Interesse bleibt erhalten. Die zweite Phase beginnt in den Jahren 1946 und 1947 mit vereinzelten Beiträgen, nimmt 1948 deutlich zu und behält von da ab die jährliche Anzahl der Joyce-Aussagen mit geringen Abweichungen bei bis 1957. Das Jahr 1957 stellt quantitativ einen ersten Höhepunkt dar. Das darauffolgende Jahrzehnt zeigt wie das vorangegangene eine relative Konstanz in der Zahl der Beiträge, die jetzt jedoch bedeutend höher liegt als zuvor. Die Jahre 1961 und 1962 zeichnen sich durch besonders zahlreiche Veröffentlichungen aus.

Damit ist ein für beide Phasen charakteristisches Merkmal in der zeitlichen Verteilung der Kritik gegeben: Die Jahre 1932, 1941, 1957, 1961 und 1962 sind in besonderer Weise mit den Joyceschen Lebensdaten 1882–1941 verbunden. Gemeinsam sind beiden Phasen weiterhin die verschiedenen, äußerlich erkennbaren Aussageebenen der Kritik, deren Spannweite vom Joyce-Buch über den Sammelband und die Zeitschriften bis zur Tagespresse reicht. Verschiebungen ergeben sich hinsichtlich der Proportionen. Für die ersten zwanzig Jahre der zweiten Phase ist gegenüber der ersten eine größere Aktivität im Bereich der kritischen Kleinform festzustellen. Etwa gleichzeitig mit dem Beginn der Realisierung der vom Suhrkamp Verlag geplanten »riesige(n) Editions- und Übersetzungsaktion«[14], deren Bekanntgabe 1967 erfolgte, erschien jedoch insbesondere im akademischen Bereich eine größere Anzahl von ausschließlich Joyce gewidmeten Studien in Buchform.

Die Verteilung der Kritik insgesamt zeigt deutlich, daß von einer Beschränkung der Diskussion auf die anglistische Fachkritik keine Rede sein kann. Diese Erkenntnis wird durch die seit 1924 erscheinenden Übersetzungen vorwiegend angelsächsischer Sekundärliteratur bestätigt. Etwa seit 1957 besteht die Tendenz, diese Übersetzungen den späteren deutschen Ausgaben der Primärliteratur ähnlich mit speziellen Erläuterungen für das deutschsprachige Publikum zu versehen. Den Höhepunkt dieser Entwicklung stellen die im Suhrkamp-Programm enthaltenen Materialienbände dar, die die neuen deutschen Übersetzungen der Originaltexte begleiten sollen.

Die Beschäftigung mit James Joyce nach 1945 darf nicht – wie es fälschlicherweise des öfteren geschieht – mit einem Beginn der

Auseinandersetzung schlechthin verwechselt werden. Die deutschsprachige Joyce-Kritik vor dem offiziellen Verbot des Autors im Jahre 1942 stellt einen ansehnlichen Teil der gesamten bisherigen deutschsprachigen Kritik dar.

Neu ist indessen nach 1945 der Umfang, in dem James Joyce in die deutschsprachige Untersuchung allgemeiner wie spezieller Probleme der modernen und deutschen wie der modernen deutschen Literatur eingegangen ist, ohne daß sich im einzelnen Kenntnis und Verarbeitung der frühen deutschsprachigen Joyce-Kritik insgesamt nachweisen ließen. Neben der allenthalben festzustellenden Internationalisierung der Betrachtungsweise spiegelt sich hierin das verständliche Bedürfnis der deutschen Kritiker, die nach dem Zweiten Weltkrieg wiedergewonnenen Möglichkeiten des Vergleichs auszuschöpfen.

Der Vergleich war der ersten Phase nicht grundsätzlich fremd, er wurde jedoch im allgemeinen stärker ihrem Streben untergeordnet, den Zugang zu Joyce zu schaffen. Diese Tradition wird nach 1945 fortgesetzt und ist als Joyce-Kritik im eigentlichen Sinne zu betrachten. In den Studien mit anderer und oft umfassenderer Thematik variieren Art und Umfang der Joyce-Aussage. Die Berücksichtigung dieser im engeren oder weiteren Sinne vergleichenden Beschäftigung mit Joyce unter dem Thema Joyce-Kritik kann nur dann als gerechtfertigt angesehen werden, wenn die gleichberechtigte Stellung der Joyce-Analyse im Titel oder Untertitel zum Ausdruck kommt und der Autor relativ selbständig behandelt wird.

Wichtig ist es jedoch, um die Existenz einer vergleichend orientierten Auseinandersetzung mit Joyce neben der hier erfaßten kritischen Aufnahme im engeren Sinne zu wissen, da sie im ganzen eine besondere Art der Joyce-Verarbeitung dokumentiert.

## Rezeptionsstadien

Mit dem Stoff von *A Portrait* und seiner Vorform *Stephen Hero* wurde der deutsche Sprachbereich in zwei Phasen der kritischen Aufnahme und durch zwei Arten der Vermittlung bekannt: Goyerts Übersetzungen aus den Jahren 1926 und 1958 folgten Anfang 1972 die neuen deutschen Fassungen von Klaus Reichert, und am 12. Februar 1964 fand im Deutschen Schauspielhaus in Hamburg die deutsche Erstaufführung von *Stephen Daedalus* von Hugh Leonard nach James Joyce statt.

Kritische Kommentare schließen sich jedoch an Originale wie Übersetzungen an. In ihrem Zentrum steht *A Portrait,* das im Jahre 1922 zum ersten Male als frühere Arbeit des Autors von *Ulysses*

erwähnt wird[15]. Diese Beziehung zu *Ulysses,* für den *A Portrait* als »ein vorbereitendes Buch«[16] angesehen wird, bleibt in fast allen Aussagen erhalten und zeigt sich auch dann, wenn die Auseinandersetzung mit *A Portrait* eindeutig den Schwerpunkt bildet.
Legt man der Gliederung des Gesamtmaterials die von Kain und Magalaner leicht vereinfachte Chronologie der Joyceschen Originalwerke mit der Veränderung zugrunde, die der Uraufführung von *Exiles* im deutschen Sprachbereich Rechnung trägt, so zeigt sich in quantitativer Hinsicht ein deutlicher Anstieg zur Aufnahme von *Ulysses* hin. Der Zahl nach sind die Auseinandersetzungen mit *A Portrait* stärker von denen mit *Dubliners* als von denen mit *Ulysses* abgesetzt und wohl am ehesten mit den Ausführungen zu *Finnegans Wake* vergleichbar. Ihre Verteilung entspricht in etwa der im Überblick dargestellten Aufnahme von Joyce überhaupt. Eine zahlenmäßig faßbare Ballung von Aussagen ist in den Jahren 1926–1929 sowie 1964 nach der Aufführung von *Stephen Daedalus* festzustellen. Es bleibt abzuwarten, ob die neuen deutschen Fassungen auch über die Übersetzungskritik und den Übersetzungsvergleich hinaus zur Auseinandersetzung mit den Werken anregen. Daß im Rahmen der in jüngster Zeit gesteigerten kritischen Aktivität auch unabhängig von der Übersetzung eine intensive Beschäftigung mit *A Portrait* stattfindet, zeigen u. a. die in vorliegendem Band abgedruckten Arbeiten.
Bei den Rezensionen der Aufführung[17] geht es vordringlich um die Frage »Kann man Joyce dramatisieren?«, wie der Titel einer Besprechung von Werner Kließ in *Theater heute*[18] lautet. Die Überlegungen beziehen sich jedoch in erster Linie auf den auf der Bühne gezeigten Versuch einer Dramatisierung, bei dem außer dem Text auch Inszenierung und schauspielerische Leistung zu berücksichtigen sind. Dementsprechend wird die vorwiegend negative Beantwortung[19] der Ausgangsfrage durch nicht unmittelbar auf den Text bezogene Zusätze eingeschränkt.
Neben den Rezensionen der Aufführung liegen zu den ersten deutschen Übersetzungen von *A Portrait* und *Stephen Hero* jeweils mehrere Besprechungen vor, wenngleich zu *A Portrait* aufgrund von Kriegseinwirkungen teilweise nur noch in Form von Verlagsreklame. Außerdem existiert eine Reihe von Studien, die – unabhängig von deutscher Erstausgabe und Aufführung – nur bzw. hauptsächlich *A Portrait* und seinen Vorformen gewidmet sind. Darüber hinaus ist festzustellen, daß auch Arbeiten mit anderer bzw. umfassenderer Joyce-Thematik der Betrachtung von *A Portrait* mehr Raum zur Verfügung stellen, als das im Hinblick auf *Exiles,* »Poetry« und *Dubliners* der Fall ist. Bloße Erwähnungen, die im Zusammenhang mit den genannten Werken einen beträchtlichen Teil der jeweiligen »kritischen Aufnahme« bilden, sind demgegenüber

seltener. Bei näherer (S. 49) Untersuchung der dem *Portrait* gewidmeten Aussagen stellt sich allerdings heraus, daß ihr Umfang in den meisten Fällen zu einem nicht geringen Teil durch die Wiedergabe des Inhalts unter jeweils verschiedenen Aspekten bedingt ist. Auffälligstes Merkmal in der Charakteristik von *A Portrait* ist der Bezug zum Autor und zu seinem späteren Werk *Ulysses*. In diesem Sinne heißt es bei Bernhard Fehr: »Holen wir also zunächst aus diesem autobiographischen Roman heraus, was für das Verständnis des späteren größeren Buches wesentlich ist.«[20] Als »wesentlich« erweisen sich, von einigen Ausnahmen abgesehen, biographische Details zu James Joyce und zum Stephen Dedalus des *Ulysses* sowie die Formulierung der Kunsttheorie.

Im Zentrum des folgenden Berichts über Inhalt und Form der kritischen Aufnahme wird eine ausführliche Darlegung der Interpretation von *A Portrait* durch Willi Erzgräber[21] stehen, in die an jeweils relevanter Stelle die sonstigen Aussagen über das Werk eingefügt werden sollen. Die Ordnung der Aussagen zueinander kann von Fall zu Fall modifiziert werden. Die Methode der insgesamt von Erzgräber abhängigen Betrachtungsweise rechtfertigt sich durch die Tatsache, daß seine Arbeit den umfangreichsten, nicht auf ein spezielles Problem hin ausgerichteten Beitrag zur Aufnahme von *A Portrait* darstellt. Die für die Ausgabe von 1971 bibliographisch erweiterte Fassung der ursprünglich 1965 veröffentlichten Arbeit schließt auch im chronologischen Sinne die zumindest hypothetische Betrachtung als Zusammenfassung nicht aus.

Nicht einordnen läßt sich die Untersuchung von Wolfgang Weiss über Joyces Beschäftigung mit Joachim von Fiore, deren erste Spuren er in *A Portrait* und – ausführlicher – in *Stephen Hero* nachweist[22].

Erzgräbers Interpretation des *Portrait* gliedert sich in fünf gekennzeichnete Abschnitte, von denen der erste grundsätzlichen Problemen der Beziehung des Autors Joyce zu seinem Werk wie der Stellung und Charakteristik des *Portrait* gegenüber seinen Vorformen gewidmet ist, während der letzte auf die Verbindung von *A Portrait* zu *Ulysses* hinweist. Zwischen Rückblick und Ausblick wird im mittleren Teil – den Abschnitten zwei bis vier – die Entwicklung des Stephen Dedalus dargelegt. Die Interpretation folgt dabei im wesentlichen dem inhaltlichen Verlauf des Werkes und weist damit einen für die kritische Aufnahme von *A Portrait* insgesamt charakteristischen Zug auf.

Ihrem nicht allein auf *A Portrait* hin formulierten Titel entsprechend ist Fränzi Maierhöfers Arbeit über *Die fledermausähnliche Seele des Stephan Dädalus*[23] trotz der auf den ersten Blick mit Erzgräber zumindest teilweise vergleichbaren Anlage stärker auf eine

Charakteristik des Stephen Dedalus in *Stephen Hero, A Portrait* und *Ulysses* hin ausgerichtet.
Erzgräbers einleitende Feststellung, »Irland, Dublin und das eigene Leben bildeten ... die stoffliche Basis für das künstlerische Schaffen von James Joyce« (S. 78), erfordert den Hinweis auf über die Hälfte aller für *A Portrait* und seine Vorformen relevanten Kritiker, von denen der in verschieden starkem Maße gedeutete »autobiographische Zug« (ebd.), wenn nicht als einziges, so doch als bedeutendes Merkmal des Werkes zumeist ausdrücklich erwähnt wird[24].
Die anschließend bei Erzgräber skizzierten Vorformen des *Portrait* und ihre jeweiligen Veröffentlichungsprobleme werden, wenngleich nicht immer mit derselben Ausführlichkeit, auch bei Armin Arnold[25] und einigen anderen Kritikern[26] sowie verschiedenen Rezensenten der deutschen Ausgabe von *Stephen Hero* genannt[27].
Bei der Gegenüberstellung der Fassungen *Stephen Hero* und *A Portrait* werden Unterschiede in der Verarbeitung des Materials festgestellt, wie sie in Auswahl auch Holthusen[28], Hennecke[29], Wolpers[30] und Arnold[31] erwähnen. Für *A Portrait* ergeben sich daraus Charakterzüge des Labyrinthischen[32], das in *Stephen Hero* als »Ziel seines dichterischen Schaffens« (S. 80) bezeichnet wurde. Zu ihm gehört die »symbolistische Verschlüsselung« (S. 81), deren Reichweite und Problematik Erzgräber an Beispielen darlegt[33]. Ihr entgegen und positiv auf das Verständnis des Lesers wirkt die Gesamtstruktur des Werkes. Von einem Strukturwillen, der von punktueller Fixierung zum Universalen und umgekehrt tendiert, sprechen Carola Giedion-Welcker[34] und Günter Blöcker[35]. Rudolf Hentze setzt das Moment des »Konstruktiven« dem des »Irrationalen« entgegen[36]. Alle Kritiker gehen jedoch in ihren Betrachtungen über *A Portrait* hinaus. Erzgräber sieht in der Gliederung des Werkes »die klassische 5-Akt-Struktur des Dramas« (S. 83) verwirklicht. Die Verwendung dieses Formprinzips kann als Grund für die starke Raffung von *Stephen Hero* zu *A Portrait* angesehen werden. In diesem Prozeß vollzog sich die Abkehr vom »Handlungsroman« und die Ausprägung zum »Werk der Bewußtseinskunst« (S. 84)[37]. Wolfgang Wilhelm bezeichnet in seiner Studie über *Das literarische Porträt bei James Joyce* die Handlungsarmut als wesentlich zum »Porträt« gehörig[38]. Eine zugleich erkannte »Bildferne«[39] in der Selbstdarstellung des Stephen Dedalus wird von ihm als mangelnder Kontakt mit der Außenwelt negativ bewertet. Eine ähnlich negative Bewertung erfährt die Darstellungsmethode des Autors durch Max Tau, bei dem es heißt: »So gibt er eigentlich kein Jugendbildnis, sondern einen Rechenschaftsbericht über das Denken eines jungen Menschen.«[40] Den Beweis für die Zugehörigkeit des Werkes zur Bewußtseinskunst erbringt Albrecht Neubert im Rahmen seiner Untersuchung über *Die Stilformen der*

»Erlebten Rede« im neueren englischen Roman[41]. Der im Portrait vorhandene »Assoziationsstil«[42] ist ihm Zeichen einer bestimmten Stufe in der sich entwickelnden Beziehung des Schriftstellers zur Wirklichkeit[43].
Was die Technik der Darstellung betrifft, hat sich unter jeweils besonderem Aspekt eine Reihe von Kritikern geäußert[44]. Unter dem Thema Bewußtseinskunst lassen sich schließlich all jene Aussagen subsumieren, die von der Gestaltung einer »Seelengeschichte«[45] im Portrait sprechen, ohne bereits fertige Termini zur Bezeichnung dieses Vorgangs zu verwenden. Was diese Kunst, die nach Valeriu Marcu »den Katholizismus mit der Psychoanalyse«[46] verbindet, für die wissenschaftliche Psychoanalyse bedeutet, umreißt der Kritiker Gerö mit den Worten:

Mir scheint, die Bedeutung solch starker, unverhüllter Selbstbiographien, wie die Joycesche ist, liegt nicht nur darin, daß sie zur Psychologie der Künstler beitragen, sondern auch darin, daß sie unser Wissen von der Psychologie des Menschen vertiefen helfen.[47]

Als besonderes Charakteristikum der Joyceschen Bewußtseinskunst versteht Erzgräber die Verwendung von Epiphanien. Er verweist dabei auf Walter Höllerer, der die Epiphanie als so wesentliches Ingredienz aller Joyceschen Romane betrachtet, daß er als Titel seiner Untersuchung formulieren kann: *Die Epiphanie als Held des Romans*[48]. Sie ist ihm Ausdruck eines Stilwillens, der über Joyce hinaus bedeutsam ist: »Die Epiphanie gehört zu den modernen Stilmitteln, die die Verschränkung von Subjekt und Objekt vorzuführen vermögen.«[49]

Am Beispiel zeigt Erzgräber, »daß sich in der Epiphanie-Technik von James Joyce imagistische und symbolistische Tendenzen kreuzen« (S. 86). Von anderen Kritikern werden zur Charakteristik des Portrait insgesamt die Bezeichnungen impressionistisch[50] und imagistisch[51] gewählt. Wilhelm Finke bezeichnet unter anderem den »Wechsel zwischen Symbolismus, Impressionismus und Naturalismus«[52] als charakteristisch für *A Portrait* und die in ihm dargestellte seelische Wirklichkeit. Die detaillierte Darstellung e i n e s Symbolkomplexes und »seiner gehaltsenthüllenden Funktion« gibt Wilhelm Füger unter dem Titel *Türsymbolik in Joyces »Portrait«*[53].

Der erste Abschnitt von Erzgräbers Untersuchung schließt mit den Worten:

Wie sich dieser Prozeß der Wirklichkeitsentdeckung in Stephen Dedalus vollzieht, wie damit der Prozeß einer fortschreitenden Selbstentdeckung koordiniert ist und wie sich dabei ein künstlerisches Verhältnis zur Wirklichkeit herausbildet, soll im folgenden dargelegt werden . (S. 86)

Seine Formulierung läßt an die Arbeiten von Finke, Scherbacher und Hennecke denken, die *A Portrait* als »Symbol der Ich-Werdung«[54] verstehen, in der Entwicklung des Künstlers die besondere Betonung der künstlerischen A n l a g e n[55] erkennen und das Werk als »eine der kostbarsten großen Selbstoffenbarungen des reifenden Künstlertums«[56] beschreiben. Nähere Ausführungen dazu finden sich bei Finke und Scherbacher unter dem jeweils für die Arbeit insgesamt verbindlichen Untersuchungsaspekt. In ähnlicher Weise nennt Carola Giedion-Welcker *A Portrait* »... eine jugendliche Entfaltung, die introspektiv aufgenommen wird und das persönliche und dichterische Wachsen und Werden eigenster Substanz zu belauschen und zu erfassen sucht«[57]. Ihrer Auffassung, daß sich das Buch zur »Genesis des heutigen Dichters«[58] erweitere, begegnen wir in der gleichen thesenhaften Art auch bei Karlheinz Schauder[59].

Die Abschnitte zwei bis vier der Erzgräber-Studie stellen den Entwicklungsgang des Stephen Dedalus dar. D e n Phasen dieser Entwicklung, deren Tenor besonders auf die frühen deutschen Rezensenten übermächtig wirkte und deshalb von ihnen als stellvertretend für das ganze Buch angesehen wurde[60], wird dabei ihr Platz im Rahmen des Gesamtbildes zugewiesen. Im Zentrum der jeweiligen Abschnitte stehen das Verhältnis zur Sprache, die Entwicklung hin zum »Widerstand gegen die gesamte religiöse Lebensordnung« (S. 97) und die Ästhetik des Stephen Dedalus.

Die Aussagen Erzgräbers zum ersten Komplex zeichnen sich gegenüber den Erwähnungen des gleichen Problems bei den Kritikern Thieme[61], Tau[62], Hentze[63], Fricker[64], Sattler[65] und Werckmeister[66] durch stärkere Konzentration auf das Detail und größere Unabhängigkeit von dem bereits im *Portrait* selbst formulierten Verhältnis zur Sprache aus. Finke verfolgt seinem Untersuchungsaspekt entsprechend die Entwicklung des Ausdrucks seelischer Wirklichkeit und bemüht sich zu zeigen, »wie der Ausdruck mit den jeweilig beschriebenen Altersstufen wächst«[67]. In diesem Zusammenhang ist die sprachliche Darstellung durch Joyce ebenso wichtig wie das Verhältnis Stephens zur Sprache: »Die Entwicklung Joyces zur Unmittelbarkeit im Ausdruck der seelischen Wirklichkeit geht aber dahin, den ursprünglichen Zusammenhang zwischen Ausdruck und Gefühl literarisch wieder sichtbar zu machen.«[68] Im Rahmen seiner Arbeit über *Sprache und Spiel im »Ulysses« von James Joyce* zeichnet Eberhard Kreutzer[69] Stephens Verhältnis zur Sprache nach. »Das ästhetische Erlebnis der Sprache«[70], dessen sich Stephen im *Portrait* fähig erweist, kann dabei trotz der gegenüber einer völligen Identifikation von Stephen und Joyce angebrachten Vorbehalte als Bindeglied der Werke unter dem Aspekt des Sprachspiels angesehen werden, denn es »gehört ohne Zweifel zu den Grundbedingungen des Joyceschen Sprachspiels«[71].

## 50 Die Rezeption des *Portrait* im deutschen Sprachbereich

Die im Widerstand gegen die Macht von Kirche, Familie und Nation gewonnene Lebens- und Kunstanschauung erkennt Erzgräber als noch wesentlich durch traditionelle Form- und Motivelemente geprägt[72]. Er weist eine »Deus-Poeta«-Vorstellung bei Stephen Dedalus nach, die aus der »Loslösung des Künstlers von den religiösen Bindungen« (S. 101), »dem luziferischen ›non serviam‹« (S. 100) resultiert. In vergleichbarer Weise formuliert Ludwig W. Kahn den Titel seiner Untersuchung: *James Joyce: Der Künstler als Luzifer und als Heiland*[73]. In diesem Zusammenhang sind ferner die Aussagen der Kritiker Kesser[74], Hohoff[75], Rothe[76] und Hennecke[77] zu berücksichtigen. Im Gegensatz zu Erzgräber sieht Rothe nicht die Kunst als Ersatzreligion, sondern »das Leben als ein pseudo-religiös überhöhtes Absolutum«[78]. Hennecke löst die Problematik von der literarischen Gestalt und überträgt sie ohne Einschränkung auf den Menschen Joyce. Deutliches Zeichen für Stephens »Distanz zur christlichen Religion« (S. 105) ist für Erzgräber seine »Affinität zur hermetischen Tradition« (ebd.), der auch sein »künstlerisches Credo« (S. 106) verpflichtet ist:

ich will versuchen, mich in irgendeiner Art Leben oder Kunst so frei auszudrücken wie ich kann, und so vollständig wie ich kann, und zu meiner Verteidigung nur die Waffen benutzen, die ich mir selbst gestatte – Schweigen, Verbannung und List[79]

In der Verwirklichung des im *Portrait* gefaßten Entschlusses:

Willkommen, Leben! Als Millionster zieh ich aus, um die Wirklichkeit der Erfahrung zu finden und in der Schmiede meiner Seele das ungeschaffne Gewissen meines Volkes zu schmieden.[80]

liegt für Erzgräber die Beziehung dieses Werkes zu den späteren. Das Verhältnis von *A Portrait* zum späteren Werk steht – wie wir bereits früher erwähnten – zusammen mit der Beziehung zum Autor außerhalb der Erzgräber-Studie im Blickpunkt des kritischen Interesses. Es wird ähnlich wie im Falle von *Dubliners* in den Varianten Identität[81], Entwicklung[82] und Polarität[83] gesehen. Der Hauptakzent liegt jedoch auf einer Verbindung über die im *Portrait* (bzw. in *Stephen Hero*) entwickelte Ästhetik des Stephen Dedalus im weitesten Sinne, die auch die zahlreichen Formulierungen des künstlerischen Credo umfaßt. Sie wird im späteren Werk als direkt oder in unterschiedlichem Maße abgeändert verwirklicht gesehen[84].

Um die Formulierung dieses letzteren Sachverhaltes bemüht sich Erzgräber im Schlußabschnitt seiner Untersuchung. Die bei ihm bereits im Zusammenhang mit der problematischen Bindung an Vater und Mutter im wörtlichen wie im übertragenen Sinne erwähnte Übernahme der Gestalt des Stephen Dedalus in das spätere

Werk *Ulysses* stellt einen kritischen Allgemeinplatz insofern dar, als diese Beziehung der Werke zueinander auf den ersten Blick ersichtlich ist. Eine größere Anzahl von deutschsprachigen Kritikern verweist – insbesondere von *Ulysses* her – direkt oder indirekt auf diese personale Bindung der Werke[85]. Psychologisch ausgerichtete Studien betrachten die Gestalt des Stephen Dedalus über die Grenzen der Werke hinweg[86]. Eine Veränderung der künstlerischen Konzeption wird für Erzgräber in der Ergänzung der Stephen-Dedalus-Gestalt durch die »Kontrastfigur« (S. 107) des Leopold Bloom sichtbar. In ihm dokumentiert sich, wie in dem »Maß an Selbstironie, zu dem Stephen Dedalus im *Ulysses* fähig ist« (ebd.), Joyces »neue Offenheit und Verständnisbereitschaft für den Reichtum und die Fülle des menschlichen Daseins in seinen alltäglichen und zugleich auch die Zeiten überdauernden Zügen« (S. 108). Von einer Identifikation des Autors mit der Gestalt des Stephen Dedalus kann zum Zeitpunkt der Entstehung des jeweiligen Werkes keine Rede mehr sein. Auf solche Weise macht Erzgräber die Erweiterung des Titels *A Portrait of the Artist* durch den Zusatz *as a Young Man* verständlich und enthüllt damit eine Variante der autobiographischen Bedeutung des Romans, die in den aufgeführten kritischen Äußerungen des deutschsprachigen Bereichs in dieser Form selten ausdrücklich vermerkt wurde[87]. Einer Charakteristik von Joyce und seinem Werk durch die Worte des Stephen Dedalus muß daher mit Skepsis begegnet werden. Sie ist am ehesten gegenüber den Arbeiten von Rudolf Hentze[88] und Adelheid Obradović[89] angebracht, die sich auf der Suche nach Joyces »Lebensgefühl« und »Weltanschauung« dazu verleiten lassen, trotz andernorts erwähnter Entwicklung und Polarität im Verhältnis von *A Portrait* zum späteren Werk, Formulierungen des *Portrait* zur Charakteristik des Autors schlechthin zu übernehmen[90].

Abschließend heißt es bei Erzgräber:

Für *A Portrait of the Artist as a Young Man* wie für *Ulysses* gilt also, daß Joyce bei jedem der beiden Werke mit Stephen Dedalus je eine Phase in der dichterischen Entwicklung und der künstlerischen Auseinandersetzung mit der Wirklichkeit portraitierte, die er selber durchlebt hatte und über die er innerlich in dem Augenblick hinauswuchs, als er das Erlebte durchschaute und sich anschickte, seinen Erfahrungen und Einsichten epische Gestalt zu verleihen. (S. 109)

Mit dieser Feststellung ist keine Wertung des *Portrait* verbunden. Gleiches gilt für die hinsichtlich von *Stephen Hero* geäußerte Ansicht, es sei »für den ›Durchschnittsleser‹ leichter zu verstehen als irgendeines der folgenden Werke von James Joyce« (S. 80). Die gleiche Auffassung wird für *A Portrait* von Artur Friedrich Binz vertreten[91]. Bewertungen finden sich bei den Rezensenten der deutschen Erstausgabe von *A Portrait*[92] sowie bei einigen anderen Kritikern der ersten und zweiten Phase der Joyce-Aufnahme[93]. Ablehnung und Anerkennung werden auch hier meist thesenhaft, jedoch besonders in der frühen Zeit mit Nachdruck formuliert.

Stärker noch als Erzgräbers Verzicht auf die Wiederaufnahme dieses in der deutschsprachigen Diskussion um das Joycesche Werk behandelten Aspektes zeigt das Verhältnis seiner Ausführungen zu unseren Ergänzungen, daß die Möglichkeit einer Gleichsetzung seiner Interpretation von *A Portrait* mit einer Zusammenfassung der bereits vorhandenen deutschsprachigen Auseinandersetzung, wie wir sie vor Beginn unserer Darstellung andeuteten, nicht gerechtfertigt ist. Dieser Hypothese widersprechen formale und inhaltliche Eigenheiten der ergänzenden Aussagen. Wir bemühten uns, ihre untereinander und von Erzgräber verschiedene Gestalt deutlich zu machen. Dabei ließ sich die Andersartigkeit gegenüber Erzgräber verhältnismäßig leicht herausarbeiten. Größere Schwierigkeiten bereitete hingegen die Kennzeichnung verschiedener Gruppen innerhalb des von Erzgräber abgesetzten Aussagenkomplexes, da hier thesenhafte Äußerungen gegenüber der exemplifizierenden Kritik stark im Vordergrund stehen. Die Ergänzung der Erzgräber-Studie nach inhaltlichen Gesichtspunkten vermochte diesem Unterschied nicht in jedem Fall gerecht zu werden.

Die inhaltliche Zuordnung zeigte andererseits, in welchem Maße die partiell gegebene formale Gleichheit durch die Abhängigkeit großer Teile der Aussagen von übergeordneten Themenbereichen bis an den Rand des Vergleichbaren relativiert werden kann.

Die Integration als Strukturmöglichkeit thematisch umfassenderer Arbeiten stand der inhaltlichen Zusammenfassung im Rahmen einer kritischen Auseinandersetzung mit *A Portrait* entgegen, da sie anders als die Addition eine adäquate Aufgliederung nicht zuläßt. Die logisch nicht notwendige, im konkreten Material jedoch oft vorhandene Affinität zwischen Integration und Exempel gegenüber Addition und These betonte das zahlenmäßig bereits gegebene Übergewicht der thesenhaften im Gegensatz zu den exemplifizierenden Aussagen, das die Erzgräber-Studie des öfteren eher als Ausführung denn als Zusammenfassung vorhandenen deutschsprachigen Materials erscheinen ließ.

Die stärkste Erweiterung erfuhren Erzgräbers Aussagen in oder nahe den Randgebieten, die wir zuvor als Rückblick und Ausblick gekennzeichnet hatten. Im eigentlichen Zentrum der Betrachtung, der Analyse des *Portrait,* mußten dagegen weniger parallele oder ergänzende Aussagen berücksichtigt werden. Die wichtigsten Zusätze überhaupt bezogen sich zum großen Teil auf Eigenarten, die *A Portrait,* wenn auch modifiziert, mit dem modernen Roman schlechthin teilt. Sie lassen sich im Hinblick auf *A Portrait* unter den Stichworten Bewußtseinskunst, Epiphanie und Säkularisierung religiöser Begriffe zusammenfassen.

In den Bereich der Studien zum Roman schlechthin gehört Klaus Reicherts Beitrag, der sich im Rahmen einer Untersuchungsreihe mit dem Thema *Romananfänge: Versuch zu einer Poetik des Romans* unter dem Titel *Reise ans Ende des Möglichen*[94] mit James Joyce beschäftigt und dabei vorwiegend auf *Finnegans Wake* eingeht, in der vergleichenden Analyse der Anfänge von *A Portrait, Ulysses* und *Finnegans Wake* jedoch ebenfalls versucht, »die Verwandtschaft der drei Romane«[95] zu verdeutlichen und »gemeinsame Strukturelemente herauszulösen«[96]. Er kommt zu dem Ergebnis, daß im Hinblick auf die Anfänge der genannten Romane – im Gegensatz zu den auch inhaltlich miteinander verknüpften Schlüssen[97] – »lediglich formale Entsprechungen«[98] vorliegen:

> Was vom Anfang des »Portrait« an Elementen festgehalten wurde, die für den Verlauf des Romans strukturbildend werden: Anpassung des Stils an das darzustellende Objekt, Auferstehung von Vergangenem im Gegenwartsgeschehen usw., gilt in gleichem Maße für die zwei folgenden Romane. Was das Eigengewicht des »Portrait«-Anfangs ausmacht, ist, daß in ihm die Hauptthemen, die im Fortgang ausführlich und für sich entwickelt werden sollen, bereits da sind, das Programm des Romans gegeben ist, wie ein Inhaltsverzeichnis in Symbolformeln, nur ohne die roman-chronologische Abfolge.[99]

Der auch für Reichert zentrale Begriff der Epiphanie läßt eine Rückverbindung zur Erzgräberschen Interpretation des *Portrait* zu und zeigt außerdem Querverbindungen auf zu Höllerers Untersuchung über die *Epiphanie als Held des Romans*.

In den Ergänzungen zu Erzgräber spiegelt sich zum größeren Teil ein der kritischen Aufnahme von *Exiles*, »Poetry« und *Dubliners* verwandter Zug der Abkehr vom Gegenstand der Untersuchung, der dort in dem Bedürfnis zutage tritt, die Werke durch Einordnung in die literarische Tradition und Zuordnung zum späteren Werk des Autors zu charakterisieren. Dort wie hier steht er in Verbindung zu Art und Ort der Aussage, die sich gegenseitig bedingen. Im Hinblick auf *A Portrait* drückt sich dieser Sachverhalt auch im kritischen Apparat der Erzgräber-Studie aus. Bei der wenigen dort erwähnten deutschsprachigen Sekundärliteratur handelt es sich in keinem Falle um ausschließlich dem *Portrait* gewidmete Aussagen. Ihre Thematik ist entweder auch oder wesentlich an *Ulysses* gebunden und geht in einzelnen Fällen über Joyce hinaus. Ein Blick auf das Gesamtmaterial zeigt, daß diese Auswahl nicht nur als subjektives Urteil des Interpreten Erzgräber, sondern auch als objektive Spiegelung der Tendenzen deutschsprachiger Joyce-Kritik angesehen werden kann. Da es sich bei Erzgräbers Interpretation von *A Portrait* jedoch um einen Bestandteil eben dieser deutschsprachigen Joyce-Kritik handelt, bedarf sie über die Darstellung ihrer Funktion als möglicher Katalysator hinaus einer genauen Charakteristik. Sie ist Teil des Sammelbandes *Der moderne englische Roman*[100], dessen »Interpretationen versuchen, ein Bild von den Hauptströmungen im modernen englischen Romanschaffen zu vermitteln«[101]. Als solcher ist sie sowohl räumlichen wie thematischen Beschränkungen unterworfen, die auf verhältnismäßig kleinem Raum eine Berücksichtigung des Romanganzen erfordern. Es gelingt Erzgräber, im vorgegebenen Rahmen ein Bild von den umfangreichen Möglichkeiten einer *Portrait*-Interpretation zu vermitteln, indem er den kritischen Apparat mit solchen Verweisen ausstattet, die es dem interessierten englischkundigen Leser ermöglichen, die angebotene Interpretation durch Spezialstudien zu erweitern und zu modifizieren. In diesem Sinne kann die Interpretation von Erzgräber als Zusammenfassung und Weiterführung einer fast ausschließlich englischsprachigen kritischen Auseinandersetzung mit *A Portrait* angesehen werden.

## Die Portrait-Kritik im Rahmen der Joyce-Kritik

Der Bericht über die Rezeption des *Portrait* läßt keinen Zweifel daran, daß sie sich im Schatten des *Ulysses* und vergleichsweise wenig spektakulär vollzog. Er machte indessen wiederholt auch auf Züge aufmerksam, die sie mit der Rezeption anderer Werke des Autors verbindet. Im folgenden soll darzustellen versucht werden, wie sich aus dem Zusammenspiel dieser Eigenarten die für *A Portrait* charakteristische Art und Stellung innerhalb der Aufnahme des Joyceschen Gesamtwerks ergibt.
Als frühere Arbeit des *Ulysses*-Autors Joyce fand *A Portrait* 1922 kritischen Eingang in den deutschen Sprachbereich[102]. Die deutsche Übersetzung wurde im Jahre 1926 der Öffentlichkeit ohne Einschränkungen zugänglich gemacht, während es zur gleichen Zeit in den Subskriptionsbedingungen für den Privatdruck des *Ulysses* hieß: »Zugelassen sind: Personen über 25 Jahre, die sich über ernsthaftes literarisches Interesse ausweisen können. Mediziner jeden Alters.«[103]
In der kurzen Zeitspanne bis zum Erscheinen der deutschen Fassung des *Ulysses* und der ersten kritischen Würdigungen bewies eine Reihe von Rezensenten, daß *A Portrait* auch im deutschen Sprachbereich Aufsehen erregte[104]. Aus Paul Fechters Situationsbeschreibung von 1928 geht jedoch hervor, wie stark das Interesse bereits vor dem Erscheinen der deutschen Übersetzung auf *Ulysses* hin ausgerichtet war:

Etwa seit dem Kriege ist der Name James Joyce heimlicher Ruhm und schaudernde Bewunderung aller Literaturstammtische, obwohl bis vor kurzem so gut wie nichts von diesem merkwürdigen Iren in deutscher Sprache vorlag, er somit den Kaffeehausstammtischlern so gut wie unzugänglich war. Jeder hatte nur von ihm gehört, jeder wußte, was für ein unerhört kühner Mann er wäre, jeder munkelte von den furchtbaren Nacktheiten seines immer noch ungedruckten »Ulysses«. Ein Urteil aus eigener Kenntnis hatte fast niemand.[105]

*A Portrait,* dessen Existenz hier zwischen der Umschreibung von *Exiles* (»so gut wie nichts«) und *Ulysses* ausgespart wird, widerstand jedoch in den folgenden Jahrzehnten der gänzlichen Verdrängung durch das spätere Werk. Von entscheidender Bedeutung war dabei zumindest in der ersten Zeit die Möglichkeit der kritischen Bindung an *Ulysses* bzw. den Autor Joyce, dessen Name bald als Synonym für den Werktitel *Ulysses* galt. In welchem Maße sie – auch später noch – genutzt wurde, zeigten die als Ergänzungen zur Erzgräber-Interpretation herangezogenen Arbeiten.

Die geringere Beachtung des *Portrait* im Bereich der Kritik hatte keine Auswirkungen auf den Verkauf des deutschen Textes. Die mehrfachen Taschenbuchausgaben spiegeln ein im Vergleich zu *Ulysses* zahlenmäßig stärkeres Leserinteresse.

Es bleibt zu hoffen, daß zwischen dem Erscheinen der neuen deutschen Übersetzungen von *A Portrait* und *Ulysses* eine Zeitspanne liegen wird, die Gelegenheit bietet, das frühere Werk auch ohne den Blick auf *Ulysses* in der neuen Fassung zu würdigen.

Zwei Merkmale wurden bei der Berichterstattung über die kritische Aufnahme des *Portrait* als auch charakteristisch für die Aufnahme anderer Joyce-Werke genannt: das zahlenmäßige Übergewicht thesenhafter Äußerungen und das Bestreben, *A Portrait* in Verbindung mit anderen Werken des Autors bzw. unter einem umfassenderen Aspekt zu betrachten.

Bei der Analyse des kritischen Materials zum Thema Joyce insgesamt erweisen sich diese Merkmale als wichtige Varianten innerhalb einer deutlich wahrnehmbaren – von der Chronologie jedoch weitgehend unabhängigen – Tendenz zur Erweiterung des Untersuchungsbereiches, deren Ziel sich unter dem Stichwort »Gesamtsicht« fassen läßt. Sie tritt in den Einzelbeiträgen verschiedener Verfasser und Publikationsorgane wie in der Gesamtheit der Aussagen zu jeweils einem Joyce-Werk unterschiedlich differenziert auf. Es lassen sich acht Varianten ableiten, von denen sechs auch in der kritischen Aufnahme des *Portrait* enthalten sind.

*A Portrait* wurde weitgehend – wenngleich verschiedenartig – in der Bindung an andere Werke und das Leben des Autors betrachtet. Erzgräbers Interpretation kann als Beispiel für das Bestreben gelten, möglichst viele, wenn nicht alle möglichen Gesichtspunkte eines Werkes zu beleuchten. Die Ergänzungen zu seiner Studie zeigten die Verankerung einzelner Aspekte im größeren Zusammenhang, während sein kritischer Apparat die für die wissenschaftliche Arbeit selbstverständliche Erweiterung über den Bereich der deutschsprachigen Joyce-Kritik hinaus deutlich machte. Das Ausmaß der formalen Variante von Gesamtsicht spiegelte sich in der zahlenmäßigen Überlegenheit der thesenhaften Ergänzungen. Diese Variante verhindert das interpretierende Eindringen in das Werk, kann jedoch Information und abstrahierende Deutung vermitteln, die dem Standpunkt des Betrachters entsprechend sowohl positiv wie auch negativ bewertet werden können.

Das gleiche gilt im Hinblick auf die kritische Joyce-Aufnahme insgesamt, besonders für die extreme Ausprägung der Aspekterweiterung in Hermann Brochs Auseinandersetzung mit James Joyce[106]. Bereits innerhalb der *Portrait*-Aufnahme war diese Variante u. a. als der Versuch charakterisiert worden, das Werk als einen modernen Roman zu erfassen.

Es steht außer Frage, daß sich *Ulysses* mehr als alle anderen Joyce-Werke für die Reflexion über eine mögliche Theorie des modernen Romans anbietet. Entscheidend ist jedoch, daß es sich bei Hermann Broch »um Demonstrierung seiner Theorie des polyhistorischen Romans am Beispiel von Joyces *Ulysses*«[107] handelt. Diese Art der Joyce-Aussage ist in das von uns bisher pauschal und ohne Wertanspruch als »Kritik« bezeichnete Material nicht ohne weiteres einzuordnen; vielmehr müssen wir jetzt zwischen Literaturtheorie und -kritik unterscheiden. Die erstere kann nach Wellek und Warren als »das Studium der Prinzipien der Literatur, ihrer Kategorien, Kriterien und dergleichen«[108] definiert werden. Sie läßt sich allerdings nicht völlig getrennt von der Literaturkritik betreiben.

Die außerordentlich positive Bewertung, die Hermann Brochs Auseinandersetzung mit Joyce besonders im deutschen Sprachbereich erfuhr, scheint darauf hinzudeuten, daß es sich bei der in der deutschsprachigen Joyce-Kritik erkannten Tendenz zur Gesamtsicht nicht nur um einen für jede fremdsprachige Aufnahme typischen Zug handelt, der im wesentlichen aus Sprachschwierigkeiten heraus zu erklären wäre. Es hat den Anschein, als verbänden sich in dieser Tendenz allgemeine Charakteristika fremdsprachiger Aufnahme mit spezifischen des hier untersuchten Sprachbereichs.

Im Rahmen der Tendenz zur Gesamtsicht erscheint die Rezeption des *Portrait* vergleichsweise ausgewogen.

Der auch in der Auseinandersetzung mit *A Portrait* vorhandene poetologische Aspekt unterscheidet sich im Ansatz von Brochs romantheoretischen Überlegungen, wenn es in Norbert Millers Vorwort zu *Romananfänge: Versuch zu einer Poetik des Romans* heißt:

Gemeinsam ist allen Untersuchungen das Bemühen, aus den Romananfängen Erkenntnisse für eine Poetik des Romans zu gewinnen, die bisher selten in der empirischen Auseinandersetzung mit einem Detail der Form, sondern gewöhnlich in normativen Spekulationen über die Gattung gesucht wurden.[109]

Die empirische Auseinandersetzung mit den verschiedenen Details, wie sie am deutlichsten, aber nicht ausschließlich in Willi Erzgräbers *Portrait*-Interpretation zum Ausdruck kommt, verhindert eine Rezeption, die sich – wie im Falle von *Exiles,* »Poetry« und *Dubliners*[110] – weitgehend in der bloßen Erwähnung des Werkes am Rande umfassenderer Studien erschöpft.


# Anmerkungen

1 *Letters of James Joyce* II, ed. R. Ellmann, London 1966, S. 455 (Üb. v. Hg.).
2 *Ebd.*, S. 463
3 *Letters of James Joyce* III, ed. R. Ellmann, London 1966, S. 12f.: 31. Juli 1920; R. Ellmann, *James Joyce*, New York 1959, S. 506.
4 *Letters* III, S. 12f.: 31. Juli 1920
5 *Letters of James Joyce* I, ed. S. Gilbert, New York 1957, S. 233: 27 September 1925; *Letters* III, S. 128: 28. September 1925.
6 *Basler Nachrichten*, 20. Juni 1926 (Wiederabdruck: »Joyces Jugendbildnis«, in: *Von Englands geistigen Beständen: Ausgewählte Aufsätze von Bernhard Fehr,* Hg. M. Wildi, Frauenfeld 1944, S. 168-171; hier S. 168); in einer Anzeige des Rhein-Verlags im Sonderprospekt *Bericht über das größte Prosawerk des XX. Jahrhunderts,* Basel 1926, S. 15 heißt es: »Der Entwicklungsroman des großen Iren erscheint soeben meisterlich übertragen von Dr. Georg Goyert . . .«
7 *James Joyce und sein Ulysses*, Zürich 1929, S. 27 bzw. 64, Anm. 15. (Schriften der *Neuen Schweizer Rundschau*).
8 *Die proteische Wandlung im ›Ulysses‹ von James Joyce und ihre Spiegelung im Stil*, Marburg 1933, S. 44.
9 »Fragment eines Fragmentes«, *Frankfurter Allgemeine Zeitung*, 1. August 1959
10 »Der junge Joyce«, *Süddeutsche Zeitung*, 18./19. Oktober 1958
11 Vgl. Anm. 1 der auf S. 75-94 vorliegenden Bandes abgedruckten Arbeit
12 Frankfurter Ausgabe 2, S. 538
13 D. E. Zimmer, »James Joyce auf deutsch: Der Suhrkamp Verlag bereitet eine riesige Editions- und Übersetzungsaktion vor«, *Die Zeit*, 17. März 1967.
14 *Ebd.*
15 P. Selver, »Englischer Brief«, *Das literarische Echo* 24 (1921/22), 1515.
16 W. Haas, »Konfessionen aus dem Inferno«, *Die literarische Welt*, 21. Mai 1926.

17 W. Haas, »Gestalten der Dämmerung, gespensterhaftes Relief«, *Die Welt* 14. Februar 1964; W. M. Herrmann, »›Ich will nicht dienen!‹«, *Hamburger Abendblatt*, 13. Februar 1964; J. Kaiser, »Die Mühe des Werdens«, *Süddeutsche Zeitung*, 14. Februar 1964; W. Kließ, »Kann man Joyce dramatisieren?«, *Theater heute* 5/3 (1964), S. 52; G. Penzoldt, »›Stephen Daedalus‹ von James Joyce/Hugh Leonard«, *Volksbühne* 14 (Hamburg 1963/64), 123–125 (Bei diesem Artikel handelt es sich offenbar nicht um eine Rezension der Aufführung, sondern um eine Einführung); K. Wagner, »Im Labyrinth des Lebens«, *Frankfurter Allgemeine Zeitung*, 15. Februar 1964; »Irish stew«, *Der Spiegel* 18/8 (1964), S. 87.

18 5/3 (1964), S. 52

19 Die einzige Ausnahme bildet W. K. Herrmann, »›Ich will nicht dienen!‹«, *Hamburger Abendblatt* 13. Februar 1964.

20 »James Joyces ›Ulysses‹«, *Englische Studien* 60 (1925/26), 181.

21 »James Joyce: ›A Portrait of the Artist as a Young Man‹«, in: *Der moderne englische Roman. Interpretationen*, Hg. H. Oppel, Berlin, 2. Aufl. 1971, S. 78–114. Im folgenden werden die Belegstellen aus diesem Aufsatz nur mit Seitenzahlen im laufenden Text ohne besonderen Zusatz gegeben.

22 »James Joyce und Joachim von Fiore«, *Anglia* 85 (1967), 58–63.

23 Die Arbeit ist – leicht revidiert – in vorliegendem Band abgedruckt (S. 75–94)

24 B. Fehr, »James Joyces ›Ulysses‹«, *Englische Studien* 60 (1925/26), 182; E. Birkenfeld, »James Joyces Jugendbildnis«, *Orplid* 3 (1926), 64; W. Haas, »Konfessionen aus dem Inferno«, *Die literarische Welt*, 21. Mai 1926; E. Frisch, »Jugendbildnis eines Dichters«, *Die Fünf Weltteile*, Basel 1928, S. 48; I. Goll, »Über James Joyce«, *Der Homer unserer Zeit: Deutschland in Erwartung des Ulysses von James Joyce: Letzte Gelegenheit zur Subskription*, Hg. Rhein-Verlag, Zürich 1927, S. 4; E. Gottgetreu, »Joyce der Spießerschreck«, *ebd.*, S. 7f.; V. Marcu, »Des Mystikers James Joyce Weltruhm«, *Hamburger Fremdenblatt* 22. Januar 1927; E.-E. Schwabach, »Zwei wichtige Biographien liegen endlich vor«, *Zeitschrift für Bücherfreunde*, NF 19 (1927), Beiblatt Sp. 61; W. Smits, »James Joyce«, *Kölnische Zeitung*, 3. November 1927; A. Ehrenstein, »James Joyce«, *Berliner Tageblatt*, 5. April 1928; P. Fechter, »James Joyce und sein ›Ulysses‹«, *Die schöne Literatur* 29/5 (1928), S. 239; E. Frisch, »Ulysses«, *Frankfurter Zeitung*, 11. Januar 1928; C. Giedion-Welcker, »Der frühe Joyce«, *Neue Zürcher Zeitung*, 5. Juli 1928 (Nr. 1231); Gerö [Rezensent], »James Joyce: ›Jugendbildnis‹«, *Imago* 14 (Leipzig, 1928), 535; F. Wild, *Die englische Literatur der Gegenwart seit 1870: Drama und Roman*, Wiesbaden 1928, S. 334; S. Zweig, »Anmerkung zum Ulysses«, *Die Neue Rundschau* 39/2 (1928), 477; E. R. Curtius, *James Joyce und sein Ulysses* (1929), S. 10 und *passim*; K. Thieme, »Das Unsägliche und die Sprache«, *Die Christliche Welt* 43 (1929), Nr. 6, Sp. 290f.; B. Fehr, *Die englische Literatur der Gegenwart und die Kulturfragen unserer Zeit*, Leipzig 1930, S. 56 (Hefte zur Englandkunde 3); L. Weltmann, »Momentaufnahme: James Joyce: Zum 50. Geburtstag am 3. [sic] Februar 1932«, *Bayr. Israelitische Gemeindezeitung* 8 (1932), 36; R. Hentze, *Die proteische Wandlung* (1933), S. 2; H. Theile, »Credo der Ausgestoßenheit: Zu James Joyce' ›Ulysses‹«, *Eckart* 9 (1933), 76; R. Hoops, *Der Einfluß der Psychoanalyse auf die englische Literatur*, Heidelberg 1934, S. 124 (Anglistische Forschungen 77);

A. Obradović, *Die Behandlung der Räumlichkeit im späteren Werk des James Joyce: Versuch eines Querschnitts durch seine Weltanschauung*, Diss. Marburg 1934, S. 2; A. Kesser, »James Joyce«, *In Memoriam James Joyce*, Hg. Carola Giedion-Welcker, Zürich 1941, S. 30; M. Rychner, »Reality in the Novel: Concerning the ›Ulysses‹ of James Joyce«, *ebd.*, S. 34; W. Wilhelm, »Das literarische Porträt bei James Joyce: Betrachtung über ein Frühwerk des irischen Dichters«, *Zeitschrift für Ästhetik und Allgemeine Kunstwissenschaft* 36 (1942), 172; B. Fehr, »Joyces Jugendbildnis«, in: *Von Englands geistigen Beständen* (1944), S. 169; F. Stegmeyer, »Thematik und Technik des James Joyce«, *Europäische Profile*, Wiesbaden 1947, S. 121; G. Goyert, »James Joyce«, *Prisma* 17 [München], (1948), 17; W. Stemmler, »James Joyce«, *Welt und Wort* 3 (1948), 329; H. Hennecke, »James Joyce«, in: *Dichtung und Dasein: Gesammelte Essays*, Berlin 1950, S. 161; W. Finke, *Der Ausdruck seelischer Wirklichkeit im Werk des James Joyce: Versuch einer Deutung von Inhalt, Form und Entwicklung*, Diss. Kiel 1953, S. 21 und 23 ff.; C. Hohoff, »James Joyce und die Einsamkeit«, in: *Geist und Ursprung*, München 1954, S. 39; W. Scherbacher, *Der Künstler im modernen englischen Roman 1916–1936*, Diss. Tübingen 1954, S. 108; C. Giedion-Welcker, »Einführung« zur Sonderausgabe des *Ulysses*, Zürich 1956, S. 813; G. Blöcker, »James Joyce«, in: *Die neuen Wirklichkeiten: Linien und Profile der modernen Literatur*, Berlin 1957, S. 67; W. Rothe, *James Joyce*, Wiesbaden 1957, S. 7; G. Weiss, »Die Odyssee des Großstadtmenschen: Zum 75. Geburtstag von James Joyce am 2. Februar«, *Deutsche Woche* 7/5 [München], (1957), S. 15; R. Fricker, »James Joyce«, in ders.: *Der moderne englische Roman*, Göttingen 1958, S. 95 (Kleine Vandenhoeck-Reihe, 67/69); H. Hennecke, »Odyssee des XX. Jahrhunderts: James Joyce«, in: *Kritik: Gesammelte Essays zur modernen Literatur*, Gütersloh 1958, S. 186; H. E. Holthusen, »Der junge Joyce«, *Süddeutsche Zeitung*, 18./19. Oktober 1958; A. Sattler, »›Ich interessiere mich nur für Stil‹: Eiseskälte und erloschene Augen bei James Joyce: Kein Versuch einer Neudeutung«, *Die Zeit*, 19. September 1958; G. Busch, »Einspruch gegen das Hauptwerk: Zur Neuauflage des ›Jugendbildnisses‹ und der Novellen ›Dublin‹ von James Joyce«, *Wort in der Zeit* 5 (1959), 46, 48; H. Hennecke, »Fragment eines Fragmentes«, *Frankfurter Allgemeine Zeitung*, 1. August 1959; K. Rosenberg, »James Joyce: Ein Wanderer ins Reich des Unbewußten«, *Geist und Zeit* 4 (1959), 114; G. Schiff, »Dublin und James Joyce«, *Merian* 12/4 (1959), S. 35; H. Viebrock, »Nachwort« zu *Jugendbildnis des Dichters*, Frankfurt 1960, S. 199–201 (Fischer Bücherei, Exempla Classica 11); G. Farwer, »›Ahn, alter Künstler, steh mir bei . . .‹: Anmerkungen zu James Joyce«, *Aachener Prisma* 9/1 (1960/61), S. 24; H. Decker, »Der innere Monolog: Zur Analyse des ›Ulysses‹«, *Akzente* 8 (1961), 100; H. Viebrock, »James Joyce: Mensch und Werk«, *ebd.*, 139; »Joyce: Odysseus in Dublin«, *Der Spiegel* 15/45 (1961), S. 74; K. Schauder, »Odysseus in Dublin: Zum 80. Geburtstag von James Joyce«, *Deutsche Post* 14/3 [Berlin], (1962), S. 74; R. Sühnel, »Die literarischen Voraussetzungen von Joyces *Ulysses*«, *Germanisch-Romanische Monatsschrift* 43 (1962), 209 f.; A. Arnold, *James Joyce*, Berlin 1963, S. 5, 12, 24 (Köpfe des XX. Jahrhunderts 29); C. Hohoff, »Die schwarze Summa des James Joyce«, in: ders. *Schnittpunkte: Gesammelte Aufsätze*, Stuttgart 1963, S. 209; O. K.

Werckmeister, »Das Book of Kells in ›Finnegans Wake‹«, *Neue Rundschau* 77 (1966), 55.
25 *James Joyce* (1963), S. 7f., 12f., 22f.
26 G. Busch, »Einspruch gegen das Hauptwerk«, *Wort in der Zeit* 5 (1959), 46f.; H. Viebrock, »Nachwort« zu *Jugendbildnis des Dichters* (1960), S. 199f.; W. Höllerer, »Die Epiphanie als Held des Romans«, *Akzente* 8 (1961), 131, 278; »Joyce: Odysseus in Dublin«, *Der Spiegel* 15/45 (1961), S. 74, 76f.
27 H.E. Holthusen, »Der junge Joyce«, *Südd. Zeitung*, 18./19. Oktober 1958; H. Hennecke, »Fragment eines Fragmentes«, *Frankfurter Allg. Zeitung*, 1. August 1959.
28 »Der junge Joyce«, *Süddeutsche Zeitung*, 18./19. Oktober 1958.
29 »Fragment eines Fragmentes«, *Frankfurter Allg. Zeitung*, 1. August 1959.
30 »Formen mythisierenden Erzählens in der modernen Prosa: Joseph Conrad im Vergleich mit Joyce, Lawrence und Faulkner«, in: *Lebende Antike: Symposion für Rudolf Sühnel*, Hg. H. Meller und H.-J. Zimmermann, Berlin 1967, S. 413.
31 *James Joyce* (1963), S. 23f.
32 Vgl. dazu auch H. Theile, »Credo der Ausgestoßenheit«, *Eckart* 9 (1933), 76, und H.-L. Schneiders, »Der bedeutendste Roman unseres Jahrhunderts? James Joyce: ›Ulysses‹«, *Aachener Prisma* 9/1 (1960/61), S. 21.
33 Vgl. dazu die Abwertung bei A. Arnold, *James Joyce* (1963), S. 25f.
34 »Einführung« zur Sonderausgabe des *Ulysses* (1956), S. 813.
35 »James Joyce«, *Die neuen Wirklichkeiten* (1957), S. 57.
36 *Die proteische Wandlung* (1933), S. 38ff.
37 Vgl. dazu auch W. Rothe, *James Joyce* (1957), S. 35.
38 *Zeitschrift für Ästhetik und Allgemeine Kunstwissenschaft* 36 (1942), 166.
39 *Ebd.*, S. 171
40 »James Joyce«, *Die Neueren Sprachen* 40 (1932), 347.
41 Halle 1957; vgl. bes. S. 92ff.
42 *Ebd.*, S. 107
43 *Ebd.*, S. 92ff.
44 R. Hentze, *Die proteische Wandlung* (1933), bes. S. 43f.; G. Kulemeyer, *Studien zur Psychologie im neuen englischen Roman: Dorothy Richardson und James Joyce*, Diss. Greifswald 1933, S. 1–5; 12–15; W. Finke, *Der Ausdruck seelischer Wirklichkeit* (1953), S. 23–55; W. Scherbacher, *Der Künstler im modernen englischen Roman* (1954), S. 96f.; W. Rothe, *James Joyce* (1957), S. 36 und *passim;* R. Fricker, »James Joyce«, *Der moderne englische Roman* (1958), S. 95.
45 F. Wild, *Die englische Literatur der Gegenwart* (1928), S. 334; vgl. auch F. Langer, Auszug aus seiner Kritik in: *Der Homer unserer Zeit*, S. 16, und C. Giedion-Welcker, »Einführung« zur Sonderausgabe des *Ulysses* (1956), S. 814.
46 »Des Mystikers James Joyce Weltruhm«, *Hamburger Fremdenblatt*, 22. Januar 1927.
47 »James Joyce: ›Jugendbildnis‹«, *Imago* 14 (1928), 536.
48 *Akzente* 8 (1961), 125–136; 275–285. Die Seiten 125–136 sind in diesem Band abgedruckt (S. 65–74).
49 *Ebd.*, 133; vgl. zum Problem der Epiphanien auch die Erwähnungen bei C. Giedion-Welcker, »Einführung« zur Sonderausgabe des *Ulysses* (1956),

S. 820; G. Busch, »Einspruch gegen das Hauptwerk«, *Wort in der Zeit* 5 (1959), 47; H. Hennecke, »Fragment eines Fragmentes«, *Frankfurter Allg. Zeitung*, 1. August 1959; H. Viebrock, »Nachwort« zu *Jugendbildnis des Dichters* (1960), S. 200f.; A. Arnold, *James Joyce* (1963), S. 7f., 24; T. Wolpers, »Formen mythisierenden Erzählens«, in: *Lebende Antike* (1967), S. 412.

50 P. Selver, »Englischer Brief«, *Das literarische Echo* 24 (1921/22), 1516; K. Arns, »James Joyce«, in: *Jüngstes England: Anthologie und Einführung*, Leipzig 1925, S. 43: »halb realistisch, halb impressionistisch«; R. Hentze, *Die proteische Wandlung* (1933), S. 33, 44; A. Obradović, *Die Behandlung der Räumlichkeit* (1934), S. 42.

51 F. Wild, *Die englische Literatur der Gegenwart* (1928), S. 334; W. Rothe, *James Joyce* (1957), S. 13.

52 *Der Ausdruck seelischer Wirklichkeit* (1953), S. 54.

53 Vgl. S. 165–186 *post*

54 *Der Ausdruck seelischer Wirklichkeit* (1953), S. 23, 53.

55 *Der Künstler im modernen englischen Roman* (1954), S. 97 ff.; vgl. auch W. Finke, *Der Ausdruck seelischer Wirklichkeit* (1953), S. 35f.

56 »James Joyce«, in: *Dichtung und Dasein* (1950), S. 161.

57 »Einführung« zur Sonderausgabe des *Ulysses* (1956), S. 814.

58 *Ebd.*; vgl. auch dies., »Der frühe Joyce«, *Neue Zürcher Zeitung*, 5. Juli 1928 (Nr. 1231).

59 »Odysseus in Dublin«, *Deutsche Post* 14/3 (1962), S. 74.

60 Vgl. dazu E. Birkenfeld, »James Joyces Jugendbildnis«, *Orplid* 3 (1926), 63–66; W. Haas, »Konfessionen aus dem Inferno«, *Die literarische Welt*, 21. Mai 1926.

61 »Das Unsägliche und die Sprache«, *Die Christliche Welt* 43/6 (1929), Sp. 290.

62 »James Joyce«, *Die Neueren Sprachen* 40 (1932), 346.

63 *Die proteische Wandlung* (1933), S. 33ff.

64 »James Joyce«, *Der moderne englische Roman* (1958), S. 95f.

65 »›Ich interessiere mich nur für Stil‹«, *Die Zeit*, 19. September 1958.

66 »Das Book of Kells in ›Finnegans Wake‹«, *Neue Rundschau* 77/1 (1966), S. 55f.

67 *Der Ausdruck seelischer Wirklichkeit* (1953), S. 24.

68 *Ebd.*, S. 28

69 Bonn 1969 (Studien zur englischen Literatur 2).

70 *Ebd.*, S. 108

71 *Ebd.*

72 Vgl. auch H. Viebrock, »Nachwort« zu *Jugendbildnis des Dichters* (1960), S. 201.

73 Weiter unten in diesem Band abgedruckt (S. 95–101).

74 »James Joyce«, *In Memoriam James Joyce* (1941), S. 30f.

75 »Die schwarze Summa des James Joyce«, *Schnittpunkte* (1963), S. 212.

76 *James Joyce* (1957), S. 29ff.

77 »Odyssee des XX. Jahrhunderts«, *Kritik* (1958), bes. S. 185.

78 *James Joyce* (1957), S. 29

79 Frankfurter Ausgabe 2, S. 526

80 *Ebd.*, S. 533

81 G. Busch, »Einspruch gegen das Hauptwerk«, *Wort in der Zeit*, 5 (1959), 45–48; C. Giedion-Welcker, »Mythisches und Sprachliches in ›Finnegans Wake‹«, *Neue Zürcher Zeitung*, 27. März 1954 (Fernausgabe Nr. 85).

82 O. Zarek, »Der ›Ulysses‹ des James Joyce«, *Das Tagebuch* 8 (1927), 1963; C. Giedion-Welcker, »Der frühe Joyce«, *Neue Zürcher Zeitung*, 5. Juli 1928 (Nr. 1231); E.R. Curtius, *James Joyce und sein Ulysses* (1929), S. 17f. und *passim;* C. Giedion-Welcker, »Work in Progress: Ein sprachliches Experiment von James Joyce«, *Neue Schweizer Rundschau* 22 (1929), 669; K. Thieme, »Das Unsägliche und die Sprache«, *Die Christliche Welt* 43/6 (1929), Sp. 290f.; R. Hentze, *Die proteische Wandlung* (1933), S. 2, 27, 37, 42ff., 103; W. Finke, *Der Ausdruck seelischer Wirklichkeit* (1953), S. 35ff., 252f. und *passim;* C. Hohoff, »James Joyce und die Einsamkeit«, *Geist und Ursprung* (1954), S. 43; G. Blöcker, »James Joyce«, *Die neuen Wirklichkeiten* (1957), S. 67; W, Rothe, *James Joyce* (1957), S. 19, 63, 68f., 86, 88; R. Fricker, »James Joyce«, *Der moderne englische Roman* (1958), S. 95, 97, 105, 108; H. Hennecke, »Fragment eines Fragmentes«, *Frankfurter Allg. Zeitung*, 1. August 1959; H. Viebrock, »Nachwort« zu *Jugendbildnis des Dichters* (1960), S. 200; W. Höllerer, »Die Epiphanie als Held des Romans«, *Akzente* 8 (1961), 126; A. Arnold, *James Joyce* (1963), S. 13.

83 G. Kulemeyer, *Studien zur Psychologie* (1933), S. 12; A. Obradović, *Die Behandlung der Räumlichkeit* (1934), S. 6f., 11, 17; F. Stegmeyer, »Thematik und Technik des James Joyce«, *Europäische Profile* (1947), S. 121.

84 B. Fehr, *Die englische Literatur der Gegenwart* (1930), S. 58; R. Hentze, *Die proteische Wandlung* (1933), S. 89f.; C.G. Jung, »Ulysses: Ein Monolog«, in ders.: *Wirklichkeit der Seele: Anwendungen und Fortschritte der neueren Psychologie*, Zürich 1934, S. 159; A. Obradović, *Die Behandlung der Räumlichkeit* (1934), S. 1; W. Stemmler, »James Joyce«, *Welt und Wort* 3 (1948), 330ff.; W. Finke, *Der Ausdruck seelischer Wirklichkeit* (1953), S. 47ff.; F. Stanzel, *Die typischen Erzählsituationen im Roman: Dargestellt an Tom Jones, Moby-Dick, The Ambassadors, Ulysses u.a.*, Wien 1955, S. 144 (Wiener Beiträge zur englischen Philologie 63); G. Blöcker, »James Joyce«, *Die neuen Wirklichkeiten* (1957), S. 76; W. Rothe, *James Joyce* (1957), S. 12f., 14, 89; R. Fricker, »James Joyce«, *Der moderne englische Roman* (1958), S. 94, 96, 107, 112; G. Schiff, »James Joyce: ›Finnegans Wake‹: Umrisse des Werks«, *Die Tat* (Zürich), 12. September 1959; H. Decker, »Der innere Monolog«, *Akzente* 8 (1961), 100; W. Höllerer, »Die Epiphanie als Held des Romans«, *ebd.*, S. 129, 136, 285; A. Arnold, *James Joyce* (1963), S. 13; O.K. Werckmeister, »Das Book of Kells in ›Finnegans Wake‹«, *Neue Rundschau* 77 (1966), 57; W. Iser, »Historische Stilformen in Joyces ›Ulysses‹: Zur Interpretation des Kapitels ›The Oxen of the Sun‹«, in: *Lebende Antike* (1967), S. 434, 444; T. Wolpers, »Formen mythisierenden Erzählens«, *ebd.*, S. 413.

85 I. Goll, »Über James Joyce«, *Der Homer unserer Zeit*, S. 4; V. Marcu, »Des Mystikers James Joyce Weltruhm«, *Hamburger Fremdenblatt*, 22. Januar 1927; E. Frisch, »›Ulysses‹«, *Frankfurter Zeitung*, 11. Januar 1928; C. Giedion-Welcker, »Zum ›Ulysses‹ von James Joyce«, *Neue Schweizer Rundschau* 21 (1928), 23, Anm. 1 und *passim;* F. Wild, *Die englische Literatur der Gegenwart* (1928), S. 335; E.R. Curtius *James Joyce und sein Ulysses* (1929), S. 10; K. Thieme, »Das Unsägliche und die Sprache«, *Die Christliche Welt* 43/6 (1929), Sp. 291; M. Tau, »James Joyce«, *Die*

*Neueren Sprachen* 40 (1932), 348; G. Kulemeyer, *Studien zur Psychologie* (1933), S. 12; R. Hoops, *Der Einfluß der Psychoanalyse* (1934), S. 124f.; A. Obradović, *Die Behandlung der Räumlichkeit* (1934), S. 2; J. Baake, *Das Riesenscherzbuch Ulysses*, Bonn 1937, S. 95 (Bonner Studien zur englischen Philologie 32); A. Kesser, »James Joyce«, *In Memoriam James Joyce* (1941), S. 31; M. Rychner, »Reality in the Novel«, *ebd.*, S. 34; W. Wilhelm, »Das literarische Porträt bei James Joyce«, *Zeitschrift für Ästhetik und Allgemeine Kunstwissenschaft* 36 (1942), 172f.; H. Hennecke, »James Joyce«, in: *Dichtung und Dasein* (1950), S. 161; W. Scherbacher, *Der Künstler im modernen englischen Roman* (1954), S. 107; C. Giedion-Welcker, »Einführung« zur Sonderausgabe des *Ulysses* (1956), S. 815 und passim; G. Blöcker, »James Joyce«, in: *Die neuen Wirklichkeiten* (1957), S. 75; W. Rothe, *James Joyce* (1957), S. 31, 60; R. Fricker, »James Joyce«, in: *Der moderne englische Roman* (1958), S. 97; H. Hennecke, »Odyssee des XX. Jahrhunderts«, *Kritik* (1958), S. 186; H.-L. Schneiders, »James Joyce: ›Ulysses‹«, *Aachener Prisma* 9/1 (1960/61), S. 21; H. Decker, »Der innere Monolog«, *Akzente* 8 (1961), 100; W. Höllerer, »Die Epiphanie als Held des Romans«, *ebd.*, 278; R. Sühnel, »Die literarischen Voraussetzungen von Joyces Ulysses«, *Germanisch-Romanische Monatsschrift* 43 (1962), 209; C. Hohoff, »Die schwarze Summa des James Joyce«, *Schnittpunkte* (1963), S. 209.

86 H. Schiefele, *Erlebte Vergangenheit und ihre Dauer: Ein Beitrag zur Psychologie menschlicher Zeitlichkeit kasuistisch entwickelt an James Joyces ›Ulysses‹ und Marcel Prousts ›A la recherche du temps perdu‹*, Diss. München 1957; ders., »Freuds Bedeutung für die Kunstbetrachtung: Marcel Proust, James Joyce, Thomas Mann«, in: *Lebendige Psychoanalyse: Die Bedeutung Sigmund Freuds für das Verstehen des Menschen*, Hg. F. Rieman, München 1956, S. 136–159; vgl. auch R. Hentze, *Die proteische Wandlung* (1933) und W. Finke, *Der Ausdruck seelischer Wirklichkeit* (1953).

87 C. Giedion-Welcker, »Der frühe Joyce«, *Neue Zürcher Zeitung*, 5. Juli 1928 (Nr. 1231); dieser Auffassung nahe kommt auch H. Viebrock, »Nachwort« zu *Jugendbildnis des Dichters* (1960), S. 199–201.

88 *Die proteische Wandlung* (1933), bes. S. 1 und S. 117f.

89 *Die Behandlung der Räumlichkeit* (1934), bes. S. 2 und 52.

90 Vgl. auch C. Hohoff, »James Joyce und die Einsamkeit«, in ders.: *Geist und Ursprung* (1954), S. 39ff.; H. Hennecke, »Odyssee des XX. Jahrhunderts«, *Kritik* (1958), bes. S. 185f.; G. Busch, »Einspruch gegen das Hauptwerk«, *Wort in der Zeit* 5 (1959), 45–48.

91 »Der abstruse Ulysses«, *Saarbrücker Zeitung*, 21. April 1928.

92 E. Birkenfeld, »James Joyces Jugendbildnis«, *Orplid* 3 (1926), 64; W. Haas, »Konfessionen aus dem Inferno«, *Die literarische Welt*, 21. Mai 1926; E. Frisch, »Jugendbildnis eines Dichters«, in: *Die Fünf Weltteile* (1928), S. 47–49; außerdem sind die *ebd.*, S. 50 und in *Der Homer unserer Zeit*, S. 16 abgedruckten Auszüge aus Rezensionen auf positiv bis enthusiastisch abgestimmt; vgl. auch Gerö, »James Joyce: ›Jugendbildnis‹«, *Imago* 14 (1928), 535.

93 P. Selver, »Englischer Brief«, *Das literarische Echo* 24 (1921/22), 1516; V. Marcu, »Des Mystikers James Joyce Weltruhm«, *Hamburger Fremdenblatt*, 22. Januar 1927; A. Ehrenstein, »James Joyce«, *Berliner Tageblatt*,

5. April 1928; P. Fechter, »James Joyce und sein ›Ulysses‹«, *Die schöne Literatur* 29/5 (1928), S. 239; E. Frisch, »Ulysses«, *Frankfurter Zeitung*, 11. Januar 1928; K. Thieme, »Das Unsägliche und die Sprache«, *Die Christliche Welt* 43/6 (1929), Sp. 290; H. Theile, »Credo der Ausgestoßenheit«, *Eckart*, 9 (1933), 76; F. Stegmeyer, »Thematik und Technik des James Joyce«, *Europäische Profile* (1947), S. 121; R. Fricker, »James Joyce«, *Der moderne englische Roman* (1958), S. 95; A. Arnold, *James Joyce* (1963), S. 12, 26f.
94 Hg. N. Miller, Berlin 1965, S. 317–343
95 *Ebd.*, S. 323
96 *Ebd.*
97 Vgl. *ebd.*, S. 341.
98 *Ebd.*, 340.
99 *Ebd.*, S. 326f.
100 Hg. H. Oppel, Berlin 1965
101 *Ebd.*, »Einführung des Herausgebers«, S. 7.
102 Vgl. P. Selver, »Englischer Brief«, *Das literarische Echo* 24 (1921/22), 1515.
103 *Der Homer unserer Zeit*, S. 15
104 Vgl. die entsprechende Formulierung für den englischsprachigen Bereich bei P. Selver, »Englischer Brief«, *Das literarische Echo* 24 (1921/22), 1515.
105 »James Joyce und sein ›Ulysses‹«, *Die schöne Literatur* 29 (1928), 239.
106 Bes. in: »James Joyce und die Gegenwart«, *Dichten und Erkennen: Essays I*, hg. H. Arendt, Zurich 1955, S. 183–210 (*Gesammelte Werke VI*).
107 M. Durzak, *Hermann Broch*, Stuttgart 1967, S. 29f. (Sammlung Metzler: Abteilung Literaturgeschichte 58).
108 R. Wellek and A. Warren, *Theory of Literature*, Harmondsworth $^3$1963, S. 39 (Üb. v. Hg.).
109 Berlin 1965, S. 10.
110 Eine Veränderung in der kritischen Aufnahme von *Dubliners* trat mit der Herausgabe des Materialienbandes ein: *Materialien zu James Joyces ›Dubliner‹*, Hg. K. Reichert, F. Senn u. D.E. Zimmer, Frankfurt 1969 (edition suhrkamp 357).

WALTER HÖLLERER

# Die Epiphanie als Held des Romans*

Die Rebellion gegen den herkömmlichen Roman begann in der deutschen Literatur am Ende des achtzehnten Jahrhunderts, genauer: 1791, mit einem Aphorismus Georg Christoph Lichtenbergs:

> Empfindsam schreiben heißen die Herren immer von Zärtlichkeit, Freundschaft und Menschenliebe reden. Ihr Schöpse, hätte ich bald gesagt, das ist nur ein Ästchen des Baumes. Ihr sollt den Menschen überhaupt zeigen, den zärtlichen Mann und den zärtlichen Gecken, den Narren und den Spitzbuben ... Was ihr schreibt, ist uns nicht sowohl verhaßt als euer ewiges Fiedeln auf einer und derselben Saite.

Lichtenberg fordert vom Autor, er solle sich empirisch einstellen, statt ein Idealbild zu zeichnen:

> Von dem, was der Mensch sein sollte, wissen auch die Besten nicht viel Zuverlässiges; von dem, was er ist, kann man aus jedem etwas lernen.

Den Kritikern erteilt er eine Abfuhr für falsche Kritik:

> Linné sagt, die Wanze riecht nicht sonderlich; und das ist wahr, aber er sagt nicht: die Wanze hätte zu Hause bleiben können, wir hätten der stinkenden Tiere schon genug. Wie unsere Rezensenten sagen.

Hundert Jahre später wird der Angriff gegen den empfindsamidealistischen Roman beträchtlich weiter vorgetrieben. Am 25. 8. 1894 schreibt Paul Valéry an André Gide: »Ich habe den *Discours de la Méthode* wiedergelesen, das ist genau der moderne Roman, wie er geschrieben werden könnte ... man sollte also das Leben einer Theorie schreiben, wie man allzuoft das einer Passion geschrieben hat.« Wenig später versuchte Valéry, das Leben einer Theorie darzustellen: in *Monsieur Teste*. Unabhängig davon probierte James Joyce eine solche Beschreibung: in *Stephen Hero*. Die Theorie wird der Held des Romans; bei Joyce allerdings so, daß der Roman am Leben bleibt, sich nicht völlig ablöst von den Charakteren und Wirklichkeitsmomenten. Die Passionen vertragen sich mit diesem Roman einer Theorie, Passionen, die der Schablonen entkleidet sind. Das ›Leben einer Theorie‹ enthält bei Joyce mehr

---

* Erstabdruck in: *Akzente, Zeitschrift für Dichtung* (1961/2), 125–136; französische Fassung: ›L'Epiphanie, personnage principal du roman‹, *Méditations* 4 (Hiver 1961/62), 25–40.

als »ein Ästchen des Baumes«. Es vermeidet das »ewige Fiedeln auf einer und derselben Saite«, indem es sich voll orchestriert.
E i n Gesichtspunkt der Joyceschen Theorie ist die Epiphanienlehre, die er in *Stephen Hero* vorträgt, im *Jugendbildnis* modifiziert, im *Ulysses* anwendet und in *Finnegans Wake* einschmilzt. Joyce baute das, was er schrieb, auf einzelne beobachtete, gehörte, geschmeckte, erfühlte, mit dem Geruchssinn wahrgenommene, von einem Wort oder einem Satz provozierte Momente auf. Diese Momentaufnahmen notierte er oft auf Zettel und in Notizbücher. Es sind nicht allgemein gehaltene Wirklichkeitsstenogramme, sondern ausgewählte, mit Faszination geladene Ausdrücke für Augenblicke. Aus solchen Elementen errichtete er anstelle der alten Handlungs- und Ordnungsgerüste des empfindsamen Romans, des Bildungsromans, des Gesellschaftsromans, des psychologischen Entwicklungsromans eine neue Ordnung, die er im *Ulysses* dem ältesten Gerüst des Romans, dem Abenteuer- und Reiseroman, nur noch dem Anschein nach anpaßte.
Epiphanie, Erscheinung (*epiphainomai,* ich zeige mich, werde sichtbar, erscheine) bezieht sich zunächst auf ein äußeres Erscheinungsbild, auf die Registrierung der Oberfläche. Was durch die Sinne in einem bestimmten, konzentrierten Moment wahrgenommen wird, nimmt als Erscheinung Umrisse an. Im gleichen Vorgang aber wird Epiphanie als wahrgenommener Moment auch schon Erscheinung = Vision, vorgestellter Moment, der die einzelne Wahrnehmung von einem anvisierten Ganzen her aufleuchten, ›strahlen‹ läßt. Erinnerung und Erwartung verknüpfen die äußere Erscheinung mit den älteren Menschheitserfahrungen und -träumen und den jüngsten vortastenden Entdeckungsversuchen. Augenblick und Einzelding werden so, wie bisher kaum je, betont. Nicht ein System der organologischen Entfaltung gibt dem Roman Halt und Stütze, sondern eine Schar von gegensätzlichen Augenblicken, die als Nacheinander, Nebeneinander und Miteinander von Epiphanien komponiert sind. Mit dem »Faßbarwerden« dieser Augenblicke ist schon die nächste Frage gestellt: Es genügt nicht, Epiphanien zu erkennen, sie »zu haben«, sondern es muß eine Möglichkeit geben, sie sprachlich zu zeigen, mit Worten also, die man aus der gewohnten Sprache der Kontinuität nimmt, die neu aufgeladen werden, damit sie nicht Mißverständnisse erregen, d. h. nicht ins alte Modell, wo ewig »auf einer und derselben Saite« gefiedelt wird, zurückfallen. Joyce hat das ›Aufladen‹ der Worte durch verschiedene Mittel versucht: Er griff auf die Alltagssprache zurück, aufs bruchstückhafte Zitat, auf die Grundbedeutung der Worte, auf das Gegeneinander verschiedener Sprachen, auf das bildhaft-musikalisch-rhythmische Signalisieren, das er in ihnen aufstöberte, auf Gegensatzwirkungen in der Grammatik der Sätze, die sich u. a. aus Fakti-

zität und spielerischer Parodie ergaben, und er schreckte auch nicht vor Wortspiel, Wortzerrung und Wortzerlegung zurück.
Näher besehen hängt die Wortartistik von Joyce stets mit der Epiphanienlehre zusammen. Dabei verkehrt sich oft der Vorgang: Nicht mehr die sprachlichen Gestaltungsmittel werden für eine erfahrene Epiphanie gesucht, sondern die Gestaltungsmittel selbst bewirken die Epiphanie: Ein Wort bedingt den Augenblick, der Einstieg gewährt in die Verschränkung von Wahrnehmungen und Vorstellungen, von Erinnerung und Erwartung. Oder, an den Höhepunkten der Prosa von Joyce, treiben Worterscheinung und sinnenhaft wahrgenommene Erscheinung einander voran, wechselseitig, entzünden sich aneinander, holen die Vorstellungen ein und lassen sich von den Vorstellungen und Visionen auf neuen Augenblicksklippen und Wortgeschieben aussetzen.
Dies alles behält seine feste Grundlage; es verdampft nicht. Die Kettenreaktionen einander vorwärtstreibender Epiphanien haben wenig gemein mit Mystik oder mit Euphorie; sie entzünden sich stets von neuem an Joyces kritischer, analytischer Praktik. »Immer war er nach einer Tatsache, nach einem Wort aus, das er dringend brauchte.« Schreiben bedeutete ihm nicht Soll-Erfüllung im Ausführen eines Modells, sondern Möglichkeit von Entdeckung auf Schritt und Tritt. Die Entdeckung suchte dort, wo alles im Fluß zu sein schien, Fixpunkte, Absprungpunkte in den Epiphanien. Der Roman wurde zur Parabel dieser Entdeckungsfahrt, dessen vorwärtsdringender Held im Grunde die Theorie wurde, die Theorie von den Epiphanien, sowie die praktizierte Epiphanie selbst.
So registrierte der Roman den Gang der Entdeckung, auch wenn er zunächst auf andere Ziele gesteuert war, z. B. auf alte, nunmehr gewußte oder nur noch geahnte Mythen, deren Wiederbelebung und Neuformulierung er nicht erreichte, auch wohl nicht erreichen wollte. Robert Musil sprach von seinem eigenen Roman-Abenteuer, das er ebenfalls zunächst auf Mythen hinsteuerte, als von einer Parabel für die »Reise an den Rand des Möglichen«.
Im *Stephen Hero* (die deutsche Ausgabe heißt *Stephen Daedalus*, Pfullingen 1958, bzw. *Stephen der Held*, Frankfurt 1972), der Vorstufe zum *Jugendbildnis*, wird über diese Theorie reflektiert, und zwar im Zusammenhang mit der scholastischen Philosophie. Aber schon dort wechseln die Besinnung auf die Theorie und die Dokumentation der Theorie einander ab. Dieser Rhythmus, der auch in den späteren Werken, aber schwieriger, abzulesen ist, gibt vielleicht die Erklärung dafür, wie Joyce es fertigbrachte, sich »am Schreiben zu erhalten«. – In *Stephen Hero* geht Joyce an einer herausgehobenen Epiphanie-Stelle von der »allgemeine(n) Einstellung der Frauen zur Religion« (S. 223) aus, beleuchtet in den Versuchen Stephens, sich von der katholischen Ordnung zu befreien, kritisch seine eige-

nen Anstrengungen und läßt Stephen über eine Theorie des Dualismus meditieren, »die die zwiefache Ewigkeit von Natur und Geist in der zwiefachen Ewigkeit des Männlichen und Weiblichen symbolisierte« (S. 224). Dieser Hintergrund bleibt für die Epiphanien-Praxis bis zum Spätwerk von Joyce unverrückt wichtig.

Den Übergang vom Theoretisieren zur Dokumentation bilden zwei Sätze: »»Es war schwierig für ihn, seinen Kopf zu zwingen, die strikte Temperatur des Klassizismus zu wahren. Mehr denn je sehnte er sich danach, daß die Jahreszeit sich höbe und der Frühling – der neblige irische Frühling – aus und vorbei sei.« (S. 224) Hieran schließt sich die Schilderung eines Augenblicks, dessen Besonderheiten gesehen, gehört und von der Vorstellung verknüpft und weitergetragen werden, der vor allem durch abgerissene Sätze bezeichnet wird; er nennt ihn ausdrücklich ›Epiphanie‹:

Er ging eines Abends, eines nebligen Abends, durch Eccles Street und all diese Gedanken tanzten den Tanz der Unrast in seinem Hirn, und da inspirierte ihn ein trivialer Vorfall, ein paar glühende Verse zu komponieren, denen er den Titel »Villanelle der Verführerin« gab. Eine junge Dame stand auf den Stufen eines jener Backsteinhäuser, die die reinste Inkarnation der irischen Paralyse zu sein scheinen. Ein junger Herr stützte sich auf den rostigen Gitterzaun des Unterhofs. Wie Stephen auf seiner Suche da vorüberkam, hörte er die folgenden Gesprächsfetzen, die ihm einen so schneidenden Eindruck vermittelten, daß seine Sensibilität sich arg gepeinigt fühlte. – Die junge Dame – (diskret und schleifend im Ton) ... O ja ... ich war ... in der ... Kir ... che ... Der junge Mann (unüberhörbar) ... Ich ... (wieder unhörbar) ... ich ... Die junge Dame – (weich, leise) ... O ... Sie sind mir ... aber ... ein sehr ... schlim ... mer.

»Diese Trivialität«, so fährt Joyce dann kommentierend und theoretisierend fort,

brachte ihn auf den Gedanken, viele solcher Momente in einem Epiphanien-Buch zu sammeln. Unter einer Epiphanie verstand er eine jähe geistige Manifestation, entweder in der Vulgarität von Rede oder Geste, oder in einer denkwürdigen Phase des Geistes selber. Er glaubte, daß es Aufgabe des Schriftstellers sei, diese Epiphanien mit äußerster Sorgfalt aufzuzeichnen, da sie selbst die zerbrechlichsten und flüchtigsten aller Momente seien. (S. 224)

Nirgends sonst hat Joyce das, was er unter Epiphanie verstand, so scharf umrissen wie hier; diese an »Trivialitäten«, an der »Vulgarität von Rede oder Geste« anknüpfenden, »in einer denkwürdigen Phase des Geistes« sich bewegenden »zerbrechlichsten und flüchtigsten aller Momente« gehören zu den Grundelementen seiner Bauform, die er, indem er sie mehr und mehr verfeinert, vom Anfang bis zum Ende verwendet. – Von der theoretischen Erörterung geht Stephen, indem er zu seinem Partner Cranly spricht, sofort wieder auf ein praktisches Beispiel einer Epiphanie über:

Er sagte Cranly, die Uhr am Ballast Office sei einer Epiphanie fähig. Cranly befragte das unergründliche Zifferblatt am Ballast Office mit seiner nicht weniger unergründlichen Miene:
– Ja, sagte Stephen, ich gehe ein ums andre Mal an ihr vorüber, spiele auf sie an, berufe mich auf sie, blicke flüchtig zu ihr hoch. Sie ist nur *ein* Artikel im Katalog des Dubliner Straßenmobiliars. Dann ganz auf einmal *sehe* ich sie, und plötzlich weiß ich, was sie ist: Epiphanie. (S. 224 f.)

Sofort wendet sich Stephen wieder der theoretischen Begründung zu. Er entwickelt eine ästhetische Theorie, die er auf Thomas von Aquin stützt, auf seine Lehre von der Schönheit, die aus Integrität, Symmetrie und Strahlen bestehe. Die Art des Zusammenhangs der mediatisierten Ästhetik von Joyce, die naturalistische und expressive Programmpunkte vereinte, mit der scholastischen Philosophie ist an diesen Stellen erkennbar.

Ich bin lange nicht dahintergekommen, was der Aquinate meinte. Er verwendet ein figuratives Wort (für ihn etwas sehr Ungewöhnliches), aber ich habe es gelöst. *Claritas* ist *quidditas*. Nach der Analyse, welche die zweite Qualität entdeckt, bildet der Geist die einzige logisch mögliche Synthese und entdeckt die dritte Qualität. Dies ist der Moment, den ich Epiphanie nenne. (S. 226)

Die kritisch erkennende Meditation, die ein Einzelding in einem Augenblick »epiphanisieren« läßt, wird im Urtext wie folgt beschrieben:

First we recognize that the object is *one* integral thing, then we recognize that it is an organised composite structure, a *thing* in fact: finally, when the relation of the parts is exquisite, when the parts are adjusted to the special point, we recognize that it is *that* thing which it is. Its soul, its whatness, leaps to us from the vestment of its appearance.

Man findet verschiedene Akzentuierungen im Werk von Joyce, was die Schilderung der Einkleidung, der Begleitumstände einer Epiphanie betrifft; nur selten wird dieses ›vestment‹ vernachlässigt, wenn es für Joyce auch immer nur eine notwendige Station auf einem weiteren Weg bedeutete: »Die Seele des gewöhnlichsten Gegenstands, dessen Struktur sich durch diese Blickeinstellung zeigt, scheint uns zu strahlen. Der Gegenstand vollbringt seine Epiphanie.« (S. 227)
Von dem Frühwerk *Stephen Hero,* konzipiert und geschrieben etwa 1901 bis 1906 in Dublin und Triest, wurden nur die Seiten 519 bis 907, also 388 Seiten des Manuskripts, von Joyces Frau gerettet. Im *Jugendbildnis* (*A Portrait of the Artist as a Young Man,* aus dem Jahr 1914) wird der Vorwurf zu diesen 388 Seiten auf den letzten

## Die Epiphanie als Held des Romans

80 Seiten zusammengedrängt. Die Epiphanienlehre wird dort nicht mehr ausgebreitet, aber doch aufgenommen. Der entdeckende ›Augenblick‹ wird mit einem Bild von Shelley umschrieben:

> Die höchste Qualität verspürt der Künstler, wenn das ästhetische Bild in seiner Imagination konzipiert wird. Den Geist in diesem geheimnisvollen Moment hat Shelley sehr schön mit einer verglimmenden Kohle verglichen. (S. 498)

Dieser Augenblick der Schönheit ist vom höchsten Grad der Erkenntnis abhängig, seine Faszination läßt nichts Dumpfes zu:

> Der Moment, da diese höchste Qualität der Schönheit, die klare Ausstrahlung des ästhetischen Bildes, leuchtend wahrgenommen wird vom Geist, der von seiner Ganzheit gefangengenommen und von seiner Harmonie fasziniert worden ist, ist die leuchtend-stumme Stasis des ästhetischen Wohlgefallens, ist ein geistiger Zustand, der jener Herzverfassung sehr ähnlich ist, die der italienische Physiologe Luigi Galvani mit einem Ausdruck, der fast so schön ist wie der Shelleys, die Entrückung des Herzens genannt hat. (S. 488)

Daß diese »Momente« aber auch im *Jugendbildnis* von Joyce nicht in der Art der klassizistischen Ästhetik idealisch aufgefaßt wurden, zeigt die von ihm dort vorgeführte Praxis. In einem zugleich wahrnehmungsnahen wie visionären Moment läßt er, mitten im Theoriengespräch, das ›Wesen‹ von Lynch aufscheinen:

> Stephen drehte sich zu seinem Gefährten und schaute ihm einen Augenblick kühn in die Augen. Lynch, der sich von seinem Gelächter erholte, erwiderte seinen Blick aus gedemütigten Augen. Der lange schmale flache Schädel unter der Mütze mit dem langen Schirm rief in Stephen das Bild eines behelmten Reptils hervor. Auch die Augen waren durch das Flimmernde und Fixierende in ihnen reptilienartig. Doch in diesem Augenblick, gedemütigt und wachsam in ihrem Blick, waren sie von einem winzigen menschlichen Funken erhellt, dem Fenster einer zusammengeschrumpften Seele, stechend und voll Erbitterung gegen sich selbst. (S. 479)

Diese in den beiden Frühwerken enthaltenen Versuche, Epiphanien festzuhalten, werden ergänzt durch die verstreuten Notizen von Joyce aus jener Zeit. Sowohl sein Bruder Stanislaus Joyce wie Herbert Gorman, einer seiner Biographen, zitieren aus Joyces ›Epiphanienheften‹[1]. Sein Bruder kommentiert:

> Eine andere experimentelle Form, die sein Bedürfnis nach literarischer Äußerung sich schuf, als wir dort wohnten [in Glengariff Parade in Dublin, in einer »niederdrückenden Umgebung«: am Beginn einer großen Ausfallstraße nach Westen], bestand in der Notierung dessen, was er »Epiphanien« nannte, – Manifestationen oder Offenbarungen.

Stanislaus berichtet über die Art dieser Notizen: sie

bestanden anfänglich aus ironischen Beobachtungen von Versehen, Irrtümern, Gesten – bloße Strohhälmchen, die freilich die Windrichtung angeben –, durch welche die Menschen eben gerade das verraten, was sie am sorgfältigsten verbergen möchten. Diese Epiphanien waren grundsätzlich kurze Skizzen, kaum länger als ein Dutzend Zeilen; aber immer äußerst scharf beobachtet und formuliert, sei der Gegenstand auch noch so belanglos. Diese Sammlung diente ihm, wie dem Maler das Skizzenbuch, oder wie Stevensons Notizbuch diesem bei der Herausbildung seines Stiles gedient hat. Es war jedoch in keiner Hinsicht ein Tagebuch.

Wie sich die Epiphanie-Notizen mit den Traum-Stenogrammen zusammentaten, erläutert Stanislaus so:

Die Enthüllungen und die Wichtigkeit des Unterbewußten hatten sein Interesse erregt. Die Epiphanien wurden mehr und mehr subjektiv und erfaßten die Träume, die er in einigen Beziehungen als Vieles erhellend bewertete.

Er berichtet dann, daß James Joyce einige dieser Epiphanien in das *Jugendbildnis* aufgenommen habe,

und ein paar in das erfundene Tagebuch am Ende. Die übrigen erachtete er als nicht interessant genug, um erhalten zu bleiben; ich aber teilte diese Meinung nicht, und habe mir mehrere davon aufgehoben.

Einige solcher mit Traum-Notizen zusammenhängender Epiphanien teilt Stanislaus mit, z. B.:

Ödes Gewölk hat den Himmel überzogen. Wo drei Straßen sich treffen, und am Rand eines sumpfigen Ufers, hat sich ein großer Hund gelagert. Von Zeit zu Zeit hebt er die Schnauze in die Luft, und stößt ein langes klagendes Geheul aus. Leute bleiben stehen, sehen ihn an, und gehen weiter; andere verweilen, vielleicht durch jene Klage festgebannt, in der sie den Ausdruck ihrer eigenen Sorge zu vernehmen scheinen, die auch einst Sprache hatte, jetzt aber sprachlos geworden ist, eine Magd mühevoller Tage. Regen beginnt zu fallen.

Die ›Belanglosigkeit‹ eines Hundes, der sich nach Hundeart und nicht ungewöhnlich benimmt, gibt den Ausgang. Dieses Objekt bleibt aber nicht in Distanz gegenüber; es hat vielmehr das beobachtende Subjekt in sich aufgenommen; das klagende Geheul ist erkennbar als der Ausdruck für das ausdruckslos gewordene, ›sachlich‹ gewordene, Ding gewordene Subjekt. Es erkennt sich im Objekt wieder. Subjekt und Objekt vertauschen sich. Das Vergessene leuchtet auf, *quidditas,* in der Einkleidung des Hundes. Die Sprache ist das *punctum saliens.* Sie manifestiert sich im Signal, d. h. eine Ahnung von ihrem Vorhandensein kommt aus dem sprachlosen Heulen. Die Metapher für die sprachlos gewordene Klage: »eine Magd mühevoller Tage« macht die Subjekt-Objekt-Vertauschung

## Die Epiphanie als Held des Romans

noch eindringlicher, die allgemeine Lage wird in ihr zugespitzt deutlich, in einer konkret-abstrakten Metapher, wie sie für die moderne Literatur, besonders für die Lyrik seit diesen Jahren bezeichnend wird. Der Hund ›spricht‹ wortlos das Verhängnis des Subjekts aus. – Auch die Uhr am Ballast Office, das kaum verständlich flüsternde Liebespaar in der Eccles-Street, der schweigsam-listig aus seinen Reptilaugen schauende Lynch beginnen, im Moment der Epiphanie, wortlos oder fast wortlos zu ›sprechen‹, beredt zu werden.

Die Epiphanie gehört zu den modernen Stilmitteln, die die Verschränkung von Subjekt und Objekt vorzuführen vermögen. Der Held verbleibt nicht in der überlegenen Rolle des Gegenüber, er wird erkennbar als zu den Objekten gehörig. Das Objekt andererseits ist nicht mehr einzuordnen in die selbstverständlich zur Verfügung stehende Welt, sondern das Objekt manifestiert sich in seiner Eigenbewegung, seiner Ebenbürtigkeit dem Subjekt gegenüber, seinem Mitspracherecht, in seinem fremdartig-anziehenden Sog. Diese Verschiebung zeigt sich in Joyces Epiphanien ebenso wie in seinem aus der ›erlebten Rede‹ entstandenen ›inneren Monolog‹. Nicht von ungefähr hängen das Aufkommen der ›erlebten Rede‹ und das der ›Augenblicks‹-Manifestation eng zusammen; sie treten dort zusammen auf, wo das klassisch-idealistische Erkenntnisschema bezweifelt wird und eine Gegen-Konzeption sich durchzusetzen beginnt; in der deutschen Literatur z. B im Lenz-Fragment Georg Büchners (Erlebte Rede: »Am Himmel zogen graue Wolken, *aber alles so dicht,* – und dann dampfte der Nebel herauf . . .« Augenblicks-Manifestation: »Wie ich gestern neben am Tal hinaufging, sah ich auf einem Steine zwei Mädchen sitzen . . . Man möchte manchmal ein Medusenhaupt sein, um so eine Gruppe in Stein verwandeln zu können . . .« Anti-idealistische Ästhetik: »es darf einem keiner zu gering, keiner zu häßlich sein . . .; das unbedeutendste Gesicht macht einen tiefern Eindruck als die bloße Empfindung des Schönen.«). Die Helden-Schatten Büchners, Lenz und Woyzeck, geraten Schritt für Schritt in die Objekt-Welt und werden von ihr beredter ›ausgesprochen‹ als von sich selber. – Daß James Joyce, wie Stanislaus anmerkt, in den ›großen Hund‹ am sumpfigen Ufer die Seele seines Bruders hineindeutete, sein Bruder aber ihn, den Autor selbst, hineininterpretieren konnte, ist bezeichnend für Joyces Epiphanien-Praxis, die immer vom nächsten, privatesten Anreiz ihren Absprung nahm und sich auf diese Art spontane Bewegung im hoffnungslos unabgesteckten Feld der objektiveren Entdeckungen sicherte. Arno Schmidt baut auf diesem Zug, ihn unter der Hand zu sehr verabsolutierend, seine besondere Perspektive der Deutung von *Finnegans Wake* auf[2].

Während seines ersten, unglückselig verlaufenen Paris-Aufenthalts

vom Jahre 1902/03 schrieb Joyce einige ›Momentaufnahmen des geistigen Lebens‹, die er *Epiphanies* nannte. – Die von Gorman zitierten Epiphanien-Notizen stammen aus dem Jahr 1904 (vier Jahre nach den Beispielen von Stanislaus, als Joyce in Pola war). Sie sind untermischt mit anderen Einfällen und Zitaten, deutlich eine Stoffsammlung für Romane. Oft geben diese Notizen nur Hinweise auf Epiphanien, Merkmale für die Erinnerung an Epiphanien, aber mit den offensichtlichen Anzeichen der Subjekt-Objekt-Überkreuzung:
»Damenhüte. Hochamt in der Pro-Kathedrale.« – »Irland – ein nachträglicher Einfall Europas.« – »Katakomben und Ungeziefer. La Suggestione Letteraria.« – »Jeder Schuldschein ist ein Schuldschein auf Trauer.« – »Ich bin den ganzen Tag über unglücklich – die Ursache ist: ich bin auf den Absätzen gegangen, nicht auf den Fußballen.« – »Das Tingel-Tangel, nicht die Dichtung, als Kritik des Lebens.« – Schon aus diesen Notizen wird sichtbar, daß Joyces Auffassungsweise nicht leicht zu definieren ist. »Er sagte immer, er sähe die Dinge nicht, er absorbiere sie.« (Stanislaus Joyce)
Daß in den Jahren 1900 bis 1912 an verschiedenen Orten, unbeeinflußt voneinander, Überlegungen und poetische Dokumente niedergeschrieben wurden, die den Epiphanien und der Epiphanien-Theorie von Joyce ähnlich waren, ist demjenigen leicht verständlich, der die notwendigen Manifestationen gemeinsamer ›Lage‹ studiert: Zur gleichen Zeit dringt das, was aussprechbar wird, in die Formulierungen des wachen Bewußtseins. Die Feststellung des jungen Ezra Pound in der Schrift *A stray document* über das ›image‹ berührt sich mit der Theorie von Joyce:

Ein ›image‹ ist etwas, das einen intellektuellen und emotionalen Komplex innerhalb eines Augenblicks darstellt ... Die Darstellung eines solchen Komplexes innerhalb eines Augenblicks erzeugt ein Gefühl plötzlicher Befreiung aus zeitlichen und räumlichen Schranken, ein Gefühl jähen Wachsens, wie wir es vor den größten Kunstwerken erleben.

Hugo von Hofmannsthal sieht seine sprachauslösenden Augenblicke an einer ›Zusammensetzung von Nichtigkeiten‹ sich entzünden (Joyce sprach von ›Belanglosigkeiten‹). Der junge Kafka, der junge Musil, Robert Walser begannen ihre Technik der Moment-Aufnahmen zu schärfen, indem sie das Verhältnis von Objekt und Subjekt in neuem Licht sahen. Marcel Proust, in vielem von Joyce verschieden, kommt ihm in der Auffassung des Augenblicks noch am nächsten. Die frühen Expressionisten, vor allem Alfred Lichtenstein, erfanden Augenblicks-Formulierungen in der Art der Joyceschen Epiphanien-Notizen[3].
»Brennpunkte«, »Widerspiele«, »Grundfiguren«, »das phantastische Durchdringen des Subtilen und des Banalen«, »Metamorpho-

sen«, »Momentbilder des Lebendigen«, »Ambivalenzen«, »Transitions«, »Ineinsbildungen von Aktuellstem und mythisch Entrücktem«, »Zusammenschluß von Stasis und Movens«: all das wären Umschreibungen der Epiphanie. Doch sie reichen nicht hin. García Lorca sprach von dem »Reitersprung zwischen Entgegengesetztem«, der sich in einer Augenblicks-Metapher verbirgt. Wie benennt man aber einen Helden, der sich in feinen Stäubchen auf Einzeldinge und Einzelmomente verteilt hat? Er ist noch nicht mit einem familiären Begriff der Wissenschaft oder einem wohlklingend-einleuchtenden Bild der Poetologie dingfest zu machen. Sein halsbrecherisches Abenteuer ist, bis hin zum roman nouveau und zum jungen Roman eines Johnson und Grass, noch nicht überschaubar genug.

Das jedenfalls ist zu erkennen, daß die Kompositionen von *Ulysses* und *Finnegans Wake* auf die Ausdrucksarten der Epiphanien sich stützen, in ihren verschiedensten Abwandlungen.

Die am leichtesten faßbaren Epiphanie-Darlegungen im *Ulysses* sind von der Art, wie sie an Blooms Morgen, im vierten Kapitel (›Calypso‹), sich um das bekannt-fremdartige Objekt Katze und um das Klirren des Bettgestells aus Gibraltar gruppieren. Im ›Sllt‹ der Druckerei-Maschinen und in den Schlagzeilen der Zeitungsartikel verbirgt sich im siebenten Kapitel (›Aeolus‹) ein davon verschiedener, rhythmisch komponierter Epiphanien-Tanz. Die Auflösung der Epiphanien im Vorspann des Ormond-Kapitels (elf, ›Sirenen‹) zu Splittern und musikalischen Motiven, die Ernst Robert Curtius im Zusammenhang mit dem gesamten Kapitel gedeutet hat[4], und der Strom der parodierten und nicht parodierten Epiphanien-Partikel des letzten Kapitels deuten auf *Finnegans Wake* voraus[5].

# Anmerkungen

1 Stanislaus Joyce, *Meines Bruders Hüter (My Brother's Keeper)*, deutsch von Arno Schmidt, Frankfurt 1960, S. 174 ff. – Herbert Gorman, *James Joyce. Sein Leben und sein Werk*, mit einem Nachtrag von Carola Giedion-Welcker, deutsch von Hans Hennecke, Hamburg 1957, S. 151 ff.

2 Arno Schmidt, ›Das Geheimnis von *Finnegans Wake*; Seines Bruders Schmäher; Der Höllenschlüssel‹; *Die Zeit* (1960), S. 49 ff.

3 Die *Akzente* versuchten eine Zusammenstellung solcher Epiphanien in den Marginalien der Hefte 1/1959 und 4/1959.

4 Ernst Robert Curtius, ›James Joyce und sein *Ulysses*‹. Neue Schweizer Rundschau 22, Zürich 1929; auch in ders., *Kritische Essays zur europäischen Literatur*, Bern 1954, S. 290 ff.

5 [Teil II dieses Artikels – speziell auf *Ulysses* bezogen – im 3. Heft von *Akzente* (1961), 275–285].

Fränzi Maierhöfer

# Die fledermausähnliche Seele des Stephen Dedalus*

Stephen Dedalus, Jesuitenzögling, Schüler des Belvedere College in Dublin, anerkannter Musterknabe, schon auf halbem Wege zu heimlichen, halbbewußt gesuchten Bordellerfahrungen, unbestrittener Star im Englischen Aufsatz, Feind aller Körperertüchtigung und Kaltwasserkuren, steht mürrisch, innerlich unbeteiligt und doch betroffen während des Trubels vor der Pfingstaufführung seiner Schule herum. Ausgelöst durch einen Stockschlag gegen seine Wade und von einem Blick in das hämische Vogelgesicht seines Rivalen, der ihn zu einer öffentlichen Selbstbezichtigung zwingen will, befällt ihn die Erinnerung an einen etwa zwei Jahre zurückliegenden Streit mit seinen Schulkameraden, wer denn der größte englische Dichter sei. Stephen hatte neben Kardinal Newman Lord Byron genannt. Während Dämmerung sich niedersenkte, war Stephen von den anderen verprügelt worden, weil er sich der damals gültigen öffentlichen Meinung widersetzte, daß ein »Ketzer« mit zweifelhaftem Lebenswandel kein großer Dichter sein könne. »Mir ist egal, was er war...« (*P*, S. 337)[1].

James Augustin Joyce wurde 1882 in Rathgar, einem Vorort von Dublin, geboren und starb 1941 in Zürich. Er legte einen ähnlichen Bildungsgang wie sein Held Stephen zurück. Die autobiographischen Züge seines Werkes sind unbestritten, von ihm selbst beabsichtigt und bezeugt. Wie Joyce, der 1904 Irland verließ, nimmt auch Stephen freiwillig die Verbannung auf sich. Ehe seine literarische Arbeit einigen Ertrag abwarf, lebte Joyce lange Jahre als Sprachlehrer in Triest (er war polyglott). Zu seinen maßgeblichen Förderern zählten der irische Dichter William Butler Yeats und vor allem Ezra Pound, zu seinen Bewunderern T. S. Eliot, H. G. Wells, Italo Svevo, Hermann Broch, Ernest Hemingway, Samuel Beckett, zu seinen verständnisvollen Kritikern C. G. Jung, E. R. Curtius, Thornton Wilder, zu seinen Verächtern Paul Claudel.

Am 7. 1. 1904 entwarf Joyce fast in einem Zug die autobiographische Skizze *A Portrait of the Artist,* die er dann in einem zehn Jahre währenden Umschmelzungsprozeß zuerst zu dem Roman *Stephen der Held* und dann zu dem formal viel ausgefeilteren *Porträt des Künstlers als junger Mann* umwandelte[2]. Sein Elternhaus, seine

* Erstabdruck in *Stimmen der Zeit* 182 (1968), S. 39–53. Hier leicht überarbeitet.

Jesuitenlehrer, seine Freunde, die Iren, »ein pfaffengeknechtetes gottverlassenes Volk!« (*P*, S. 289), Dublin, seine ausgedehnte Lektüre in einer stets steigenden Zahl von Sprachen dienten ihm dazu ebenso als Rohmaterial wie seine Reaktion darauf, seine Erfahrungen. Stephen Dedalus ist zugleich das Ergebnis der Selbstprojektion und der Selbstverfremdung, Wunschbild und Alpdruck, Objekt Joycescher Selbstbewunderung und wachsender Distanz und Selbstironie. Im *Portrait* offenbart sich die ganz ungeheure, problemgeladene Spannung, die der moderne Dichter zu ertragen hat, der bewußt die Last der Bewußtheit auf sich nimmt.

Durch den Mund Stephens legt der Dichter befreiende Bekenntnisse ab, durch die Darstellung Stephens stellt er einen Teil seiner selbst und seine Vorstellung vom Künstler dar und benutzt das von ihm gestaltete Bild als Mittel zur Erkenntnis, die für ihn zunächst Selbsterkenntnis bedeutet[3]. Stephen, der die Kunst »in drei Formen unterteilt, und zwar fortschreitend von einer zur anderen« (*P*, S. 489), hat (wie Joyce) als Lyriker begonnen. Von der lyrischen Form, »in der der Künstler sein Bild in unmittelbarer Beziehung zu sich selbst darstellt« (*P*, S. 489), möchte er über die epische zur dramatischen Form gelangen.

Die einfachste epische Form erwächst aus der lyrischen Literatur, wenn der Künstler sich in größeren Zusammenhang stellt und über sich reflektiert als die Mitte eines epischen Ereignisses, und diese Form entwickelt sich fortschreitend weiter, bis die Mitte der empfindungsmäßigen Schwerkraft vom Künstler und von anderen gleichweit entfernt ist. (*P*, S. 490)

Die für Stephen höchste und wertvollste Form, die dramatische, in der der Künstler »sein Bild in unmittelbarer Beziehung zu anderen darstellt« (*P*, S. 489), hat Joyce, obwohl er ein Theaterstück (*Verbannte*) schrieb und obwohl er vorwiegend dramatisch arbeitete, nicht erreicht.

Die Mittel- und Mittlerstellung Stephens, der zugleich der Wahrnehmende und der Wahrgenommene ist, bedingt einen Doppelaspekt[4]: Der Leser wird in Stephens Wahrnehmungsperspektive hineinversetzt, sieht mit dessen Augen und wird doch auf Distanz gehalten. Die Technik, den Leser mittels der »Geistesorgane« (*U*, S. 641) Stephens wahrnehmen, ihn die schrittweise Erweiterung seines Bewußtseinsbereichs, die wachsende Differenzierung und Komplexität seiner Bewußtheit, damit seiner Erkenntnismöglichkeit, miterleben zu lassen, hat Joyce zuerst im *Portrait* entwickelt. Aus den einfachen, kindlich-naiven Sätzen des kleinen Stephen entfaltet er organisch die verfeinerten, ja raffinierten Satzperioden des jungen Künstlers und Intellektuellen Stephen. Eine andere Sprachebene führt in eine andere geistige Welt. Für Joyce, der hochmusikalisch war, äußerte sich die Seele dessen, der spricht, am unmittelbarsten in Rhythmus und Sprachmelodie. Die frühere und ver-

gleichsweise konventionelle Fassung *Stephen der Held* läßt von diesem Verfahren noch wenig erkennen. Die Novellen *Dubliner* (zeitlich zwischen den beiden Romanfassungen entstanden) sind, obwohl sein Name nicht genannt wird, mit Stephens Augen gesehen. Zunächst war der Titel *Ulysses in Dublin* vorgesehen. Den Einfall verwendete Joyce dann für seinen skandalumwitterten *Ulysses*.
Dieser Roman, der die kläglichen Durchschnittserlebnisse eines durchschnittlichen Dubliner Bürgers namens Leopold Bloom an einem einzigen Tag, dem 16. Juni 1904, zum Thema hat, führt die Joycesche Spezialtechnik zur Vollendung: Aus Wahrnehmungsperspektiven heraus, deren Peilrichtung sich sprunghaft ändern kann, nicht aber deren Zentralen, leuchtet er bestimmte Ausschnitte aus dem äußeren und inneren Leben an, Ausschnitte, deren Enge, Weite oder Tiefe den Wahrnehmungsmöglichkeiten, der seelischen Differenziertheit der dargestellten Personen entsprechen, die ihrerseits Wahrnehmungsmittel sind. Auf dem nahezu unerschöpflichen, stets relativierenden Beziehungsreichtum dieses Buchs, in dem, kunstvoll miteinander verschlungen, jedes Ereignis sich auf alle anderen beziehen kann und auf nichts, in dem das banalste Vorkommnis zugleich mythen- und symbolbeladen und nichtssagend ist, beruht seine »Schwerverständlichkeit«[5]. Als Medium dient allein die Sprache, die Primitivität oder Kompliziertheit des Satzbaus, die Individualität des Rhythmus, die Verschiedenheit der Wellenlängen und des Wortschatzes, andere Stilebenen.
Ein Ulysses tritt im *Ulysses* nicht auf[6]. Der Titel ist das Schlüsselwort. Hinter seinem Werk steht und in ihm lebt der Autor James Joyce, der die Fahrt durch sein Bewußtsein angetreten hat und diesen Bericht, zum gewaltigen Monolog gestaltet, als künstlerisches Gebilde zwischen sich und den Leser schiebt. Auch die Personen in diesem Roman sind Ulysses, Irrfahrer durch sich selbst und die Welt, stets unterwegs z u r ü c k nach Ithaka, das h i n t e r, nicht v o r ihnen liegt. Ulysses ist der Joycesche Jedermann, bei aller falschen Zufriedenheit auf unruhiger, suchender Wanderschaft – doch: »Wohin?« (*U*, S. 760)
Und der Leser? Auch er ist Ulysses, dem der Autor auf der Irrfahrt durch das Buch jede Hilfestellung verweigert. *Finnegans Wake*[7], Joyces letztes Werk, gibt noch mehr Rätsel auf. Held Stephen, der Wasserscheue, taucht darin gar nicht mehr auf. Schon im *Ulysses* ist er zu des Juden Bloom Pendant verkümmert, zu einem anderen, nicht mehr dem alleinigen Wahrnehmungszentrum. War er dem programmatischen Anspruch, den sein Name ausdrückt, nicht gewachsen? Sein Vorname weist auf den ersten christlichen Märtyrer hin (und in typisch Joycescher Bedeutungsanhäufung auch auf Stéphane Mallarmé), sein Nachname auf den Erbauer des Labyrinths

und Flügelschmied. Das vogelähnliche Bild vom Höhenflug des Dädalus stellt die Verbindung her zu dem vogelköpfigen ägyptischen Gott Thoth, »dem Gott der Schreiber« (*P*, S. 502).
In Stephen Dedalus mischen, durchdringen und bekämpfen sich christliche und antike Vorstellungen. Für Stephen ist der Künstler, der er werden will, ein artifex, ein ›Macher‹, der Helfer zur Flucht aus dem Labyrinth.

Von diesen Dingen sprechen und ihre Natur zu verstehen versuchen und, wenn wir sie verstanden haben, langsam und demütig und beharrlich versuchen, aus der rohen Erde oder dem, was sie hervorbringt, aus Laut und Form und Farbe, die die Gefängnistore unsrer Seele sind, ein Bild der Schönheit, die wir verstehen gelernt haben, zu zwingen, herauszudrücken, auszudrücken – das ist Kunst. (*P*, S. 480 f.)

## Stephen und sein Thomas von Aquin

Die »Gefängnistore unsrer Seele« zu öffnen, einen Ausweg zu entdecken aus dem Labyrinth, dessen Baumaterial »aus der rohen Erde oder dem, was sie hervorbringt«, besteht, dessen verworrene, undurchschaubare Anlage ein Abbild und Ergebnis der Verworrenheit und Dunkelheit des menschlichen Bewußtseins ist – darin sieht Stephen die Aufgabe des Künstlers. Nur von ihm, dem »Priester der ewigen Imagination« (*P*, S. 497), könne der Impuls zu geistiger Erneuerung ausgehen, denn er ist »das innerste Zentrum des Lebens seines Zeitalters, zu dem er in einer Beziehung steht, die vitaler nicht sein könnte« (*SH*, S. 83). Er allein ist der Held, der es wagt, sich der Brutalität des Lebens zu stellen, der sich selbst als Schmelztiegel und Schmied darbietet: »Als Millionster zieh ich aus, um die Wirklichkeit der Erfahrung zu finden und in der Schmiede meiner Seele das ungeschaffene Gewissen[8] meines Volkes zu schmieden.« (*P*, S. 533)
Doch Lyriker Stephen, der auszieht, um zu lernen, »was das Herz ist und was es fühlt« (*P*, S. 533), diagnostiziert sich selbst als modernen Intellektuellen. »Der moderne Geist ist vivisektiv. Die Vivisektion selber ist das modernste Verfahren, das man sich vorstellen kann.« (*SH*, S. 197)[9] Ehe er als Schmied schaffen kann, ehe er beginnen kann, ein Bild der Schönheit zu formen, braucht er eine seinen Intellekt einigermaßen befriedigende Rechtfertigung seines Tuns. Bevor Stephen sich künstlerisch betätigt, arbeitet er eine Ästhetik aus, die er für »angewandten Thomas von Aquin» (vgl. *SH*, S. 79 und *P*, S. 484) hält[10]. Seine Vorliebe für die »Bulldogge Aquino« (*U*, S. 237) verhehlt Stephen nie. Neben ihm bewundert er Ari-

stoteles, von dem er nicht glaubt, daß er »der spezielle Schutzpatron derjenigen ist, die die Nützlichkeit des Aufderstelletretens proklamieren« (*SH*, S. 198). Das Werk beider Philosophen schulmäßig auszulegen interessiert ihn nicht im mindesten Er will lediglich ihre Gedanken verwenden, wobei es ihn wenig kümmert, wessen Ideen er gerade »vorantreibt«.

Stephens Entwurf einer Ästhetik muß seltsam widersprüchlich, ja unverständlich erscheinen, sucht man darin ein schlüssiges, lehrbares System oder den Versuch einer Definition der Schönheit an sich. Er möchte ein Bild der Schönheit gestalten, »die wir verstehen gelernt haben«. Seine Überlegungen sind in die Darstellung des Entwicklungsprozesses des Künstlers Stephen hineinverwoben. Joyce bietet das »Schauspiel des ästhetischen Instinkts in Aktion« (*SH*, S. 197) zusammen mit der Kritik dieses Schauspiels durch Stephen. Dessen Aufmerksamkeit richtet sich auf die Beziehung zwischen einem schönen Gegenstand und dem Betrachter, der ihn als schön empfindet. Noch genauer: Stephen unterwirft den Vorgang, durch den die Beziehung zwischen Gegenstand und Betrachter zustande kommt, einer Vivisektion, versucht den Akt der Wahrnehmung der Schönheit zu sezieren. Er konzentriert sich auf das, was im wahrnehmenden Subjekt dabei vorgeht. »Der erste Schritt in Richtung auf die Schönheit ist, Umfang und Bereich der Imagination zu verstehen, den Akt der ästhetischen Wahrnehmung selber zu begreifen. Ist das klar?« (*P*, S. 482)

Im Laufe seiner Entwicklung distanziert sich Stephen etwas von der für ihn allzu glatten Formel »Schönheit, der Glanz der Wahrheit« (*SH*, S. 83)[11], hält jedoch Schönheit und Wahrheit weiterhin für verwandt (vgl. *P*, S. 482). Seine Ästhetik ist zugleich seine Erkenntnistheorie, Kunst ein Mittel, »zum bedeutungsvollen Kern von allem und jedem durchzustechen« (*SH*, S. 34). Der Weg, den Stephen einschlägt, führt über die Selbsterkenntnis, zunächst über die Erkenntnis und Absicherung der eigenen Möglichkeit zur Erkenntnis, deren erste Stufe für ihn die Wahrnehmung ist. Jeder, der einen schönen Gegenstand bewundere, finde

in ihm bestimmte Relationen . . ., die befriedigen und mit den verschiedenen Stadien jeglicher ästhetischer Wahrnehmung selber zusammenfallen. Diese Relationen des Sensiblen, die für dich in *der* Form und für mich in *der* sichtbar sind, müssen darum die notwendigen Eigenschaften der Schönheit sein. (*P*, S. 484)

Auch die »Qualitäten der universalen Schönheit« (*P*, S. 486) entdeckt Stephen im Vollzug der Beziehung, im Grad und in der Intensität der Annäherung an deren Übereinstimmung: ». . . so müssen also die befriedigendsten Relationen des Sensiblen den notwendigen Phasen der künstlerischen Wahrnehmung korrespondieren«

(*P*, S. 486). Und was versteht Stephen nun unter Schönheit? Wiederholt zitiert er Thomas von Aquin, seinen anerkannten Führer in Fragen der Ästhetik (»Pulcra sunt quae visa placent«[12]), und holt sich bei ihm noch weiteren Rat, den er sich so übersetzt: »Dreierlei ist der Schönheit wesentlich, Ganzheit, Harmonie und Ausstrahlung« (integritas, consonantia, claritas) (vgl. *SH*, S. 100, auch 226, und *P*, S. 486 f.[13]). Im Unterschied zu Thomas versteht Stephen darunter verschiedene, zeitlich aufeinanderfolgende Stufen. Zuerst teile der Geist »das gesamte Universum in zwei Teile, nämlich den Gegenstand, und die Leere, die nicht der Gegenstand ist« (*SH*, S. 226), und erkenne ihn als e i n integrales Ding (integritas). Dann konzentriere sich der Geist auf die Beschaffenheit des Objekts und erkenne es als ein D i n g , »eine definitiv konstituierte Wesenheit« (*SH*, S. 226) (consonantia). Die dritte Eigenschaft, die Ausstrahlung (claritas), bereitete Stephen lange Zeit Kopfzerbrechen. Schließlich sieht er darin »die scholastische *quidditas*, die *Was*heit eines Dinges« (*P*, S. 488; vgl. auch *SH*, S. 226)[14]. Den Augenblick, in dem das Objekt sich dem Betrachter erschließt, plötzlich seine »Washeit« offenbart, nennt er zunächst »Epiphanie«: »Die Seele des gewöhnlichsten Gegenstands, dessen Struktur sich durch diese Blickeinstellung zeigt, scheint uns zu strahlen. Der Gegenstand vollbringt seine Epiphanie.« (*SH*, S. 227)[15] Wenn die ästhetische Subjekt-Objekt-Beziehung sich in diesem erstrebenswerten Endzustand vollendet, so tritt die »leuchtend stumme Stasis des ästhetischen Wohlgefallens« ein, für die, nach Stephen, der italienische Physiologe Luigi Galvani den schönen Ausdruck »Entrückung des Herzens« gefunden hat (*P*, S. 488).

Getreu seiner Überzeugung, das durchschnittliche Leben enthalte ein Höchstmaß an dramatischer Spannung, falls sie wahrgenommen wird, der banalste Gegenstand sei einer »Epiphanie« fähig, falls er für würdig gehalten wird, wählt Stephen als Beispiele die Uhr am Ballast Office (vgl. *SH*, S. 227) und den Korb eines Metzgerjungen (vgl. *P*, S. 487).

Stephen, der sich höhnisch gegen die Ansicht wendet, die »menschliche Natur sei eine konstante Größe« (*SH*, S. 185), dessen Autor Joyce die menschliche Person als etwas ständig im Wandel Befindliches verstand und darstellte, lehnt nachdrücklich und etwas überheblich die lehrhafte und pornographische Kunst als unvollkommen ab, da sie »kinetische« Gefühle errege – »Verlangen oder Abscheu« (*P*, S. 479). Er träumt von einer »statischen« Erregung, davon, daß der Geist innehalten und sich, vom Rhythmus der Schönheit erfaßt und getragen, über Verlangen und Abscheu erheben und einen Augenblick der wenigstens ästhetischen Erfüllung erleben könne. Er selbst wünscht sich dabei passiver zu verhalten als das »epiphanisierende« Objekt. Stephen wartet auf seine Epiphanie, wie er im »Hause des Schweigens«, das er um sich errichtet hat, auf seine »Eucharistie« wartet, darauf, daß das »brennende Zeichen der Erfüllung« herniedersteigen möge (*SH*, S. 33). Im *Ulysses* träumt Stephen diesen Traum nicht mehr. Er existiert in der »unentrinnbare(n) Modalität des Sichtbaren« (*U*, S. 45) – auch wenn er nicht sehen will –, zwischen dem »Diaphanen« und »Adiaphanen«, und ist sich über sein praktisches Nichtvorhandensein im klaren: »Sieh jetzt. Dort die ganze Zeit über ohne dich: und ewig soll sein endlose Welt.« (*U*, S. 45) Auch die oft gerügte Wertfreiheit des *Ulysses* beruht weniger auf der Leugnung irgendwelcher Werte (deren wirksame Abwesenheit ja parodiert wird) als in der allzu ergebenen, unterschieds- und unterscheidungslosen Hinnahme dessen, wie es kommt. Der seltsam düstere Reiz der kunstvollen Arabesken dieses Werks erregt weder Verlangen noch Abscheu, sondern Trauer und Niedergeschlagenheit. Es »epiphanisiert« nicht, obschon Stuart Gilbert meint, der *Ulysses* sei »statische Schönheit nach der Definition des Aquino«[16].

Für Stephen, der sich nach der Offenbarung der Wahrheit in Schönheit sehnt und der einen Gegensatz zwischen dem Schönen und Guten nicht für notwendig hält, gibt es keine Trennung zwischen Kunst und Natur. Der künstlerische Prozeß sei ein natürlicher; sich über Kunst zu äußern bedeute, sich über einen Prozeß der menschlichen Natur zu äußern:

Über die Perfektion von jemandes Kunst zu reden hieß für ihn nicht, über etwas reden, das als erhaben galt, in Wirklichkeit aber nichts weiter als eine erhabene Übereinkunft war, sondern vielmehr, über einen wahrhaft erhabenen Prozeß in jemandes Natur reden, der ein Recht darauf hatte, untersucht und offen diskutiert zu werden. (*SH*, S. 182)

Viel von Stephens bissiger Polemik erklärt sich aus der Tatsache, daß er sich als Künstler in eine Verteidigungsstellung gedrängt fühlte und es für notwendig hielt, seinerseits zum Angriff überzugehen, um sich und seine Anreger (Ibsen, Hauptmann, Newman, Blake, Rimbaud) freizukämpfen. Unter Einsatz ätzender Schärfe ficht er gegen »das antike Prinzip, daß es der Zweck der Kunst sei, zu belehren, zu erbauen und zu erfreuen« (*SH*, S. 82). Bitteren Hohn gießt er über die »profanen« Gemüter aus, die die Maßstäbe der Kunstkritik aus den zulässigen »Grenzen der Schicklichkeit« (ebd.) gewinnen wollen. Für Stephen, der das Erhabene als solches verachtet, aber für das Erhebende (als Prozeß) eintritt, gilt: »Kunst ist keine Flucht aus dem Leben. Sie ist das genaue Gegenteil. Kunst ist, im Gegensatz dazu, der zentralste Ausdruck des Lebens.« (*SH*, S. 89) Von der Macht und Magie des Wortes zutiefst überzeugt, wendet er sich der Dichtkunst zu, die er für die geistigste der Künste hält.

## Stephen und die Kirche

Schon eine flüchtige und oberflächliche Lektüre der Werke von James Joyce dürfte einen Eindruck davon vermitteln, wie stark und tief er sich von der katholischen Atmosphäre, in der er aufwuchs, durchdrungen, besser wohl: bedrängt fühlte, wie »übersättigt« auch sein Geist »von der Religion« war (P, S. 518). Selbst sein Stephen erhebt gegen diese »Botschaft« keinen Einwand, obwohl er sich innerlich von der Kirche gelöst hat.

Im Naturell und im Geist bist du ja noch Katholik. Der Katholizismus ist dir im Blut. Der du in einem Zeitalter lebst, das die Evolution entdeckt zu haben sich anheischig macht, kannst du so einfältig sein, zu glauben, du könntest lediglich durch Querköpfigkeit deinen Geist und dein Naturell gänzlich umschaffen oder dein Blut von dem, was du die katholische Infektion nennen magst, reinigen? Eine Revolution, wie du sie wünschst, wird nicht durch Gewalt erreicht, sondern allmählich: und innerhalb der Kirche hast du eine Gelegenheit, deine Revolution rational zu beginnen. (SH, S. 219)

Der Autor Joyce hat sich, nach seiner Katholizität befragt, unverblümt als einen Jesuiten bezeichnet[17]. Mehrmals äußerte er sich lobend über die Gründlichkeit seiner Ausbildung[18]. Anders sein Stephen. Die Worte der Anerkennung, die auch er gelegentlich findet, klingen recht allgemein. Ebenso unpersönlich wirken auch seine Lehrer, kaum individualisiert, uniform, soutanenverpackte Variationen über ein Thema – weltgewandt, doch fern der Welt, wohldosierte pädagogische Güte geschickt handhabend, doch ohne persönliche Wärme und Anteilnahme, stets etwas mißtrauisch. Eine Ausnahme macht nur der Krankenpfleger Bruder Michael. Stephen betrachtet sie, deren »Gegenwart ... sein Selbstbewußtsein gedämpft« (P, S. 423) hatte, wie auch seine Freunde und die übrige »vergreiste Jugend« (vgl. SH, S. 40), die Demut mit Unterwürfigkeit verwechselt, deren »Mangel an Selbstvertrauen« (SH, S. 248) ihn anwidert: mit immer größerer Befremdung und Fremdheit und der für ihn bezeichnenden »unbefangene(n) Arroganz« (SH, S. 131).

Im *Ulysses* setzte Joyce seinen Lehrern ein literarisches Denkmal besonderer Art in Gestalt des denkwürdigen »Ehrwürden John Conmee S. J.«[19], der durch Dublin wallt, milde lächelnd, huldvoll nickend, grüßend und wieder gegrüßt, freundlich und wohlwollend, nicht ohne Salbung. Auch ihn charakterisiert die Art und Weise seiner Wahrnehmung. Er sieht idyllische Bildchenausschnitte, ein Neben- und Durcheinander banaler, unreflektierter Detailbeobachtungen, Kohlfelder durch den Lattenzaun, Lämmerwölkchen am Himmel (er »liebte fröhliches Dekorum« [U, S. 251]), die scheinbar ordentliche und friedliche Außenseite einer seiner Obhut und Jurisdiktion unterstellten Welt, über die er mit entwaffnender Harmlosigkeit nachsinnt:

Unter den Bäumen der Charleville Mall sah Pater Conmee ein vertäutes Torfschiff, ein Schlepppferd mit hängendem Kopf, einen Bootsmann mit einem Hut aus schmutzigem Stroh, der mitten im Schiff saß, rauchte und auf einen Pappelzweig über sich starrte. Es war idyllisch: und Pater Conmee dachte nach über die Vorsehung des Schöpfers, der in den Mooren den Torf geschaffen hatte, damit Männer ihn stächen und in Städte und Dörfer brächten, wo er dann in den Häusern der Armen brannte. (*U*, S. 251)

Aufrichtig und ohne Falsch weilt er im Geiste stets bei seiner Missionsaufgabe. Sein Gang durch Dublin bringt ihn zwar mit vielen Ereignissen in Verbindung, er bleibt davon jedoch unberührt und berührt auch nichts. Die ›Heiden‹ liegen für ihn geographisch weit entfernt, er predigt über »den heiligen Peter Claver und die afrikanische Mission« (*U*, S. 93). »Don Conmee« bietet ein Prachtbeispiel der Joyceschen Methode der »Unterblendung« (C. Giedion-Welkker), der relativierenden Beleuchtung von unten. Diese Irrfelsen-Episode (wie alle anderen auf ein Kapitel der Odyssee bezogen) ist so etwas wie ein kleineres Modell des *Ulysses*. Gleichzeitig mit Conmee und vielen andern zieht der Vizekönig von Indien durch die Stadt, der so gut wie nichts wahrnimmt. Er ist nur eine prunkvoll aufgeputzte Attrappe.

Und Stephen? Er wird dem abstrakten Entwurf, den er sich von sich selbst machte, immer ähnlicher und gleicht sich dem gleichfalls abstrakten Soutaneninhalt, wofür er seine Lehrer hielt, immer mehr an. In der Schwarzen Messe des Circe-Kapitels erscheint er wie »ein verkrachter Priester« (*U*, S. 558). Mitunter denkt er in Dankbarkeit an Conmee (vgl. *U*, S. 216).

Stephens gespaltene, doppelte Sehweise liegt in seiner eigenen Gespaltenheit begründet, die seine Entwicklung erklärt. Als kleiner Junge wird er im Internat von Clongowes Wood abgeliefert, dessen Atmosphäre er als kalt und ordentlich empfindet. Den Neuling stößt ein an Körperkraft überlegener Junge in die Jauchegrube, weil er sich nicht zu einem Tausch von Gegenständen erpressen lassen wollte. Der Vorfall ist symptomatisch. Von der Erkältung, die sich Stephen beim Sturz in das kalte, schlammige Wasser zuzog, hat er sich nie mehr erholt. Die Kälte und Dunkelheit, die kalte Dunkelheit, die Stephen beklemmt, ihn frösteln und frieren läßt, findet besonders im ersten Teil des *Portrait* in eindringlichen poetischen Bildern Ausdruck. Sogar in der Kapelle war »ein kalter Nachtgeruch« (*P*, S. 267), auch das Sonnenlicht, das ins Zimmer des kranken Knaben fällt, war »komisch und kalt« (*P*, S. 270). Draußen eine kalte, bleiche Sonne – drinnen ein von Bruder Mi-

chael entzündetes, wärmendes Feuer, dessen Wogen und Wallen in der Vorstellung des Fiebernden die Vision des Wassers hervorruft. »Er sah das Wellenmeer, lange dunkle Wellen, die stiegen und fielen, dunkel unter der mondlosen Nacht.« (*P*, S. 277)
Das Bild des Feuers verbindet diese Szene mit dem heftig und hektisch aufflammenden Streit in Stephens Elternhaus über die Haltung der Kirche in der Frage der irischen Unabhängigkeitspolitik. Das freundliche Feuer verliert seine faszinierende Kraft. Die Erinnerung an das warme Feuer wird wieder wach bei den Andachtsübungen zu Ehren des hl. Franz Xaver. Schweigend im Dämmer des Raumes versunken, lauscht Stephen den Worten des Predigers, der das Höllenfeuer beschwört[20]. »In dem Schweigen entfachte ihr dunkles Feuer die Dämmerung, daß sie lohgelb glomm. Stephens Herz war verdorrt wie eine Wüstenblume, die den Samum von weit her kommen spürt.« (*P*, S. 367) Der gelbe Schein dient als Bild-Verbindung zu den gelben Lampen des Bordellviertels. Stephen, der sich verloren wähnt, durchrast, geschürt durch die malerische Schilderung sämtlicher Höllenqualen (vgl. *P*, S. 367 ff.), die grelle Flamme nackter Angst:

Sein Fleisch schrumpfte zusammen, als es die Nähe der heißhungrigen Flammenzungen spürte, trocknete aus, als es den Wirbel erstickender Luft um sich spürte. Er war gestorben. Ja. Er war gerichtet. Eine Feuerwoge fegte ihm durch den Leib: die erste. Wieder eine Woge. Sein Hirn begann zu glühen. Noch eine. Sein Hirn wallte und brodelte im knackenden Schädelgehäus. Flammen schlugen wie eine Koralle aus dem Schädel und kreischten wie Stimmen: – Hölle! Hölle! Hölle! Hölle! Hölle!

Und Menschenstimmen kommentieren: »Das tut euch Burschen nur gut; und nicht zu knapp, damit ihr was schafft.« (*P*, S. 387)
Zur Empfindung marmorner Kühle, frustrierender Kälte, ausbrennender Angst kommen Furcht und Abscheu vor körperlicher Züchtigung als Druckmittel. Die ausführliche Schilderung, wie Stephen, dessen Brille ohne seine Schuld zerbrochen war, im Zug einer Strafaktion zur Aufrechterhaltung der Ordnung schuldlos gezüchtigt wird, will nicht sagen, daß Klein-Stephen durch ein paar ungerechte Hiebe den Glauben verlor. Vielmehr zeigt sie, wie der Protest des Jungen schließlich doch in der Anonymität unangreifbarer Autorität verpufft und daß keiner es für der Mühe wert hält, sich um den bohrenden Schmerz, den nur eine sinnlose und entwürdigende Demütigung zufügen kann, zu bekümmern. Stephens Schulzeit wird vom Rhythmus der Schlaghölzer skandiert: »... pick, peck, pock, pack: wie Wassertropfen in einem Springbrunnen, die in das überschäumende Becken sanft fallen.« (*P*, S. 312)
Loslösung und Abkehr von der Kirche erweisen sich als bereits vollzogen, als der Rektor Stephen die Frage stellt, ob er je daran gedacht habe, dem Orden beizutreten und Priester zu werden – wo-

bei er innerhalb von vier Sätzen neunmal das Wort »Gewalt« und einmal das Wort »Macht« gebraucht (vgl. *P*, S. 425). In den Worten des Rektors erkennt Stephen »ein Echo seines eigenen stolzen Sinnierens« (*P*, S. 425). Fast erstaunt blickt er nun auf seinen verbissenen und verzweifelten Frömmigkeitsausbruch, Reaktion auf das »anschauliche Höllenbad«[21], zurück; fast mühelos und ohne Bedauern stellt er fest, daß sein Weg ein anderer ist.
Macht (und Gewalt) ist für Stephen identisch mit römischer Macht. An den irischen Unabhängigkeitsbestrebungen zeigt er nicht zuletzt deshalb wenig Interesse, weil für ihn »der Römer, nicht der Sassenach ... der Tyrann der Inselbewohner« ist (*SH*, S. 55). Ihm, der »im Glauben an die römische Suprematie erzogen worden« ist (*SH*, S. 155), verstellt sie auch den Blick. »Jesus oder die Kirche – für mich ist das ganz dasselbe.« (*SH*, S. 148) Er kann ihm nicht folgen, weil er ihr nicht folgen kann, von der er sich entmündigt, unterdrückt und eingesperrt fühlt:

Sprich nicht von dem. Für mich ist er ein gewöhnliches Substantiv. Man glaubt doch nicht an ihn; man gehorcht doch seinen Geboten nicht. Wie dem auch sei, lassen wir Jesus heraus. Mein Blick trägt mich nicht weiter als bis zu seinem Lieutenant in Rom. (*SH*, S. 149)

Noch der Stephen im *Ulysses* lehrt römische Geschichte und fühlt sich als »der Diener zweier Herren, ... eines Engländers und einer Italienerin« (*U*, S. 26)[22].
Entschlossen, sich nicht so weit ängstigen zu lassen, um einen »Tribut ... weder in Geld noch Gedanken« (*SH*, S. 149) zu entrichten, entzieht sich Stephen der Kirche vor allem deshalb, weil er glaubt, sie verlange von ihm, sein Leben aufzuschieben, zu warten. Überzeugt, sie werde sich seinen künstlerischen Bemühungen in den Weg stellen, verweigert er ihr seine Hilfe – und das, obwohl er seine künstlerischen Glaubenssätze für durchaus orthodox hält.
Der »Damm der Ordnung und Eleganz« (*P*, S. 356), den Stephen gegen die trüben Fluten des Lebens und gegen die Wucht der wild wogenden Flut in seinem Innern errichten wollte, ist zusammengebrochen. Der Druck der Macht hat bei seiner Zerstörung mitgewirkt, die jagende Angst die Wasser zum Überschäumen gebracht, der Ekel vor sich selbst den Bodensatz aufgewühlt. Das »Monster« in Stephen wird wach (*SH*, S. 31), er »wurde ein Poet mit vorbedachter Boshaftigkeit« (*SH*, S. 28), der dem Beichtvater seiner Mutter ausrichten läßt, »er baue ein Torpedo« (*P*, S. 223). Seinem Freund Cranly erläutert er plastisch und drastisch, er wolle nicht einer Sache dienen, an die er nicht mehr länger glaube. Statt dessen wolle er sich so frei und vollständig ausdrücken, wie er nur könne, und zu seiner Verteidigung nur selbsterlaubte Waffen gebrauchen: »Schweigen, Verbannung und List« (*P*, S. 526).

## Stephen und die Minne

In der kalten und seltsamen Dunkelheit des Schlafsaals träumt der erkrankte Stephen – schlafend oder wachend? – von seiner ersten Heimfahrt. »Seine Mutter küßte ihn. War das richtig?« (*P*, S. 270) Kalt, seltsam und dunkel ist das Verhältnis zu seiner Mutter, die er, wie er später sagt, nicht liebt, der er ihr Mangel an eigenen Gedanken und eigenem Willen vorwirft. Die kurze Schlafsaalszene mit ihren plötzlichen, unmerklichen Übergängen von der inneren Welt der Wünsche und Vorstellungen zu der äußeren Welt der möglichen Erfahrungen, die, sobald andeutungsweise konkretisiert, dissonant enden, zeigt Stephens unsichere, zwiespältige Haltung seiner Mutter, der Mater und Materie gegenüber: Sehnsucht nach der ›warmen Dunkelheit‹ einerseits und liebeforderndes, mißtrauisch ablehnendes Abwarten andererseits. Für Stephen zerfällt das fiktive Pauschalwesen ›die Frau‹ in zwei gleichermaßen anonyme Wesenheiten: in das immaterielle (Reichert: »unstoffliche«) Bild in seiner Seele, dem er zu begegnen hofft, damit er sich wandle, alle Unsicherheit von ihm abfalle (*P*, S. 318). Eine nur in unbestimmten Umrissen skizzierte Mädchengestalt geistert durch das *Portrait*, Inbild und Wunschtraum, Ziel der Sehnsucht, verklärte Erinnerung, romantisch überblendete Realität, als mögliche Erfahrung von vornherein enttäuschend – ohne persönliche Identität. Das Bild des mitten im Bach stehenden, still aufs Meer blickenden Mädchens – wie ein »Seevogel« (*P*, S. 440) erscheint sie ihm – dringt tief in seine Seele ein und ruft dort eine nahezu ekstatische Bestätigung der Möglichkeit des erhofften Höhenfluges des Dichters Dedalus hervor, Bestätigung seines Rufs zum Dichter, nicht zum Priester.
Und dann ihr materielles Gegenbild, die verbotene Frau, verderbliche Verlockung zur Sünde. Auch sie erscheint zunächst als unklare und wirre Vorstellung, als anonymes Objekt seiner geistigen Ausschweifungen. Was Stephen unter dem Druck vage tabuisierender Verbote für eine gemeine, nur ihm eigene Krankheit des Geistes gehalten hat, wird bald zur abschreckenden und bedrückenden Realität. Die Brücke zur äußeren Wirklichkeit stellt – wie immer bei Stephen – ein Wort her: Das Wort »foetus«, verstohlen eingeritzt in das Holz einer Bank in einem schäbigen Anatomiesaal, den er mit seinem Vater besucht, »rührt(e) sein Blut auf« (*P*, S. 346). Als er schließlich im Bordellviertel gestrandet ist, da weiß er, daß die »Klage der Verzweiflung aus einer Hölle von Gepeinigten«, die ihn dorthin trieb, »nur das Echo eines obszönen Geschmiers war, das er an der dünstenden Wand eines Pissoirs gelesen hatte« (*P*, S. 358). Der Widerhall jenes Echos verwandelt den Unterton zu einem stets mitklingenden Mißton, der sogar bei der Episode mit

dem Seevogel-Mädchen hörbar ist. Ein verzerrender Schatten fällt über ihr Bild. Und aus der Dunkelheit tritt es, umgestaltet, von neuem hervor – als das einer »Fledermausseele, die in Dunkelheit und Heimlichkeit und Einsamkeit zum Bewußtsein ihrer selbst erwacht...« (*P*, S. 497).
Emma Clery, die genauer gezeichnete weibliche Hauptfigur in *Stephen der Held,* besitzt eine Figur, einen schweren Haarknoten, doch kein Gesicht. Ohne Widerstreben unterwirft er sich ihrer sinnlichen Ausstrahlung, versucht jedoch vergebens in ihr ein geistiges Prinzip zu entdecken, »welches eines so bedeutungsschweren Namens wie Seele wert gewesen wäre« (*SH,* S. 164). Der Traum vom »mohammedanischen Paradies« (vgl. *SH,* S. 168) läßt nicht lange auf sich warten.
Joyce hat Molly Bloom, die Penelope des *Ulysses,* in der Tat von jeglichem geistigen Prinzip befreit. Ihre Vorstellungen und gedankenähnlichen Einfälle sind »natürlich«, Natürlichkeit ihr einziger Maßstab. Von keinerlei Reflexion unterbrochen, von keinem ebenso unnatürlichen Satzzeichen behindert, fließt der Strom ihrer Assoziationen dahin. Die fehlende Form (Seele, »Form der Formen« sagt Stephen wiederholt [vgl. *U,* S. 33, 216]) findet in der geformten Formlosigkeit von Mollys innerem Monolog ihren künstlerisch adäquaten Ausdruck. Zwischen Molly und ihrem gleichfalls monologisierenden, »ipsorelativen« Ehemann Leopold Bloom – dessen Geist sich vorwiegend mit dem für ihn unlösbaren Problem befaßt: »Wie sollen wir unsere Frauen beschäftigen« (*U,* S. 700) – gibt es keine Art der Kommunikation, die diesen Namen verdient. Der Abstand zwischen den Bewußtseinsebenen, der Spannung erzeugen könnte, veranlaßt ein Gefälle nach unten. Mollys Monolog – ihre »Gegenunterschrift« (Joyce) –, dessen oft lyrische Aufschwünge dazu verführen können, darin eine freudevolle Bejahung des Lebens zu sehen, hat Hugh Kenner mit Recht als »das ›Ja‹ der Autorität« bezeichnet, der »Autorität über das tierische Königreich der Toten«[23].
Von daher, von der Fragwürdigkeit bloß biologischer Mutterschaft und blinder, unbewußter Vaterschaft, muß die Zentralproblematik des *Ulysses,* die Vater-Sohn-Beziehung verstanden werden[24]. Schließlich sind Vater und Sohn Namen, die eine Beziehung bezeichnen, die ohne Mutter nicht möglich ist. Vom Hamlet-Motiv der Mésalliance ausgehend, entwickelt Stephen, den William T. Noon einen von der alten trinitarischen Häresie des Sabellianismus Verführten nennt, eine Theorie, nach der Vater und Sohn identisch sein können[25]. Sein »feines Gebräu aus Theologicophilologik« (*U,* S. 233) hält Stephen allerdings selbst für ungenießbar (*U,* S. 243).
Anders, mit »Zorn und Mitleid« (*SH,* S. 133), ohne je zu verurtei-

len, sieht Stephen die dem Bild der Verführerin unähnlichen, die unattraktiven Frauen, die vom Leben Übergangenen; so etwa seine sterbende Schwester Isabel, die gar nicht leben will und kann, deren Geist »auf Grund einer Enthaltsamkeit, die er sich nicht selber ausgesucht hatte« (*SH*, S. 175), nie geweckt wurde, nie zu leben gewagt hatte. »Sie war selbst gar nichts gewesen und hatte aus diesem Grund nichts an sich und sich an nichts engagiert.« (*SH*, S. 175) Ein ebensolches Nichts begegnet uns in der Eveline der gleichnamigen Novelle aus *Dubliners*. Unterdrückt von der brutalen patriarchalischen Herrschaft ihres beschränkten Vaters, zurückschaudernd vor einem ihrer Mutter ähnlichen »Leben aus banalen Opfern, das schließlich im Wahnsinn endete« (*D*, S. 39), ist sie unfähig, dem Matrosen Frank (der sie »Poppens« nennt) übers Meer zu folgen. »Sie richtete ihr weißes Gesicht auf ihn, passiv, wie ein hilfloses Tier. Ihre Augen gaben ihm kein Zeichen der Liebe oder des Abschieds oder des Erkennens.« (*D*, S. 40)

Das Leitmotiv ›Love‹ erklingt zum ersten Male im ersten Gedicht der *Chamber Music*[26], klingt durch die ganze geschlossene Einheit der Joyceschen Poesie hindurch. Love, »männlichen Geschlechts«, wandert suchend, den Kopf über sein Instrument gebeugt, den von Weiden umsäumten, seltsam leblosen Fluß entlang. Die Musik der Liebe findet kein Echo.

Auch das Vogelmädchen verharrt stehend in einem dunklen Bach am Meeresstrand, den Stephen langsam h i n a u f watet – er badet nicht mit den andern im Meer. Der Stephen des *Ulysses*, ausdrücklich als »wasserscheu« (*U*, S. 686) bezeichnet, schreitet am 16. Juni 1904, einem Tag nach langer Trockenheit, den Wogen seiner Assoziationen hingegeben, den Meeresstrand entlang. Mollys dahinströmender Monolog enthüllt ihr flußartiges Wesen. Anna-Livia-Plurabelle in *Finnegans Wake* ist selbst Fluß. Traurig raunend, beschmutzt und benutzt, doch ungenutzt, fließt sie zurück zu ihrem alten kalten Vater, dem Ozean.

Stephens eigene Gespaltenheit, hervorgerufen durch seinen Hang zur Abstraktion und gekoppelt mit seinem Doppel-Blick, wirkt auf ihn selbst zurück: Bei physischer Anwesenheit, doch psychischer Abwesenheit der ›Frau‹ vollzieht er zwangsläufig in einem sehr alten und sehr neuen Sinn die Haltung eines Minnenden (Minne = ursprünglich: Gedenken an einen Abwesenden). Doch Vivisekteur Stephen durchschaut sich und die Folgen seiner Haltung (»ein schweigsames, mit sich selbst beschäftigtes, verächtliches Gebaren« [*SH*, S 154]) sehr wohl. So scheint ihm der Fall seiner Schwester Isabel auch eine Anklage gegen ihn zu enthalten, was seinen Entschluß nicht ins Wanken bringt, zunächst sich selbst zu retten (vgl. *SH*, S. 133 f.).

Der unritterliche Stephen kennt sich und seine Schwäche und Feigheit (vgl. *U*, S. 239). Hin- und hergerissen zwischen der Wut auf ihren vermeintlichen Verrat (den er selber als die Unmöglichkeit eines Besitzanspruchs auf ihre verleugnete Seele erkennt und den er sich selber durch den Entwurf eines Rivalen erträglich macht), zwischen dem Mangel an Liebe (die er für einen ihm zustehenden Tribut hält) und der Einsicht in die eigene seelische Impotenz, resigniert Stephen. Er, der ein Schmied sein wollte, beherrscht die Kunst des Feuermachens nicht (vgl. *P*, S. 455 f.) und weicht zurück vor der »Natur«. Passiv und hilflos dem Dunkel verfallen, wie er ist, trifft auch auf ihn die Bezeichnung zu – »eine Verkörperung ihres Volkes und seines eigenen, eine Fledermausseele, die in Dunkelheit und Heimlichkeit und Einsamkeit zum Bewußtsein ihrer selbst erwacht...« (*P*, S. 454)[27].

## Dämmerung

Mehr an Geräuschen und deren rhythmischen Intervallen orientiert als am Licht, vibriert die fledermausähnliche Seele des Stephen Dedalus im zwielichtigen, zwitterhaften Zwischenbereich der Dämmerung, im konturenverwischenden und verzerrenden Halbschatten und Halblicht. Bei der zweifelhaften Beleuchtung des sinkenden Tages, unter dem fahlen Licht einer verschleierten Sonne, glaubt er aus den Hüllen grauen Nebels die geflügelte Gestalt des sagenhaften Künstlers, dessen Namen er auch trägt, aufsteigen zu sehen. »Was bedeutete das? War es... ein Symbol des Künstlers, der in seiner Werkstatt von neuem aus dem trägen Stoff der Erde ein neues hoch sich aufschwingendes ungreifbares unvergängliches Wesen schmiedete?« (*P*, S. 438) Stephen vermeint daran zu glauben, und der »Triumphschrei, den seine Lippen zurückhielten, zerhieb ihm das Hirn« (*P*, S. 438). Als er, benommen von »der Erinnerung an die Verzückung seines Schlafs« (*P*, S. 442) und seufzend über soviel Freude, aus seinen Träumen erwacht, ist es Abend geworden. »Ein Rand des jungen Monds spaltete die bleiche Himmelswüste wie der Rand eines in grauen Sand gegrabenen Silberreifens... (*P*, S. 442)
Ein Geäder von Symbolsträngen durchzieht das Joycesche Gesamtwerk, läßt es zu einer organischen Einheit zusammenwachsen. Es sind Symbole, deren Bedeutung darin liegt, daß sie ihrer Bedeutung nicht sicher sind; deren Inhalt unbestimmt (nicht etwa vieldeutig) ist, fließend, fluktuierend. »Was bedeutete das?« Stephen, der, wie er glaubt, den Glauben verloren hat, will das Abendmahl nicht nehmen, weil er sich vor dem »Chemismus« fürchtet, der in

seiner »Seele entstünde durch lügnerische Huldigung vor einem Symbol, hinter dem sich zwanzig Jahrhunderte Autorität und Ehrfurcht ballen« (*P*, S. 522). Unbestritten also ist die Möglichkeit einer chemischen Wirkung – hervorgerufen allerdings durch eine falsche Huldigung für ein Symbol, dessen Bedeutung unklar bleibt. Realität, stets eine böse Realität bei Stephen, und Zeichen berühren sich nur, um ihre Disjunktion zu demonstrieren. Das Ineinanderüberfließen der unbestimmten Symbolgehalte erlebt schon der kranke Stephen, dem Feuer zu Wasser wird, dem sich später der »Weihrauch«, der vom »Altar der Welt« aufsteigt (vgl. *P*, S. 493), zum verschleiernden, niederdrückenden Netz des Nebels verwandelt.

Auch das Vogelbild, das Dädalussymbol, das wie ein Signal immer wieder aus dem Text aufleuchtet, verändert sich bis zum Schatten seiner selbst. »Was waren das für Vögel?« heißt es wiederholt. Er hört ihre Schreie: ». . . wie das Quieken von Mäusen hinter der Wandtäfelung: ein schriller zwiefacher Ton«, eine Dissonanz (*P*, S. 501). Er beobachtet ihren Flug und »er fühlte, daß das Augurium, das er in den wirbelnden dahinschießenden Vögeln und in dem bleichen Himmelsraum über sich gesucht hatte, aus seinem Herzen gekommen war wie ein Vogel von einer Zinne, ruhig und rasch« (*P*, S. 503). Sind es Schwalben, Tauben, Falken, Habichte, Möwen – oder Fledermäuse? Der Übergang des Vogelbildes zu dem der Fledermaus (»Eine Verkörperung ihres Volkes und seines eigenen«) wird klar beim Stephen im *Ulysses,* der, bezeichnend, in einem Turm haust und vom erträumten Höhenflug bereits ironisch spricht:

Sagenhafter Erfinder, der habichtgleiche Mann. Du flogst. Wohin? Newhaven-Dieppe, Zwischendeckpassagier. Paris und zurück. Flügelschläger. Icarus, *Pater. ait.* Meerbespritzt, gefallen, sich wälzend. Flügelschläger bist du. Flügelschlägerer. (*U*, S. 239)

Pseudobiedermann und König Jedermann Leopold Bloom mit der chamäleonartigen Seele (vgl. *U*, S. 471), Stephens notwendige Ergänzung und sein negatives Gegengewicht, sinniert in dem »verbergenden Zwielicht« (*U*, S. 413) über die hin- und herflatternden Fledermäuse nach, die ängstlich und vergeßlich sind und nichts erzählen. »Sie sind eine gemischte Brut, Vögel sind wie springende Mäuse.« (*U*, S. 426) In der schillernden Mischung erscheint das umgekehrte Dädalus-Bild, Verbildlichung seines »pervertierte(n) Transzendentalismus« (*U*, S. 477): Die Fledermaus »hängt mit dem Kopf nach unten im Duft der Heiligkeit« (*U*, S. 425). Im Circe-Kapitel, »das die Walpurgisnacht und das Pandämonium von *Ulysses* ist« (Curtius), wird die Umkehrung total. Sogar die Sprache steht Kopf. Mit seinem »Augurenstab« (*U*, S. 591), den er schon im *Portrait* bei sich trug, zerschlägt Stephen schließlich den »Leuchter«, nachdem er seine Mutter wiederum zurückgewiesen hat. Bloom, der den besinnungslos geprügelten Stephen mit »Herr Dedalus« anredet, bekommt keine Antwort. »Den Namen, wenn man ruft. Somnambule.« (*U,* S. 613) Erst auf den Anruf »Stephen« reagiert der Träger dieses Namens und stöhnend nennt er zum ersten Male das Wort »Vampir« (*U,* S. 613). Der Traum vom Höhenflug des Dädalus ist ausgeträumt.

Stephen Dedalus, der auszog, ein erhebendes Bild der Schönheit zu formen, hat der »motivierende Grund« der »Häßlichkeit« (vgl. *SH,* S. 32) fasziniert, festgehalten und niedergedrückt. Seine Seele, die sich, »Sünde um Sünde, entfaltete« (*P,* S. 361), hatte sich von Fall zu Fall befreit. Ihn beflügelte nicht Hoffnung. Flucht ist sein Motiv. Ihm fehlte der Wind unter dem von Angst und Gewissensbissen gelähmten Flügeln, die zu schmieden er ohnehin nicht fähig war. Konnte er doch kein Feuer entfachen. Held Stephen, der Tat verabscheut, ist kein Held. Er rettete niemanden, auch nicht sich selbst.

Unbeantwortet bleibt auch die Frage »Wohin?« (*P,* S. 439). Stephen, dessen topographische Sehweise das räumliche Nebeneinander erfaßt, findet keine Erklärung für das Nacheinander, die »unentrinnbare Modalität des Hörbaren« (*U,* S. 45). Der Rhythmus der Schönheit verebbt und versandet. Die ›Koinzidenz‹ der Ereignisse, ein Joycescher Schlüsselbegriff und Strukturprinzip des *Ulysses,* stellt Querverbindungen her, doch wie durch ein Sieb fällt die Zeit hindurch.

Stephen läßt den Strom der Zeit an sich vorbeifließen, bewegt sich allenfalls s t r o m a u f w ä r t s (vgl. *P,* S. 439, *U,* S. 61), z u r ü c k zum Quell, nicht v o r w ä r t s . Der Leerlauf der ungestalteten, ›natürlichen‹ zyklischen Geschichte – »Das Jahr kommt wieder. Geschichte wiederholt sich« (*U,* S. 425) – ist der ALP-Traum[28], aus dem Stephen nicht erwacht, und der Grund des Interesses, das sein Schöpfer Giambattista Vico[29] entgegenbrachte. Zurück bleibt das Zeugnis des Dichters James Joyce. Er hatte den Mut, in Neuland vorzustoßen, ohne den Weg zu kennen. Seine Dichtung, eine einzigartige Dokumentation, die C. G. Jung eine »Botschaft« nannte und E. R. Curtius ein »Purgatorium«, reißt Perspektiven von kosmischer Weite auf, legt ein ungeheures Netzwerk von Beziehungen frei, denen der universale Bezugspunkt fehlt. Joyce versuchte dem drohenden Absturz ins kalte Chaos dadurch entgegenzuwirken, daß er die wild wuchernden Linien seinem architektonischen Gestaltungswillen unterwarf. Das Abgleiten in fratzenhafte Groteske fing er durch versöhnliche menschliche Komik auf, da er, für den es als Alternative zur Scholastik nur den Skeptizismus gab[30], an eine universale Tragödie nicht zu glauben vermochte.

## Anmerkungen

1 Die Zitate wurden folgenden Editionen entnommen: James Joyce, *Dubliner (D)*, Frankfurt 1969 (Frankfurter Ausgabe 1); *Stephen der Held (SH). Ein Porträt des Künstlers als junger Mann (P)*, Frankfurt 1972 (Frankfurter Ausgabe 2); *Ulysses (U)*, München 1966 (Sonderreihe dtv 49/50). – Man ist erstaunt, daß ein so versierter Übersetzer wie Georg Goyert einfache katholische Termini nicht richtig übersetzen kann. Dafür einige Beispiele aus *Jugendbildnis des Dichters*, Frankfurt 1967 (Fischer Bücherei 854): »Our Blessed Lady's sodality« wird mit »Marienkongregation« (S. 143) statt »Marianische Kongregation« übersetzt; »venial sin« mit »Erlassungssünde« (S. 122) statt »läßliche Sünde«; »humeral veil« mit »Chorpelz« (S. 144) statt »Schultertuch«; »according to the order of Melchisedec« mit »nach dem Melchisedek-Orden« (S. 145) statt »nach der Ordnung des Melchisedek«. Auch Reicherts Neuübersetzung hat diese Schwächen nicht restlos getilgt.
2 Joyce bevorzugte ursprünglich die Schreibweise »Stephen Daedalus«, später schrieb er »Stephen Dedalus«. Der erste deutsche Übersetzer Georg Goyert entschloß sich im allgemeinen für »Stephan Dädalus«, bei *Stephen Hero* griff er auf »Stephen Daedalus« zurück. Die Übersetzer der Frankfurter Werkausgabe entschieden sich für die einheitliche Schreibweise »Stephen Dedalus«.
3 Daß Joyce keine Memoiren schreiben wollte, beweist m. E. schon die Tatsache, daß er sich zu Lebzeiten einen geeigneten Biographen aussuchte: Herbert Gorman, *James Joyce. Sein Leben und sein Werk*, Hamburg 1957. Die Biographie bricht 1939 ab, Gorman starb vor Joyce. – Eine sehr ausführliche Biographie: Richard Ellmann, *James Joyce*, Zürich 1961; eine knappe: Jean Paris, *James Joyce*, Hamburg 1960, ⁹1969 (rowohlts monographien 40); einen Lebensabschnitt untersucht Kevin Sullivan, *Joyce among the Jesuits*, New York 1958.
4 Daher ist es gleichermaßen berechtigt, die Tradition des Künstler- und Bildungsromans wie die der Confessiones in Anspruch zu nehmen. Joyce selbst sah eine Parallele in Michail Lermontows Prosawerk *Der Held unserer Zeit* (1840), das er allerdings erst später las (Ellmann [s. Anm. 3], S. 215).
5 In der Relativierung der Person hat bereits Curtius ein Hauptmerkmal des *Ulysses* gesehen (E. R. Curtius, »James Joyce und sein Ulysses«, in: *Neue Schweizer Rundschau* 22, Zürich 1929, S. 29).
Hermann Broch bringt den Roman mit der Relativitätstheorie in Verbindung (»James Joyce und die Gegenwart«, in ders.: *Gesammelte Werke*, 10 Bde., Zürich 1953–1961, VI, S. 197).
6 Zu dem Roman gibt es einen von Joyce selbst angeregten Kommentar: Stuart Gilbert, *Das Rätsel Ulysses*, Zürich 1960
7 *Finnegans Wake* wird hier nur gestreift. Eine Übersetzung dieses Werks ist nur als Interlinearversion und als Annäherungsversuch und Notbehelf denkbar. Die darin enthaltene Jedermannfigur des Humphrey Chimpden Earwicker (H. C. E. = Here Comes Everybody) ist nicht mehr eindeutig bestimmbar.
8 In einer Anmerkung zu seiner stoffreichen Interpretation des *Portrait* bringt Willi Erzgräber (»James Joyce: ›A Portrait of the Artist as a Young Man‹«, in: H. Oppel, ed., *Der moderne englische Roman. Interpretationen*, Berlin

1965, ²1971, S. 78–114) einen Hinweis auf den Doppelsinn des englischen Wortes ›conscience‹, das Bewußtsein und Gewissen bedeuten kann (S. 113f.). Georg Goyert hatte ›Bewußtsein‹ gewählt, Klaus Reichert übersetzt ›Gewissen‹.

9 Auch das sei relativ zu verstehen, so daß das »Epitheton ›vivisektiv‹ dem modernen Geist im Unterschied von dem alten oder kategorienbefrachteten Geist beigelegt werden solle« *(SH,* S. 217).

10 Über das Verhältnis von Joyce zu Thomas von Aquin vgl.: William T. Noon, *Joyce and Aquinas,* New Haven 1957; Maurice Beebe, »Joyce and Aquinas: The Theory of Aesthetics«, *Philological Quarterly* 36 (1957), S. 20–35.

11 Die platonische Formel taucht zuerst in einem Essay über den irischen Dichter Mangan auf (1902); vgl. dazu Gorman (s. Anm. 3), S. 91. Im Laufe der Zeit entschied sich Joyce immer mehr für Aristoteles und gegen Plato; vgl. Ellmann (s. Anm. 3), S. 117

12 Beebe (s. Anm. 10) verweist auf Abweichungen im lateinischen Text bei Joyces verschiedenen Versionen der Stelle und auf die Ungenauigkeit, mit der Joyce Thomas zitiert (*Summa Theol.* I, qu. 5, art. 4: ». . . pulchra enim dicuntur quae visa placent«). Falls dies absichtlich geschehen sei, müsse es als erstes Zeichen von Joyces unehrerbietiger Haltung dem »Angelic Doctor« gegenüber gewertet werden (S. 23).

13 Auch ungenau übersetzt (vgl. *Summa Theol.* I, qu. 39, art. 8); dazu Beebe (s. Anm. 10), S. 30.

14 Das ist einer der wesentlichen Ansatzpunkte der Kritik, obwohl Joyce seinen Stephen sagen läßt, daß sich Thomas hier ungenau ausgedrückt habe. Noon (s. Anm. 10) schreibt, was Stephen mit *quidditas* meine, sei besser mit der *haecceitas* des Duns Scotus ausgedrückt (S. 51). Beebe (s. Anm. 10) kommt zum gleichen Ergebnis (S. 31).

15 1900 begann Joyce »Epiphanien« in einem Heft zu sammeln, wie er das auch seinen Stephen tun läßt (*SH,* S. 224). Im *Portrait* taucht das Wort nicht mehr auf. Im *Ulysses* wird es etwas wehmütig erwähnt (*U,* S. 49).

16 Gilbert (s. Anm. 6), S. 13

17 Er berichtete das Buch seines Freundes Frank Budgen über ihn: »Du nennst mich einen Katholiken. Um der Genauigkeit willen und um mich richtig zu umreißen, solltest du mich eigentlich einen Jesuiten nennen.« (Ellmann [s. Anm. 3], S. 41)

18 Gilbert (s. Anm. 6), S. 69

19 Conmee ist kein erfundener Name. Ein Pater gleichen Namens war Rektor in Clongowes Wood, später Studienpräfekt am Belvedere College, von 1906–09 Provinzial in Irland (Ellmann [s. Anm. 3], S. 49), nach Sullivan (s. Anm. 3; S. 67) seit August 1905.

20 Nach Sullivan entspricht der Predigttext weitgehend dem Text in *The Sodality Manual or a Collection of Prayers and Spiritual Exercises for Members of the Sodality of the Blessed Virgin Mary;* ein Exemplar davon bekam Joyce frühestens im Dezember 1895 in die Hand (S. 134ff). 1960 bewies James R. Thrane (»Joyce's Sermon on Hell: Its Source and Its Backgrounds«, *Modern Philology* 57 [Febr. 1960], S. 172–198), daß Joyce als Vorlage vor allem ein Meditationsbuch aus dem 17. Jahrhundert verwendete: *L'Inferno aperto al cristiano perché non v'entri* (englischer Titel: *Hell Opened to Christians, to Caution Them from Entering into It*) von Giovanni Pietro Pinamonti S.J. Elizabeth Boyd meint, Joyce habe die italienische Ausgabe benutz-

(»James Joyce's Hell-Fire Sermons«, *Modern Language Notes* 75, [1960], S. 561–71). James Doherty (»Joyce and Hell Opened to Christians: The Edition He Used For His ›Hell Sermons‹«, *Modern Philology* 61 [1963], 110 bis 119) machte die Ausgabe ausfindig, mit der Joyce arbeitete: *Hell Opened to Christians* in: Duffy's Standard Library of Catholic Divinity, Bd. II, wahrscheinlich 1889 erschienen.
21 Jean-Jacques Mayoux, *Joyce*, Frankfurt 1967, S. 36
22 Eine Anspielung auf Carlo Goldonis Lustspiel *Der Diener zweier Herren*.
23 Hugh Kenner, *Dublin's Joyce*, London 1955, S. 262
24 Bloom hat keinen Sohn, Stephen keinen (geistigen) Vater.
25 Noon (s. Anm. 10), S. 120
26 James Joyce, *Chamber Music*, Zürich 1958, mit einem Vorwort von W.Y. Tindall.
27 Im englischen Original findet sich beide Male »a bat-like soul« (vgl. James Joyce, *A Portrait of the Artist as a Young Man*, Penguin Modern Classics, Harmondsworth 1969, S. 183 und 220).
28 ALP = Initialen der Anna-Livia-Plurabelle; vgl. Kenner (s. Anm. 23), S. 285.
29 »Samuel Beckett, Dante ... Bruno. Vico ... Joyce«, in: Samuel Beckett, *Auswahl in einem Band*, Frankfurt 1967, S. 9–29.
30 Ellmann (s. Anm. 3), S. 620

LUDWIG W. KAHN

# Der Künstler als Luzifer und Heiland*

Vorbemerkung des Herausgebers:

[Anknüpfend an die bekannten religions- und literatursoziologischen Untersuchungen von Max Weber und Herbert Schöffler geht Ludwig W. Kahns Studie *Literatur und Glaubenskrise* (Stuttgart 1964) aus von der Frage, ob und inwieweit sich der Beginn der »modernen« Literatur von der Säkularisation sowie bestimmten soziologischen Verschiebungen in deren Gefolge her datieren und einsichtig machen läßt. Um »die Selbstvergötterung des Menschen«, um »Gewissenserforschung und Selbstschau« sowie um die Entwicklung des Liebesbegriffs »von Agape zu Eros« geht es in den folgenden Kapiteln, in denen eine bejahende Antwort gegründet wird auf den Nachweis entsprechender Entwicklungen bestimmter geistesgeschichtlicher Komponenten seit dem Humanismus. Kapitel 5 ist überschrieben: »Ars Sacra: geheiligte und heiligende Kunst«. Hier wird gezeigt, wie in der Abkehr vom traditionellen Topos des Künstlers als Sprachrohr Gottes die Kunst sich ihrer ursprünglichen Rolle als Dienerin des Göttlichen und der Religion fortschreitend entzieht. Aus diesem gewandelten Selbstverständnis erwächst ihr zwangsläufig eine neue Funktion:

Wo sie aber nicht länger einem Höheren und Ewigen dient, sondern selbst das Höchste, Endgültige und letztlich Sinngebende ist, da wird die Kunst zur Religion –: dem entgötterten und sinnleeren Leben wird sie als Unbedingtes und Absolutes entgegengesetzt. Hat sie doch seit je Unsterblichkeit und Ewigkeit versprochen – »aere perennius«; gleich der Religion gehört die Kunst nicht zum Zeitlichen, Vergänglichen, Irdischen, und wie die Religion verlangt sie Disziplin, Entäußerung und Askese von ihren Adepten. Die Kunst hat ihren Wert in sich selbst und bedarf nicht der Legitimation im Transzendenten; sie ist frei –: frei von der Bedingtheit und Ursächlichkeit des Nur-Wirklichen; sie hebt das Materielle auf eine höhere Stufe und offenbart neue Wirklichkeiten; und als letzte Daseinserhöhung verspricht sie uns Mitte und Halt. Das heilige und heilende Schöne als Endziel des menschlichen Daseins ist nicht mehr eine ästhetische, sondern eine metaphysische und religiöse Erfahrung. (S. 92 f.)

* Erstabdruck in: Ludwig W. Kahn, *Literatur und Glaubenskrise*, Stuttgart: W. Kohlhammer Verlag 1964, S. 109–113 ( = Kap. V/6: ›James Joyce: der Künstler als Luzifer und Heiland‹). Die Vorbemerkung des Herausgebers ordnet diesen Ausschnitt gedanklich in den Gesamtrahmen von Kahns Studie ein.

Dies wiederum hat einschneidende Konsequenzen für die Rolle des Künstlers, welcher dadurch ganz neue Dimensionen erschlossen werden:

> Wird die Kunst aber zur höchsten Offenbarung und Lebenserfüllung, so wird der Künstler leicht zum Vertreter höchsten Menschentums. Und in dem Maße, in dem Kunst nicht mehr Mimesis und nicht mehr Rühmung der geschaffenen Welt, sondern selber gleichsam eine zweite Schöpfung aus dem Nichts ist, muß der Künstler zum gottgleichen Schöpfer werden. Weil er berufen und geweiht ist, muß der Künstler sich viel versagen; als Folge der Sakralisierung der Kunst und der Künstlerschaft finden wir immer wieder die Gestalt des Künstlers, der für seine Künstlerschaft als ein Letztes und Absolutes zeugt, indem er leidet, sich hingibt, sich opfert –: (...) (S. 93)

Am Beispiel von Goethe, Schiller und Thomas Mann werden die Auswirkungen dieser Konzeption für Dichter und Dichtung anschließend näher erläutert. Der letzte Satz von dem – nachstehend abgedruckten – Abschnitt über Joyces *Portrait* lautet:

> Das ist die Dialektik der Säkularisation –: statt Gott zu dienen, verschreibt der Künstler sich mit Leib und Seele der Kunst; er weiß, daß sein Tun an Sünde grenzt und seine Seele gefährdet – ja, sein Werk ist zugleich Bekenntnis dieser Sünde und auch ein Versuch, dennoch Rechtfertigung zu finden. (S. 108)]

Immer klarer wurde es, daß die Kunst als Religion nicht so sehr erlöst, als vielmehr den Künstler in Anspruch nimmt; daß sie – wie auch andere Religionen – Leiden, Kämpfe und Entsagung auferlegt. Einer der einflußreichsten Dichter der neueren Zeit hat diesen Ruf der Kunst zum Gegenstand eines Romans gemacht: James Joyce in seinem *Portrait of the Artist as a Young Man*. Das Buch erschien 1916, kurz nach dem Ausbruch des ersten Weltkrieges, und ist ein Entwicklungs- und Bildungsroman und zugleich ein Bekenntnisbuch: Es geht um Berufung, Selbsterkenntnis und Selbstverwirklichung eines Künstlers in der modernen Zeit, um den Kampf in seiner Seele. Daher stellt dieses Bildnis des Künstlers schon äußerlich ein gewisses Endstadium in der Geschichte des europäischen Romans dar: Während im traditionellen Roman der Autor die Entwicklung seines Helden in und an der Welt zeigt, erfahren wir hier nur, was im Bewußtsein des Helden vorgeht. Zwar wird noch in der dritten Person von einem Helden erzählt, der Stephen Dedalus heißt; in Wirklichkeit handelt es sich aber um die inneren seelischen Vorgänge des leidenden und wahrnehmenden Ichs. So können viele Jahre ausgelassen werden, die für das Ich ohne Beziehung geblieben sind; so können gewisse äußere Ereignisse Erinnerungsketten hervorrufen (»stream of consciousness«), die

nur noch im losen Zusammenhang mit den auslösenden Anregungen stehen.
Schon der Name – Stephen Dedalus – ist natürlich bedeutsam. Stephan ist ein Blutzeuge, der gesteinigt wurde (*Apostelgeschichte* 6–7). Und Dädalus ist der Erbauer des Labyrinths, der aus seiner Knechtschaft floh, indem er sich Flügel baute. So wurde Dädalus, der Artifex, zum mythischen Ahnherrn der Kunst. Stephen Dedalus ist also der zur Kunst berufene Mensch, der dem Rufe der Kunst mit derselben kompromißlosen Selbstentäußerung und Askese folgen muß wie einst Abraham dem Rufe Gottes. Wie sein Ahnherr Dädalus aus Kreta floh, so wird Stephen aus Irland fliehen – ein Märtyrer der Kunst. Wir hören von dem Leiden des Knaben in der Schule, von seiner Einsamkeit, von dem Fluch des Auserwähltseins, und das erste Kapitel endet mit seiner Vereinsamung: »Er war allein« (S. 312) – er war allein, während seine Schulkameraden Cricket spielen: Die Nicht-Berufenen, die Nicht-Erwählten, die die Stimme der fürchterlichen Gottheit Kunst nicht gehört haben, können in ihrer Ahnungslosigkeit spielen und glücklich sein. Aber auch die Familie gewährt kein Geborgensein: Die Wohnung bedrückt ihn mit ihrer Armut und ihrem Schmutz; durch das laute, selbstgefällige, nicht immer ganz nüchterne Benehmen des Vaters fühlt er sich gedemütigt und beschämt. Eine Reise mit seinem Vater zeigt ihm nur seine eigene völlige Entfremdung und Kontaktlosigkeit: »Nichts aus der realen Welt rührte ihn oder sprach ihn an, es sei denn, er hörte darin ein Echo der rasenden Schreie seines Inneren.« (S. 349) Und kurz danach wird noch einmal sein Abgesondertsein von den anderen Menschen festgestellt: »Schicksal und Temperament trennten ihn von denen abgrundtief.« (S. 353) Alle Versuche, sich einzuordnen in das Gefüge der Familie, scheitern:

Nicht einen Schritt war er dem Leben derer, die er zu erreichen gesucht hatte, näher gekommen, noch hatte er eine Brücke über die rastlose Scham und die Erbitterung, die ihn von Mutter und Bruder und Schwester trennten, zu schlagen vermocht. Er spürte, daß er schwerlich dasselbe Blut hatte wie diese, sondern eher in der mystischen Verwandtschaftsbeziehung der Adoptivschaft zu ihnen stand, Adoptivkind und Adoptivbruder. (S. 356)

Nur Zieh- und Pflegekind in der Familie – wir werden den tieferen Grund dafür noch sehen. Aus dieser bindungslosen Isoliertheit flüchtet er in die Umarmungen einer Prostituierten und sucht die innere Gefühlsleere im Gefühl der Sünde zu ertränken.
Stephen Dedalus aber ist ein Sohn jenes Irland, wo die katholische Kirche noch die Macht ausübt über die Gemüter der Menschen, wo noch die Erschütterung des Glaubens zur Verzweiflung führt, wo das Bekenntnis zur Kunst als Religion noch eine ungeheure und luziferische Majestätsbeleidigung Gottes bedeutet. Nicht nur ist

Stephen Dedalus ein Katholik, sondern er ist Zögling einer jesuitischen Erziehungsanstalt. Das Mittelstück des Romans und auch sprachlich einer seiner Höhepunkte ist die Schilderung einer Woche von Buß- und Andachtsübungen. Dedalus und auch der Leser des Romans hören aufwühlende Predigten über Sünde, Strafe, Verdammnis und Teufel, und besonders eine Predigt über den Fall des Menschen und den Fall Luzifers:

Welches seine Sünde war, können wir nicht sagen. Die Theologen ziehen die Sünde des Stolzes in Erwägung, den sündigen Gedanken, der in einem Augenblick empfangen und geboren ward: *non serviam: Ich will nicht dienen.* (S. 378)

Luzifers Sünde war der Stolz, der sich weigerte, zu dienen. Auch hier werden wir die volle Bedeutung dieser Worte erst noch sehen. Zunächst ist Stephen so erschüttert, daß er im Gefühl seiner Sündenverstrickung und Verworfenheit zum ersten Mal seit acht Monaten zur Beichte geht. Fortan widmet er sich nur seinen Studien und Exerzitien und setzt standhaft seinen Willen jeder sündigen Versuchung entgegen. Da fragt ihn der Rektor der Jesuitenschule, ob er je einen Ruf vernommen habe – einen Ruf, dem Jesuitenorden beizutreten und die Priesterlaufbahn zu ergreifen: »Hast du je eine Berufung in dir verspürt?« Und der Rektor fügt hinzu: »Diesen Ruf zu empfangen, ist die größte Ehre, die Gott der Allmächtige einem Menschen erweisen kann.« (S. 424) Aber wie Stephen der Versuchung widerstanden hat, sich in der Geborgenheit der Familie zu verlieren, so widersteht er jetzt der Versuchung, diesem falschen Ruf der Kirche und der Religion zu folgen. In einer Szene, die für Joyces Verwendung von Symbolen in diesem Roman überaus charakteristisch ist, schreitet Stephen Dedalus über eine Brücke, die ihn wegführt vom Jesuiten-College, vom Katholizismus und von der Religion; und in der Mitte dieser symbolischen Brücke trifft er auf einen Trupp junger Priesterzöglinge, die die Brücke gerade in umgekehrter Richtung überqueren. Als gar seine badenden Freunde ihn mit seinem mythisch-mystischen Namen rufen, da weiß er, daß der Name Bestimmung und Prophezeiung war –

eine Prophezeiung des Ziels, dem zu dienen er geboren war und dem er durch die Nebel der Kindheit und der Knabenzeit gefolgt war, ein Symbol des Künstlers, der in seiner Werkstatt von neuem aus dem trägen Stoff der Erde ein neues sich hoch aufschwingendes ungreifbares unvergängliches Wesen schmiedet. (S. 438)

Deutlich hat er den Ruf vernommen – den Ruf, der Kunst zu dienen, und seine Seele ist erwacht in einer Art Wiedergeburt:

Seine Seele war auferstanden aus dem Grab der Knabenzeit und schleuderte ihre Grabtücher von sich. Ja! Ja! Ja! Schaffen würde er, stolz, aus

## Der Künstler als Luzifer und Heiland   99

der Freiheit und Macht seiner Seele heraus, wie der große Artifex, dessen Namen er trug, ein Lebendiges, das hoch sich aufschwang und neu war und schön, ungreifbar, unvergänglich. (S. 439)

Daß gerade in der Absage an Orden und Kirche die Seele aufersteht, daß sie in der Kunst aufersteht, daß der Künstler der Schöpfer des Ewigen und Lebendigen ist – das ist gewiß eine bedenkliche Theologie für einen Jesuitenzögling. Doch noch einer dritten Versuchung muß Stephen widerstehen – wie Jesus den drei Versuchungen Satans widerstehen mußte –, nämlich der typisch irischen Verlockung, sich dem nationalen Freiheitskampf anzuschließen. Familie, Religion, Nation – das sind die Netze, die ausgeworfen sind, um den Flug des Dedalus zu hemmen:

Wenn die Seele eines Menschen in diesem Land geboren wird, werden ihr Netze übergeworfen, um sie am Fliegen zu hindern. Du sprichst mir von Nationalität, Sprache, Religion. Ich werde versuchen, an diesen Netzen vorüberzufliegen. (S. 477)

So erfährt Stephen Dedalus in einer erschütternden Krise seine Berufung zum Dichter. Es ist dieses meta-religiöse Bekehrungs- und Berufungserlebnis, dieser Moment des Durchbruchs und der Selbstschau, auf den hin das autobiographische Jugendbildnis angelegt ist. Es ist im wörtlichen Sinne ein Erwachen aus der Dumpfheit, eine Erweckung der Seele. In diesem Augenblick empfängt der Dichter ein Gedicht – und dabei handelt es sich um eine wirkliche Offenbarung und Vision. Die lang gestauten Gefühle enthemmen sich jetzt zu einem Augenblick der glückhaften, gnadenhaften Erleuchtung: »O! Im jungfräulichen Schoß der Imagination ist das Wort Fleisch geworden.« (S. 493) Nicht nur ist es klar – wie der Kritiker W. Y. Tindall sagt –, »daß für Stephen die Kunst an die Stelle der Religion getreten ist und der Künstler an die Stelle Gottes«[1], sondern hier wird der Moment der dichterischen Inspiration explizit als jungfräuliche Empfängnis und als Fleischwerdung des Wortes bezeichnet; und wäre noch nicht deutlich genug, worum es hier geht, so wird ausdrücklich ein paar Zeilen später der Dichter zum Priester, der die Eucharistie zelebriert: »einem Priester der ewigen Imagination, der das tägliche Brot der Erfahrung in den strahlenden Leib des ewigwährenden Lebens verwandelte« (S. 497).

Und das Buch gipfelt in der grandiosen Erklärung, die Stephen seinem Freunde Cranly abgibt; es ist der Entschluß Stephens, Blutzeuge zu werden für seinen neuen Gott, die Kunst: »Ich will nicht dienen« (S. 517), sagt er,

Ich will nicht dem dienen, an das ich nicht länger glaube, ob es sich mein Zuhause nennt, mein Vaterland oder meine Kirche: und ich will versuchen, mich in irgendeiner Art Leben oder Kunst so frei auszudrücken wie ich kann und so vollständig wie ich kann und zu meiner Verteidigung nur die Waffen benutzen, die ich mir selbst gestatte – Schweigen, Verbannung und List. (S. 526)

Aber der ganze Sinn dieser Absage und dieses Aufsichnehmens der Berufung wird erst klar, wenn wir uns der Predigt über den Fall Luzifers erinnern: »*non serviam*: *Ich will nicht dienen*« – das waren ja die Worte Luzifers gewesen. »Ich will nicht dienen« sind auch die Worte Stephens in dieser letzten großen Erklärung. Der Dichter ist also der Abtrünnige, der Widersacher, der luziferisch sich seinem eignen dunklen Gotte, der Kunst, weiht; und es ist ein schwerer Dienst, den dieser neue Gott auferlegt: Schweigen, Verbannung, List.

Aber diese entscheidende Erklärung an den Freund Cranly ist doch noch nicht ganz das Ende des Romans, denn es folgen ein paar Seiten aus dem Tagebuch Stephens. Sie befassen sich zunächst mit dem Freund Cranly, und wir hören, daß seine Eltern alt und kinderlos waren, als er geboren wurde. So waren Cranlys Eltern, heißt es, wie Elisabeth und Zacharias, und er, Cranly, ist also der Vorläufer: »Dann ist er der Vorläufer.« (S. 527). Elisabeth und Zacharias sind aber die Eltern Johannes des Täufers, und wie Johannes der Vorläufer Jesu war, so wäre Cranly der Vorläufer Stephens, des neuen Heilands. Wenn aber Stephen der neue Christus ist, so verstehen wir jetzt, warum er sich nur als Adoptivsohn in der Familie fühlte. Lesen wir jetzt wirklich die letzten Worte des Romans, so finden wir in ihnen ein Gebet Stephens: »Urvater, uralter Artifex, steht hinter mir, jetzt und immerdar.« (S. 533) Wenn die Kunst also zur Religion wird, dann wird der mythische Dädalus zum Gott-Vater, und Stephen – Urbild des Künstlers, Bildners, Gestalters, Schöpfers – wird zum leidenden Gottes-Sohn. So ist das fünfte Kapitel nicht nur Verkündigung von des Künstlers Priesterschaft, sondern auch die Geschichte von seiner Sohnesschaft und Passion: Er wird verraten, verleugnet, verspottet und nimmt das Kreuz auf sich. Es ist die Osterwoche, in der die Ereignisse vor sich gehen: Handlungen nehmen eine gewisse zeremonielle Feierlichkeit an, und der Leser fühlt, daß hier ein Werk sich vollendet. C. G. Anderson sieht in Stephens Frühstück von Brot und wäßrigem Tee eine Spiegelung von Brot und Wein; die Reinigung Stephens interpretiert Anderson als Symbol der traditionellen Fußwaschung am »Maundy Thursday«, am Gründonnerstag; in der Physikstunde bietet Stephen sich im Scherz als Versuchsobjekt für die tödliche Wirkung des elektrischen Stroms an – ein stellvertretendes Opfer? Wie Jesus von Pontius Pilatus, so wird Stephen von MacCann verhört und gerichtet. Wie Jesus, so verkündet Stephen seinen Jüngern ein Geheimnis und eine Botschaft – die Botschaft der Kunst. Diese und andere symbolische Verweisungen und Andeutungen lassen keinen Zweifel: Die Autobiographie ist nicht mehr religiöse Rechtfertigung, sondern Apotheose; der luziferische Verneiner ist in Wirklichkeit der Messias; und der transfigurierte Künstler erscheint als Christus. Dies ist die neue Religion im Zeitalter des Glaubensverfalls[2].

## Anmerkungen

1 W.Y. Tindall, *James Joyce*, New York 1950, S. 19 (Üb. v. Hg.)
2 Unsere christologische Deutung ist dem Aufsatz von C.G. Anderson verpflichtet: »The Sacrificial Butter«, *Accent* 12 (Winter, 1952), 3–13. Vgl. auch Julian Kaye, »Who is Betty Byrne?« *Modern Language Notes* 71 (1956), 93–95. – Daß das *Portrait* nicht eine im Tatsächlichen exakte Autobiographie bietet, ist wohl selbstverständlich (s. Kevin Sullivan, *Joyce among the Jesuits*, New York 1958). Ebenso zweifellos aber bleibt, daß das *Portrait* zumindest so autobiographisch ist wie Th. Manns *Tonio Kröger* oder Goethes *Werther*. Nicht soll die Auffassung einiger Kritiker verschwiegen werden, daß das *Portrait* nicht die Darstellung des Künstlertums und seiner Problematik ist, sondern die ironische »Erledigung« oder Verwerfung eines unsympathischen Ästheten (vgl. Maurice Beebe, »Joyce and Stephen Dedalus: the problem of autobiography«, *A James Joyce Micellany. Second Series*, Carbondale 1959, S. 67–77).

Ortwin Kuhn

# Zur Rolle des Nationalismus im Frühwerk von James Joyce

## Forschungsstand und Sachlage

Ein Überblick der Forschung zu James Joyces Frühwerk läßt deutlich werden, wie sehr man bisher den Prinzipien und Methoden der immanenten Kritik oblag[1]. Das Aufdecken von Motiven und Strukturen wie das Erfassen von Stilistica *sui generis* kennzeichnen innerhalb des Frühwerkes z. B. das Bemühen um das *Portrait of the Artist as a Young Man*[2]. In diesem Werk galt das Interesse vornehmlich der Würdigung der von Joyce vorgetragenen ästhetischen Theorien wie auch dem Einordnen des Werkes in die Tradition des europäischen Bildungs- und Künstlerromans[3]. Jüngst sind durch das Erfassen von Symbolgefügen[4] und die Anwendung psychologisch-theologischer Kriterien außerliterarische Gesichtspunkte für die Interpretation mit maßgebend geworden[5]; dieser Umstand hat allgemein als Postulat zu gelten, da sich inzwischen auch die Einsicht durchgesetzt hat, daß sich keines von Joyces Einzelwerken ohne Berücksichtigung des Gesamtwerkes verstehen läßt[6]. Doch ist – von kaum erwähnenswerten, unzulänglichen Ausnahmen abgesehen – noch nicht der Versuch unternommen worden, die zeitgeschichtliche Verankerung von Themen und Motiven wie auch von Namen und historischen Anspielungen im Ganzen des Werkes zu berücksichtigen[7].

Gerade wer sich bemüht, die Rolle des Nationalismus im Frühwerk dieses Autors und seine Relevanz für das *Portrait* zu untersuchen, kann nicht umhin, die Voraussetzungen und gedanklichen Entwicklungen einzelner Phänomene in den kritischen Schriften (*Critical Writings* [s. Anm. 8]) des Autors miteinzubeziehen. Denn einerseits liegen zwischen erstem Entwurf und endgültiger Veröffentlichung des *Portrait* mehr als zehn Jahre, in denen Joyce sich andererseits immer wieder sehr ausführlich zu Themen und Gestalten seines Künstlerromans geäußert hat. Zwei Zitate mögen verdeutlichen, wie durch den Einbezug der kritischen Schriften sowohl der zeitgeschichtlich-prophetische Wert der Literatur von Joyce wie auch ihr dokumentarischer Aspekt und ihre Unerläßlichkeit für die Interpretation des *Portrait* zur Geltung kommen. Wenn Joyce in Triest am 16. Mai 1912 im *Piccolo della Sera* schrieb:

Das Jahrhundert, das mit dem Kauf und Verkauf des Dubliner Parlaments begann, geht jetzt mit einem Vertrag des Dreieckverhältnisses von

England, Irland und den Vereingten Staaten zu Ende. Er wurde von sechs irischen revolutionären Bewegungen gesegnet, die durch den Gebrauch von Dynamit, Rhetorik, Boykott, Obstruktion, durch bewaffneten Widerstand und politischen Mord das träge und senile Gewissen des englischen Liberalismus erfolgreich wach gehalten haben,[8]

so weiß der Kenner, daß dieses Zitat aus dem Aufsatz über den »Schatten« des Nationalhelden Parnell stammt, und auch, daß damit auf die Auflösung des irischen Parlaments hingewiesen wird, das das englische Königreich mit Irland durch den Gesetzesakt von 1800 vereinigte und dafür die Iren im Parlament von Westminster vertreten sein ließ.
Doch darüber hinaus registriert der Leser von heute, wie gültig die treffsichere Diagnose von damals auch in der Gegenwart noch ist. Die zeitkritisch-prophetische Qualität der Joyceschen Literatur sei noch durch ein weiteres Diktum illustriert:

Die irische Frage ist in der Tat auch heute noch nicht gelöst, nach sechs Jahrhunderten bewaffneter Besatzung und mehr als einhundert Jahren englischer Gesetzgebung, die die Bevölkerung dieser unglücklichen Insel von acht auf vier Millionen reduziert hat, die Steuern vervierfachte und in das Agrarproblem noch bei weitem mehr Knoten geknüpft hat.
In Wahrheit gibt es um kein Problem mehr Geknurre. Die Iren selbst verstehen davon sehr wenig, die Engländer sogar noch weniger. Für andere Leute ist sie eine Pest. Doch wissen die Iren andererseits, daß sie die Ursache all ihrer Leiden ist, und aus diesem Grund greifen sie zu Gewaltmethoden, um sie zu lösen.[9]

Auch bei dieser Aussage wird deutlich, wie wenig man bisher die (zeit-)geschichtliche Aktualität der Literatur des James Joyce mit ihrer Relevanz für die Interpretation nicht nur des Frühwerkes beachtet hat. Besonders der Name Parnell erhellt, wie unvermeidlich der Rückgriff auf solche Aussagen ist, wenn z. B. die Funktion dieser Gestalt in der Weihnachtsmahlszene[10] erfaßt werden soll. Doch ist andererseits der Stellenwert dieser Figur in dieser Szene ohne die vorbereitende Schilderung in den 1906 vollendeten *Dubliners* in der Geschichte *Efeutag im Sitzungszimmer* nicht zu verstehen. Zeigt sich so der zeitliche und inhaltliche Zusammenhang von Einzelwerken dieses Künstlers mit zeitgeschichtlich-historischen Phänomenen, so muß bei der beispielhaften Erwähnung dieser historischen Gestalt auch daran erinnert werden, wie verschlungen die Sachverhalte sind, an denen diese Figur beteiligt ist. Damit sei gesagt, daß eine Untersuchung der Rolle des Nationalismus in James Joyces Frühwerk auch auf solche Phänomene wie Patriotismus, Rebellion, Heroisches, den Katholizismus, die Rolle Dublins und Irlands wie der Familie des Autors im Verhältnis zueinander wie auch gegenüber England eingehen müßte. Denn eine Gestalt wie Parnell ist an all diesen Phänomenen beteiligt. Darüber hinaus

wird zu zeigen sein, wie sich der Zusammenhang und die umfangreichen Voraussetzungen dieser Phänomene in den Künstlerroman des Autors integrieren.
Die Darstellung muß dabei drei Materialschichten berücksichtigen: die Aussagen zum Thema im *Portrait* selbst; die Aussagen in den kritischen Schriften; und die historischen Fakten in der Darbietung der Geschichtsschreibung und ähnlichen Quellen. Ein Beispiel dafür, daß vielerlei Namen, Anspielungen, Aussagen und Figuren nur in der ganzen Fülle des Beziehungsreichtums zwischen Früh- und Spätwerk zu verstehen sind, ist im *Portrait* in Stephens Klassenkamerad Davin zu sehen. Im 5. Kapitel unterbricht der Erzähler den Zeitablauf des Geschehens und schaltet zwischen verspätetem Verlassen der elterlichen Wohnung und Stephens Ankunft im Hörsaal der Universität die Beschreibung von dessen Klassenkameraden ein. Neben Cranly, einer priesterähnlichen Gestalt, der Stephen die tiefsten Sehnsüchte seiner Seele anvertraut, wird vor allem auch der Kommilitone Davin ausführlich charakterisiert und in seinem Verhältnis zu Stephen beschrieben. Stephen, der seine sexuellen Erfahrungen in den Bordellen Dublins schon längst überwunden hat, erfährt von Davin, wie er während eines nächtlichen Marsches, in einem Bauernhaus um eine Erfrischung bittend, von der schwangeren Frau eines Bauern zu nächtlichem Beischlaf eingeladen wird, was er entrüstet ablehnt, was ihn aber immer wieder beschäftigt. Davin erscheint noch in einer weiteren Szene des 5. Kapitels. Er und ein weiterer Student namens Lynch sehen sich zusammen mit Stephen und Cranly ein ›hurling-match‹ an, eine Art Rasenhockey. Schließlich taucht Davin im Zusammenhang mit Stephen noch im letzten Teil des Buches auf, der aus einer Aneinanderreihung von Einträgen in Stephens Tagebuch besteht, als dieser sich anschickt, Irland zu verlassen. Stephen beschreibt in diesen Einträgen, deren erster vom 20. März und deren letzter vom 27. April datiert, sein letztes Zusammentreffen mit Lynch, Cranly und Davin. Das Auftreten dieser Figur an diesen drei Stellen[11] zeigt in erster Linie die Relevanz des Themas. Denn Davin sagt von sich selbst: »Zu allererst bin ich Nationalist.« (S. 475) Dann läßt sich an dieser Gestalt für den naiven und idealen, den nationalen und internationalen Leser die voraussetzungsreiche Verflochtenheit der kunstvollen Charakterisierungstechnik des Künstlers in Früh- und Spät-, Einzel- und Gesamt-, Kunst- und kritischem Werk[12] deutlich machen. So bedarf es z. B. für das volle Verständnis der Vorliebe Davins für den Nationalsport des ›hurling‹ des Vergleichs zwischen dem frühen Entwurf von *Stephen Hero*[13] und der entsprechenden Beschreibung dieses Sports in zwei der oben angeführten Szenen mit Davin[14]. Andererseits wird Davin mit Hilfe gewisser Namen charakterisiert, hinter deren voller Bedeutung wesentliche historische Anspielun-

gen und zeitgeschichtliche Bewegungen bei genauer Überprüfung zum Vorschein kommen. Wenn es etwa heißt, daß Davin zu Füßen von »Michael Cusack, dem Gälen«, saß (S. 450), so ist zu bedenken, daß dieser der Gründer des politisch ausgerichteten gälischen Sportverbandes war[15]; und wenn andererseits betont wird, daß der junge Student Davin stolz auf die Taten seines Onkels Mat ist, den man den »Athleten« nannte, so ist hiermit ein weiterer Hinweis auf zwei berühmte irische Nationalisten der Sportbewegung gegeben[16], über deren zeitgeschichtliche Bedeutung sich Joyce in seinen kritischen Schriften des öfteren geäußert hat[17]. Weiterhin ist dieser Charakterisierung Davins durch historisch signifikante Namen zu entnehmen, wie die einzelnen Phasen des Joyceschen Gesamtwerkes zusammenhängen. Denn nachweislich ist Michael Cusack, der Gäle, das Modell für den »engstirnigen und großmäuligen Kyklopen im *Ulysses*«[18]. Die meisten Parodien der Kyklops-Episode des *Ulysses* beschäftigen sich mit dem irischen Nationalismus und dem ›Citizen‹ als dem Vertreter der radikalen Seite dieser Zeiterscheinung. In diesem Zusammenhang zwischen *Portrait* und *Ulysses* ist jedoch auch der Zusammenhang zwischen *Stephen Hero* und dem *Portrait* durch die Gestalt des ›Citizen‹ mitgegeben. Denn bereits im frühen Fragment findet sich eine Beschreibung des ›Citizen‹ und seines Tuns (*SH*, S. 63 f.). Wie voraussetzungsreich die Charakterisierung Davins in politischer Hinsicht ist, zeigt sich an der Aussage, daß seine Kommilitonen ihn mit Vorliebe als »fenian«[19], einen Anhänger der Fenier-Bewegung, betrachteten. Die Bedeutung dieser kulturpolitisch-nationalen Bewegung wird erst deutlich, wenn man Joyces eigenen Aufsatz über »Fenianism«[20] von 1907 mitheranzieht. Die sprachliche Charakterisierung Davins offenbart weiterhin, wie bedeutungsgeladen einzelne Vokabeln eingesetzt werden, deren Summe eine Bedeutungsschicht ergibt, deren voller Umfang erst durch eine Untersuchung des Verhältnisses von Joyce zur Sprache im allgemeinen und zur gälischen und englischen Sprache im besonderen erfaßt wird. Wenn Joyce gälisches Vokabular wie »Firbolg« und »camánn« mit elisabethanischen Ausdrücken mischt und beispielsweise »altenglische« Vokabeln mit Dialektausdrücken aus Munster vermengt und Stephen sich von diesem Mischmasch distanzieren läßt, so bedarf es dafür einer weiter ausgreifenden Untersuchung[21]. Die Charakterisierungsweise Davins gestattet darüber hinaus auch einen Einblick in die Erzählhaltung. Emphatisch gesetzte Epitheta des Erzählers kommentieren immer wieder Eigenschaften dieser Gestalt. Zudem benutzt der Erzähler den Charakter Davins als Folie, zu der sein junger Künstler Stephen als einer in künstlerischer Hinsicht nicht zu rechtfertigenden Fehlhaltung in Negation und Distanz steht. Geben diese distanzierenden Epitheta und die Erzählerkommentare allgemein

Einblick in das Verhältnis des Erzählers zum Leser, so gestattet andererseits der Vergleich mit dem bereits angeführten frühen Entwurf *Stephen Hero* einen Einblick in das Verhältnis von Autor und Erzähler, so daß sich behaupten läßt, daß an der Gestalt Davins sogar der Entstehungsprozeß des Kunstwerkes z. T. nachvollzogen werden kann, wie sich etwa an der unterschiedlichen Fassung des nationalen Rasenspieles in beiden Schilderungen beobachten läßt[22]. Insgesamt wird also zu gelten haben, daß durch die Verankerung der zur Schilderung Davins dienenden Aussagen in der literarischen Produktion von Joyce außerhalb des *Portrait* der Leser nicht nur über die vordergründigen Entwicklungsstadien des Helden dieses Romans unterrichtet wird, sondern auch darüber, daß es sich bei den Konflikten dieser Gestalt um eine Auseinandersetzung über das Verhältnis Stephens zu Sprache und Kultur, Heimat und Ausland, Rebellion und Heldentum, Patriotismus und Nationalismus handelt.

Außer an den Davin-Szenen läßt sich auch an der Weihnachtsmahlszene[23] (mit der Zentralgestalt des toten Freiheitshelden Parnell) zeigen, wie das durch den Text hervorgerufene Informationsbedürfnis des Lesers selbst durch die meist knapp gehaltenen Erklärungen eines Kommentars nach Art Andersons nicht befriedigt wird, und wie sehr man für ein umfassendes Textverständnis auf historische Zusatzinformationen sowie deren Interpretation in den kritischen Schriften von Joyce angewiesen ist. Nun ließe sich immerhin argumentieren, daß man für die Interpretation z. B. der Weihnachtsmahlszene, auf die im folgenden im Detail einzugehen sein wird, nicht der zahlreichen außer- und nebenliterarischen Erklärungen bedarf; denn es gehe einfach um die Darstellung des familiären Milieus, in dem Stephen während seiner ersten Jahre auf der höheren Schule bleibende Eindrücke von einer politischen Auseinandersetzung im Familienkreis erhält. Dieses Argument ist ebenso stichhaltig wie etwa das derjenigen, die der Meinung sind, daß *Gulliver's Travels* eben nur ein Kinderbuch sei und nicht eine der tiefsinnigsten und gedankenreichsten politischen Satiren der Weltliteratur. Selbst wenn man die in der erwähnten Parnell-Szene vorkommenden historischen Namen und Andeutungen einem Werkkommentar entnimmt, so ist damit in der Regel noch immer nichts über den Bedeutungsinhalt und -umfang wie auch über die spezifische Funktion der betreffenden Aussagen in der entsprechenden Szene und dem Kunstwerk insgesamt verbindlich ausgesagt. Natürlich muß in einem Kommentar die Sprache der an der Streitszene beteiligten Personen erklärt werden, soweit sie dem üblichen Idiom nicht entspricht. Wenn der Ausdruck fällt »der Eingeweidezuber da oben in Armagh«[24] und die Erläuterung des Kommentars lautet, daß sich darunter Michael Logue, der spätere Kardinal verbirgt, der als Erzbischof von Armagh 1887 eingesetzt wurde, so ist damit für die Interpretation der Szene nichts gewonnen. Dies gilt auch für die Erklärung des Beinamens »Billy mit der Lippe« (S. 284). Wenn erläutert wird, daß damit Erzbischof William C. Walsh aus der Erzdiözese von Dublin gemeint sei, und dazu auf eine entsprechende Stelle in Joyces *Gas from the Burner*[25] in den kritischen Schriften verwiesen wird, so ist ebenfalls für das Verständnis dieses Ausdrucks nicht sehr viel gewonnen. Bemüht man sich dann um die Erklärung des Ausdrucks »whiteboy«[26] und erfährt, daß darunter eine Gruppe wohlorganisierter Nationalisten zu verstehen ist (die gegen die Landbesitzer bereits 1769 in Tipperary zu Felde zog, da jene die Pächter von ihrem Land vertrieben hatten, das die »whiteboys« zurückforderten), deren Name sich durch die weißen Hemden erkläre, die sie als Unionswappen über ihrer Kleidung trugen; daß sie als Banden über Land zogen, um sich Waffen zu beschaffen, alle diejenigen verhafteten oder bestraften, die sich ihnen widersetzten, so ist auch hier nicht ganz erkennbar, worauf mit der Verwendung dieses Namens eigentlich abgezielt wird. Denn der nationalistisch-politische Hintergrund, vor dem der Großvater des Mr. Dedalus (dem die Bezeichung »whiteboy« zugedacht ist) zu sehen ist, geht damit verloren.

Das Verständnis solcher Andeutungen wird bereits umfassender, wenn man einzelne Anspielungen auf historische Ereignisse in Zusammenhang zu bringen versteht, da sich herausstellt, daß sie auf ein- und dieselbe historische Persönlichkeit bezogen sind, obgleich deren Name nicht ausgesprochen wird. So ist von der Katholikenemanzipation von 1829 die Rede (*P*, S. 289), die hauptsächlich durch die von Daniel O'Connell organisierte Agitation und Rhetorik erreicht worden war, nachdem der Herzog von Wellington als Premierminister Georg IV. dazu überredet hatte, das Erleichterungsgesetz für Katholiken zu akzeptieren, das die Katholiken nicht mehr unter die Sanktionen der elisabethanischen Strafgesetzgebung zwang. Als daraufhin die Katholiken dann das Recht erhielten, Leute ihres eigenen Glaubens in das Parlament zu wählen, verloren dennoch viele dieses Wahlrecht überhaupt. Die 40-Shilling-Freisassen – kleine Landpächter, von denen es 190 000 gab – wurden ihres Wahlrechtes beraubt; Wellington hatte darauf als Sicherheitsminimum bestanden. Bezieht man darauf den biographisch-historischen Hintergrund des Gesprächsteilnehmers Charles Dedalus, des Onkels von Stephen, der den in der Katholikenemanzipation von 1829 so erfolgreichen, gesetzesgetreuen Nationalheros zum Vorfahren hat (worauf ja mit der Aussage angespielt wird, daß Stephens Großonkel vor der Schule, die Stephen besucht, vor 50 Jahren eine Ansprache für den »Liberator« [= Daniel O'Connell] gehalten habe)[27], so ist nicht von der Hand zu weisen, daß

dem Leser hintergründig der Name Daniel O'Connells immer wieder ins Gedächtnis gerufen werden soll. Da der Name jedoch direkt nicht genannt wird, ist der Leser aufgefordert, sich über die volle Bedeutung dieses Namens Rechenschaft zu geben.
Ähnlich steht es mit der Erwähnung von Bischof Lanigan, der eine Ergebenheitsrede vor dem Markgrafen von Cornwall hielt[28]. John Lanigan (1758–1828) ist zusammen mit Charles Cornwallis, dem Vizekönig Irlands am Ausgang des 18. Jahrhunderts, besonders erwähnenswert, da letzterer vor allem dabei behilflich war, die Wolf Tone-Bewegung von 1798 niederzuschlagen und dafür die rechtmäßige Vereinigung Irlands und Englands auf der letzten Sitzung des irischen Parlaments (1800–1801) vorschlug. Nimmt man dazu die Erwähnung des Bischofs von Armagh, Cullens[29], des späteren Erzbischofs von Dublin (1849–1852), der 1866 als erster Ire ins Kardinalskollegium berufen wurde, als entschlossener Gegner der Fenier-Bewegung galt und deshalb deren Mitglied Mac Manus, einem irischen, aus Amerika nach seinem Tod in seine Heimat übergeführten Patrioten das Begräbnis verweigerte, so ist neben O'Connell und Wolf Tone in der Figur des Mac Manus[30] ein weiterer irischer Nationalheld und Patriot indirekt ins Gespräch gebracht.
Hat man dies erkannt, so lassen sich diese unterschwellig in das Leserbewußtsein gerufenen Gestalten auf gleicher Bedeutungsebene mit der im Text erwähnten Fenier-Bewegung sehen, der bis zur völligen Unabhängigkeit Irlands wohl erfolgreichsten nationalen Bewegung des Landes. Wenn dann noch die »Zeit der Union«[31] erwähnt wird, worunter das Datum des 1. Januar 1801 zu verstehen ist, als das Königreich von Großbritannien, das 1707 durch die Vereinigung Englands und Schottlands begründet worden war, das Vereinigte Königreich von Großbritannien und Irland wurde, so ist indirekt sehr nachhaltig auf drei irische Freiheitshelden und zwei nationale (Unabhängigkeits-)Bewegungen hingewiesen worden. Zu diesem verstecken Appell an das Geschichtsbewußtsein des Lesers kommt dann die offene Diskussion der Gründe für den Untergang des Nationalhelden Charles Stuart Parnell[32]. Will der Leser die volle Bedeutung der Gestalt Parnells in dieser Szene erfassen, so hat er den Vergleich mit Mac Manus, O'Connell und Wolf Tone als vorausgegangenen Nationalisten sogar innerhalb der Fenier-Bewegung mitzuvollziehen. An der Gestalt Parnells entzündet sich dann die Frage nach der Rolle der Kirche und des Klerus, deren Erörterung den Hauptteil des Streitgespräches ausmacht. Der Leser sieht sich also aufgefordert, sich wie der unparteiische Beobachter Stephen ein Bild von der Verzahnung der Argumente und Gegenargumente zu machen. Hilfe dafür erhält der Leser aus dem Text wiederum nur in Form von bruchstückhaften Andeutungen. So ist allgemein nur von »Bischöfen und Priestern« die Rede, die im Falle

Parnells »gesprochen« (S. 282) haben; oder es wird Lord Leitrim erwähnt[33] – ein übel beleumdeter Adeliger, der 1877 mit zweien seiner Begleiter ermordet wurde, die ihn in der Grafschaft Donegal gegen einen Bauernsohn zu schützen versuchten, der für das seiner Schwester zugefügte Unrecht Rache nahm. Der Vorfall löste eine wilde Debatte im Unterhaus aus und war öffentlich bekannt geworden.

Ein dritter Umstand schließlich löst beim Leser das Verlangen nach weiterer Information aus. Es ist dies die Charakterisierung der an dem Gespräch beteiligten Personen. Als erstes ist Mr. Casey zu nennen, der sich ebenso entschieden gegen die katholische Kirche ausspricht wie er für seinen Nationalhelden Parnell eintritt. Es heißt von ihm, daß er drei verkrüppelte, steife Finger habe und seinerseits den Kindern, die nach dem Grund dafür gefragt hatten, geantwortet habe, daß dies mit einem »Geburtstagsgeschenk für Königin Victoria«[34] zu tun habe. Dem Leser muß ebenso wie den diese Frage stellenden Kindern diese Antwort unbefriedigend erscheinen. Eine Eigenschaft dieser Figur löst also einen Informationsanreiz aus, der durch eine partielle Informationsverweigerung nur noch intensiviert wird. Weiß man dann, daß sich hinter der Gestalt Mr. Caseys die historische Gestalt John Kellys von Tralee verbirgt, eines irischen Patrioten, der öfter im Gefängnis saß und durch die dortige Zwangsarbeit des Wergzupfens sich seine Finger verstümmelte und zur Erholung von solchem Aufenthalt oft in der Parnell ergebenen Familie Joyce zu Gast war, so ist ein weiterer indirekter Hinweis auf das Verhältnis der irischen Nationalisten gegenüber dem Unterdrücker England gegeben, über das der Leser sich dann wiederum klarwerden muß. Wie diese Gestalt so löst auch die Charakterisierung Dantes ähnliche Leserassoziationen aus. Diese Tante Stephens, eine ehemalige Nonne, der es ermöglicht wurde, sich durch eine unvorhergesehene Erbschaft aus dem Kloster freizukaufen[35], tritt uneingeschränkt für die katholische Kirche in der Sache Parnells ein. Wenn sie in religiöser Hinsicht im Gegensatz zu Mr. Casey steht, so ist sie in nationaler Hinsicht jedoch seiner Meinung. Denn es wird von ihr erzählt, daß sie einem Landsmann anläßlich des Abspielens der englischen Nationalhymne mit ihrem Regenschirm den Hut vom Kopf schlug, den dieser ehrerbietig ziehen wollte[36] – was den Erzähler dazu veranlaßt, besonders zu betonen, daß sie für ihre Heimat Irland gewesen sei. So wird der aufmerksame Leser unmittelbar aufgefordert, sich über das Verhältnis von Katholizismus, irischem Patriotismus und antienglischem Nationalismus Rechenschaft zu geben. Ist der Leser dann noch in der Lage, diese Szene im Zusammenhang mit anderen, dieser Szene zugeordneten Ereignissen des Frühwerks zu lesen, und denkt er dabei an die Erörterung des Besuches Eduards VII, (des Nachfolgers der Königin Victoria, die irischen Boden nur dreimal betreten hat) in der Geschichte *Efeutag im Sitzungszimmer* in *Dubliners*[37], so ist damit nicht nur ein weiterer Hinweis gegeben auf das Verhältnis der Parnelliten und Nationalisten gegenüber England nach Parnells Tod, sondern auch grundsätzlich die Frage aufgeworfen nach der Einstellung dieser Patrioten zu ihrer Umgebung Dublin, von der in der erwähnten Geschichte ein aufschlußreiches Stimmungsbild nach dem Tod Parnells gegeben wird. Mit diesen bewußt geweckten, aber insgesamt noch beziehungslosen Assoziationen hat der Leser dann die Erörterung des Falles Parnell nachzuvollziehen. Selbst wer weiß, daß Parnell der heldenhafte Rebell und Nationalist ist, der wenigstens vorübergehend Irland die größtmögliche Unabhängigkeit von England erkämpft hatte, bleibt dennoch reichlich im unklaren, wenn er sich vergegenwärtigen muß, daß dessen getreuer Anhänger Casey ihn unter Weinkrämpfen als »Toten König« (S. 291) bezeichnet und man als Grund für das Scheitern dieses Heroen und Rebellen nur die rudimentären Informationen erhält: »Paris Funds! Mr. Fox, Kitty O'Shea!« (S. 287). Entweder wird also hier vom Erzähler ein nationaler Leser vorausgesetzt, der die Einzelheiten irischer Geschichte und Unabhängigkeitsbewegungen und der in ihnen tätigen Personen aus der Zeit- und Nationalgeschichte hinlänglich kennt, oder aber der Erzählmodus ist insgesamt ein Appell an das Leserbewußtsein, sich inner- oder außerhalb des Joyceschen Gesamtwerkes weitere Informationen zu beschaffen, die ihm gestatten, den geforderten Beziehungsreichtum herzustellen, um die künstlerische Intention entsprechend zu erfassen. Der Leser sieht sich also nach der Lektüre dieser Szene aufgefordert, über das Verhältnis von Katholizismus und Nationalismus, die Sonderformen des Heroischen und Rebellischen, die Bedeutung nationaler Unabhängigkeitskämpfer wie O'Connell, Mac Manus und Wolf Tone, über das Verhältnis Irlands zu England wie auch die Bedeutung Dublins und Irlands nach dem Fall Parnells zu reflektieren; ja die Gestalt des letzteren hat sogar ihren biographisch-historischen Aspekt, wenn man weiß, daß der Vater von James Joyce Wahlhelfer für Parnell gewesen und als Belohnung für erfolgreiche Tätigkeit zum Steuereinnehmer in Dublin befördert worden ist[38]. Soll diese Reflexion erfolgreich sein, so muß der geschichtliche Hintergrund im Hinblick auf die erwähnten Sachverhalte überprüft und dargestellt werden, damit dann aus den kritischen und anderen Schriften von Joyce die entsprechende Bewußtseinshaltung gegenüber diesen Einzelheiten des Autor-Erzählers herausgearbeitet und so die künstlerische Intention der Weihnachtsmahlszene voll erfaßt werden kann.

## Der historische Hintergrund

Der Anfang und das Ende der Betrachtung des für Joyce relevanten Nationalismus wird in dem Dialog zwischen dem Nationalisten Davin und Stephen während der Vorbereitungen zu einem ›hurling‹-Kampf im 5. Kapitel des *Portrait* präzise angegeben. Stephen erklärt gegenüber Davin:

Nie hat ein ehrlicher und aufrichtiger Mann, sagte Stephen, euch sein Leben hingegeben und seine Jugend und seine Liebe, von den Tagen Wolf Tones bis zu denen Parnells, ohne daß ihr ihn nicht an den Feind verkauft oder im Stich gelassen in der Not oder gelästert und um eines anderen willen verlassen habt. Und du forderst mich auf, einer von euch zu sein. Da will ich euch erst alle zur Hölle fahren sehen. (S. 476)

Es geht also um die Zeit von Wolf Tone bis Parnell. Innerhalb dieses Zeitraumes sei der geschichtliche Hintergrund im Hinblick auf die erwähnten Sachverhalte nun umrissen[39]. Im letzten Jahrzehnt des 18. Jahrhunderts erhob sich die presbyterianische Kolonie Nordirlands unter der Führung der »Vereinigten Iren« gegen das System der Bestechung, wider die Herrschaft der »tyrannischsten und bestechlichsten Versammlung, die es je in Europa gab«, wie Lord Macauley das Dubliner Parlament kennzeichnete. Die Bewegung stand im Zeichen der republikanischen Ideen, die in der Französischen Revolution zum Sturz des Ancien régime geführt und in Europa eine neue Ordnung der Dinge eingeleitet hatten. Die Presbyterianer hatten sich zwar wirtschaftlich manche Erleichterung schaffen können, waren aber politisch und gesellschaftlich gegenüber den Angehörigen der herrschenden anglikanischen Staatskirche weiterhin benachteiligt. Die Auseinandersetzungen, in denen die Presbyterianer wiederum die Unterstützung der katholischen Iren suchten und fanden, wurden von den Ulsterschotten im Zeichen des irischen Nationalismus durchgefochten, wobei die wirklichen Triebkräfte sozialpolitischer Natur waren. Man hat sich zu vergegenwärtigen, wenn man die Rebellion der Protestanten begreifen will, daß die Dissenters, die unter Cromwell die englische Kirche beherrschten, beim Vollzug der Restauration völlig unterdrückt, von allen Staats- und Selbstverwaltungsämtern und damit vom politischen Leben ausgeschlossen wurden, genau wie die Katholiken. Doch waren sie durch ihre wachsende wirtschaftliche Macht, ungleich den katholischen Iren, nicht in eine absolut unfreie Stellung gesunken. Ihr wachsender Wohlstand drängte sie stärker nach politischer Betätigung; sie waren abhängig von der Adelsherrschaft, die in der Ideologie religiöser Unduldsamkeit befangen war. Nach außen traten die »Vereinigten Iren« für eine Reform des irischen Parlaments ein. Dadurch sollten auch die Katholiken zu staatspolitischer Freiheit gelangen. Insgeheim jedoch strebte die Bewegung nach der Trennung der irischen Insel von Großbritannien. »Englands Einfluß ist die Pest von Irlands Wohlfahrt« bekannte Wolf Tone, der sich als protestantischer Rechtsanwalt aus der Ulsterprovinz an die Spitze der Vereinigung gestellt hatte.

Der Taktik Tones entsprechend gelobten die »Vereinigten Iren«, als die Bewegung noch in ihren ersten Anfängen stand, in ihrem Schwur, auf eine Reform des irischen Unterhauses hinwirken zu wollen. 1895 wurden sie indes aggressiver. Wer sich ihnen verschrieb, verpflichtete sich, an der Verwirklichung einer Tatgemeinschaft mitzuwirken, die alle Bewohner Irlands, gleichgültig welchen Glaubensbekenntnisses, umfassen sollte, und seine Kräfte und Fähigkeiten bei der Konstituierung einer national-irischen Gemeinschaft einzusetzen, die ihren sichtbarsten Ausdruck in einem den Willen des gesamten irischen Volkes zu verkörpernden Parlament finden sollte. Die Republik der Franzosen war dabei ihr Vorbild; die Führer der Vereinigung fanden sich in Dublin in einem geheimen Direktorium zusammen, das getreu dem französischen Beispiel fünf Mitglieder umfaßte. Mit angeblich hunderttausend Bewaffneten sollte der Aufstand geprobt werden. Ehe das Zeichen zum Aufstand gegeben werden sollte, wollte man sich jedoch der Hilfe Frankreichs versichern. Diese Zeit nutzte England; noch ehe die französischen Hilfstruppen eingeschifft wurden, zerbrach die Bewegung der »Vereinigten Iren« unter den Schlägen der britischen Soldateska, die wie einst zu Cromwells Zeiten mit Härte und Grausamkeit über Irland gebot. Wolf Tone verhandelte daraufhin in Paris mit den Franzosen, Edward Fitzgerald und O'Connor knüpften in Hamburg sogar mit General Hoche Verbindungen an. Die Gefahr, die England dabei am meisten fürchten mußte, die Landung französischer Truppen auf irischem Boden, rückte 1796 in drohende Nähe, als sich Hoche und Grouchy mit 15 000 Mann der regulären Armee nach Irland einschifften. Aber wie in den Tagen des Untergangs der Armada kamen den Briten Stürme zu Hilfe. Nur ein Teil der französischen Flotte erreichte das Ziel seiner Fahrt. Daraufhin verzichteten die Franzosen, vor allem nach dem Verlust ihres Führers Hoche, auf die Durchführung ihres Auftrages. Aber 1797 wurde die Expedition wiederholt. Wieder setzten die Franzosen 15 000 Mann für die irische Sache ein. Doch wiederum wurden sie durch Stürme behindert, das übrige besorgte die britische Flotte, die diesmal dem Feind begegnet war. Die Aufstandsbewegung wurde mit harter Grausamkeit unterdrückt; statt zu einer allgemeinen Erhebung kam es nur zu einigen lokalen Ausschreitungen, in denen sich die aufgestaute Wut zur Verzweiflung getriebener irischer Bauernhaufen entlud. Daß der Religionshaß der Iren ein mächtiger Beweggrund ihres Handelns war, erweist ihr Schlacht-

ruf, der den Orangisten – so nannten sich die englandfreundlichen Protestanten, die Wilhelm von Oranien, den Bezwinger des katholischen Irentums in der Schlacht am Boynefluß zu ihrem Schutzherren gemacht hatten – und den protestantischen Ketzern galt. Eine peinliche Parole für die protestantischen Rebellen, die dem glaubensmäßigen Zwiespalt, in dem Irland lebte, den Krieg angesagt hatten und nicht sahen, daß sie wahrscheinlich das Opfer der katholischen Übermacht geworden wären, falls sie die Macht Englands überwunden hätten. Schließlich gelang es im August 1798 2 000 Franzosen, in der Bucht von Killala zu landen. Durch einige tausend irische Bauern verstärkt, eroberten sie verschiedene feste Plätze. Aber vier Wochen nach ihrer Landung war das Schicksal der Franzosen durch die britischen Truppen besiegelt. Noch einmal versuchten die Franzosen, die Aufstandsbewegung, die allmählich abebbte, durch Entsendung neuer Hilfstruppen voranzutreiben. Doch die Schiffe, die vier- oder fünftausend Mann nach Irland bringen sollten, trafen im Oktober 1798 auf ein britisches Geschwader. Nach einem vierstündigen Gefecht kaperten die Briten das Flaggschiff und sechs Fregatten. Auf dem Flaggschiff hatte Wolf Tone an der Seite des Admirals Bompart das Unternehmen geleitet. Er wurde in der Uniform eines französischen Offiziers gefangengenommen und nach den Gesetzen des Kriegsrechtes als Angehöriger des Britenreiches zum Tod durch den Strang verurteilt. Er entzog sich der Hand des Henkers, indem er sich im Gefängnis selbst den Tod gab. Diese Niederlagen der »Vereinigten Iren« sind jedoch nicht das Ende der irischen Unabhängigkeitsbewegung.
Die nächste markante, für das Werk von Joyce relevante Persönlichkeit ist in diesem Zusammenhang Daniel O'Connell. Im Mai 1823 faßte er den durch ihn geweckten Widerstandswillen der Iren in der »Katholischen Assoziation« zusammen. Dies war eine Selbsthilfeorganisation, die sich vor allem der Kätner (der kleinen Pächter) annahm, die auf eigene Rechnung keinen Rechtsstreit führen konnten, wenn ihnen Unrecht geschah. Zur Finanzierung seiner Bewegung setzte O'Connell die Kirche ein. Er schuf die Einrichtung eines Steuersonntags, an dem die Geistlichkeit eine freiwillig auferlegte Steuer von ihren Gläubigen erhob. Auf die gleiche Weise verschafften ihm seine Anhänger eine »Zivil-Liste« von Klienten; O'Connell hat durch seine Anwaltspraxis 1828 achttausend Pfund verdient. Er gab seinen einträglichen Beruf auf, um seine ganze Kraft für die Sache der Katholiken einsetzen zu können. Dies dankte ihm Irland, indem es die Einführung der O'Connell-Rente schuf, die ihn von der Last wirtschaftlicher Kümmernisse befreite und ihm Mittel zur Vollendung seiner Pläne verschaffte. Seit 1833 wurde sie alljährlich in den Kirchspielen erhoben. Daraus flossen O'Connell jährlich 13 000 bis 18 000 Pfund zu.

1828 war der Parlamentssitz der Grafschaft Clare vakant geworden. Obwohl den Katholiken durch das Gesetz der Zutritt in das Parlament von Westminster versperrt war, stellte sich O'Connell zur Wahl. Während sich bis zum Auftreten O'Connells das politische Leben Irlands in den Städten abspielte, nahm nun auch das flache Land an den politischen Geschehnissen teil. Die Zehn-Shilling-Freisassen sagten ihren Grundherren die Wahlfolge auf. Bisher hatten sie sich von ihren Landlords, d. h. Grundherren, willenlos zur Wahl treiben lassen. Nun stand zum erstenmal ein Mann ihres Glaubens zur Wahl, und sie traten für Daniel O'Connell ein. Er ging als Sieger aus dem Wahlgang hervor. In Irland wartete man in Ungeduld und mit Erregung, wie England auf die Wahl des Katholiken reagieren werde. In beiden Ländern kam es zur Mobilisierung von Truppen. Doch O'Connell wollte durch Gesetz den Sieg der irischen Sache erreichen. Um die Gefahr zu bannen, daß der Durchbruch des besseren Rechtes durch die Macht der besseren Waffen vereitelt werde, gab er das Zeichen zur Einstellung der Massenversammlungen zu seinen Gunsten. Umgekehrt wie bei Wolf Tone unterstützten nun auch Irlands Katholiken die Ansprüche der Dissenters aufs eifrigste. Im Mai 1828 beseitigte man für sie den Testeid. Damit war die unerläßliche Voraussetzung für das Werden eines britischen Staatsvolkes geschaffen. Die Entrechtung der Katholiken aber dauerte weiterhin an. Endlich erinnerten sich die Briten auch ihrer. Im Februar 1829 versammelte sich das Parlament. Georg IV. hatte zwar lange gegen die Absicht angekämpft, die Katholiken als vollwertige Bürger des Vereinigten Königreiches anzuerkennen. Nachdem aber Ober- und Unterhaus das Gesetz mit großer Mehrheit angenommen hatten, unterzeichnete er es am 18. April 1829. Jetzt waren die Katholiken des Suprematseides entbunden. Sie konnten Abgeordnete wählen, durften fast alle Staats- und Gemeindestellen besetzen; lediglich das Amt eines Regenten, des Kanzlers von England und Irland sowie das Amt des irischen Statthalters blieb ihnen vorenthalten. Freilich wurde dieses Emanzipationsgesetz den Iren nicht zur reinen Freude. Im Vollzug dieses Gesetzes mußten die Iren ihre Katholikenvereine auflösen und die Zahl der irischen Wähler, wie bereits eingangs erwähnt, beschränken. Das Emanzipationsgesetz gab dem katholischen Adel und dem Bürgertum das Recht, zu wählen und gewählt zu werden, es öffnete ihnen die Ämter des Staates und der Verwaltung, doch die Masse des irischen Volkes ging leer aus; man nahm ihr sogar das wenige, das sie bereits an politischen Rechten besaß. Die 40-Shilling-Freisassen verloren das Wahlrecht, das ihnen 1793 gegeben worden war. Die Wahlrechtsgrenze wurde auf zehn Pfund, also auf das Fünffache des ursprünglichen Einkommens festgesetzt. Damit waren die kleinen Leute politisch wieder entmündigt; das passive

Wahlrecht mußte also mit der Beschneidung des aktiven bezahlt werden. Als O'Connell dann nach der Verabschiedung des Emanzipationsgesetzes seinen Sitz in Westminster für Clare einnehmen wollte, verlangte man von ihm die Ablegung des Suprematseides, da seine Wahl vor der Annahme des Gesetzes erfolgt war, das nur noch den Treueid forderte. Er stellte sich daraufhin noch einmal zur Wahl; es gab neue Erregung in Irland und neue Verbitterung über England. O'Connell aber blieb dem englischen Unterhaus nicht erspart. Der Glanz seiner Beredsamkeit wird seinen britischen Parlamentskollegen viele Jahre der einzige Trost für die unerbittliche Härte seiner Sprache sein. So verkündigte er vor allem, daß vom Westminsterparlament keinerlei Gerechtigkeit zu erwarten sei und daher das Heil Irlands allein in der Aufhebung der erschlichenen Vereinigung beider Länder gefunden werden könne. Der Katholikenverein trat erneut in Wirksamkeit, die Emanzipationsbewegung wandelte sich zur Widerrufbewegung.
Als Redner, Agitator und Organisator, als Beherrscher der wandelbaren Massenseele war O'Connell für seine Zeit eine einmalige Erscheinung. Der legale Kampf gegen die Union beider Länder im Parlament war jedoch aussichtslos. Auf Drängen seiner Freunde hatte O'Connell jedoch darauf bestanden, die Frage auf die Tagesordnung des Parlaments zu setzen. 1834 folgte er den Wünschen seiner Parteigänger. Außer O'Connell selbst stimmte nur noch ein einziger Abgeordneter für den Widerruf der Union. Wenn die Widerrufgesellschaft (Repeal Association) den Engländern vorhielt, daß Irland 1782 ein einheimisches Parlament gegeben worden sei und daß dieser Zustand wiederhergestellt werden müsse, da immer noch rechtens sei, was damals als Recht erkannt worden war, so übersah sie, daß durch die Mündigkeitserklärung der Katholiken, d. h. der irischen Zwangsbürger des Vereinigten Königreiches, für England die Situation eine andere geworden war. Das irische Parlament von 1782 war eine Versammlung von Protestanten. Ein neues irisches Parlament aber hätte unter der Herrschaft der Katholiken gestanden. Die Engländer hatten nicht zu verhindern vermocht, daß die katholischen Iren ihre staatsbürgerliche Gleichstellung erlangten.
Ihnen nun ein eigenes Parlament zu geben, schien den Engländern gleichbedeutend zu sein mit dem Verzicht auf die Zugehörigkeit Irlands zum britischen Reich; daher die Erklärung eines britischen Ministers, daß sich das englische Volk dem Widerruf der Union bis zum Tode widersetzen werde. 1843 erreichte die Widerrufbewegung ihren Höhepunkt. O'Connell ging kaum noch nach London; er sprach zu den Iren in Irland. Fast jeden Sonntag hatte er sein Monstermeeting, seine Massenversammlung. Sie begannen in der Früh am Fuße eines Hügels, meist an geschichtlicher Stätte. Nachts

strömten dann die irischen Bauern aus der Umgebung herbei, an ihrer Spitze in der Regel die Priester. Sie zelebrierten vor Beginn der Versammlung die Messe, und O'Connell übernahm die Predigt. Es wird von ›meetings‹ berichtet, die 100 000 Teilnehmer zählten. Die Versammlung am Hügel von Tara z. B., dem Sitz der altirischen Oberkönige, die O'Connell auf den 15. August 1843 angesetzt hatte, soll sogar 250 000 seiner Anhänger zusammengeführt haben. Für den 8. Oktober war wiederum eine Massenversammlung angesagt; sie sollte bei Dublin in der Ebene von Clontarf stattfinden. Dieser Ort war den Iren teuer. Hier hatte Brian Boru über achthundert Jahre zuvor die Normannen geschlagen. Die englische Regierung hatte diese Versammlung verboten, und in der Ebene von Clontarf zerbrach dann die Kraft der Widerrufbewegung an der Macht der britischen Bajonette und Kanonen, die von Dublin aus das Versammlungsfeld beherrschten. O'Connell beugte sich dem Befehl der Regierung; er sprach nicht zu den Iren. Er schickte sie wieder nach Hause. Friedlich wie sie gekommen waren, zogen sie wieder in ihre Dörfer zurück, freilich enttäuscht von O'Connell. Wegen dieser Vorfälle wurde O'Connell der Prozeß gemacht; katholische Geschworene waren dabei kurzerhand von der Geschworenenliste gestrichen und durch Protestanten ersetzt worden. Zunächst verurteilt, wurde O'Connell dann jedoch durch die Initiative des Oberhauses freigesprochen. Er kehrte nach Dublin zurück; doch war seine Kraft erschöpft. Er stand in biblischem Alter, als er in den Kerker der Briten gegangen war, aus dem er als geschlagener Sieger heimkehrte. Niemand vermochte den gealterten Führer zu ersetzen.

Das Todesjahr O'Connells ist noch durch ein weiteres nationales, folgenreiches Ereignis gekennzeichnet: Es war das dritte Jahr des großen Hungers. Diese Hungersnot, die Irland im Gefolge einer Kartoffelfäule heimsuchte, leitete eine Wendung ein. Nachdem fast eine Million Menschen auf die Friedhöfe gebracht worden war, setzte eine Emigration von bisher ungekanntem Ausmaß ein. Irland hat als einziges Land Europas in diesem Jahrhundert eine gewaltige Abnahme der Bevölkerung gesehen, von acht Millionen in kurzer Zeit auf sechs Millionen, und gegen Jahrhundertende hatte es beinahe nur noch die Hälfte der einstigen Höchstzahl aufzuweisen. Die Auswanderer aber gingen nicht in die leeren englischen Kolonien, sondern über den Atlantik in die Vereinigten Staaten. Als gleichberechtigte Bürger einer jungen Demokratie dort aufgenommen, erwachten die Iren auch gleich zu politischer Aktivität. Sie bildeten dort mit ihren Sprechern und Wählerstimmen für Jahrzehnte den Motor und Rückhalt jeden Ansatzes zu antibritischer Politik Washingtons, und von ihnen erhielt auch die Heimatinsel finanzielle Unterstützung und revolutionären Auftrieb, der sich zu-

erst in Geheimbünden wie den Feniern aktivierte. An den Folgen all dieser Ereignisse war O'Connell nicht ganz schuldlos. Er war ein katholischer Landbesitzer. Soweit aber die soziale und wirtschaftliche Seite des irischen Problems betroffen war, dachte er in den Grenzen, die dem Denken seiner Klasse gesteckt waren. Bei allem revolutionären Elan, der in seinen guten Jahren die Politik vorantrieb, war er in seiner Haltung gegenüber den bestehenden Besitzverhältnissen immer ein Verfechter der Besitzrechte geblieben, die durch die Herrschaft der Engländer geschaffen worden waren. Als der Hunger seine Opfer zu Tausenden fällte, als die britische Regierung sich weigerte, die Branntwein- und Bierbrauereien stillzulegen, und daher das Korn, das ja gediehen war, den Hungernden nicht als Nahrung dienen konnte, als die Aufhebung der Kornzölle und die Öffnung der irischen Häfen für nicht-britische Schiffe versagt wurden, verfocht O'Connell noch immer seine Reformpolitik. Er glaubte noch immer, die Freiheit Irlands auf gesetzmäßigem Wege erreichen zu können. Unerschütterlich hielt er an dem Grundsatz seines politischen Handelns fest: Die größte politische Revolution, die je in Bewegung gesetzt wurde, ist mit einem Tropfen Blut zu teuer erkauft.
Als dritte für das Werk von Joyce relevante historische Gestalt ist die Person John Mitchels genauer zu betrachten, in dessen Hände nach O'Connells Tod die Führung der irischen Widerstandsbewegung kam. Er war der Führer der Jung-Iren, womit gesagt ist, daß das Unabhängigkeitsbestreben wieder in die Hände anglo-irischer Protestanten gelangte. Er war der Sohn eines unionistischen Pfarrers aus Ulster. Er gründete eine neue Zeitung, den *United Irishman*. Der Name dieses publizistischen Sprachrohrs war bereits ein unmißverständliches Programm, eine Drohung gegen die Engländer. Revolution und Straßenkampf wurden unverblümt als Allheilmittel gegen Not und Bedrückung gepredigt. Verweigerung der Pachtzinsen, Zurückhaltung der Ernte, Zerstörung der Brücken und Wege (damit die Ernten aus irischem Boden nicht an die Ostküste und von dort nach England gebracht werden konnten) sollten dem Massensterben ein Ende machen. 1848 rannten die Jung-Iren in einem aussichtslosen Aufstand gegen die britische Übermacht an. Die Erhebung fand keinen Widerhall im irischen Volk, das durch die Jahre des Hungers erschöpft war. Sie endete mit Todesurteilen und Deportationen. Diese und weitere Ereignisse werden in den kritischen Schriften von Joyce, deren Interpretation für die Erhellung mancher Szene im *Portrait* sehr relevant ist, immer wieder erwähnt. Ein Teilnehmer an der geschilderten Erhebung von 1848, James Stephens, ein keltisch-sächsischer Mischling und Ingenieur bei der Limerick- und Waterford-Bahn, gründete die »Irisch-Republikanische Bruderschaft«, kurz IRB geheißen. Eine gleichgerichtete Bewe-

gung gründete im Jahre 1858 John O'Mahony in den Vereinigten Staaten. Ihre Anhänger nannten sich nach den Fianna, den legendären Kriegerbünden des alten Erin, Fenians, zu deutsch »sie gehen.« »Die Iren gehen mit aller Macht und Rache« hatte die *Times* frohlockt, als die Abwanderung der Iren einsetzte. Jetzt sammelten sie sich in der Union in Kanada, Australien und Südafrika um die Fahne der Fenier-Bruderschaften und bereiteten den Kampf vor für die grüne Republik. Kampfmittel war der blutige Terror. Die Fäden ihres fein gesponnenen Verschwörernetzes liefen von den Vereinigten Staaten, wo sie am zahlreichsten waren, in alle Teile des britischen Reiches. Wo auch immer Iren lebten und den Haß gegenüber England bewahrt hatten, hielten die Fenier geheime Zwiesprache und schmiedeten Pläne, wie der britische Bedrücker Irlands zu treffen sei. Durch Anschläge auf Leben und Eigentum englischer Bürger, durch Bombenattentate auf Staatsgebäude, bei denen vielfach zahlreiche Unbeteiligte das Leben verloren, durch tollkühne Gefangenenbefreiungen trugen die Fenier den Schrecken nach England und in die anglo-irische Kolonie ihrer Heimat. Die Organisation erhält ihre Gelder aus den Vereinigten Staaten; sie hat ihre Geheimkorrespondenz, ihre Waffenlieferanten und ihre Waffenlager. Diese Bewegung hat starken Bezug zu Mac Manus, dem in der Parnell-Szene im Zusammenhang mit Bischof Cullen erwähnten iro-amerikanischen Patrioten. 1861 treten die Fenier gegen den Klerus der Kirche an. In den Vereinigten Staaten war Mac Manus gestorben, der an der 48er Bewegung teilgenommen hatte. Der Fenier sollte in der Heimat die letzte Ruhe finden; während die katholische Geistlichkeit in New York dem edlen, beklagenswerten, verbannten Patrioten ein Hochamt mit Requiem sang, verweigerte der Bischof von Cork die Aufbahrung des Heimgekehrten in seiner Kirche, worauf in der Parnell-Szene mit Cullen eindeutig Bezug genommen wird. Doch ungeachtet der Haltung einer Instanz, der die Iren immer Achtung und Gehorsam entgegengebracht hatten, wird der Trauerzug für Mac Manus eine eindrucksvolle Demonstration für die nationale Sache Irlands. Durch die Straßen Corks bewegte sich ein mächtiger Trauerzug, im Fackelschein senkten die Fenier ihren Kampfgenossen in die Gruft. Ohne schlechtere Katholiken geworden zu sein, erweisen sich die Iren als bessere Nationalisten. Nach Beendigung des amerikanischen Bürgerkrieges kehrten viele Iren, die in den Reihen der Unionstruppen gekämpft hatten, wieder nach Irland zurück, um ihre Kriegserfahrungen gegen die Bedrücker ihrer Heimat zu nutzen. Im September 1865, Zeitpunkt der Hinrichtung Robert Emmets, der 1863 gegen die Engländer geputscht hatte, sollte der Aufstand losbrechen. Aber die britischen Sicherheitsorgane waren über die Putschabsichten der Fenier aus deren eigenen Reihen unterrichtet worden. Sie verboten dann das

Revolutionsblättchen *Irish People,* das Stephens in Dublin herausgab, verhafteten eine Reihe namhafter Führer und schickten sie in die Verbannung. Stephens gelingt es, mit Hilfe eines Gefängniswärters als Braut verkleidet zu entkommen. Er flieht nach Frankreich, von da in die Vereinigten Staaten. Unter seiner Führung werden die Fenier zu Meistern der indirekten Aktion, die mit Individual- und Massenterror in den Ablauf des anglo-irischen Streites eingreifen und die Technik der Verschwörung zu unheimlicher Vollkommenheit ausbilden.

Die nächste Phase des irischen Nationalismus, die sowohl für das kritische wie auch das künstlerische Werk von Joyce relevant ist, figuriert in der Geschichtsliteratur unter der Vokabel »Home Rule« (Selbstregierung). Die überragende Persönlichkeit dieser Zeit ist Gladstone als Premierminister unter Königin Victoria, der 1868 die Führung der liberalen Regierung übernahm. Das erste Problem, das er anging, war die bevorrechtete irische Staatskirche, die Kirche der protestantischen Minderheit, die auf Kosten der andersgläubigen Mehrheit lebte. Mit Agrarrevolten und Rentstreiks waren die Iren gegen die Ungeheuerlichkeit angegangen, daß sechs Millionen Katholiken die Kirche von 800 000 Protestanten erhalten mußten, eine Kirche, die nichts für sie tat. Seine Maßnahme bestand zunächst darin, diese Staatskirche zu entstaatlichen, zu enteignen, um sie dann aber gleich wieder zu entschädigen. Nach dieser Lösung der Kirchenfrage nahm Gladstone die Agrarfrage in Angriff. Zunächst ging es ihm darum, das Übel des Bauernlegens und der Pächtervertreibung abzustellen. Die Kolonisten hatten den Eingeborenen das Land weggenommen, aber nichts für seine Kultivierung getan. Sie raubten den Boden, ohne ihn durch eigener Hände Arbeit zu erwerben. Gingen aber die Pächter an die Urbarmachung der weiten Sümpfe und Moore, die Irland bedeckten, und blieben sie einmal mit der Zahlung der Pachtzinsen im Rückstand, so wurden sie von ihrem Pachtland vertrieben und verloren damit auch jeden Anspruch auf das in schwerer Arbeit der Unkultur entrissene Land. Mit seiner Landbill von 1870 strebte nun Gladstone danach, den Pächtern wenigstens eine Entschädigung für ihre harte Rodungsarbeit zu sichern. Allein die Möglichkeit der willkürlichen Pächtervertreibung war mit dieser Reform nicht beseitigt. Unter 682 000 Pächtern hatten 1870 nur 155 600 Verträge oder sonstige langfristige Abmachungen. Die anderen waren Jahrespächter. Es lag ganz im Belieben des Landesherren, sie von einem Jahr zum anderen mit ihren Familien der Not und dem Elend auszuliefern, wenn sie sich ihren Wünschen nicht gefügig zeigten oder ihren Verpflichtungen nicht nachkommen konnten.

Diese fortschrittliche Irlandpolitik Gladstones scheiterte zum erstenmal 1874 an der Reform des Hochschulwesens. Der Gesetzesentwurf Gladstones sollte neben den protestantischen auch den katholischen, also in der Hauptsache den irischen Bildungsstätten die Hilfe des Staates sichern. Aber selbst die irischen Abgeordneten stimmten in Westminster unter dem Einfluß und Druck des Vatikans und der irischen Geistlichkeit gegen die geplante Errichtung simultaner Hochschulen. Ohne ihre Stimmen war das Reformwerk nicht durchzubringen; die Liberalen blieben in der Minderheit. Ihrer Regierung folgte unter der Führung Disraelis ein konservatives Kabinett. Erst 1880, nach sechsjähriger Pause, konnte Gladstone sein irisches Reformwerk wiederaufnehmen. In diesem Jahr vollzog sich in Irland endgültig der Wandel einer sozial und glaubensmäßig bestimmten Gemeinschaft irischer Katholiken zur Tat- und Schicksalsgemeinschaft katholischer Iren. Die Verlagerung des anglo-irischen Streites von der sozial-religiösen auf die nationale Ebene bedeutete, daß hinfort die irische Frage nicht mehr mit wirtschaftlichen und sozialen Zugeständnissen oder mit konfessionellen Reformen gelöst werden konnte. Die Forderung nach Selbstbestimmung ist dabei unter dem Aspekt zu sehen, daß England dauernd eine feste Garnison von 30 000 Mann in Irland unterhalten mußte. Irlands Ruhe und Ordnung kosteten den Staat alljährlich 1 500 000 Pfund, eine beträchtliche Summe für ein Land, das damals noch fünf Millionen Einwohner zählte. Nahezu viereinhalb tausend Agrarverbrechen, die 1880 in Irland gezählt wurden, zeugen für den gefährlichen Spannungszustand, in dem sich Irland befand. Die Jahre 1878 und 1879 hatten Irland wieder eine Mißernte gebracht. Tausende von Pächtern waren zahlungsunfähig geworden und wurden nach üblichem Brauch ihrer Pachtzellen verwiesen. In ohnmächtige Wut und Verzweiflung getrieben, schadeten sie ihren Quälgeistern, wo immer sie konnten. Sie verstümmelten das Vieh ihrer Grundherren auf den Weiden, verschworen sich gegen sie und taten sie in Acht, wie es 1880 zum erstenmal dem Captain Boycott geschah. In diesen hundert Jahren entstand die Landliga, die den Boykott als sozialrevolutionäre Kampfwaffe planmäßig ausbildete und mit erheblichem Erfolg propagierte. Gegen diese Auswüchse der Landliga-Agitationen wollte Gladstone durch seine Landbill von 1881 angehen, wogegen sich Königin Victoria jedoch entschieden wehrte. Doch Gladstone hatte sich nicht nur mit seiner Königin, sondern vor allem mit der von Isaac Butt 1870 gegründeten Home Government Association auseinanderzusetzen, einem Kreis irischer Gewerbetreibender, Intellektueller und Kaufleute. Isaac Butt war Protestant und vertrat ursprünglich die landläufigen unionistischen Anschauungen seiner Glaubensgenossen. Dann war er jedoch als Anwalt zum Verteidiger von Smith O'Brien geworden, der bei der Erhebung von 1848 neben John Mitchel an der Spitze der Jung-Iren stand. Butt wurde dann später Verteidiger der

Fenier. Er war es, der das Schlagwort »Home Rule« prägte und entsprechend seine Vereinigung in Home Rule Association umbenannte. 1874 entsandte sie als irische Nationalpartei von den 103 irischen Vertretern 61 in das Westminster-Parlament. Gegenüber den 567 Abgeordneten, die England, Schottland und Wales ins Londoner Parlament schickten, fielen die irischen Home Ruler nicht ins Gewicht. Bei den Wahlen von 1884 wuchs die Zahl ihrer Abgeordneten auf 86. Auf sich allein gestellt, hätten sie ihre Ziele nie in die Wirklichkeit umsetzen können. Aber nach den Wahlen von 1885 wurden die Home Ruler als dritte Partei in Westminster zum Zünglein an der Waage. Die Liberalen waren mit 334, die Konservativen mit 250 Abgeordneten ins Unterhaus eingezogen. Gingen die Home Ruler mit den Liberalen zusammen, so verfügten sie mit Gladstone über eine überwältigende Stimmenmehrheit. Schlossen die irischen Nationalisten sich jedoch den Konservativen an, so reichten ihre Stimmen gerade noch hin, den Konservativen ein Übergewicht über alle ihre liberalen Gegner zu verschaffen. Zeigten sich die Home Ruler aber widerspenstig, so konnten sie den ganzen Parlamentsbetrieb lahmlegen. Unter Isaac Butt war diese Fraktion der irischen Nationalisten ein verhältnismäßig harmloses Anhängsel des Unterhauses. Dies änderte sich jedoch noch zu Lebzeiten Butts durch Charles Stuart Parnell, der die Führung dieser Partei übernommen hatte.

Die Beschränkung der Redezeit war im Unterhaus unbekannt. Parnell und seine Anhänger ließen nun keine Gelegenheit vorübergehen, das Wort zu ergreifen und durch endlose Reden die Arbeit des Unterhauses lahmzulegen. Die Waffe der Obstruktion war in Westminster noch unbekannt. Parnell ging es jedoch nicht um die Sabotierung bestimmter Gesetze. Er setzte wieder und wieder die Frage der Home Rule auf die Tagesordnung und trieb Obstruktionspolitik, um England und die Welt unablässig auf die Existenz der irischen Frage und auf den Riß im Gefüge des Vereinigten Königreiches hinzuweisen. Parnell brachte es fertig, daß stunden-, ja tagelang über Dinge debattiert wurde, die unbedeutend oder längst entschieden waren, jedoch einfach deshalb nicht abgeschlossen werden konnten, weil die Home Ruler immer noch etwas zu sagen hatten, die Einsetzung von Ausschüssen und Unterausschüssen forderten, Anträge und Zusatzanträge stellten, über die dann wieder möglichst namentlich abgestimmt werden mußte, nachdem endlose Begründungen, immer streng nach der Tagesordnung, über die leeren Bänke Westminsters ergangen waren. Als am 31. Januar 1881 wieder einmal ein Zwangsgesetz gegen Irland beschlossen werden sollte – im ganzen widmete der britische Gesetzgeber im Laufe des 19. Jahrhunderts der irischen Ruhe und Ordnung 87 Ausnahmegesetze –, endete die Sitzung dank der Dauerreden der Iren nach

41 Stunden am 2. Februar. Danach war die Geduld der Engländer allerdings zu Ende. Sie sicherten sich gegen die Obstruktion der irischen Nationalisten, indem sie die Weiterführung einer unliebsamen Debatte von der üblichen Zweidrittelmehrheit abhängig machten.

Aber was Parnell demonstrieren wollte, hatte er erreicht. Er hatte gezeigt, welcher Unsinn darin beschlossen lag, daß die Vertreter des irischen Volkswillens statt in Dublin in London tagen mußten und daß die staatliche Vereinigung der anglo-irischen Inseln nicht eine Stärkung, sondern eine Schwächung des britischen Reiches bedeutete. Doch diese »Ungezogenheiten« Parnells brachten seiner Sache mehr ein als die Sympathien seiner Landsleute und den Haß der Engländer. Er zog den Blick der Welt auf sich und damit auf die Sache, die er vertrat. Parnell verstand sich als Fortsetzer der Politik O'Connells. Wie dieser gehörte er der Klasse der grundbesitzenden ›gentry‹ an; er war jedoch deshalb nicht konservativer Revolutionär; er hatte nicht den geheiligten Respekt vor den bestehenden Eigentumsverhältnissen wie der »Liberator«. Auch war er weder Kelte noch Katholik. Eigentlich war er ein Abtrünniger der in Irland herrschenden Oberschicht, mit der er seine englische Herkunft und den protestantischen Glauben teilte. Wenn er im Unterhaus gegen Gladstone auftrat, stand Brite gegen Brite. In den kleinen Pächtern hatte Parnell wieder den Selbstbehauptungswillen geweckt, sie zu einer Willenseinheit geformt, ihnen Ziele gegeben und sie mit neuen Hoffnungen auf eine bessere Zukunft erfüllt. Er lehrte sie, wie sie mit der Waffe des Boykotts der Tyrannei ihrer Grundherren begegnen konnten. Mit dem Haß entfesselter Sklaven erklärten die Pächter ihre Bedrücker und die Überläufer aus ihren Reihen in Acht und Bann. Sie saßen über ihre Quälgeister im geheimen zu Gericht, sprachen Todesurteile aus und vollzogen sie auch. Parnell hatte freilich mit den Gewalttaten seiner Anhänger nichts zu tun. Aber er tat anfangs freilich auch nichts, sie zu verhindern. Es war natürlich, daß ihn der Haß der Engländer traf. Etwas anderes war es, daß sich auch die hohe Geistlichkeit der katholischen Kirche gegen ihn wandte. Zunächst hatten sich die katholischen Bischöfe gegen den Terror der Pächter ausgesprochen. Ihre Mahnungen blieben jedoch wirkungslos, so daß sich auch der Papst einmischte und die Gläubigen seiner irischen Kirche zur Mäßigung ermahnte, was ein guter Dienst für England war und in der Linie der vatikanischen Politik lag. Der Papst bezeichnete die Organisationen der Nationalisten als unheilige Bündnisse, was weniger klug war; denn Parnells Landliga, die es sich zum Ziel gesetzt hatte, den irischen Pächter zum Besitzer seiner Scholle zu machen, war damit in erster Linie getroffen. Jetzt zeigte sich, daß das Wort des Papstes unter den stockkatholischen Iren in politischen Dingen keine Gel-

tung mehr hatte; daß er und seine Bischöfe gegenüber der stetig
steigenden Flut des aufs neue erwachenden irischen Nationalismus
machtlos waren. In den Dingen, die Irlands ›Home Rule‹ betrafen,
folgten ihren Oberen nicht einmal die kleineren Geistlichen. Der
Klerus hatte Parnell aber auch nie verziehen, daß er Protestant
war. Daß der Peterspfennig in nie erlebter Spärlichkeit einging,
während eine Sammlung für Parnell 40 000 Pfund ergab, mag die
Haltung des Klerus gegenüber der Kampfbewegung Parnells si-
cherlich mitbestimmt haben.
Entscheidend für die Haltung der irischen Kirche gegenüber der
Widerstandsbewegung war jedoch eine andere, höchst politische
Überlegung. Dem Vatikan ging es um das Schicksal seiner anglo-
irischen Gesamtkirche. Wenn die katholische Kirche in Irland entgegen ihren universalistischen Neigungen zur Nationalkirche geworden war und dadurch zweifellos ein hohes nationalpolitisches
Amt erfüllte, so geschah dies eigentlich gegen ihren eigenen Willen.
Es lag ihr nichts daran, eine irische Kirche zu sein; sie wollte zusammen mit den Glaubensgemeinden Englands und Schottlands
eine Einheit bilden. Der Katholizismus nahm im Vereinigten Königreich ohnehin eine höchst bescheidene Stellung ein. Wenn die
Wünsche der britischen und schottischen Katholiken im englischen
Parlament zur Sprache kamen, so nur, weil Irland dort vertreten
war. Der Vatikan und seine anglo-irische Geistlichkeit hatten daher ein hohes Interesse daran, daß dieser Zustand erhalten blieb.
Wenn die Iren in Dublin ein eigenes Parlament erhielten, so hatten
die Katholiken Englands und Schottlands überhaupt keine Möglichkeit mehr, sich an der Themse vernehmbar zu machen. Der Vatikan konnte daher an der Verwirklichung der irischen Selbstregie-
rungswünsche kein Interesse haben. Überdies hatte der Vatikan mit
dem Vereinigten Königreich seinen Frieden geschlossen, nachdem
Pius IX. erlaubt worden war, die Organisation der katholischen
Kirche, die in den Stürmen der Reformation zerschlagen worden
war, wieder zu erneuern. Die Engländer hatten den Katholiken bereits in vielem nachgegeben, ehe sie sich zu diesem Zugeständnis
bereit fanden. Die staatsbürgerliche Gleichstellung der Katholiken
mit den Protestanten war eine Konzession von erheblicher Bedeutung. Die englischen Katholiken verdankten sie ihren irischen
Glaubensbrüdern, die für den gesamtenglischen Katholizismus
stritten, indem sie ihre eigene Sache durchfochten. Wenn sich die
Engländer schließlich bereit fanden, die Schulen der Katholiken
gleich den Bildungseinrichtungen der Protestanten mit Geldmitteln
zu unterstützen, so war auch dies ein Ergebnis des Kampfes, den
Irland um seine rechtliche und bürgerliche Gleichstellung führte.
Der Einfluß der Iren ging also in den Dingen, die dem Katholizismus am Herzen lagen, über die engen Grenzen ihrer Insel hinaus.

›Home Rule‹ hätte zwar nicht ›Rome Rule‹ bedeutet, wie orangistische Demagogen behaupteten; im Gegenteil: Der Sieg der Sinn-Fein-Bewegung nach dem Weltkrieg hatte eine Kräftezersplitterung des anglo-irischen Katholizismus zur Folge; er durchkreuzte die Politik des Vatikans. Rom mußte der Rückzug Englands aus Irland recht ungelegen kommen. Irland war damit als fester Hort des angelsächsischen Katholizismus entwertet. Denn Rom hoffte noch immer, noch einmal das ganze weltumspannende Anglikanertum in den Schoß seiner Kirche zurückführen zu können. Was bedeuten gegenüber diesen Riesenmöglichkeiten die nationalen Bestrebungen des politisch einflußlosen und der Kirche sowieso ergebenen Dreimillionenvolkes? Die hohe Geistlichkeit der katholischen Kirche Irlands versagte sich deshalb den ›Home Rule‹-Bestrebungen, solange der Bruch zwischen Kirche und Volk zu vermeiden war. Von wenigen Bischöfen abgesehen, schwenkte sie auf die Front der siegreichen Sinn-Fein-Bewegung über, deren Führer überdies ausgesprochen kirchenfeindlich gesinnt waren. Doch fand die katholische Kirche auch in Irland den Anschluß an die siegreiche Partei. Sie war bereit, die national-kulturellen Bestrebungen der gälischen Erneuerungsbewegung zu fördern, die sie durch ihre verständnislose Haltung gegenüber dem irischen Sprachgut überhaupt erst notwendig gemacht hatte. Denn daß die Eigensprache der Gläubigen viele Jahrzehnte ein armseliges Dasein führte, war nicht nur die Schuld der Engländer und ihrer Anglisierungsneigungen. Weitaus schlimmer wirkte sich bei der Anhänglichkeit der Iren an den katholischen Glauben die Gleichgültigkeit des Klerus gegenüber der überkommenen Muttersprache der Iren aus. Als den irischen Katholiken 1795 durch die Gründung des Priesterseminars von Maynooth endlich wieder eine Bildungsstätte für ihren geistlichen Nachwuchs gegeben worden war, wurden die Zöglinge dieser Anstalt in englischer, nicht aber auch in gälischer Sprache unterrichtet. Die Geistlichen, die dort herangebildet und in die gälischen Sprachbezirke geschickt wurden, die zu jener Zeit immer noch recht umfangreich waren, beherrschten daher nicht die Sprache der ihrer Seelsorge anvertrauten Gemeinden. So förderte der katholische Geistliche die Anglisierung Irlands in weit stärkerem Maße, als es etwa der englische Volksschulunterricht vermocht hätte. Wenn die Kirche zum Grundpfeiler des angelsächsischen Katholizismus werden sollte, nützte ihr die Pflege einer Sprache nichts, die außerhalb der irischen Insel niemand verstand. Und was nützten den angelsächsischen Katholiken die katholischen Bildungsstätten Irlands, wenn, wie es die Verkünder einer gälischen Wiedergeburt verlangten, ihre Lehre in einer Sprache dargeboten wurde, die selbst die meisten Iren erst wieder lernen mußten? Demgegenüber hatte Parnell auf seine allzu eifrigen, allzu entschlossenen Mitstrei-

ter Rücksicht zu nehmen, vor allem aus den Reihen der Iro-Amerikaner. Sie hatten im Vergleich zu den Agitatoren in ihrer Heimat einen unbändigen Haß bewahrt, der sie radikalste Forderungen aufstellen ließ. Sie gaben der irischen Kampfbewegung Geld und verlangten entsprechende Leistungen. Parnell mußte so zwischen einheimischen und iro-amerikanischen Ultras und der auf Mäßigung drängenden irischen Geistlichkeit lavieren, um es sich mit keinem von beiden zu verderben; denn er brauchte beide gegen Gladstone. Dieser griff in seiner zweiten Landbill von 1881 in die Rechte der anglo-irischen Grundherren beträchtlich ein. Nach den schlechten Ernten von 1878 und 1879 wollte er, daß auch jene Pächter, die durch die Folgen der Mißernten mit ihren Pachtzinsen in Rückstand gekommen waren, eine Entschädigung für ihre Bodenverbesserung erhalten sollten, wenn sie ihre Pachtstellen verlören. Das Oberhaus war jedoch anderer Meinung und lehnte diesen Gladstoneschen Gesetzentwurf ab. Dies forderte den Widerstand der Landliga Parnells heraus. Sie entfesselte einen grausamen Kleinkrieg gegen die Grundbesitzer, der sich in Terrorakten entlud und schließlich das Oberhaus dazu veranlaßte, der von Gladstone vorgeschlagenen großen Landreform zur Milderung der Agrarnot zuzustimmen. Gladstone machte in diesem Gesetz Schluß mit den willkürlichen Pachtfristen und den überhöhten Pachtzinsen. Zugleich sorgte er dafür, daß den Absichten des Gesetzes Geltung verschafft wurde; er setzte eine staatliche Kommission ein und beauftragte sie, die Pachtzinsen zu überprüfen und notfalls auf ein gerechtfertigtes Maß zu beschneiden. Andererseits sah sich Gladstone auch genötigt, gegen die Auswüchse der Landliga vorzugehen; einige Tausend ihrer Anhänger wurden festgesetzt, und ihre führenden Männer gingen ins Gefängnis, unter ihnen auch Parnell, der vor allem den Landgesetzen Gladstones unverhohlen seine Zustimmung versagt hatte, weshalb ihn die Pächter auch unterstützten. Sie weigerten sich, mit der Landkommission zusammenzuarbeiten, und hintertrieben das Gesetz, wo immer es ihnen möglich war. Die Agrarverbrechen häuften sich, der Terror gegenüber den Grundbesitzern konnte härter nicht sein. Hier suchte Gladstone nun einen Kompromiß. Parnell wird mit seinen Gefolgsleuten aus dem Gefängnis entlassen, muß sich aber bereit erklären, im Pakt von Kilmainham, die Pächterbewegung auf ruhigere Bahnen zu führen. Als Gegengabe gewährt Gladstone ein Gesetz, das den Pächtern einen großen Teil der rückständigen Pachtzinsen erläßt.
In dieser Zeit des vernünftigen Kompromisses erschütterte erneut ein politischer Mord eine friedliche Lösung des anglo-irischen Konfliktes. Forster, der Staatssekretär für Irland, der die Zwangsgesetze gegen die Landliga mit harter Hand durchgeführt hatte, war durch Lord Frederick Cavendish abgelöst worden. Der neue

Staatssekretär war ein Mann, der im Sinne der Versöhnungspolitik Gladstones den Wünschen der Iren großes Verständnis entgegenbrachte. Am 6. Mai 1882 fiel er zusammen mit seinem Unterstaatssekretär im Dubliner Phoenix-Park dem Anschlag einer Verschwörerorganisation zum Opfer. Parnell war von diesem Ereignis nicht betroffen; es ging allein auf das Konto der Fenier. Auch Gladstones Politik nahm dadurch Schaden. Er stieß nun in seiner eigenen Partei auf heftigen Widerstand, so daß im Sommer 1885 die Konservativen im Bund mit den Home Rulern das in sich uneinige liberale Kabinett stürzen konnten. Aber schon ein halbes Jahr später haben die Iren, die Gladstone gestürzt hatten, ihn zum drittenmal an die Spitze der englischen Regierung gesetzt. Die Home Ruler Irlands liehen also 1885 ihre Stimmen den Konservativen und 1886 den Liberalen, nachdem sie mit 86 Abgeordneten aus den Wahlen hervorgegangen waren, als weder die Mandate der Konservativen noch der Liberalen zur Regierungsbildung ausreichten. Am 8. April 1886 legte Gladstone dann dem Westminster-Parlament die erste Home Rule Bill für Irland vor. Der dreißigjährige Krieg um Selbstverwaltung ist damit in seine erste entscheidende Phase getreten. Die entscheidende Frage, die sich Gladstone stellte, war, inwieweit den Home-Rule-Wünschen der Iren nachgekommen werden könnte, ohne die Einheit des Britenreiches zu gefährden. Irland sollte gleich England und Schottland wie die anderen Reichsteile zur Bestreitung der Reichslasten beitragen; der Schutz der protestantischen Minderheit sollte gewährleistet werden; so sollte durch das geplante Home-Rule-Gesetz der anglo-irische Streitfall endgültig seine Erledigung finden. Wären Gladstones Absichten Wirklichkeit geworden, hätten sich die beiden Nationen der irischen Insel in einem Oberhaus und Unterhaus gegenübergestanden. Alles lief auf die Frage hinaus, wie verhindert werden kann, daß der anglo-irische, protestantisch-presbyterianische, grundbesitzende und gewerbetreibende Bevölkerungsteil Irlands in einem von den Iren geführten Staat vor seinen politischen, gesellschaftlichen und religiösen Gegnern geschützt werden kann, ohne daß die irische Mehrheitsbevölkerung zu kurz kommt. Trotz mancherlei Bedenken waren die Parnelliten bereit, Gladstones Irlandgesetz zu unterstützen. Den Konservativen war irische Selbstregierung vor allem unvereinbar mit den britischen Reichsinteressen; ihnen galten die Iren als nimmersatte Rebellen. Der markanteste Vertreter dieser Richtung war der Marquis von Salisbury. Neben ihm setzte dem irischen Home-Rule-Gedanken, der Irland eine Sonderstellung im britischen Reich verschaffen sollte, vor allem Chaimberlain den Gedanken der bundesstaatlichen Auflösung des Vereinigten Königsreiches, der »Devolution«, entgegen. Ein dritter Gegner dieser Irlandpolitik Gladstones war die Liberal Union Association, eine

Splittergruppe der eigenen Partei Gladstones. Als am 7. Juni 1886 die Irland-Debatte abgeschlossen war und um Mitternacht die Abstimmung erfolgte, entschieden sich 93 Liberale gegen die Vorlage. Gladstones irische Lösung war damit zum drittenmal gescheitert. In Belfast kam es daraufhin zu blutigen Straßenkrawallen, in denen sich der Haß der Ulsterprotestanten gegen die katholischen Home Ruler und die Enttäuschung der Iren entluden.

In dieser Zeit, als es um die nationale Sache Irlands schlecht genug stand, vollzog sich Parnells Fall und Ende. Vergeblich hatte 1887 die *Times* versucht, den fähigsten Mann der Iren zu Fall zu bringen, indem sie durch Veröffentlichung eines Briefes seine Beteiligung am Mord im Phoenix-Park nachzuweisen suchte. Der Brief wurde von einem Untersuchungsausschuß als gemeine Fälschung erkannt, und Parnell erlebte eine glänzende Rechtfertigung. Aber drei Jahre später stand er erneut vor einem britischen Gericht. Es ging diesmal um eine recht unpolitische und höchst private Angelegenheit, die der politischen Laufbahn Parnells ein jähes Ende setzte. Die Ursache dafür war eine Frau, der Parnell seine stillen Stunden schenkte; es war die Ehefrau seines Kampfgenossen O'Shea. Deren Mann, Captain O'Shea, hatte zu diesem Verhältnis lange geschwiegen. Er war von Parnell dafür sogar mit einem Abgeordnetensitz entschädigt worden. Als Parnell im Gefängnis von Kilmainham saß, erwartete Kitty O'Shea von ihm ein Kind, und als sein Verhältnis offenbar geworden war, folgte auf die Scheidung der Mrs. O'Shea von ihrem Gatten die Scheidung Parnells von seiner Partei. Nur 25 Abgeordnete der irischen Nationalpartei hielten ihrem Führer die Treue, nachdem das Londoner Gericht das »schuldig« über Parnell gesprochen hatte. Nachdem die Partei der britischen Liberalen an der irischen Frage zerbrochen war, ging die Partei der Home Ruler wegen Parnells »Kleiner Königin« in Trümmer. Für die katholischen Bischöfe war Parnell nach dem Spruch des Londoner Gerichts aus moralischen Gründen nicht mehr tragbar. Aber auch Gladstone wandte sich von dem Führer der Iren ab und weigerte sich, mit ihm weiter über ›Home Rule‹ zu verhandeln. Als sich der derart Geächtete dennoch zur Wahl stellte, zeigte sich, daß ihn auch seine Wähler verlassen hatten. Doch er ließ sich durch die Niederlage nicht entmutigen. Während er noch im Kampf um seine politische Rehabilitierung stand, starb er im Oktober 1891, erst 45 Jahre alt, auf der Höhe seines Lebens.

Allein, die Zwietracht im Lager der irischen Nationalisten war mit Parnells Tod nicht überwunden. Es dauerte noch ein Jahrzehnt, bis die Home-Rule-Bewegung wieder einen Führer fand, der Parnelliten und Anti-Parnelliten zusammenführte: John Redmond, der einer seit sieben Jahrhunderten in Irland ansässigen anglo-irischen Grundbesitzersfamilie entstammte, gelang 1900 das Einigungswerk.

Mit ihm kam wieder ein Ire nach Herkunft und Glaube an die Spitze der irischen Nationalpartei. Er wird die Sache Irlands bis in den Weltkrieg hinein in Westminster führen. 1892 entzogen die Wahlen den Konservativen wiederum die Regierungsgewalt. Die Iren wurden erneut zum Zünglein an der Waage der parlamentarischen Abstimmungsmaschinerie. Mit ihrer Unterstützung kam jetzt der greise Gladstone noch einmal zum Zug. Ihn bewog jetzt der Gedanke, den Iren neben ihrem Parlament in Dublin auch eine Vertretung in Westminster zu schaffen. Das Dubliner Parlament sollte aus zwei Kammern bestehen; außerdem wäre nach seinem Plan, entsprechend der verringerten Bevölkerungzahl, Irland an der Themse mit 80 Abgeordneten vertreten gewesen. Er gewann dafür eine Mehrheit im Unterhaus, doch stieß seine Bill im Oberhaus auf den geschlossenen Widerstand der Lords. In dieser Situation, als unter der Führung John Redmonds den irischen Mitgliedern des Parlaments die Agrarreform zum Ziel ihrer Politik geworden war und sich die irische Nationalpartei mit dem Gedanken abfand, die Gewährung einer administrativen Autonomie mit dem Verzicht auf die nationale Unabhängigkeit des Landes zu bezahlen, arbeitete eine zunächst unscheinbare Vereinigung irischer Intellektueller und Literaten an der Ausbildung eines echten literarischen Volksbewußtseins. Bis dahin hatte sich die irische Widerstandsbewegung von wirtschaftlichen und politischen Zielsetzungen leiten lassen. An die eigenständigen Erscheinungsformen des irischen Volkes war dabei kaum gedacht worden.

Erst die sogenannte Gälische Liga entdeckte das irische Volk in seiner Eigenart, seine seit Jahrhunderten vernachlässigten kulturellen Eigenwerte und Sonderheiten. In den entlegenen Gebieten der irischen Westküste waren sie immer noch lebendig. John Mac Neill und Douglas Hyde gründeten 1893 die Gaelic League, die Trägerin einer keltisch-irischen Renaissance-Bewegung, die der politischen Widerstandsbewegung der Iren ihre national-kulturelle Zielsetzung geben sollte. Englisch war seit dem Cromwell-Krieg die Sprache der Herrschenden und der Gebildeten. Auch die irische Oberschicht bediente sich ihrer. Die irische Eigensprache wurde zu einer mißachteten Mundart, seit in der Reformation die einzigen Pflegestätten der irischen Kultur, die Klöster, vernichtet worden waren. Das gälische Idiom wurde zum Zeichen minderer gesellschaftlicher Zugehörigkeit. Die englische Sprache herrschte in den Städten und beherrschte das Wirtschaftsleben. Eine letzte Pflegestätte des gälischen Idioms blieb erhalten: die katholische Kirche. Ihre Priester waren den Iren als Träger des Wortes die einzigen Mittler einer höheren Geistigkeit. Als die Kirche der Iren sich von dem gälischen Idiom abwandte und den geistlichen Nachwuchs, wie angeführt, nur noch in der englischen Sprache erzog, hatte das Irische auch seinen letzten Halt verloren. Es kamen in die gälischen Sprachbezirke nur noch Priester, die der Muttersprache ihrer Gläubigen nicht mehr mächtig waren. Indem sie sich in Predigt und Seelsorge der englischen Sprache bedienten, vollendeten sie das Vernichtungswerk, das die Engländer begonnen hatten. Als dann um die Jahrhundertwende die Kulturarbeit der Gälischen Liga einsetzte, widersetzte sich die Kirche der Iren lange deren Bestrebungen. Eingeleitet durch die Assimilierungspolitik der Engländer, beschleunigt durch die Hinwendung der katholischen Geistlichkeit zur englischen Sprache, weitergeführt durch die Ausweitung des Volksschulwesens und durch die verkehrsmäßige Erschließung der irischen Insel wurde der Verfall des gälischen Idioms vollendet durch die Entvölkerung Irlands nach und während der Hungersnot. Es war ein kühnes Beginnen, die irischen Sprachtrümmer wieder zu einer lebendigen Sprache entwickeln und sie drei Millionen Iren, die sich ihrer entwöhnt oder die sie überhaupt nie kennengelernt hatten, zur vertrauten Muttersprache machen zu wollen. Es war deshalb kein Wunder, daß man auch in den Kreisen der irischen Nationalisten die Anhänger der Gälischen Liga vielfach als Phantasten betrachtete. Hoffnungen glaubten die Männer der Gälischen Liga aus der Sprachrenaissance der Tschechen, der Ungarn oder baltischen Kleinvölker schöpfen zu dürfen, wobei übersehen wurde, daß dort Bauernsprachen, die auf breiter Volksgrundlage ruhten, zur Literatursprache erhoben und die Städte für diese Sprachen zurückgewonnen werden konnten. Dieser Kampf der gälischen Bauern gegen die englische Hochsprache war bei den bescheidenen Mitteln, die der Gälischen Liga zur Verfügung standen, von vorneherein zum Scheitern verurteilt, auch wenn heute noch niemand an irischen höheren Schulen das Abiturzeugnis erhält, ohne sich im Gälischen ausreichend qualifiziert zu haben. Man setzte zwar durch, daß die irische Nationalsprache in den Stundenplan der Volksschulen und dann auch in den Lehrplan der Hochschulen aufgenommen wurde. Die Gälisierungsbestrebungen erwiesen sich als der Kampf einer bäuerlichen Haussprache, die Jahrhunderte lang aus dem Bereich des höheren Denkens verbannt worden war, die also auch keine Pflege und Weiterbildung gefunden hatte; ihr Wortschatz mußte daher erst, ähnlich etwa dem Latein Wilhelm Buschs, durch tausendfältige Neuschöpfungen auf künstlichem Wege den Erfordernissen der Gegenwart angepaßt werden. Trotz des Mahnwortes der Liga: »ohne Sprache, ohne Vaterland« ging die Zahl der gälisch Sprechenden unaufhaltsam zurück, auch wenn es ihr gelungen sein mag, der gälischen Sprachgemeinschaft einige zehntausend Sprachgenossen zu erhalten. Nach Darstellung der Gälischen Liga sind es in der Hauptsache die Iren gewesen, die Europa nach dem Untergang des römischen Reiches vor dem endgültigen

Verfall gerettet haben. Solche Lehren weckten und stärkten den nationalen Stolz und gaben die Hoffnung, daß die kulturschöpferischen Eigenleistungen des Irentums wiederkehren würden, wenn erst die Engländer von der Insel vertrieben seien. So erwies sich nicht nur die Sprachpropaganda der Gälischen Liga als die eigentliche geschichtliche Leistung, sondern auch die Tatsache, daß sie dem Kampf der Iren um ihren Staat eine neue nationale Rechtfertigung und Begründung zu geben versuchte. Weder O'Connell noch Parnell hatten ihre Aufgabe in der Wiederbelebung der keltischen und vorkeltischen Mythen und Kulturgüter gesehen. Diesen irischen Nationalismus, der mit sozialen und wirtschaftlichen Geschenken nicht zufriedenzustellen war und der die Iren gegen Großbritannien aufwiegelte, gibt es erst seit der Jahrhundertwende, als die Sinn Feiner die politischen Folgerungen aus dem Sprach- und Kulturnationalismus der Gälischen Liga zogen ›Home Rule‹ genügte ihnen nicht mehr. Die irische See war als nationale Grenze erkannt worden; sie sollte nun auch zur Staatsgrenze werden. John Redmond wurde zum Reformpolitiker, der vor allem die Pächter zu Besitzern ihrer Scholle machte.

Für das Erfassen des Geschichtsbewußtseins, wie es sich im kritischen und literarischen Werk von Joyce darstellt, gilt es, das Wesen einer weiteren nationalen Bewegung zu kennzeichnen: das der Sinn-Fein-Partei, der Sinn-Feier. Sie erhofften nichts von der Gnade Englands, sie wollten nichts dem Wohlwollen der Engländer verdanken. Irland sollte alles durch eigene Kraft erreichen, seine politische Unabhängigkeit und seinen wirtschaftlichen Wohlstand. Ihre Waffe war nicht der blutige Terror, den die Fenier geübt hatten. Die Sinn Feiner meinten, es genüge, die Engländer und ihre staatlichen und wirtschaftlichen Einrichtungen zu ignorieren. Die Beziehungen zu britischen Unternehmungen und Banken sollten abgebrochen werden; man habe auf die englische Rechtspflege zu verzichten und die Bezahlung der Steuern zu verweigern. Auch sollten keine Abgeordneten mehr in das Londoner Parlament entsandt werden. So werde der Tag kommen, an dem der letzte englische Handlungsreisende mit seinem Vizekönig werde Irland verlassen müssen. Arthur Griffith – eine Figur, die für die Interpretation bestimmter Passagen von *Stephen Hero* recht bedeutsam ist –, der während des Burenkrieges mit seinem Wochenblättchen *United Irishman* die Bewegung ins Rollen brachte, ließ sich besonders durch die Geschichte der Ungarn leiten. Im Jahre 1905 entwickelte die neue Partei ihr Programm: Ablehnung des Westminster-Parlaments und Konstituierung einer irischen Nationalversammlung; Unterbindung der Rekrutenanwerbung für Englands Heer und Flotte; Förderung der irischen Industrie und des irischen Handels durch Schaffung einer irischen Handelsflotte, irischer Banken, einer irischen Börse, und durch Erforschen der heimischen Bodenschätze; Nationalisierung der Verkehrswege und Kultivierung des Bodens. Sinn Fein forderte die Boykottierung britischer Waren und schließlich die Pflege des irischen Nationalgeistes durch Errichtung eines Unterrichtswesens nach den Grundsätzen der gälischen Erneuerungsbewegung. Ihr Ziel hieß nicht mehr ›Home Rule‹; sie predigten: Los von England! Kaum waren die ersten Träume der Sinn Feiner verweht, mußte ihre Tageszeitung, die unter dem Titel *Sinn Fein* den *United Irishman,* das Wochenblättchen von Griffith, abgelöst hatte, ihr Erscheinen einstellen, weil die Gelder ausgegangen waren und die Leser ausblieben.

## Joyces kritisches Werk

Die hier insgesamt skizzierten historischen Ereignisse und nationalen Bewegungen bestimmen das literarische Werk von James Joyce. Erst 1910 formulierte John Redmond in einer programmatischen Schrift *What Ireland Wants* seine Forderungen. Bis dahin wird man vor allem die literarischen und kritischen Schriften von Joyce sichten müssen, um verläßliche Aussagen für die Interpretation all der Fragen zu gewinnen, die verdeckt und offen in der Weihnachtsmahlszene und in Stephens Begegnungen mit Davin auftauchen. Nun wäre es gewiß verfehlt, wollte man mit Hilfe des hier hergestellten historischen Hintergrundes die entsprechenden Namen, Fakten, Daten und die Thematik der Parnell-Szene »erklären«. Denn letztere ist Teil eines fiktiven Werkes, in dem der Kunstwille des Autors und Erzählers das Autobiographisch-Familiäre ins Überprivat-Fiktive transponiert hat – woran etwa O'Connell als Vorfahre von Onkel Charles oder der Vater von Joyce, der im Dienste Parnells stand und als Mr. Dedalus im *Portrait* erscheint, erinnern. Doch ist andererseits das *Portrait* nicht einfach ein erdachtes oder erfundenes Substrat. Seine Charaktere haben vor allem in den zu untersuchenden Szenen eine gewisse unübersehbare historische Transparenz, die mit einem Geflecht historischer Aussagen verknüpft ist, die das ganze *Portrait* überspannen[40]. Will man die Bezugslinien ermitteln zwischen dem Historisch-Faktischen und dem Künstlerisch-Fiktiven, so bedarf es eines gewissen autobiographischen Korrektivs, das sich in den kritischen Schriften von Joyce anbietet. Zudem geht es darum, das Einzelwerk und einzelne Szenen in diesem aus der Sicht des Gesamtwerkes zu interpretieren, was besonders für James Joyces fiktionale Schriften gilt, da eine streng chronologisch orientierte Werkgenese in seinem Falle kaum zu gültigen Ergebnissen kommen könnte, zumal sich Joyce selbst ein Leben lang mit seinen Werken beschäftigte und wiederholt bekundete, daß Frühgeschaffenes mit Spätgeglücktem in unauflöslichem Zusammenhang stehe. Wer in diesem Sinne nach der gedanklichen Essenz des Nationalen im nicht-fiktiven Werk von Joyce fragt, wird zugestehen müssen, daß sie brennpunktartig in dem Aufsatz *Ireland, Island of Saints and Sages* (1907)[41] vorliegt. Eine Reihe von signifikanten Titeln und Aufsätzen liegen im Vergleich zu dem eben genannten eindeutig an der Peripherie – so z. B. der Essay *Fenianism*[42], oder *Ireland, Today and Tomorrow*[43], oder *The Soul of Ireland*[44], neben den beiden Aufsätzen, in denen sich Joyce zur Problematik der Home Rule geäußert hat: nämlich in *Home Rule Comes of Age*[45] und *Home Rule Comet*[46]. Davon abgesehen ist es vor allem noch der Aufsatz über den *Schatten Parnells*[47], der für die hier vorgegebenen Sachverhalte von zentraler Bedeutung ist.

Nach der Lektüre dieser einschlägigen Aufsätze wird man zweifellos zu der Erkenntnis gelangen müssen, daß Joyce zu den Phänomenen England, Irland und Katholizismus mit all ihren Implikationen in kritischer Distanz steht. Er ist ebenso antibritisch wie antinational und antiklerikal und antikatholisch. Nur ist dieser Antagonismus nicht so zu verstehen, daß von vornherein alles und jedes aus Prinzip verworfen würde. Es handelt sich vielmehr um den inneren Abstand des kritischen Betrachters, der Vor- und Nachteile, Mängel und Tugenden wohlüberlegt abzuwägen versteht. So wendet Joyce sich in dem Aufsatz über *Irland, Insel der Heiligen und Weisen* gegen einen Wahlredner, der sich rühmte, daß seine Familie aus vorkeltischer Zeit stamme, womit er seine Berechtigung kundtun wollte, altirisches Kulturgut im Sinne der Gälischen Liga neu zu beleben. Joyce verwirft diesen Anspruch mit den Worten:

Um die Wahrheit zu sagen – von der jetzigen Nation alle auszuschließen, die aus fremden Familien stammen, dürfte unmöglich sein, und die Bezeichnung »Patriot« all denen abzusprechen, die nicht aus irischem Stamm sind, hieße, sie fast allen Heroen der modernen Bewegung abzusprechen – Lord Edward Fitzgerald, Robert Emmet, Theobald Wolf Tone und Napper Tandy, den Führern des Aufstandes von 1798, Thomas Davis und John Mitchel, den Führern der Jung Irland-Bewegung, Isaac Butt, Joseph Biggar, dem Erfinder parlamentarischer Obstruktion, vielen der antiklerikalen Fenier und schließlich auch Charles Stuart Parnell, der vielleicht der Mann mit dem größten Format war, der je die Iren führte, in dessen Adern jedoch kein einziger Tropfen irischen Blutes war.[48]

Joyce distanziert sich also bereits hier von jeder Form des Nationalismus, der gewiß nicht in seiner Erzählung – wie durch die aufgezählten Namen angedeutet wurde – und auch nicht in seiner Darstellung Parnells oder Davins in irgendeiner Hinsicht positiver gestaltet ist. Wird hier in einem einzigen Satz bereits die kritische Distanz zu den wesentlichen Vertretern des irischen Nationalismus sichtbar, so setzte sich Joyce in einer ebenso konzentrierten Aussage auch gegen das Verhältnis Irlands zu England und zum Heiligen Stuhl ab. Er formuliert[49], daß sich Irland rühme, mit Leib und Seele seiner eigenen nationalen Tradition und dem Heiligen Stuhl ergeben zu sein. Die Mehrzahl der Iren betrachte die Ergebenheit gegenüber diesen zwei Traditionssträngen als den kardinalen Glaubensartikel ihrer Nation. Gegenüber dieser nationalen Überzeugung macht Joyce dann zwei Tatsachen geltend. Einmal, daß die Engländer nach Irland gekommen seien auf das wiederholte Ersuchen des eingeborenen Königs, Dermot Mac Murrogh, dem König von Leinster – ohne daran besonders interessiert gewesen zu sein und ohne die Zustimmung ihres eigenen Königs, jedoch ausgestattet mit der päpstlichen Bulle Hadrians IV. und einem Brief des Papstes Alexander. Zum anderen erinnert Joyce an das Faktum der parlamentarischen Union, womit der Gesetzesakt von 1800 gemeint ist. Er erinnert daran, daß diese Änderung des bis dahin gültigen Zustandes zwischen beiden Ländern nicht in Westminster, sondern in Dublin legalisiert wurde, von einem Parlament, das durch die Wählerstimmen der Iren selbst gewählt worden war, auch wenn es mit größtem Scharfsinn durch die Agenten des englischen Premierministers bestochen und unterminiert war; immerhin, es sei ein irisches Parlament gewesen. Nachdem Joyce so die Schwächen der irischen nationalen Tradition ebenso kritisiert hat wie das unehrenhafte Vorgehen der Engländer, formuliert er unzweideutig seinen eigenen Standpunkt:

Aus meiner Sicht müssen diese beiden Tatsachen gründlich erklärt werden, bevor das Land, in dem sie zustande kamen, auch nur im geringsten das Recht hat, einen seiner Söhne zu bewegen, seine Einstellung als vorurteilsloser Beobachter zugunsten derjenigen eines überzeugten Nationalisten aufzugeben.[50]

Diese Haltung des unparteiischen Betrachters wird man im Gedächtnis behalten, wenn man die Haltung des jungen Stephen in der Weihnachtsmahlsszene im *Portrait* untersucht; oder wenn sich Stephen gegenüber dem Nationalisten Davin von Sprache, Nation und Religion seines Landes lossagt.
Anschließend demonstriert Joyce seine Überzeugung, daß zwischen England und Irland moralisch ein Graben[51] gezogen worden ist, am Beispiel des Besuchs von Queen Victoria in Dublin ein Jahr vor ihrem Tod (4.–26. April 1900) und ihres Besuchs im Jahre 1849. Der Bruch in der Beziehung beider Länder wird in der Aussage deutlich:

Diesesmal gab es keine Bomben oder Kohlköpfe; doch betrat die alte

Königin Englands die irische Hauptstadt inmitten schweigender Menschen.[52] Damit wird zu verstehen gegeben, daß bei dem ersten Besuch der Königin in Irland an der Seite ihres deutschen Prinzgemahls man sich über dessen englisches Lispeln amüsiert und ihn mit einem Krautstrunk begrüßt habe. Joyce nennt dann für diese unversöhnliche Haltung sowohl rassische (racial) wie auch historische Gründe[53]. Er verwirft noch einmal den Rassenpurismus der Anhänger der Gaelic Revival, bestätigt aber andererseits, daß die gegenwärtig in Irland lebende Rasse die einzige der gesamten keltischen Familie sei, die nicht bereit war, ihr Erstgeburtsrecht für ein Linsengericht zu verkaufen, obgleich sie schwach und zurückgeblieben ist. Er kommt dann auf die historischen Gründe der Feindschaft zwischen England und Irland zu sprechen. Man bekommt zu hören, daß es naiv sei, England für seine Untaten in Irland zu beleidigen[54]. Ein Eroberer tauche nie zufällig auf, und England habe nur getan, was die Belgier im Kongo oder die Japaner anderswo getan hätten. Sie hätten die einzelnen Parteien in Irland gegeneinander aufgestachelt und sich ihr Geld angeeignet. Durch die Einführung eines neuen Landwirtschaftssystems habe England die Macht der eingeborenen Führer reduziert und den eigenen Soldaten große Ländereien verschafft. England habe die römische Kirche verfolgt, wenn sie rebellisch gewesen sei, und ihr Einhalt geboten, als sie ein wirksames Mittel der Unterwerfung wurde. England sei in der Hauptsache darauf bedacht gewesen, das Land geteilt zu halten; und wenn eine liberale englische Regierung begänne, Irland morgen mehr Autonomie zu gewähren, würde die konservative Presse Englands sofort anfangen, die Provinz Ulster gegen die Autoritäten in Dublin aufzustacheln. In diesen Aussagen wird einerseits prägnant das Prinzip der englischen Irlandpolitik charakterisiert, wie andererseits auch die Schwächen des irischen Nationalismus deutlich werden. Die Kritik von Joyce vergißt bei alledem nicht den (in-)humanen Aspekt an der Trennung beider Länder. Es wird bei dieser Gelegenheit die unmenschliche Grausamkeit der Engländer mit der Abhängigkeit der englischen Regierung von Parnell in Bezug gebracht[55]. Es heißt, Parnell sei nur deshalb ein Stachel im Fleisch der Engländer gewesen, weil er als Junge von seiner Amme in Wicklow eine Geschichte über einen Bauern erzählt bekommen habe, der die Strafgesetze gebrochen hatte. Dieser sei auf Befehl eines Obersten entkleidet, auf einen Karren geflochten und von den Truppen gepeitscht worden. Dabei sei immer nur auf die Bauch- und Geschlechtsgegend geschlagen worden, so daß jenem unter höllischem Schmerz Gedärme und Genitalien auf die Straße fielen. Einen weiteren Grund für den Graben zwischen England und Irland sieht Joyce in der Tatsache, daß die Engländer die

Iren herabsetzen, weil sie katholisch, arm und unwissend seien[56]. Die Gründe und Gegengründe für dieses Urteil werden von Joyce dann sehr kritisch geprüft. Irland sei arm, weil englische Gesetze die Industrie des Landes ruiniert hätten, besonders die Wollindustrie; weil die Nachlässigkeit der englischen Regierung in den Jahren der Kartoffelfäule es möglich machte, daß die Besten der Bevölkerung Hungers starben; und weil unter der englischen Verwaltung die Richter das Salär eines Königs erhielten und Regierungsbeamte wie Leute des öffentlichen Dienstes riesige Summen dafür erhielten (S. 136), nichts oder nur wenig zu tun, zumal die Verbrechen ganz beträchtlich zurückgegangen seien. Darüber hinaus stimme es natürlich, daß Irland politisch unterentwickelt sei. Denn für die Iren würden die Daten von Luthers Reformation und der Französischen Revolution gar nichts bedeuten. Die feudalen Auseinandersetzungen zwischen Adel und König, die man in England unter dem Namen »Krieg der Barone« kenne, hätten eben auch in Irland ihr Gegenstück. Die englischen Barone hätten es ebensogut verstanden wie die irischen, ihre Nachbarn nobel abzuschlachten, so daß Irland – heute ein Land, das von Gott wohl dafür ausersehen sei, die immerwährende Karikatur der ernsten Welt zu sein – ein aristokratisches Land ohne Aristokratie sei.

Als weiteren Grund für das feindselige Verhältnis zwischen England und Irland untersucht Joyce dann den Einfluß der katholischen Kirche im Zusammenhang mit den Taten Cromwells[57]. Auch in diesem Fall ist seine kritische Distanz gegenüber beiden Parteien deutlich erkennbar. Der irische Bürger sei reaktionär und Katholik, und es sei leicht zu verstehen, weshalb er den Namen Cromwells und Satans in einem Atem nenne, wenn er fluche. Cromwell als Protektor der Bürgerrechte sei ein wildes Tier, das nach Irland gekommen sei, um den Glauben der Protestanten mit Feuer und Schwert zu verbreiten. Der Rücken eines Sklaven könne eben die Peitsche nicht vergessen. Die Wahrheit sei, daß die englische Regierung den moralischen Wert des Katholizismus in Irland vergrößerte, als sie ihn im eigenen Land hinausfegte. Doch heute sei es anders, dank endloser Reden und teilweise dank den Gewalttaten der Fenier. Die Strafgesetze seien widerrufen worden, ein Katholik könne heutzutage in Irland eine Regierungsstelle erhalten, seinem Gewerbe oder Beruf nachgehen, in einer öffentlichen Schule unterrichten, Parlamentsmitglied sein, sein Land länger als dreißig Jahre bewirtschaften, ein Pferd in seinem Stall halten, das mehr als fünf Pfund Sterling wert sei, und eine katholische Messe besuchen, ohne das Risiko auf sich nehmen zu müssen, dafür gehenkt, gemartert oder geviertelt zu werden. Doch sei der Widerruf dieser Gesetze erst vor so kurzer Zeit vor sich gegangen, daß ein nationalistisches Parlamentsmitglied, noch zu Lebzeiten von Joyce, tatsächlich in einem Hochverratsprozeß von einem englischen Geschworenengericht dazu verurteilt worden sei, gehenkt, gemartert und geviertelt zu werden[58].

In seiner Haltung gegenüber dem Katholizismus ist Joyce, wie sich gelegentlich beobachten läßt, weniger objektiv. Denn es heißt, daß die irische Bevölkerung, die zu 90% katholisch sei, nun zwar nicht länger für den Unterhalt der Protestanten im Norden sorge; doch bedeute dies, daß der englische Schatzkanzler zwar einigen Verlust habe hinnehmen müssen, die römische Kirche dafür aber eine Tochter mehr habe. Im Erziehungssystem würden jedoch nur gelegentlich einige moderne Gedanken auf den sonst sehr trockenen Boden fallen. In einiger Zeit erst – so meint Joyce – würde das irische Gewissen erwachsen werden, und vielleicht würde in 400 oder 500 Jahren nach dem Reichstag von Worms ein irischer Mönch seine Kutte hinwerfen, mit einer Nonne davonlaufen und laut das Ende der so wohlgefügten Absurdität ›Katholizismus‹ verkünden und den Anfang der weniger wohlgefügten Absurdität namens ›Protestantismus‹. Diese Aussage läßt sich wiederum direkt auf Stephens Worte im *Portrait* beziehen:

Was für eine Befreiung wäre das, eine Absurdität, die logisch und kohärent ist, aufzugeben und sich in die Arme einer anderen zu stürzen, die unlogisch und inkohärent ist? (S. 522)

Es gelte auch zu bedenken, daß mehr als 1400 Jahre vergangen seien, bevor der heilige Vater daran gedacht habe, einen irischen Bischof zum Kardinal zu machen. Joyce stellt dann zusammenfassend die Frage: Was hat Irland gewonnen durch seine Ergebenheit gegenüber dem Papsttum und seine Untreue gegenüber der britischen Krone? Hier ist es nun bezeichnend, daß Joyce auf der Gewinnseite von Irland vor allem die nur englisch schreibenden irischen Dramatiker, Prosaisten und Parlamentsredner nennt – so Oliver Goldsmith, Richard Sheridan, William Congreve, Jonathan Swift, Bischof Berkeley und Edmund Burke. Die Leistungen der Iren auf dem Gebiet der englischen Literatur veranlassen Joyce dann, den dritten Vorwurf der Engländer gegen Irland zurückzuweisen: nämlich den, daß sie unkultiviert seien[59]. Vor allem würden die Iren in der englischen Presse als unausgewogene, hilflose Idioten beschrieben. Joyce widerlegt dies durch Nennung der Namen dreier irischer Übersetzer, die durch ihre Tätigkeit ihren Beitrag zur Weltliteratur geleistet haben: Er erwähnt FitzGerald, den Übersetzer des *Rubaijat* des persischen Dichters Omar Khayyam; Burton, den Übersetzer der arabischen Märchen; und Cary, den klassischen Übersetzer der *Divina Comedia* Dantes. Nach Aufzählung weiterer kultureller Leistungen merkt Joyce an, daß gegen die pejorative Auffassung des Iren vor allem die Tatsache spreche, daß ein

Ire, der Irland verlassen habe, sehr oft besonders respektiert werde. Im folgenden umreißt Joyce dann seine eigene Position bei der Verteidigung des erwähnten Vorwurfes gegen die Iren, die dadurch gekennzeichnet ist, daß er sich in seinen Schriften immer gegen Irland gewendet hat, aber ein Leben lang im Exil über Irland schrieb[60]. Die wirtschaftlichen und geistigen Bedingungen, die im eigenen Land herrschten, würden die Entwicklung einer eigenen Individualität nicht zulassen. Die Seele des Landes sei geschwächt durch jahrhundertelangen nutzlosen Kampf und gebrochene Verträge, und die Initiative des einzelnen werde gelähmt durch den Einfluß und die Ermahnungen der Kirche, während dem Körper durch die Politik, das Steueramt und die Kasernen Fesseln angelegt würden. Wer Selbstachtung besitze, bleibe nicht in Irland, sondern fliehe aus dem Land, als wäre es ein Gestade, das sich den Groll des größten der Götter zugezogen habe. Joyce schließt seine Stellungnahme ab in dem Satz:

Ich gestehe, daß ich nicht einsehe, wozu es gut sein soll, gegen die englische Tyrannei loszudonnern, während die römische Tyrannei den schönsten Platz der Seele in Besitz hat.[61]

Vergleicht man nun die bei Joyce in diesem Aufsatz zu beobachtende kritisch-distanzierte Haltung gegenüber den Fragen des nationalen Katholizismus, des katholischen Nationalismus und englischen Imperialismus mit der in dem Aufsatz über den »Schatten« Parnells gezeigten Einstellung, so läßt sich eindeutig feststellen, wie Joyce weiterhin als Antibrite und Antikatholik zum Parteigänger Parnells wird. In den diese historische Persönlichkeit betreffenden Fragen des Nationalismus hat Joyce seine objektiv-kritische Haltung aufgegeben zugunsten einer offen vorgetragenen Huldigung. Zum Anlaß dafür nimmt er die zweite Lesung des Gesetzes im englischen Unterhaus über den dritten Versuch Gladstones, der irischen Insel parlamentarische Autonomie zu gewähren. Nebenbei wird bemerkt, daß die Anschuldigungen und Proteste der Nationalisten aus der bitter skeptischen Schule John Mitchels die allgemeine Volksfreude nicht sehr störten. Doch sei dieser Staatsakt von einem Gespenst überschattet gewesen: dem Schatten Charles Stuart Parnells[62]. Joyce betont von vornherein wörtlich, der Einfluß, den Parnell auf das irische Volk ausübte, trotze jeder kritischen Analyse[63]. So beharrt Joyce trotz der Einwände, daß Biggar und Ronayne, Gavan Duffy und Michael Davitt u. a. eigentlich das Verdienst an der irischen Nationalbewegung hätten, darauf, daß es Charles Stuart Parnell als originales politisches Talent gewesen sei, der die englischen Politiker nachzugeben zwang. Trotz einer ganzen Reihe unheroischer Eigenschaften Parnells, die Joyce aufzählt, wird betont, daß Gladstone in dem »Melancholiker« Parnell ein intellektuelles Phänomen sehen mußte⁶⁴ – und all dies im »moralischen Muff« von Westminster. Bei dem dann folgenden Vergleich mit Gladstone und Disraeli fällt auf, wie durch unsachliche Beobachtung die Gegner Parnells geschmäht werden, um den eigenen Liebling in desto besserem Licht erscheinen zu lassen. Disraeli erscheine wie ein diplomatischer Opportunist, der, wann immer es ihm möglich sei, versuche, im Haus reicher Leute zu speisen; und Gladstone wie ein aufdringlicher Majordomus, der sich am Abendgymnasium weitergebildet hat. Wie flau, flach und flüchtig erschienen heute die einstudierten Spötteleien, die fettigen Locken und die törichten Romane Disraelis, wie hochgestochen die homerischen Studien und klassischen Perioden und die Reden über Artemis und Marmelade auf seiten Gladstones?

Schonungslos wird dann auch die Haltung der Kirche beschrieben: Es heißt, daß der hohe und niedere Klerus sich auf Listen eingetragen hätten, um Parnell den Garaus zu machen[65]. Ebenso schonungslos wird das Verhalten der Iren gegenüber ihrem einstigen Nationalhelden verurteilt. Parnell habe nach seinem Fall nur eine einzige Bitte an seine Landsleute gehabt, nämlich: nicht den englischen Wölfen zum Fraß vorgeworfen zu werden. Dazu kommentiert Joyce sarkastisch:

Es gereicht ihnen zur Ehre, daß sie ihm diese Bitte nicht versagten. Sie warfen ihn nicht den englischen Wölfen vor; sie haben ihn selbst in Stükke gerissen.[66]

Die Beschreibung der Engländer und Iren in ihrer Haltung gegenüber Parnell endet in der Zeichnung einer allseits verhöhnten und geschmähten Christusgestalt. Von der Erwähnung des gefälschten Briefes der *Times* und der von Pigott unter Falscheid angezettelten Verschwörung sowie der Aussage, daß die irische Presse die Violen ihres Neides auf ihn und die Frau, die er liebte, habe ergehen lassen, kommt Joyce auf »die Stunde der Anfechtung« dieses »ungekrönten Königs«[67] zu sprechen. Parnell habe gewußt, daß in dieser Stunde einer der Jünger, der seine Hand mit ihm in dieselbe Schüssel tauchte, ihn verraten würde.

Es gilt also zusammenfassend festzuhalten, daß die Einstellung von Joyce in seinen nicht-fiktiven Schriften, wie sie hier an zwei Beispielen *instar omnium* illustriert wurde, antibritisch, antiirisch, antinational, antiklerikal und antikatholisch ist. Lediglich im Hinblick auf Parnell läßt sich subjektive Parteinahme nicht übersehen.

## Das Weihnachtsmahl im »Portrait«

Welche Bedeutung kommt nun den Aussagen von Joyces kritischen Schriften als Korrektiv für den historischen Hintergrund der Weihnachtsmahl- und Parnel-Szenen zu? Die Erkenntnis stellt sich ein: Diese Szenen sind die Kunstgestalt gewordene Einstellung der kritischen Schriften von Joyce zu Gestalten und Ereignissen des geschichtlichen irischen Nationalismus in seiner Multivalenz. Denn durch das Erwecken des Informationsverlangens und nur teilweise Befriedigen des so entstandenen Informationsbedürfnisses über historische Namen, Fakten und Ereignisse wird der Leser aufgefordert, die notwendigen Kausalbezüge des implizierten historischen Hintergrundes zu schaffen. Im Blick auf das Gesamtwerk ergibt sich dann aus der um kritisch-objektive Distanz bemühten Einstellung Joyces als »vorurteilsloser Beobachter« in seinen nichtfiktiven Schriften die Haltung von Stephen in der Weihnachtsmahlszene. Darüber hinaus vermittelt die subjektive Verklärung der Parnell-Gestalt in eben diesen Schriften im *Portrait* die Darstellung und Interpretation der für Parnell Partei ergreifenden Familienmitglieder und Verwandten als der einen am Zwist des Familienmahls beteiligten Seite; während Joyces sonst zu beobachtende, durchgängig anzutreffende kritische Distanz auch die Darstellung und Interpretation der anderen Seite, der Parnell-Gegner, ermöglicht. Der distanzierte Kritiker Joyce ist also einerseits wiederzufinden in der Rolle des kleinen Stephen und der Antiparnelliten (Dante, Bischöfe, Priester), während der subjektive Kritiker Joyce als Parnell-Verklärer in den Proparnelliten (Casey, Simon Dedalus) wiederzuerkennen ist. Die so entstehende Kunstgestalt zeigt sich dann in der Wiedergabe der Thematik des anglo-irisch-klerikalen Nationalismus im Dialog und den dafür eingesetzten Kunstmitteln der Leitworte und des Symbols, wie auch in dem Umsetzen des biographisch-familiär-historischen Materials ins Überpersönlich-Fiktive (Onkel Charles, Simon Dedalus, Dante, Casey, etc.).

Die Rolle Stephens als scharf beobachtender, unparteiischer Schiedsrichter ergibt sich aus der peinlich beachteten und genau beschriebenen Sitzordnung während der Mahlzeit. Die Personen erhalten jeweils ihren Platz nach der ihnen zukommenden Bedeutung im Gesprächsverlauf. So sitzt der um sachlichen Ausgleich bemühte – und daher weniger wichtige – Onkel Charles als Randfigur »weit weg im Schatten des Fensters« (S. 277), während Dante und Mr. Casey als Kontrahenten in den bequemsten Armsesseln zu beiden Seiten des Herdes Platz genommen haben, voneinander getrennt durch den Stuhl, auf dem Stephen sitzt. Es heißt wörtlich: »Stephen saß auf einem Stuhl zwischen ihnen.« (ebd.) Diese Sitzordnung wird dann durch ein viermal betontes »sit/seat« für die Hauptmahlzeit übernommen. Aus dieser neutralen Position betrachtet Stephen dann, wie Mr. Casey sich im Streit aus seinem Stuhl hochkämpft und von Onkel Charles und seinem Vater wieder auf seinen Sitz zurückgezogen wird; und wie andererseits Dante auf dem Höhepunkt der Auseinandersetzung ihren Stuhl gewaltsam zur Seite schiebt und den Tisch verläßt, nachdem wiederholt betont worden war, daß Dante still dasitzen und zuhören müsse, wie die Hirten ihrer Kirche verunglimpft würden; oder daß sie dasaß, mit den Händen auf dem Schoß, und wenig aß. Sogar die unverhohlene Sympathie von Joyce für Parnell läßt sich in dieser Sitzordnung wiedererkennen, wenn es heißt, daß Stephen »gerne neben Mr. Casey saß« (S. 286), der ja Parnells Sache gleichsam vertritt. Stephens neutrale Beobachterposition wird auch dadurch unterstrichen, daß er nach dem Vorbringen der jeweiligen Argumente aus der Ecke Mr. Caseys oder Dantes sich über die Bedeutung dessen, was gesagt wurde, seine Gedanken macht. Wiederholt stellt sich ihm die Frage, wer von beiden wohl recht hat. So fragt er sich, weshalb Mr. Casey denn eigentlich gegen die Priester sei; oder warum Dante denn unbedingt recht haben müsse; oder was wohl der Name gewesen sei, den eine gutgläubige Katholikin auf einer Massenversammlung der Parnelliten Kitty O'Shea, der Geliebten Parnells, gegeben hatte, den Mr. Casey nicht wiederholen wollte, um Tisch und Haus seiner Gastgeber nicht zu besudeln. Für die Lage Stephens als neutraler Empfänger der Argumente beider Seiten sprechen auch die oft wiederholten Hinweise, daß er sich später als Erwachsener sowohl der Sprache, die er in seinem eigenen Heim gegen Gott, die Religion und die Priester gehört hat, wie auch der Sprache, mit der die Priester und die Handlanger der Priester das Herz von Parnell gebrochen und ihn in sein Grab gejagt haben, erinnern solle.

Nun überzeugen die hier vorgetragenen Beobachtungen zur Sitz- und Tischordnung und zum Verhalten der Personen am Tisch als Beleg für den Ansatz zur Formung der Kunstgestalt gemäß Joyces Haltung in den kritischen Schriften zur Problematik des irischen historischen Nationalismus nur, wenn ein bestimmtes Symbolverständnis der Szene vorausgesetzt wird. Dies läßt sich durch weitere Details im Ablauf dieses Weihnachtsmahls erhärten. Dazu gehört das durch Wiederholung hervorgehobene Betonen der Gestik, besonders der Fingergestik der Gäste und des Gastgebers. Als Beispiel, das besonders auffällig ist, läßt sich das Verhalten Mr. Caseys anführen, als er auf die Anschuldigung Dantes antwortet, daß

Parnell ein Landesverräter und Ehebrecher sei und ihn die Priester als wahre Freunde Irlands zu Recht im Stich gelassen hätten. Bevor Mr. Casey nun mit einer Flut von Gegenbeispielen über die Verfehlungen katholischer Würdenträger in der nationalen Sache Irlands antwortet, heißt es von ihm (der von der Zwangsarbeit im Gefängnis, wo er ob seiner Tätigkeit für die Nationalisten saß, drei steife Finger hat), daß er mit der geballten Faust auf den Tisch schlug und dann einen Finger nach dem anderen ausstreckte, so daß das Mal seiner politischen Leiden deutlich sichtbar wurde – das Ganze gewiß ein symbolischer Vorgang, wenn man darunter die einfachste Bedeutung dieses Kunstmittels versteht, nämlich die, daß im Sinne der Etymologie des Wortes durch das Zusammenfügen zusammengehörender Elemente ein neues Ganzes mit zusätzlicher Bedeutung entsteht; oder die, daß darunter ein Sinnzeichen zu verstehen ist, das den konventionellen Bedeutungsinhalt eines Worts transzendiert. Ist man auf symbolische Gesten dieser Art einmal aufmerksam geworden, so wird man auch die darüber hinaus geübte Zeichensprache der Hände, auf die durch nachdrücklich betonte Wiederholung immer wieder aufmerksam gemacht wird, in ihrer symbolischen Bedeutung verstehen. Dazu gehört z. B. der viermal wiederholte und daher auffällige Gestus des Entdeckens der servierten Gerichte. Der Leser bemerkt, was hier wirklich aufgetischt wird, wenn er feststellt, daß jedesmal nach dem Aufdecken eines Gerichts und der Aufforderung zu reichlichem Genuß und guter Verdauung in übelster Sprache – worauf beständig aufmerksam gemacht wird – sich eine Flut von Flüchen, Beschimpfungen und Drohungen über die katholische Priesterkaste des Landes und die Vertreter nationaler Bewegungen ergießt. Wer in solchem Gestikulieren, dem Beknabbern von Knochen, dem Verzehren von ausgesuchten Happen und Stücken des Truthahns und dem Guß der Soßen von vornherein symbolische Bedeutung nicht zu erkennen vermag, der wird spätestens dann darauf aufmerksam, wenn bestimmte Leckerbissen mit Bezeichnungen aus dem katholischen Sprachbereich belegt werden; besonders deutlich etwa da, wo Mr. Dedalus allgemein den Damen und Herren seiner Tischgesellschaft ein besonders schmackhaftes Truthahnstück anbietet, das den Namen »Papstnase« trägt (S. 283). In dieser verklausulierten Sprache werden dann also immer, wie dargestellt, die verschiedenen Sachverhalte und Aspekte des irischen Nationalismus künstlerisch gestaltet.

Ein weiterer solcher symbolischer Vorgang ist in der eingeblendeten Spuckgeschichte von Mr. Casey zu sehen. Nach einer Massenkundgebung der Parnell-Anhänger habe man Leute wie Mr. Casey beschimpft, und besonders habe sich eine »betrunkene alte Vettel«

hervorgetan, die im Schmutz herumtanzte, Mr. Casey einen »Priesterjäger« (S. 287) nannte und an die von Parnell angeblich unter dem falschen Namen des Mr. Fox veruntreuten Gelder aus der Parteikasse erinnerte. Vor allem habe diese alte Dame die verheiratete Geliebte Parnells mit einem Namen belegt, durch dessen Wiederholung Mr. Casey das Weihnachtsmahl nicht beschmutzen möchte. Mr. Casey habe nicht sofort auf diese Beleidigungen antworten können, da er gerade einen Pfriem Kautabak im Mund hatte. Auf die Frage von Mr. Dedalus, was er in dieser entwürdigenden Situation getan habe, kommt die Antwort, daß er gerade dann, als die Dame ihm ihr häßliches, altes Gesicht entgegenstreckte, sich zu ihr hinuntergebeugt und ihr den Kautabaksaft ins Gesicht gespuckt habe. Direkt in das rechte Auge getroffen, habe die Dame darauf dreimal laut geschrien: »Ich bin blind, blind und ertrunken, blind!« (S. 288) An der Schilderung dieser Szene ist nun nicht nur auffällig, daß in der Technik der an Einzelstellen gehäuften Leitworte das Wort »blind« dreimal an signifikanter Stelle wiederholt wird, sondern daß Anfang und Ende dieser Geschichte wie auch der Verlauf ihres Erzählens durch das fünffach gebrauchte Leitwort »spit« (spucken) dem Leser besonders nachdrücklich eingeprägt werden. Diese Erzählung hat zum Schluß den Vorwurf Dantes, daß ein abtrünniger Katholik wie Mr. Casey ihre Religion und Kirche anspucke; sie endet damit, daß Dante für Mr. Casey Worte wie ›Gotteslästerer‹ und ›Teufel‹ findet, dabei aufspringt und ihm beinahe ins Gesicht gespuckt hätte. Im Gesamtzusammenhang dieses Streites, in dem der Kirche vorgeworfen wird, daß sie während des Gottesdienstes Wahlreden hält und vom Altar her Politik mache, mit der Würdigung der national-religiösen Position der Gesprächsgegner kann diese Szene nur so verstanden werden, daß die angespuckte häßliche alte Dame für die Blindheit der fanatischen katholischen Antiparnelliten unter dem Einfluß der Kirche nach Parnells Fall steht. Wenn man nun aber die Symbolträchtigkeit der ostentativen Essensgesten und der Spuckszene innerhalb der Mahlsszene zusammennimmt, wird man an dem Symbolcharakter der Sitz- und Tischordnung auch nicht mehr zweifeln, womit die Glaubwürdigkeit der Behauptung erhärtet ist, daß die Mittlerstellung und neutrale Position des unparteiischen Beobachters Stephen der fiktive Ausdruck der von Joyce in seinen kritischen Schriften gezeigten Haltung gegenüber den in Form von Namen und Anspielungen gegebenen Charakterisierung des irischen Nationalismus ist; zumal ja unüberlesbar knappe hinweisende Beispiele zum Verhältnis von Katholiken, Protestanten und Nationalisten gegeben werden. So macht sich Stephen im Rückblick klar – als er sich daran erinnert, daß Dante ihn nicht mit der kleinen Eileen spielen ließ –, daß Eileen protestantischen Glaubens gewesen ist. Das Verhältnis von Katholiken und Nationalisten wird direkt angesprochen, wenn Dante behauptet, daß man auf sein Land stolz sein müsse, auch wenn es von Priestern beherrscht werde, und Mr. Casey die Frage stellt: »Und können wir unser Land nicht auch lieben? Sollen wir nicht dem Mann folgen, der dazu geboren ist, uns zu führen?« (S. 289) Auch das Verhältnis der Protestanten zu den Nationalisten wird direkt zur Sprache gebracht, etwa wenn es heißt, daß sowohl Mr. Casey wie auch Stephens Vater für Irland und Parnell waren, und man im Gedächtnis hat, daß Parnell Protestant gewesen ist; oder auch an die Wolf Tone-Bewegung denkt, die ja von der protestantischen Ulsterprovinz ausging und von dort auch gesteuert wurde. Wenn auf diese Weise als erwiesen gelten muß, daß in der Weihnachtsmahlszene durch die Augen Stephens ein allwissender Erzähler in kritisch-objektiver Distanz die Grundtatsachen des anglo-iro-katholischen Nationalismus erzählt, so hat dies auch nicht unerhebliche Folgen für die Funktion dieser Szene im gesamten Roman. Diese ergibt sich aus der Gesamtbedeutung der Szene, die noch einmal kurz zu rekapitulieren ist.

Festgehalten werden muß, daß die in der Szene auftretenden Figuren eine bestimmte historisch-persönliche Transparenz haben, die vor allem dazu dient, die Familie Stephens genauer zu charakterisieren. Der mit der irischen Geschichte nicht vertraute Leser mag hinter der Figur des Charles Dedalus nicht unbedingt einen entfernten Verwandten des katholischen »Liberators« und Nationalisten O'Connell erkennen. Doch wenn bereits der Großvater Stephens, auf dessen Bild an der Wand im Zimmer der Familie deutlich hingewiesen wird, als zum Tode verurteilter »whiteboy« charakterisiert ist, und von Stephens Vater gesagt wird, daß er wie Mr. Casey für Irland und Parnell gewesen sei, und wenn man um die verbürgte Tätigkeit des John Joyce als Wahlhelfer für Parnell und Steuereinnehmer weiß, so wird selbst der auf diese Weise aufmerksam gewordene naive Leser sich auch im Falle des Charles Dedalus um den notwendigen historischen Hintergrund bemühen müssen; zumal dann, wenn beachtet wird, daß auch Mr. Casey, von seinem gelegentlichen Aufenthalt im Gefängnis zurückgekehrt, sich oft in der Familie Dedalus aufhält, wie die ganze Szene ja zeigt und worauf sogar *expressis verbis* verwiesen wird.

Historische Transparenz hat auch der Charakter Dantes. Ihr Hieb mit dem Regenschirm auf einen Landsmann, der beim Abspielen der englischen Nationalhymne den Hut ehrerbietig zog, ist faktisch verbürgt; wie auch die Erbschaft, die es ihr erlaubte, sich als Nonne aus dem Kloster freizukaufen. Unter dieser Voraussetzung kann die Funktion der Szene nicht allein darin bestehen, daß der junge Stephen als aus einer Familie kommend gezeichnet ist, in der es gelegentliche »fürchterliche Auseinandersetzungen«[68] gab, über in der

Regel politische Streitthemen. Die historische Transparenz der Mitglieder dieses Familienkreises macht deutlich, daß der junge Oberschüler Stephen in seinem Eton-Frack aus einer Familie stammt, die in die Zeitgeschichte und die Geschichte des irischen Nationalismus tief verwickelt ist. Darüber hinaus wird deutlich, was der spätere Künstler Stephen von seiner Jugendzeit an im Kreise der Familie an geistig-nationalem Erbe mitbringt und überwinden muß. Es ist dies nicht nur die Erziehung durch eine aus dem Kloster entlaufene Nonne und einen um Ausgleich bemühten Onkel, sondern auch das zeitgeschichtliche Milieu nach dem Tod des Nationalistenführers Parnell, dessen komplexe Persönlichkeit Fragen nach der Haltung der Kirche sowie nach dem Verhältnis zu England und Irland in seiner historischen Verwurzelung vor den Augen des jungen angehenden Künstlers aufwirft. Mit wieviel historischer Hintergründigkeit der Text verstanden werden muß, geht auch aus der erregten Frage von Mr. Dedalus hervor, ob man Parnell hätte verlassen sollen, nur weil die Engländer es wünschten, wodurch man sich auf den erklärenden Satz von Joyce im Aufsatz über den »Schatten« Parnells verwiesen sieht; »er wurde abgesetzt in Gehorsam gegenüber den Anweisungen Gladstones«[69] – was wiederum das Verlangen nach Auskunft aus dem historischen Handbuch hervorruft, in dem man belehrt wird, daß Gladstone in Zusammenarbeit mit dem irischen Klerus für die Abwahl Parnells gesorgt hatte. Mit diesem umfassenden Textverständnis wird die Weihnachtsmahlszene nicht nur zum Symbol für die vielfach verflochtenen Sachverhalte und Tatbestände des irischen Nationalismus, aus dessen Verstrickungen sich später der reifende Künstler Stephen wird befreien müssen; auch der tote Parnell wird zur großen Symbolfigur des von den nationalen Iren, den imperialistischen Briten und machtbesessenen nationalen Katholiken verworfenen Freiheitshelden – mit den wesenhaften Zügen der gekreuzigten Christusgestalt, die ihre Gefolgsleute nach ihrem Tod in Ratlosigkeit zurückgelassen hat (Mythos des »lost leader«). So wird Parnell von Mr. Casey laut als »toter König« (S. 291) beweint, was wiederum nach weiterer Information aus dem Aufsatz über den »Schatten« Parnells fragen läßt, wo es heißt, daß die Bürger von Castlecomer ihm Löschkalk in die Augen warfen, als er von einer Grafschaft in die andere und von Stadt zu Stadt zog wie eine Geistererscheinung, mit dem Zeichen des Todes auf der Stirn; wobei Parnell tief davon überzeugt gewesen sei, daß ihn in seiner Stunde der Anfechtung einer der Jünger, der mit ihm aus einer Schüssel gegessen habe, verraten werde[70]. Wie sehr Parnell als die von Irland, England und der Kirche geschmähte und verworfene Symbolfigur zu verstehen ist, geht auch aus der späteren Reaktion Stephens hervor, der seinem Mitschüler Davin vorhält, daß »Irland die alte Sau sei, die ihre Ferkel fresse« (S. 477), womit eindeutig auf Parnell angespielt wird und womit zugleich beispielhaft darauf verwiesen ist, daß Stephen später ebenfalls das Schicksal Parnells wird erleiden müssen, wenn er sich in dem Bemühen um seine künstlerische Berufung von Vaterland, Kirche und England löst. Dieses sein Schicksal deutet ja bereits die Namenswahl ›Stephen‹ an, die auf die Figur des jüdischen Apostaten Stephanus anspielt, den man wegen seiner christlichen Überzeugung steinigte; wie man auch zusammen mit dem leidvollen Ende des Nationalisten O'Leary, dargestellt in den kritischen Schriften von Joyce[71], im Leidensweg Stephens und dem Tod Parnells die Präfiguration der Christusidentifikation Blooms im *Ulysses* wird sehen müssen. So wird man in der Weihnachtsmahlszene des *Portrait* mit ihrer historisch-symbolischen Kompaktheit und Dichte eines der wichtigsten Bindeglieder zwischen Einzel- und Gesamtwerk, zwischen der fiktiven und nicht-fiktiven literarischen Produktion Joyces sehen müssen. Durch das hier geübte Interpretationsverfahren wurde somit deutlich, wovon sich Stephen in seiner künstlerischen Entwicklung lossagen muß und worin er befangen ist. Für seine Entwicklung ist nicht nur das in dieser Szene zuerst begründete Vater- und Mutterbild, sondern auch bereits das gesamte Familienmilieu in seiner historischen Verwurzelung ausgeprägt; und nicht nur zufällig wird die Szene des Weihnachtsmahls mit der traumhaften Erfahrung von Parnells Tod einleitend von dem todkranken Stephen erlebt. Solches Text- und Sinnverständnis erlaubt es dann aber auch, die Literatur von Joyce nicht nur als immanent zu deutendes Kunstwerk, sondern zugleich auch als zeitgeschichtliches Dokument ersten Ranges zu sehen.

Nun ließe sich gegen die bis jetzt geübte Methode, aufgrund bruchstückhafter historischer Textinformation und des infolge davon erstellten historischen Hintergrundes sowie des Aufdeckens der entsprechenden Bewußtseinshaltung in Joyces kritischen Schriften die Kunstgestalt einer einzigen Romanszene erkennbar zu machen, wohl einwenden, daß sie sehr aufwendig sei. Unter Verzicht auf die Detailfülle historischer Dimensionen und Informationen könne man wohl auch zu den beschriebenen Ergebnissen kommen, wenn vielleicht auch nicht so deutlich und überzeugend. Davon ganz abgesehen, daß die größere Deutlichkeit und Überzeugungskraft solche Methode rechtfertigt, muß vor allem geltend gemacht werden, daß ohne sie manch andere Szene, etwa die mit Davin, nur naiv vordergründig und damit falsch oder zumindest unzureichend verstanden werden könnte. Als Beleg dafür und auch in der Absicht, das Kunstwerk sachgerecht und so weit wie möglich auszuschöpfen, sei im folgenden noch auf die eingangs charakterisierten Szenen mit dem Nationalisten Davin eingegangen.

## Davin

Wie also wird Davin im einzelnen charakterisiert? Bezeichnend ist bereits, daß dieser Student von seinen Mitstudenten den Spitznamen »Bauernstudent« (S. 450) erhält, woran er – wiederum bezeichnenderweise – keinen Anstoß nimmt. Diese rustikale Herkunft aus einfachem Volk wird sorgsam und wohlüberlegt hervorgekehrt. Sein Entzücken an ungelenk ungeschlachter körperlicher Bewegung wie auch das Unkultivierte seiner Phantasie werden wiederholt betont (»rude imagination, delight in rude bodily skill« ebd.). Ein drittesmal wird – in der Technik der an Einzelstellen gehäuften Leitworte – die geistige Verwurzelung Davins in urtümlicher Unberührtheit hervorgehoben: »grobschlächtige(r) Firbolg-Geist«[72]. Denn die Bezeichnung »Firbolg« bringt Davins geistige Verfassung mit den legendären Ureinwohnern Irlands in Verbindung, deren zwerghafter Wuchs und Primitivität jeweils im Gegensatz zu den groß gewachsenen und äußerlich schönen Milesiern, ebenfalls vorgeschichtlichen Einwanderern aus Spanien, herausgestrichen werden. Durch die Wahl dieser Vokabel wird also Davins vorgeschichtliche Primitivität irischen Wesens dem Leser bewußt gemacht, womit zugleich ein Anhaltspunkt gegeben ist für all jene Anhänger der Irischen Literaturrenaissance, die mit der Wiederbelebung des keltischen und vorkeltischen Kulturgutes Irlands ihre nationale Unabhängigkeit gegenüber England erkämpfen wollten. Dieser Zug des vorgeschichtlich irischen Nationalcharakters im Wesen Davins paart sich mit einer primitiv grobkörnigen Intelligenz (»grossness of intelligence«), stumpfen Gefühlen und dem sturen Blicke des Schreckens aus seinen Augen (»bluntness of feeling, dull stare of terror in the eyes«; S. 450 f.). Diese nationale Herkunft und bäuerlich rustikale Abstammung wird unterstrichen durch die Einfachheit seiner Erscheinung. An das erste Zusammentreffen mit Stephen vor den College-Toren erinnert, gesteht Davin von sich selbst: »Ich bin ein einfacher Mensch.«[73] Als nachhaltigsten Eindruck von Davin bezeichnet Stephen in seiner abschließenden Tagebuchnotiz dessen »Unschuld und Einfalt«[74], während der Erzähler bereits früher sagt, daß dem einfältigen Ohr (»simple ear«; S. 450) Davins die Verse und Kadenzen anderer nicht vernehmbar waren. Der enge geistige und geographische Horizont der Welt, aus der Davin kommt, wird eingegrenzt, wenn es heißt, daß er Michael Cusack zu Füßen saß und immer, wenn dies geschah, den Schrecken seiner Seele verdrängte, der aus dem hungernden irischen Dorf herrührte, in dem die Sturmglocke noch ein nächtliches Schreckgespenst ist. Dies bezeugt auch noch die Aussage, daß Davin von der Welt jenseits Englands nur die französische Fremdenlegion kannte,

von der er sagt, er wolle in ihr dienen. Auf diese zunächst noch
harmlos erscheinende Aussage über die Fremdenlegion wird noch
zurückzukommen sein; denn von Davin wird auch gesagt, daß er
ein »Fenian«, ein Anhänger der Fenier-Bewegung sei, von der
bekannt ist, daß sie die militärische Unterstützung Frankreichs erhoffte und zum Teil auch bekam. Um dieser Gestalt den Kontakt
mit dem so ganz anders gearteten Stephen dennoch zu ermöglichen, wird ihr ein gewisser versöhnlicher Humor bestätigt. In der
Schilderung der Herkunft und geistigen Eigenschaften dieser Figur wird also bereits deutlich, daß sie gewisse typische nationale
Züge trägt, die noch um vieles deutlicher zum Vorschein kommen
durch die Charakterisierung ihrer Sprache.

Der junge Künstler Stephen beobachtet an Davin gewisse Erscheinungsformen der »altenglischen« Sprache (womit nicht das Angelsächsische gemeint ist), und es heißt, daß ihn seine Amme in Irisch,
also Gälisch, unterrichtet und ihn »im gebrochenen Licht des irischen Mythos« (S. 451) unterwiesen habe. Doch ist bei der Kennzeichnung der Eigenheiten der Sprache Davins zu beobachten, daß
sie mit einer Fülle präziser gälischer und altirischer Vokabeln
durchgeführt wird, woraus sich ergibt, daß der Autor Joyce in seiner Absage an das Gälisch-Altirische in seinen kritischen Schriften
selbst eine gewisse Ironie in Kauf nehmen muß bei solch meisterlicher Beherrschung dieser Sprache – was insgesamt für das Verhältnis des Autors zu der sprachlichen Erneuerungs- und Erweckungsbewegung der Anhänger der Gaelic League nicht uninteressant
ist. So heißt es, Davin habe zum Mythos dasselbe Verhältnis gehabt
wie zur römisch-katholischen Religion, als er mit seiner Amme die
»Zyklen« (S. 451) durchging. Sieht man einmal von dem religiösen
Seitenhieb ab, auf den bei späterer Gelegenheit noch einzugehen
sein wird, so fällt hier vor allem das Wort ›Zyklus‹ auf. Denn es ist
dies der übliche irische Ausdruck für die nationalen Heldensagen
von Finn, Ossian, Cuchulain, Conchubar, Deirdre usw.[75]. Wird hier
also die Erziehung Davins durch nationalistisches Geistesgut betont, so geht aus dem weiteren Sprachgebrauch Davins hervor, wie
geschickt es der Autor versteht, diese Gestalt damit als Vertreter
jener Landbevölkerung im Westen Irlands zu schildern, die auch
heute diese Sprache noch spricht. Andererseits ist dabei natürlich
auch ersichtlich, wie souverän der Autor über die von ihm abgelehnte Nationalsprache gebietet. So verwendet Davin z. B. bei der
Schilderung seines Erlebnisses mit der schwangeren Bäuerin den
Ausdruck »disremember« in der Bedeutung »vergessen«, was im
englischen Sprachgebrauch nicht möglich ist. Joyce sagt über diesen Ausdruck selbst, daß es »gutes, altes Englisch« sei[76], zwar in
England nicht mehr in Gebrauch, aber ganz üblich in Irland. Ähnlich steht es mit der Dialektfärbung von Davins Sprache. In dem

Satz: »Ich hielt auf der Seite des Weges unter einem Busch an, um meine Pfeife anzuröten«, sind drei Charakteristika des Dialekts aus Munster verwendet (of way, under, redden)[77]. Eben dies ist auch dem Ausdruck »he was stripped to his buff«[78] bei der Schilderung des Hurley-Kampfes zu entnehmen. In der Regel bedeutet dies: »sich völlig entkleiden«, in der Mundart von Munster jedoch nur: »den Oberkörper frei machen«. Der Dialekt von Ulster ist ebenfalls zu hören in der Beschreibung des Hockeyspiels. Davin spricht von einem »woeful wipe with the camánn«[79]. »Wipe«, das eigentlich »wischen« bedeutet, ist hier Sportsprache: bezeichnet einen Schlag mit dem allen Nationalisten bekannten Hockeyschläger, der ›camánn‹ heißt. Ferner wird aus Joyces eigenem Hinweis zu Davins Verwendung des Ausdrucks »within an aim's ace« (»um ein Haar«) das hohe Sprachbewußtsein des Autors deutlich. Denn er vermerkt, daß sich bei dieser Redewendung im Munsteraner Dialekt das alte Shakespearsche Wort »ambs-ace« erhalten habe, das die Bedeutung von zwei Punkten auf dem Würfel hat und beim Würfelspiel den Wurf mit dem geringsten Wert bezeichnet[80]. Die Spuren des Gälischen in der Sprache Davins sind auch zu sehen im Auslassen der Konjunktion in indirekten Fragesätzen sowie in typischen Redewendungen, die sich bis ins Neuenglische erhalten haben.

Es hat also zu gelten, daß die sprachliche Charakterisierung Davins auch einen Einblick in das vielfältige Sprachbewußtsein des Autors gestattet. Davin spricht die Sprache der Landbevölkerung aus dem Westen Irlands, wo sich das Gälische noch erhalten hat; er spricht »Altenglisch«, womit das Englisch der frühen Tudorzeit gemeint ist, das durch die Invasoren ins Land gebracht wurde; er spricht irischen Dialekt und verwendet Ausdrücke, die seine Erziehung durch die Heldensagen der Nation zeigen; und er gebietet auch über das aus der Shakespearezeit datierende Vokabular.

Nun ließen sich all diese Charakteristika einfach als Kennzeichen eines Bauernburschen mit der Unschuld der Landbevölkerung erklären, der studieren darf. Doch gibt andererseits der Autor gelegentlich Hinweise, daß es mit dieser Sprache noch eine andere Bewandtnis hat. Als z. B. der sprachgewandte und hellhörige Stephen seinem späteren Freund Davin zum erstenmal vor den College-Toren begegnet, fällt ihm dessen germanische Betonung der ersten Silbe eines Worts auf. Da stellt sich Stephen die vom Autor kursiv gesetzte Frage: »Ist er so unschuldig wie seine Sprache?« (S. 476) Wie unschuldig diese Figur und ihre Sprache wirklich sind, läßt sich klären durch anderweitige Äußerungen des Autors über sein Verhältnis zur gälischen und englischen Sprache. Liest man z. B. Joyces Aufsatz von 1907, *Ireland at the Bar*[81] (der von einem Bauern aus dem Westen Irlands handelt, der vor Gericht verurteilt wird für ein nicht begangenes Vergehen, nur weil er die englische Sprache nicht versteht und auch weil das Gericht des Gälischen nicht mächtig ist), so erhellt daraus, wie sehr Joyce das innerirische Sprachproblem bedauert. Denn er sieht in diesem Bauern »ein Symbol der irischen Nation auf der Anklagebank der öffentlichen Meinung«. Es heißt in diesem Aufsatz wörtlich:

Die Gestalt dieses stockstummen alten Mannes, ein Überbleibsel aus einer Kultur, die nicht die unsere ist, taub und stumm vor seinem Richter, ist ein Symbol der irischen Nation auf der Anklagebank der öffentlichen Meinung.[82]

Zugleich wird die kritische Distanz zur gälischen Sprache deutlich, wenn Joyce von dem Gälischen als einer Kultur spricht, die nicht die seine sei. Diese negative Einstellung zur gälischen Sprache wird auch in *Stephen Hero* deutlich, wo bemerkt wird, daß das Englische das Medium sei, das zur Verständigung mit dem Kontinent gebraucht wird[83]. Trotz dieser grundsätzlich negativen Einstellung hat sich Joyce dennoch sehr ausführlich mit der Geschichte, Entwicklung und dem politischen Zweck des Gälischen beschäftigt. In dem Aufsatz von 1907, *Irland, Insel der Heiligen und Rebellen*, gibt er einen knappen Abriß der Geschichte des Irischen in seiner Verwurzelung in der indoeuropäischen Sprachenfamilie und kommt dann auf die Absichten der Gälischen Liga zu sprechen, die 1893 gegründet worden war und deren Ziel es war, diese Sprache als Nationalsprache im Gegensatz zum Englischen neu zu beleben[84]. Diese Liga organisierte – wie Joyce selbst schreibt – Konzerte, Debatten und Zusammenkünfte, auf denen der Sprecher von »beurla« (= dem gälischen Wort für »Englisch«) sich wie ein Fisch auf dem Trockenen befinde, wenn die Menge in harten, kehligen Lauten schnattere. Die Mitglieder dieser Liga schrieben einander in irischer Sprache, was zur Folge habe, daß der Briefträger, der dieser Sprache nicht kundig sei, immer erst seinen Vorgesetzten fragen müsse, bevor er sich in der Lage sehe, die Post auszutragen. Diese Haltung des Autors zur Sprache schlägt sich auch im *Portrait* nieder. Als Davin Stephen fragt, warum er den von der Liga an allen Schulen erzwungenen Sprachunterricht nicht mehr besuche, weicht Stephen aus und gibt keine befriedigende Antwort[85]. Die eigentliche Antwort findet sich in einem Brief von James an Stanislaus Joyce vom 6. Nov. 1906, in dem es heißt:

Wenn das irische Programm nicht auf der irischen Sprache bestünde, dann könnte ich mich vermutlich einen Nationalisten nennen.[86]

Daraus ist ersichtlich, daß Joyce weniger die politischen Begleiterscheinungen dieser nationalen Spracherneuerung störten als der Umstand, daß er gezwungen gewesen wäre, sich als künstlerisches

Medium eine Sprache zu wählen, die weder in Irland noch auf dem Kontinent verstanden würde.

Andererseits zeigt sich auch der innere Zwiespalt in Joyces Sprachbewußtsein, wenn er seine Haltung gegenüber dem Englischen näher bestimmt. Er vermochte auch das Englische weder als Muttternoch als Künstlersprache zu verstehen, sondern sah darin eine erworbene zweite Sprache, was sich auch im *Portrait* in der Szene mit dem Studiendekan anläßlich der Erörterung ästhetischer Theorien niedergeschlagen hat. In dieser Unterhaltung offenbart sich ein sehr feinsinniges Sprachbewußtsein des jungen Stephen, aus dem zu entnehmen ist, daß der Autor sehr scharf zu differenzieren wußte zwischen dem Englisch, wie es in Irland gesprochen wurde, und dem Englisch, das die Engländer sprechen. Denn es heißt, daß die Worte »home«, »Christ«, »ale« und »master« auf den Lippen dieses Dekans ganz anders klangen als auf seinen eigenen; der Erzähler fährt, um diese Beobachtung zu erklären, fort:

Ich vermag diese Worte nicht auszusprechen oder zu schreiben ohne geistige Ruhelosigkeit. Seine Sprache, so vertraut und fremd, wird für mich immer eine erworbene Sprache sein; ich habe ihre Worte weder geschaffen noch angenommen; meine Stimme hält sie in Schach; meine Seele schauert im Schatten seiner Sprache. (S. 461)

Dieses zwiespältige Sprachbewußtsein, das durch die Ablehnung des Englischen, wie es in England gesprochen wird, und auch die Ablehnung des Gälischen als neu eingeführter Nationalsprache in Irland gekennzeichnet ist, resultiert in dem Bekenntnis, daß der junge Künstler Stephen d a s Englisch sich zu eigen machen werde und sich in d e m Englisch ausdrücken werde, wie es in Irland selbst gesprochen wird. Denn in der Auseinandersetzung mit Davin steht: »Diese Rasse, dieses Land und dieses Leben haben mich hervorgebracht; ich werde mich so ausdrücken wie ich bin.« (S. 476) Wie sehr sich der Zwiespalt im Sprachbewußtsein des Autors in der Hauptfigur des *Portrait* niedergeschlagen und in deren Charakter integriert hat, geht aus dem Bekenntnis Stephens hervor:

Wenn die Seele eines Menschen in diesem Land geboren wird, werden ihr Netze übergeworfen, um sie am Fliegen zu hindern. Du sprichst mir von Nationalität, Sprache und Religion. Ich werde versuchen an diesen Netzen vorüberzufliegen. (S. 477)

Mit diesem autobiographischen Sprachbewußtsein im Hintergrund wird ersichtlich, daß Davin als eine Gestalt charakterisiert ist, deren Sprache zum Aussterben verurteilt ist, zumal er die Abhängigkeit seiner Sprache vom englischen Mutterland nicht verleugnen kann, wenn formuliert wird – in der Technik negativer Charakterisierung:

Cranlys Redeweise, anders als die Davins, kannte weder seltene Ausdrücke aus dem elisabethanischen Englisch noch kurios gewendete Versionen irischer Idiome. Ihr schleifendes Ziehen war ein Echo der Dubliner Quays, das ein tristes absterbendes Hafenstädtchen zurückwarf, ihr Nachdruck ein Echo der heiligen Dubliner Eloquenz, das eine Kanzel in Wicklow in breitem Dialekt zurückwarf. (S. 468)

Die kritische Distanz des autobiographisch gezeichneten Stephen zu dieser Sprachfärbung wird noch deutlicher durch einen Vergleich dieser Aussage mit der Charakterisierung der Sprache Cranlys im *Trieste Note Book*[87]. In dieser Fassung fehlt der Vergleich von Cranlys Sprache mit der Davins. Das »unlike Davin's« fällt weg – woraus sich entnehmen läßt, daß es dem Verfasser des *Portrait* darauf ankam, die Entwicklung und Auseinandersetzung Stephens als jungen Künstlers mit den Erscheinungsformen nationalirischer Sprachelemente zu illustrieren. Dann verrät der Eintrag im *Trieste Note Book* einen gewissen aggressiven Ton, der an der betreffenden Stelle des *Portrait* fehlt und durch positivere Färbung ersetzt wird – woraus sich eine gewisse leise Faszination durch diese Mischung der Sprache Davins aus irischem Englisch und dem Englisch Englands heraushören läßt[88]. Insgesamt läßt sich also festhalten, daß das national differenzierte Sprachbemühen des Autors in die fiktive Sprachgebung seiner nationalistischen Romanfigur umgesetzt worden ist.

Ebensosehr wie durch seine Sprache ist die Gestalt Davins auch durch ihren sportlichen Enthusiasmus in die nationale Zeitgeschichte miteinbezogen – durch seinen als Athleten bekannten Onkel Mat und seine Verehrung für Michael Cusack, den Gälen, wie auch durch seine Begeisterung für das als Nationalsport bekannte Hurley. Als Davin gegenüber Stephen von seinem nächtlichen Abenteuer mit der Bäuerin berichtet, nennt er als Grund für den unausbleiblichen nächtlichen Fußmarsch durch einsames Gelände eine Massenversammlung von Castletownroche. Das im Text leicht zu überlesende und nicht weiter erklärte »massmeeting« (Massentreffen) wird von Anderson verstanden als ein Treffen für Agitatoren der nationalen Landliga. Die durch ein einschränkendes »vielleicht« nicht gerade sehr deutlich gemachte Stelle kann man ohne Schwierigkeiten durch einen Vergleich mit der entsprechenden Passage in *Stephen Hero* klären (S. 64 ff.). Es heißt dort, daß diese Versammlungen am Freitag abend für die Öffentlichkeit zugänglich waren und weitgehend von den Priestern der katholischen Kirche gefördert wurden. Die Organisatoren brachten Nachrichten aus verschiedenen Teilen des Landes ein, und man sang beim Aufbruch entsprechende Kampflieder. Eine dieser Gruppen vereinigte alle unversöhnlichen Separatisten, zu denen Madden – wie Davin dort heißt – ebenfalls gehört. Er ist dort der Spielführer eines

Clubs von Hurley-Spielern, über deren körperlich-muskulöse Verfassung er Bericht zu erstatten hat. Diesen Iren diente als Beispiel für ihren Freiheitskampf der Fall Ungarn, dessen Patrioten sie sich als eine lange Zeit unterdrückte Minorität vorstellten, die aufgrund ihrer Rasse und der Gerechtigkeit jedes Recht auf eigene Freiheit und völlige Unabhängigkeit habe. Als Vorübung für ihren Freiheitskampf fochten diese jungen Gälen mörderische Kämpfe in Phoenix-Park mit riesigen Hurley-Stöcken aus, bis an die Zähne bewaffnet; sie meinten, für ihre Revolution den Segen Gottes zu haben. Auf die Frage Stephens an Madden-Davin, ob diese Hurley-Schlachten und entsprechende Eilmärsche Vorbereitungen für »das große Ereignis« seien (*SH*, S. 65), antwortet Madden geheimnisvoll, daß in Irland zur Zeit mehr vor sich gehe, als Stephen sich vergegenwärtige. Auf die mokante Frage Stephens, wozu denn bei solchen Zielen die ›camánns‹ dienten, antwortet Madden etwas kleinlaut: »Nun, weißt du, wir wollen die körperliche Konstitution des Landes verbessern.« (ebd.)

Hinter dieser national-separatistischen sportlichen Organisation können sich sehr gut die einzelnen Phasen der nationalen Landliga und ihre Kampfmaßnahmen verbergen. Nach den Wahlen von 1874 konnte die irische Nationalpartei bereits im ersten Anlauf 59 Sitze, mehr als die Hälfte aller irischen Mandate, gewinnen. Nun wurde jedoch auch Irland in dieser Zeit von der allgemeinen Krise der europäischen Landwirtschaft, ausgelöst durch das Erscheinen billigen überseeischen Getreides auf den Märkten, heimgesucht. Auf dem Festland wurde diese Entwicklung mit dem Übergang zum Schutzzoll beantwortet; in England führte sie jedoch unter dem Freihandels- und Weltwirtschaftsdogma zum Untergang eines großen Teils des englischen Bauerntums. Davon war auch Irland mitbetroffen, das mit einer Verstärkung seiner nationalpolitischen Forderungen antwortete. Denn im Gegensatz zu England wollten die Iren nicht ihr Land aufgeben; sie wollten auch jetzt noch Bauern bleiben. Im Unterhaus begann Parnell mit seinen folgsamen Anhängern eine zielbewußte Obstruktionstaktik, die das Parlament lahmzulegen drohte. Auf der grünen Insel bildete sich die nationale Landliga, die zur Selbsthilfe schritt, um mit allen Mitteln die Abmeierung der Pächter zu verhindern, die von sich aus besondere Gerichtshöfe (land courts) zur Untersuchung der Streitfälle einrichtete und die auch die Waffe des Boykotts erfand, der persönlichen und gesellschaftlichen Isolierung ihrer Zwingherren.

Nun läßt sich von all diesen hintergründigen Ereignissen keine direkte Beziehung zum *Portrait* herstellen, wohl aber zu *Stephen Hero*. In der ersten der eingangs erwähnten *Portrait*-Szenen wird Davin lediglich als Besucher eines dieser sehr rauh geführten Hurleykämpfe geschildert. Und lediglich bei der Unterzeichnung einer

universellen Friedenspetition, unter die seinen Namen zu setzen
Stephen sich weigert, reagiert Stephen gegen Davin sehr ironisch:

> Wenn ihr mit euren Hurlingschlägern euren nächsten Aufstand macht,
> sagte Stephen, und euren Denunzianten vom Dienst braucht, laß es
> mich wissen. Ich kann euch hier in dem College ein paar auftreiben.[89]

Wer diese ironische Bemerkung Stephens in Unkenntnis des entsprechenden Vorentwurfes in *Stephen Hero* liest, muß den Eindruck haben, daß das revolutionäre Gebaren der Nationalisten lediglich durch die Unzulänglichkeit ihrer Waffen lächerlich gemacht wird. Kennt man jedoch die national-sportlich-klerikale Strategie, deren Zeichen der Hurleyschläger ist, aus *Stephen Hero* und sieht dahinter die Tätigkeit der nationalen Landliga, so ist damit für das *Portrait* nicht nur eine neue Bedeutungsschicht gewonnen, sondern diese ist auch genau spezifiziert. Anderson hat nicht recht, wenn er ganz allgemein von der vermutlichen Landliga-Agitation spricht[90]. Denn wie bereits eingangs angeführt, hatte sich etwa zwischen 1880 und 1890 aus der Organisation der Irischen Literaturrenaissance eine Gruppe von Enthusiasten entwickelt, die in erster Linie allem Gälischen huldigten. Alles, was englischen Ursprungs war oder schien – ganz gleich wie lange oder in welcher Verbreitung es von Geltung gewesen war –, wurde verworfen. Die Gaelic Athletic Association, 1884 gegründet, begünstigte nicht nur die Ausübung der traditionellen irischen Sportarten wie z. B. das Steinstoßen oder Hurley, sondern verbannte auch alle »ausländischen« (foreign) Sportarten – ein Ausdruck übrigens, den der erste Mäzen der Sportbewegung, Erzbischof Croke von Cashel, so definierte, daß er auch »solche ausländischen und fantastischen Rasensportarten wie Tennis, Polo, Croquet, Cricket u. ä.« mit einschloß[91]. Die bereits ein Jahr zuvor von Douglas Hyde (ebenfalls Sohn eines Geistlichen der irischen Kirche) gegründete Gälische Liga hatte nämlich schon ihr Ziel erklärt: die »de-Anglicization«, die De-Anglisierung, d. h. die Befreiung von allem englischen Einfluß, worunter man freilich zuerst die Wiederbelebung der gälischen Sprache verstand, bis dann der Sportverband dies auch für den Bereich der Leibesertüchtigung forderte. Und beides ist natürlich nicht völlig von Parnells Landliga zu trennen, so daß die vage Formulierung Andersons nicht ganz aus der Luft gegriffen ist. Das Kennzeichen des »Gälischen« in der Erziehung, Sprache und Sportbegeisterung Davins ist also der literarische Ausdruck dieser nationalen zeitgeschichtlichen Bestrebungen. Mit diesem Hintergrund erscheint Davin jedenfalls nicht als die lächerliche Figur, als die er erscheinen müßte, wenn man sich nur auf die Textstellen des *Portrait* alleine bezieht. Wenn Stephen dem unzulänglich ausgerüsteten Nationalstrategen Davin eine Absage erteilt, so erteilt er sie nicht nur seinem Schulfreund, sondern einer mehrfach verzweigten nationalen Bewegung Irlands, die sich später als sehr erfolgreich erwiesen hat.

Ein Weiteres ist bei dieser Überlegung evident. Durch den Vergleich und den historischen Zusammenhang erhält die sportliche Charakterisierung Davins auch ihre aggressiv-militaristische Komponente, die im Text wiederholt zu finden ist, ohne die genannten detaillierten Nebenbezüge aber unverständlich bleiben muß. Davin wird vom Scheitel bis zur Sohle als Militarist beschrieben. Stephen beeindrucken sofort seine gut gefertigten Stiefel. Dann heißt es, daß er gegen alles, was aus englischer Kultur und England auf seinen Geist eindrang, in Gehorsam zu seinem Losungswort »gewappnet« dastand (S. 451).

Wie gewichtig und weitreichend der Nationalismus Davins vom Erzähler gestaltet ist, geht auch daraus hervor, daß er ein Fenian[92], ein Anhänger der Fenier-Bewegung genannt wird. Wer die historische Erscheinung dieser nationalen Bewegung nicht kennt, dürfte beträchtliche Schwierigkeiten haben, die Aussage zu verstehen, daß Davin außerhalb Irlands nur die französische Fremdenlegion kannte, in der zu dienen er gewillt gewesen sei (S. 451). In seinem Aufsatz von 1907, *Fenianism*[93], gibt Joyce eine Darstellung der Entwicklung dieser national ambitionierten Partei. Von Robert Emmets törichtem Aufstand von 1803 und der leidenschaftlichen Bewegung des Jungen Irland abgesehen, sieht Joyce in der Fenier-Bewegung eine ernst zu nehmende nationale Bewegung, deren Phasen er einteilt in die Zeit vor den Führern O'Leary, Luby und Stephens, in die Phase nach der Verhaftung und Flucht dieser Führer und schließlich in die dritte Phase nach der Gründung der Partei Sinn Fein durch Arthur Griffith nach 1899. Ziel der Sinn-Fein-Bewegung war es, aus Irland eine zweisprachige Republik zu machen. Man versicherte sich der Unterstützung der Franzosen und gründete eine direkte Dampfschiffverbindung zwischen Irland und Frankreich; dies ermöglichte die Ausübung des Boykotts gegen englische Waren. Man verweigerte den Kriegsdienst und Fahneneid gegenüber der englischen Krone. Dann versuchte man, Industrie über das ganze Land hin anzusiedeln, und statt jährlich einviertel Millionen für die Mitgliedschaft von acht Abgeordneten im englischen Parlament auszugeben, war man bestrebt, einen Konsulardienst in den wichtigsten Welthäfen einzurichten, um die Industrieprodukte ohne Einschaltung Englands zu verkaufen. Die Bereitschaft Davins, in der französischen Legion zu kämpfen, erklärt sich also aus der Zugehörigkeit zur Sinn-Fein-Partei. Zudem ist auch im Text ein Hinweis gegeben, daß die Unterstützung Irlands durch die Franzosen bereits Tradition hatte[94]. Wenn der Erzähler französische Delegierte und Wolf Tone in Zusammenhang bringt, so geht

das auf die wirkungslose Unterstützung der Franzosen von 1798 zurück, in der die irische Rebellion blutig niedergeschlagen wurde, wie eingangs ebenfalls dargestellt wurde.
Ein weiterer Widerspruch Davins erklärt sich durch den Bezug auf die Sinn-Fein-Bewegung. Stephen, von Davin ob seiner Weigerung, die Petition für universellen Frieden zu unterschreiben, gerügt, zitiert Davin aus dessem Drillbuch der Sinn Feiner: »— Im Laufschritt, Fianna! Rechts um, Fianna! Fianna, durchzählen, und Gruß, eins, zwei!« (S. 475)
Die Haltung Davins, einerseits für weltweiten Frieden einzutreten und andererseits ein militärisches Drillbuch als Lieblingslektüre bei sich zu führen, ist zweifelsohne ein weiteres Beispiel für die Integration von Autobiographischem in das Kunstwerk. Sie wird so vollzogen, daß die von auktorialer Seite erkannte Widersprüchlichkeit als zu überwindendes Entwicklungsstadium der Künstlernatur erscheinen muß. Denn Joyce bezieht sich in seinem Aufsatz voll kritischer Distanz auf die »Verbrechen« dieser Partei. Bei einem Versuch, Gefangene der Sinn Feiner zu befreien, wurde die Mauer des Gefängnisses von Clerkenwell am 13. Dez. 1887 mit Dynamit gesprengt. Mit Bezug auf dieses Ereignis schreibt Joyce:

Nach der Zerstreuung der Fenier zeigt sich die Tradition der Doktrin physischer Gewalt von Zeit zu Zeit in Gewaltverbrechen. Die Unbesieglichen sprengten das Gefängnis bei Clerkenwell in die Luft, entreißen ihre Freunde den Händen der Polizei in Manchester, bringen die Bewacher um, erstechen am hellen Tag den englischen Staatssekretär, Lord Frederick Cavendish, und den Unterstaatssekretär Burke im Phoenix-Park in Dublin.[95]

Die Tatsache, daß sich der junge Künstler Stephen von den Widersprüchlichkeiten zwischen den kriminellen Akten der Parteigeschichte und dem Wunsch nach Weltfrieden der Parteimitglieder lossagt, entspricht dabei der inneren Entwicklung von Joyce selbst. Obwohl sich Joyce zeitweilig als Sozialist betrachtete, war er doch stets um die Wahrung seiner Integrität bemüht und hat sich aktiv nie engagiert. Seine pazifistische Ablehnung aller Gewalttätigkeit ist gesichert. So vor allem, wenn man in *Dooleysprudence* von 1916[96] zu lesen versteht, wie er über beide Seiten seinen Ärger im ersten Weltkrieg äußert. Allerdings scheint Joyce nicht von Anfang an jede Gewalttätigkeit abgelehnt zu haben. Denn noch 1898 glaubte er, daß Gewalt gebraucht werden sollte, um der Gerechtigkeit zum Sieg zu verhelfen, wie aus dem Aufsatz *Force* vom 27. September 1889[97] eindeutig hervorgeht.
Die aus dem bisher Angeführten ersichtliche und unzweideutige Verbindung zwischen Militarismus, Krieg, Sport und Verbrechen, wie sie sich an der Figur Davins aufweisen ließ, kann bestätigt werden durch eine weitere Beobachtung zu *Stephen Hero*. Die beson-

dere Rolle des Sports – verstanden als Abreagieren kriegerischer Gelüste, die anders nicht befriedigt werden können, wie auch als Vorbereitung auf den wirklichen Krieg – wird aus *Stephen Hero* ebenfalls ersichtlich. Doch auch dort ist jene innere Inkonsequenz festzustellen. Nachdem Madden die militärische Bedeutung des Sports zugegeben hat, meint Stephen, es wäre doch viel sinnvoller, die militärische Ausbildung der Engländer auszunutzen. Dies aber lehnt Madden aus ethischen Gründen empört ab; denn nach den Prinzipien der Bewegung mußte ja man alles aus eigener Kraft schaffen, und es ging ja um die »De-Anglisierung« Irlands! Dabei wäre die militärische Nutzung englischer Ausbildung ein leichtes gewesen. Denn irische Nationalisten befanden sich im Parteidienst der Engländer und in zivilen Dienststellen, wogegen Madden nichts einzuwenden hat[98]. Dabei ist zu bedenken, daß Joyce letzteren Umstand in seinem Aufsatz *Fenianism* hervorgehoben hatte; dort heißt es: »Unter den Feniern gab es viele Soldaten im englischen Heer, Polizeispitzel, Gefängniswärter und Kerkermeister.«[99]

Die sportlich-national-militaristische Charakterisierung Davins kann nun weiterhin zeigen, daß Motive, Themen und Sachverhalte aus dem *Portrait* später im *Ulysses* weiterentwickelt und weitergeführt werden, so daß das *Portrait* die zentrale Mittlerstelle innerhalb des Gesamtwerkes für die Entstehung, Weiterführung und Abrundung einzelner künstlerischer Komplexe wird. Auch im *Ulysses* ist zu beobachten, daß den Nationalisten die körperliche Ertüchtigung im Sinn der Gälischen Liga besonders wichtig ist[100].

Der dort nach dem Vorbild von Michael Cusack (aus dem *Portrait*) skizzierte ›Citizen‹ war ja bekanntlich Meister im Steinstoßen, einem altirischen Sport. Die hohe Geistlichkeit ist, wie überall, auch bei dieser Diskussion über den Sport natürlich zahlreich vertreten. Kurz darauf erlebt man dann die Sache selbst. Im Sportteil einer Zeitung erscheint eine Reportage über den blutigen Boxkampf zwischen einem Iren und einem diesem an Gewicht überlegenen (!) Engländer[101]. Bei näherem Hinsehen fällt die große Häufung militärischer Begriffe auf. Der englische Boxer Bennett ist Sergeant-Major, ›artillery man‹ (Schütze), ›soldier‹ (Soldat), ›red coat‹ (Rotrock), ›the military man‹ (Militarist); der Ire Keogh ist zunächst ›receiver general‹ (General [Haupt]›empfänger‹; auch die Bedeutung von ›receiver‹ = ›Hehler‹ spielt unterschwellig mit herein), wird darauf zum ›Irish gladiator‹ (irischen Gladiator), und dann heißt es von ihm: ›he retaliated by shooting out‹ (er schlug zurück durch einen Schuß nach vorn). Selbstverständlich gewinnt der Ire. Es spielt sich ein allegorischer Kampf ab: Das kleine Irland kämpft gegen den überlegenen Unterdrücker England. Zunächst empfängt es die meisten Schläge, doch England verliert mit einem »knock out, clean and clever« (einem gekonnten und raffinierten k. o.). Die

Menge rast und jubelt dem Gewinner zu. Aus der militaristischen Vorübung mit dem Hockeyschläger als Symbol für den irischen Nationalsport hat sich also ein allegorischer Kampf um die Unabhängigkeit Irlands von England in Gestalt einer Zeitungsreportage entwickelt.

Solche Bezüge zwischen Einzel- und Gesamt-, zwischen Früh- und Spätwerk herzustellen, ist indes nur durch die Untersuchung des zeitgeschichtlich-autobiographischen Hintergrundes (sowohl in den kritischen Schriften von Joyce selbst wie auch in der Geschichtsliteratur) möglich. Nur wäre es verfehlt anzunehmen, es handle sich bei einer Figur wie Davin allein um das Umsetzen autobiographischer Erfahrungen in die romanhafte Fiktion des Erzählers. Wie sehr Joyce um die fiktiv-künstlerischen Belange seines Werkes bemüht ist, geht u. a. aus der Tatsache hervor, daß auch der historische Hintergrund Davins (hinter dem sich George Clancy verbirgt, der als Bürgermeister von Limerick ermordet wurde) transparent gemacht wird. Wenn auch der Text keinen direkten Hinweis auf diesen historischen Aspekt Davins gibt, so ist der nationale Leser aufgrund der zahlreichen anderen Eigenschaften dieser Gestalt, wie sie der Text aufgreift, doch darüber unterrichtet, wer sich in der historischen Wirklichkeit darunter verbarg (vgl. Anderson EN, S. 523: 180,18).

## Joyce und die Irische Literaturrenaissance

Abschließend verdient eine weitere Eigenschaft Davins Beachtung: seine Erziehung durch die tendenziös-nationalistische Literatur Irlands und deren Mythen. Die Erziehung unter diesem Aspekt macht Davin zu einem Vertreter der Irischen Literaturrenaissance, sofern man als Leser in der Lage ist, die Voraussetzungen dieses Phänomens in den kritischen Schriften von Joyce mitzuassoziieren. In ihren Anfängen war diese literarische Wiedergeburt gewiß eine des Theaters. Der Anfang wird in der Regel gesetzt durch die Aufführung von Martyns *The Heather Field* und Yeats' *Countess Cathleen* im Jahre 1899[102]. Man dachte an Fortschrittlichkeit und zog gegen die Kommerzialisierung und Vulgarität des bis dahin gültigen irischen Theaters zu Felde. Doch die Wende kam kurz nach 1900, als Hydes *Casad-an-Súgán* sowie Yeats' und Moores Stück *Diarmuid and Grania* aufgeführt wurden – wobei vor allem letzteres auf den für Davin so typischen Heldensagen beruht. Im Gegensatz zu früher wurden als wichtigste Erneuerung nun die Stücke nicht mehr in englischer Sprache, sondern in gälisch-altirischem Idiom aufgeführt. Solche Aufführungen irischer Heldensagen im Abbey-Theatre Dublins waren natürlich gedacht als kulturelles Komplement zur Anfachung des Nationalismus durch Kultur und Neubesinnung auf die keltischen Wurzeln irischen literarischen Lebens. Wenn es also von Davin heißt, daß seine Amme ihm nicht nur einzelne dieser Heldensagen, sondern die ganzen Zyklen dieser Reihe bereits als Kind vermittelte, so ist natürlich der Zeitbezug zu der erwähnten nationalistischen Phase des irischen Theaterlebens unschwer herzustellen, insbesondere wenn man alle anderen zeitgeschichtlichen Bezüge als gültig voraussetzt. Nun ist weiterhin in diesem Zusammenhang aufschlußreich, daß Joyce von den anfänglichen Idealen des irischen Theaters durchaus begeistert war. Denn er dachte selbst daran, für das Abbey-Theatre ein Stück zu schreiben (»Brilliant Career«), was er letztlich dann nur unter dem Einfluß William Archers nicht ausführte. Als das irische Theater jedoch die nationalistische Wende vollzog – nach der Aufführung der Stücke von Hyde und Yeats-Moore – verurteilte Joyce diese Form des irischen Nationaltheaters ob seiner Kleinbürgerlichkeit in schärfsten Tönen. Ernst zu nehmende zweitrangige Autoren wie Sudermann, Björnson und Giacosa seien bei weitem bessere Dramatiker als diejenigen, die von den irischen Bühnen in Dublin aufgeführt würden[103]. Unter diesem Gesichtspunkt ließe sich schließen, daß auch die ablehnende Haltung Stephens im *Portrait* gegenüber der nationalistischen Erziehung Davins verdichtete Autobiographie sei.

Veranlaßt zu dieser Annahme sieht sich der Leser vor allem durch die emphatisch gesetzten Epitheta bei der Schilderung der Lektüre des jungen Davin. So wird im *Portrait* von der »schmerzensreiche(n) Sagenwelt« (sorrowful legend) und den »gebrochenen Lichter(n) irischer Mythe« (broken light of Irish myth) (S. 451) gesprochen; oder es heißt, daß in den Versen dieser Literatur keinerlei Schönheit zu finden sei, denn sie sei schwerfällig; ferner, daß Davin diesen Einfluß über sich in der Haltung eines »schwachköpfigen treuergebenen Knechts« (ebd.) habe ergehen lassen. Daß man der These von der verdichteten Autobiographie dennoch immer nur mit Vorsicht und Einschränkung wird begegnen müssen, läßt sich besonders deutlich machen an der Abneigung Stephens gegen die Erziehung Davins durch die betreffende Literatur. Denn es lassen sich ohne Zweifel Unterschiede zwischen der Autobiographie von Joyce und der Kunstgestalt dieser Autobiographie im *Portrait* aufweisen. So sind sowohl Stephen als auch der Erzähler in jeder ihrer Äußerungen gegen diese nationalistische, literarische Gesinnung Davins, während die autobiographische Haltung von Joyce eindeutig durch eine gewisse Zwiespältigkeit charakterisiert ist. Etwa war Joyce einerseits anfänglich von den Erneuerungsbestrebungen des irischen

Theaters begeistert, lehnte aber andererseits den stofflichen Rückgriff auf das irische Keltentum und die Wiedererweckung von dessen Sprache auf der Bühne eindeutig ab. Ferner hat Joyce durch seine Rezension von Lady Gregorys *Poets and Dreamers* (die mit ihrer Person und besonders diesem Buch von 1902 für die Wiedererweckung frühzeitlich-nationalen Keltentums steht) sich von all diesen Bestrebungen distanziert. Doch ist andererseits in seiner Rezension das unterschwellige Fortbestehen einer gewissen nationalen literarischen Begeisterung nicht zu überhören. Denn er schreibt:

Dieses Buch ist, wie so viele andere Bücher unserer Zeit, zum Teil malerisch und zum Teil eine direkte oder indirekte Äußerung des zentralen Glaubens von Irland. Aus der materiellen und geistigen Schlacht, die Irland so hart zu schaffen machte, ist es wieder hoch gekommen mit vielen Erinnerungen an seine Glaubensüberzeugungen, und mit einem Glauben vor allem – einen Glauben an die unheilbare Niedertracht der Kräfte, die es bezwungen haben –, und Lady Gregory, deren alte Männer und Frauen fast ihre eigenen Richter zu sein scheinen, wenn sie ihre phantastischen Geschichten erzählen, könnte zu der Textstelle aus Whitman, die ihr als Widmung dient, Whitmans doppeldeutiges Wort für die Siegreichen hinzufügen – »Schlachten werden in dem Geist verloren, in dem sie gewonnen werden«.[104]

Wenn hier Joyce von dem Glauben der Lady Gregory an die unverbesserlich-unedle Gesinnung jener Kräfte spricht, die Irland überwunden haben, so kommt er in Haltung und sogar Formulierung Yeats sehr nahe, der seinen Nationalismus in der Reaktion gegen den vulgären Materialismus der britischen Kultur gründen ließ und irischen Idealismus in all seinen Formen – den Aberglauben eingeschlossen – kultivierte, um jenem entgegenzutreten[105].

An dem literarischen Aspekt der Erziehung Davins läßt sich also zeigen, daß es Joyce nicht so sehr darauf ankam, autobiographische Fragmente und Facetten in literarische Prosa umzusetzen, sondern darauf, an wichtigen Einzelstellen zu zeigen, wie sich die künstlerische Entwicklung seiner literarischen Hauptfigur – sollte sie zu unabhängiger Selbständigkeit führen – nur unter scharfer Absage an nationalistisch geprägte Sprachkultur und der damit zusammenhängenden militaristisch-sportlichen Unkultur vollziehen konnte, so daß die Aussage des *Portrait* volle Gültigkeit hat:

... in Verbindung mit dem Temperament des jungen Mannes hatte Stephen ihn oft eine von den *zahmen* Gänsen genannt: und in dem Namen lag sogar eine gereizte Spitze, die sich gegen eben jene Unbeweglichkeit seines Freundes in Rede und Handlung richtete, die so oft zwischen Stephens spekulationssüchtigem Kopf und den verborgenen Pfaden irischen Lebens zu stehen schien.[106]

Die genauere Analyse der nationalistischen Hintergründe des *Portrait* läßt somit einen wesentlichen Teil jener ›Netze‹ sichtbar und verständlich werden, denen der heranreifende Künstler Ste-Stephen/Joyce zu entfliehen bestrebt ist.

Die Bildungsstrecke und Selbstfindung des angehenden Künstlers Stephen birgt demnach die Auseinandersetzung mit den weit verzweigten Formen des irischen Nationalismus in sich, was dem Werk seine zeitgeschichtlich-dokumentarische und prophetische Bedeutungsschicht aufprägt. Symbolische Strukturen werden sichtbar. In das Kunstwerk aus dem kritischen Werk integrierte Autobiographie und historische Zusammenhänge schaffen Formen des Geschichts-, National- und Sprachbewußtseins, die innerhalb des Frühwerkes Einzel- und Gesamtwerk einigend überspannen. Einzelne Szenen erscheinen im Licht neuer Bedeutungsschichten, deren vielfach verflochtene Stränge im Gesamtwerk des James Joyce verwurzelt sind und der Methode eines nur immanent interpretierenden Kritikers verborgen bleiben müssen.

## Anmerkungen

1 Diesen Eindruck vermittelt ein Blick in folgende kritische Sammelwerke: *Joyce's Portrait: Criticisms and Critiques*, edited by Thomas Connolly, London 1964; *James Joyce; The Critical Heritage*, edited by R.H. Deming, vol. I: 1902–1927, vol. II: 1928–1941, London 1970; *James Joyce; Ausgewählte Prosa*, ausgewählt und eingeleitet von T.S. Eliot, Zürich 1951, München 1952 (Sammlung: Gestalten und Wege); *James Joyce: Two Decades of Criticism*, edited with a new introduction, by Seon Givens, New York 1946; *James Joyce: 1882–1941, Werke und Deutungen* = *Dichter und Denker der Gegenwart*, Hg. Fritz Hüser, Dortmund 1965 (Eine Bücherverzeichnisreihe, Folge 34); Stanislaus Joyce ed. *The Early Joyce: The Book Reviews 1902–1903*, Colorado 1955; *A James Joyce Miscellany*, edited by Marvin Magalaner, New York 1957; *Twentieth Century Interpretations of ›A Portrait of the Artist as a Young Man‹: A Collection of Critical Essays*, edited by William M. Schutte, Englewood Cliffs (N. J.) 1968; *Proceedings of the Comparative Literature Symposium, James Joyce: His Place in World Literature*, February 7 and 8, 1969, ed. Wolodymyr T. Zyla, Lubbock (Texas) 1969.
2 Vgl. z.B.: G.H. Redford, ›The Role of Structure in Joyce's *Portrait*‹, in: Connolly (S. Anm. 1), S. 102; W.J. Handy, ›Criticism of Joyce's Works: A Formalist Approach‹, in: *Proceedings of the Comp. Lit. Symp.* (s. Anm. 1), S. 53; Lee T. Lemon, ›Motif as Motivation and Structure‹, in: *Twentieth Century Interpretations*, (s. Anm. 1), S. 41; Hugh Kenner, ›The *Portrait* in Perspective‹, in: *Twentieth Century Interpretations* (s. Anm. 1), S. 26; F. Harvey, ›*Stephen Hero* and *A Portrait of the Artist:* The Intervention of Style in a Work of Creative Imagination‹, in: *A Bash in the Tunnel: James Joyce by the Irish*, ed. J. Ryan, London 1970, S. 203 ff.

3 Vgl. W. C. Booth, ›Art and Life: The Aesthetic of the *Portrait*,‹ in: *Twentieth Century Interpretations* (s. Anm. 1), S. 64; B. D. Kimpel, ›James Joyce in Contemporary World Literature‹, in: *Proceedings of the Comp. Lit. Symp.*, (s. Anm. 1), S. 93; ›The Aesthetic Theory‹, in: Connolly, (s. Anm. 1), S. 183–290.
4 Vgl. Wilhelm Füger, ›Türsymbolik in Joyces *Portrait*‹, *Germanisch Romanische Monatsschrift*, N. F. 12/1 (1972), S. 39–57 (abgedruckt S. 165–186 *post*)
5 Vgl. W. T. Noon, ›The Religious Position of James Joyce‹, in: *Proceedings*... (s. Anm. 1), S. 7
6 Vgl. Iser, Wolfgang, ›Der Archetyp als Leerform‹, in: *Terror und Spiel; Probleme der Mythenrezeption*, Hg. M. Fuhrmann, München 1971 ( = *Poetik und Hermeneutik* Bd. 4), *passim*
7 Das umfassende Werk von Malcolm Brown, *The Politics of Irish Literature, From Thomas Davis to W. B. Yeats*, London 1972 ist von der Warte des Historikers geschrieben; der Literarhistoriker findet nur gelegentlich wertvolle Ergänzungen z. B. über »Literarischen Parnellismus« S. 371 ff. Auf das *Portrait*, dem hier exemplarisch das Hauptinteresse gilt, wird nur ganz sporadisch eingegangen; vgl. Index: Joyce, J. – *Portrait*. Das Geschichts- und Nationalbewußtsein, wie es sich in den *Kritischen Schriften* von Joyce darstellt, bleibt außer acht! Nahezu alle Joyce-Kritiker zeigen bei der Beurteilung von Joyces Verhältnis zu Irland mehr oder minder große Verwirrung: vgl. Marvin Magalaner and Richard M. Kain, *Joyce, The Man, the Work, the Reputation*, New York 1956, S. 20. Der Aufsatz von James T. Farrell, ›Joyce's *A Portrait of the Artist as a Young Man*‹, in: *James Joyce: Two Decades of Criticism* (s. Anm. 1), S. 175ff., leidet vor allem darunter, daß dem Verfasser der Inhalt von *Stephen Hero* erst nach Abfassung des *Portrait*-Aufsatzes bekannt wurde; vgl. S. 190ff.
8 ›The Shade of Parnell‹, in: *Critical Writings of James Joyce*, edited by Ellsworth Mason and Richard Ellmann, London 1959, S. 233 (*Critical Writings* im folgenden immer abgekürzt als *CW;* ins Deutsche übertragen vom Verfasser).
9 »Ireland at the Bar«, in: *CW*, S. 199
10 Zitiert wird im folgenden nach: James Joyce, *Stephen der Held. Ein Porträt des Künstlers als junger Mann*, übersetzt von Klaus Reichert, Frankfurt 1972 (Frankfurter Ausgabe Bd. 2). Die Weihnachtsmahlszene findet sich dort auf S. 277–291. Alle Seitenangaben zum Originalwerk im laufenden Text beziehen sich auf die nämliche Ausgabe, wobei *SH* = *Stephen Hero*, *P* = *Portrait*.
11 Vgl. ebd., S. 450–453; S. 474–477; S. 506
12 Gemeint ist der Unterschied zwischen *Ulysses* und *Portrait* einerseits im Gegensatz zu den kritischen Schriften und den Briefen andererseits, also zwischen fiktivem und nichtfiktivem Werk.
13 *SH*, S. 63–68, bes. 64 f.; vgl. auch S. 236: *Evening Telegraph:* Nationalistenversammlung, vgl. S. 120; vgl. auch M. Brown, *Politics* (s. Anm. 7), S. 314
14 *P*, S. 450 ff., 475 ff.
15 Vgl. Richard Ellmann, *James Joyce*, New York 1959, S. 62; Chester G. Anderson, ed., James Joyce, *A Portrait of the Artist as a Young Man, Text, Criticism, and Notes*, New York 1964 (The Viking Critical Library), S. 523: ›Explanatory Notes‹ 180, 18; 180, 34; 181, 04 (Verweise auf diese ›Explana-

tory Notes‹ werden im folgenden mit *EN* abgekürzt); vgl. auch M. Brown, *Politics* . . . (s. Anm. 7), S. 314.
16 Vgl. Anderson, EN 181, 0
17 Vgl. »Ireland, Island of Saints and Sages«, in: *CW*, S. 42 ff.
18 Ellmann (s. Anm. 15), S. 63; vgl. James Joyce, *Ulysses*, London 1964 (The Bodley Head Edition), S. 382 f., 403 f., 412–414
19 *P*, S. 451, 475; vgl. auch *SH*, S. 272
20 In: *CW*, S. 187 ff.
21 Über Davins Sprache im Detail: S. 147, 150 f. vorliegender Arbeit.
22 Vgl. Anm. 13; vgl. auch W.C. Booth, ›The Problem of Distance in the Portrait‹, in: *Twentieth Century Interpretations* (s. Anm. 1).
23 Siehe Anm. 10
24 *P*, S. 284; Reichert übersetzt: ›Fettwanst‹; vgl. Anderson, EN, S. 494: 33,18
25 Vgl. ebd.
26 *Ebd.*, S. 495: 38,05 (zu *P*, S. 289)
27 *P*, S. 276; vgl. Anderson, EN, S. 493: 26,12
28 *P*, S. 289; vgl. Anderson, EN, S. 496: 38,22
29 *P*, S. 290; vgl. Anderson, EN, S. 496: 38,31; vgl. auch M. Brown, *The Politics* . . . (s. Anm. 7), S. 175–179.
30 *P.*, S. 289; vgl. Anderson, EN, S. 496: 38, 27
31 *P.*, S. 289; vgl. Anderson, EN, S. 496: 38, 21
32 *P.*, S. 284–291; vgl. auch S. 277
33 *P.*, S. 284; vgl. Anderson, EN, S. 494: 33, 21
34 *P.*, S. 278; vgl. Anderson, EN, S. 493: 28, 09; vgl. auch M. Brown, *Politics* . . . (s. Anm. 7) S. 265, Anm.
35 Vgl. Ellmann (s. Anm. 15), S. 24; Anderson, EN, S. 495: 35, 23–25
36 Vgl. dazu Stanislaus Joyce, *My Brother's Keeper: James Joyce's Early Years*, edited with an introduction and notes by Richard Ellmann; preface by T. S. Eliot, New York 1958, S. 3 f., 8; auch Anderson, EN, S. 495: 37, 26.
37 James Joyce, *Dubliners. Text, Criticism, and Notes*, edited by Robert Scholes and A. Walton Litz, New York; The Viking Press, 3. Aufl. 1971, S. 118 bis 136; *James Joyce, Dublin*, Novellen, aus dem Englischen übertragen von Georg Goyert, Frankfurt 1961, Fischer Bücherei, S. 107–123.
38 Vgl. Anderson, EN, S. 494: 31, 23
39 Für die folgende Darstellung des historischen Hintergrundes wurden folgende Werke herangezogen, z. T. im Wortlaut:
Robert Bauer, *Irland, Insel der Heiligen und Rebellen*, Leipzig 1938; J.C. Beckett, *The Making of Modern Ireland: 1603–1923*, London 1966; R. Bringmann, *Geschichte Irlands*, o. O. 1953; Edmund Curtis, *A History of Ireland*, London 1965; C.C. O'Brien, *The Shaping of Modern Ireland*, London 1970; *Handbuch der europäischen Geschichte*, Hg. Th. Schieder, Bd. 6, Stuttgart 1968, S. 282–286; *Propyläen-Weltgeschichte*, Hg. Golo Mann, Bd. 8 *(Liberalismus und Nationalismus: das 19. Jahrhundert)*, Berlin 1960; E. Rumpf, *Nationalismus und Sozialismus in Irland seit 1918*, Diss. Heidelberg 1959; H. Morton, *In Search for Ireland*, London 1970 (repr.).
40 Vgl. z. B. die Aussagen über:
Michael Davitt: *P*, S. 255 (Anderson, EN, S. 494: 32,03) und *P*, S. 264 (Anderson, EN, S. 485: 7,24); Gladstone: *P*, S. 529 (Anderson, EN, S. 548: 249,23); James I: Anderson, EN, S. 543: 233,11; York und Lan-

caster: *P*, S. 260 (Anderson, EN, S. 489: 12,03); Napoleon: *P*, S. 299 (Anderson, EN, S. 499: 47,09); French delegates ( = eine Anspielung auf Wolf Tone): *P*, S. 454 (Anderson, EN, S. 525: 184,12); sugan ( = eine Anspielung auf den ›Tyrone War‹ [1594–1603]): *P*, S. 514 (Anderson, EN, S. 544: 236,23); Bantry gang (über Anti-Parnelliten): *P*, S. 505 (Anderson, EN, S. 541: 228,33); Penal days: *P*, S. 522 (Anderson, EN, S. 546: 243,31 [Strafgesetze]; Irish fellows: *P*, S. 485 (Anderson, EN, S. 535: 210,25 [Nationalisten]; Csár's rescript: *P*, S. 469 (Anderson, EN, S. 531: 196,28); Opening of the National Theatre (Eröffnung des Nationaltheaters): *P*, S. 503 (Anderson, EN, S. 541: 226,12); Giraldus Cambrensis (1147–1223) ( = Hofkaplan Heinrichs II. von England; Verfasser der *Topographia Hibernica, Expugnatio Hibernica*, einer Geschichte Irlands von 1166 bis 1185): *P* S. 507 (Anderson, EN, S. 542: 230, 08–14); s. a. *CW.*, S. 169. *Ebd.*, S. 162, erwähnt Joyce, daß Heinrich II. nach seiner Landung in Irland mit Gusto in Dublin Weihnachten gefeiert habe. Es wäre zu überprüfen, ob diese Weihnachtsfeier bei Giraldus Cambrensis ein Vorbild hat und ob möglicherweise beide Schilderungen die Gestaltung der Weihnachtsmahlszene beeinflußt haben. Zur historischen Transparenz der Charaktere vgl. W.T. Noon, »James Joyce: Unfacts, Fiction, and Facts«, *PMLA* 76 (1961), 254–276.

41 *CW*, S. 153–175
42 *Ebd.*, S. 187–193
43 *Ebd.*, S. 90–93
44 *Ebd.*, S. 102–106
45 *Ebd.*, S. 193–197
46 *Ebd.*, S. 209–214
47 *Ebd.*, S. 223–229
48 *Ebd.*, S. 161f.
49 *Ebd.*, S. 162f.
50 *Ebd.*, S. 162f.
51 *Ebd.*, S. 163f.
52 *Ebd.*, S. 165; vgl. S. 164
53 *Ebd.*, S. 165
54 *Ebd.*, S. 166
55 *Ebd.*, S. 166
56 *Ebd.*, S. 167
57 *Ebd.*, S. 168
58 *Ebd.*, S. 168f.
59 *Ebd.*, S. 171
60 *Ebd.*
61 *Ebd.*, S. 173; vgl. auch D. O'Brien, *The Conscience of James Joyce*, Princeton (N.J.) 1968, S. 70–94
62 »The Shade of Parnell«, in: *CW*, S. 224
63 *Ebd.*, S. 225
64 *Ebd.*, S. 226
65 *Ebd.*, S. 227
66 *Ebd.*, S. 228
67 *Ebd.*, S. 288
68 *P*, S. 284; Reichert übersetzt: ›Dispute‹
69 ›The Shade of Parnell‹, in: *CW*, S. 227

70 *Ebd.*, S. 227f. (vgl. Judas-Motiv bei Joyce)
71 ›Fenianism‹, in: *CW*, S. 191f.
72 *P*, S. 450; vgl. *CW*, S. 166; Anderson, EN, S. 523: 180,16 und 180,13
73 *P*, S. 476; Reichert übersetzt: ›simpler‹
74 *P*, S. 506; Reicherts Übersetzung weicht ab!
75 Vgl. dazu Anderson, EN, S. 523: 181,12
76 Vgl. *ebd.*, S. 524: 181,33
77 *P*, S. 453; Reichert: ›zum Glühen bringen‹; vgl. Anderson, EN, S. 525: 182,27
78 Originalstelle zu *P*, S. 452; Reichert: ›Kleider vom Leib gerissen‹; vgl. Anderson, EN, S. 524: 182,07
79 Originalstelle zu *P*, S. 452; Reichert: ›übergezogen‹; vgl. Anderson, EN, S. 524: 182,10
80 *P*, S. 452; vgl. Anderson, EN, S. 524: 182,11
81 In: *CW*, S. 197ff.
82 *Ebd.*, S. 198
83 *SH*, S. 56
84 ›Ireland, Island of Saints and Sages‹, in: *CW*, S. 155f.
85 *P.*, S. 475. Vgl. auch *SH*, S. 54, 58: Stephen lernt nur wegen Emma Clery Irish (s. bes. S. 62)
86 *The Letters of James Joyce I*, ed. Stuart Gilbert, London 1957; dass. *II* und *III*, ed. Richard Ellmann, London 1966; hier: *II*, 187: ›To Stanislaus Joyce‹ (vom 6. Nov. 1906)
87 Robert Scholes and Richard M. Kain, eds., *The Workshop of Daedalus: James Joyce and the Raw Materials for ›A Portrait of the Artist as a Young Man‹*, Evanston (Ill.): Northwestern University Press 1965, S. 92.
88 Vgl. dazu R.H. Deming, ed., *James Joyce: The Critical Heritage*, vol. I, London 1970, S. 108
89 *P*, S. 475; vgl. dazu M. Brown (s. Anm. 7), S. 186
90 Anderson, EN, S. 524: 182,18
91 Beckett (s. Anm. 39), S. 417; M. Brown (s. Anm. 7), S. 314, 376
92 Vgl. Anm. 19
93 In: *CW*, S. 187ff.
94 Vgl. Anm. 40
95 ›Fenianism‹, in: *CW*, S. 190ff.
96 In: *CW*, S. 246
97 In: *CW*, S. 17
98 Vgl. *SH*, S. 62–64
99 ›Fenianism‹, in: *CW*, S. 189
100 James Joyce, *Ulysses*, Bodley Head Edition, S. 410
101 *Ebd.*, S. 412
102 Vgl. dazu *P*. S. 503
103 ›The Day of the Rabblement‹, in: *CW*, S. 70
104 ›The Soul of Ireland‹, in: *CW*, S. 105
105 Vgl. Yeats' ›Song from Occupations‹!
106 *P*, S. 451. Mit den ›zahmen Gänsen‹ wird zugleich auf den Kontrast zu den ›wilden Gänsen‹ (wild geese) angespielt; so wurden jene irischenAuswanderer und Exilanten genannt, denen es gelungen war (oder die zumindest versucht hatten), ihr Vaterland zu verlassen. Im Gegensatz zu Stephen gehört Davin nicht zu letzteren.

Wilhelm Füger

# Türsymbolik in Joyces »Portrait«*

Wenngleich der suggestive Darbietungsmodus von Joyces *Portrait* mit ›Symbolkunst‹ nur teilweise umschrieben ist, bleibt unbestritten, daß der sorgsamen Durchleuchtung der für dieses Werk charakteristischen Bild- und Symbolfelder wie der aus und mit ihnen gebildeten ›associative patterns‹ angesichts der Besonderheit des hier vorliegenden Fiktionstyps große Relevanz zukommt. Wird doch die Gesamt- und Tiefenstruktur dieses Romans wesentlich von der latenten Eindruckskraft jener Aussageschichten mitgetragen. Das subtile innere Zusammenspiel anscheinend zufälliger Details der Geschehensoberfläche schafft unterschwellig die Voraussetzungen für fundamentale Lesereinsichten, die diskursiv nicht in gleicher Intensität und Direktheit vermittelbar wären. Im Aufspüren solcher Zusammenhänge wird man dabei kaum zu weit gehen können, denn Joyce – das lassen alle bisherigen Befunde zur Genüge erkennen – erreicht bereits in diesem Frühwerk eine Symboldichte, wie wir sie sonst nur noch bei Kafka kennen. Mit gutem Grund hat sich die Kritik deshalb immer wieder um Aufhellung bedeutsamer Substrukturen (Mythen-, Literatur- oder Religionspersiflage) und augenfälliger Symbolkreise (Wasser, Vogel, Rind, Rose, Brücke, Straße, Frau, Feuer u. ä.) bemüht, häufig unter ausdrücklichem Verweis auf die grundsätzliche Bedeutung des Symbolischen für das adäquate Verständnis gerade dieses Erzählkunstwerks[1]. E i n Zeichenkomplex wurde dabei noch nicht in gebührender Weise berücksichtigt[2]: die Symbolik der Türen und Tore, Ein- und Ausgänge, Durchgänge und Schwellen. Er soll hier seiner gehaltsenthüllenden Funktion wegen näher untersucht werden.

Dazu vorab eine Grundsatzüberlegung. Weniger noch als im Falle anderer Bildzeichen ist hier mit der Möglichkeit zu rechnen, alle Implikationen dieser Symbolik auf einen Nenner zu bringen oder gar in allegorischer Manier eindeutig festzulegen. Das widerspräche nicht nur dem Wesen des Symbols im allgemeinen und der bekannten Vielschichtigkeit Joycescher Suggestionstechnik im besonderen. Entschiedener als jedes andere Sinnbild muß sich gerade das Türsymbol seinem ureigensten Wesen nach solcher Prägnanz entziehen. Ist doch die Tür durch ihren janushaften Charakter essentiell auf Zweiseitigkeit angelegt, wie spätestens seit Kafka evident[3]. Sie kann Ein- und Ausgang sein, Durchlaß und Hindernis, Zeichen

* Erstabdruck in *Germanisch Romanische Monatsschrift* 22/1 (1972), 39–57

des Eingeschlossenseins wie der Befreiung, des Verharrens im geschützten Raum wie des Durchbruchs nach Draußen, des Vorstoßes ins Transzendente; aber auch der Bedrohung durch das Draußen, des Eindringens persönlichkeitswidriger Urängste und existenzgefährdender Mächte[4]. Angesichts dieses Doppelaspekts wird jede entsprechende Symbolik (sofern sie die Möglichkeiten dieses Sinnkomplexes voll ausschöpft, was Joyce selbstverständlich tut) zwangsläufig zwei- bzw. mehrwertig sein müssen, sei es in sukzessivem Wechsel oder synchronisch als kontrapunktische Polyvalenz. Diese Janusnatur der Tür deutet Joyce gleich zu Beginn in einem Einzelhinweis beiläufig an: Stephens Ferientraum vergegenwärtigt anläßlich der Schülerheimfahrt u. a. die ›Schaffner‹, welche in den Gängen des Zuges auf- und abgehen: »(sie) öffneten und schlossen die Türen, sperrten sie zu und sperrten sie auf«[5] – das Ganze wohl ein Sinnbild unberechenbarer Lebensmächte, die den Menschen in vorgezeichneten Seinsräumen festhalten oder ins Freie entlassen. – Doch bleiben wir zunächst beim restlos Evidenten: den allgemeinen Grundtypen des Joyceschen Türsymbols. Im Fortschreiten vom ein- zum mehrwertigen Zeichengebrauch werden Art und Reichweite jener oft äußerst komplexen Sinngefüge dann um so einsichtiger werden. Auszugehen ist von der fundamentalen und relativ eindeutigen Kontrastierung des Drinnen und Draußen, die gerade das erste Kapitel in besonderem Maße prägt, gleichsam als Ausgangsbasis der sich zunehmend verästelnden und mit Bedeutung aufladenden Tür- und Raumsymbolik des *Portrait*.

**Bedrohung und Schutz, Herausforderung**

Einfachste Form der Opposition Drinnen/Draußen ist der Kontrast ›Schloß/Spielfelder‹ in Kapitel I, der – entsprechend Stephens Scheu vor sportlicher Betätigung – positive bzw. negative Gefühlsbeiwerte erhält, in gezielter Koppelung mit den Assoziationsfeldern (associative patterns), kalt/weiß/Wasser bzw. heiß/rot/Feuer. Schien zunächst das Motiv ›Gefängnis‹ anzuklingen (beim Abschied der Eltern »an der Tür des Schlosses«; S. 257, ähnlich S. 269), so empfindet Stephen die Internatsräume bald als zweites Zuhause, in das er gern zurückkehrt: »Es würde im Studiensaal besser sein als draußen in der Kälte.« (S. 258; u. v. ä.). Das betonte zweimalige »Alles rein«! (S. 259) – an anderer Stelle (S. 297) wiederholt – erscheint ihm weniger als Befehl (der es ja auch ist, dazu auf symbolischer Ebene möglicherweise noch Ausdruck des Hirtenanspruchs der Kirche) denn als Einladung zur Rückkehr in die Geborgenheit. Aus der Innenperspektive erscheinen die anfangs einschüchternden Tore jetzt sogar als schützendes Bollwerk bzw. Gefahrenstelle, durch die bedrohliche Außenmächte eindringen können[6]. In letztere Richtung deuten u. a. »die Kerben der Musketenkugeln der Soldaten im Holz der Tür« (S. 258), deren Bezug auf die Hamilton Rowan-Episode[7] freilich zugleich wieder die Möglichkeit des Entkommens und die Schutzfunktion geschlossener Türen suggeriert. Einseitig prekär erscheint die Situation in der Krankenabteilung. Stephen sieht sich aus gewohnten Tagesabläufen herausgerissen und in eine unheimliche Umgebung versetzt, die er sofort mit unangenehmen Eindrücken assoziiert: »Als er an der Tür vorüberging, erinnerte er sich mit undeutlicher Angst an das warme torf-farbene Moorwasser, die warme feuchte Luft, die Plumpsgeräusche, den Geruch der Handtücher, wie Arznei.« (S. 272) Bruder Michael an der Tür wird zu einer bedrohlich wirkenden Gestalt, deren Motive nicht einsichtig sind. Wieder drängen aus dem Dunkel einer Tür dumpfe Ängste herein: »aus der Tür zu dem dunklen Kabinett zu seiner Rechten kam ein Geruch wie Arznei.« (S. 272) Das Ungewisse fremder Türen erscheint hier noch vorwiegend unter negativem Aspekt, als undurchsichtiger Fremdbereich, unverständlich und doch auf geheimnisvolle Weise erregend, wie die Kritzeleien in der Latrine, »hinter der Tür von einem der Klosetts« (S. 295). Jähen Einbruch in befriedete Räume bedeutet der Auftritt Father Dolans in der Bakel-Szene: Das schicksalhafte Sich-Öffnen und -Schließen der Tür wird hier eigens betont (S. 300 bzw. 304). Selbst im familiären Bereich klingt dieses Motiv noch zweimal beiläufig an: in der Weihnachtsmahlszene als Rückerinnerung an den Polizeiwagen, der unvermittelt an der Tür des Hauses erscheint, um Mr. Casey (entgegen seinen üblichen Reisegewohnheiten) in eine unverständliche Außenwelt zu entführen (S. 288); und als Stephens eigenes Erleben anläßlich des Umzugs in Gestalt der »großen Möbelwagen« »vor der Tür« (S. 318) – der (funktional) gleichen Tür übrigens, durch deren Zuschlagen sich Dante einst aus der Gemeinschaft der Weihnachtsrunde ausgeschlossen hatte (S. 291). Später tritt solche Verschüchterung durch das Hereindringen anonymer Mächte allmählich zurück zugunsten eines erweiterten Situationsverständnisses, das die Tür auch als möglichen Ausweg aus der Enge konventioneller Häuslichkeit erkennt. Nur vereinzelt klingt das Bedrohungsmotiv dann noch an, gleichsam als zeitweiser Rückfall in frühere Bewußtseinsstufen. Am deutlichsten vielleicht in der aus »Epiphany Nr. 5« gestalteten[8] illuminationshaften Szene, wo Stephen im Haus seiner Tante bei ungewissem Dämmerlicht verträumt in die flackernden Kohlen starrt: »Plötzlich spürte er, daß etwas in der Tür stand. Ein Schädel erschien, wie freischwebend, im Düster der Tür.« (S. 322) Sogleich jedoch wird die durch das beziehungsvolle (noch mehrfach auftauchende: S. 309, 421) Schädelmotiv ins Spukhafte tendierende Situation ironisch gebrochen: Die Erscheinung an der Tür entpuppt sich als harmlose Sinnestäuschung. Hierdurch wird Stephens zwiespältige Türerwartung erneut angedeutet, zugleich ein Grundgehalt des Buches indirekt charakterisiert: Der Kontrast zwischen dem banalen Gespräch der Frauen und den phantasievollen Tagträumen des Jungen beleuchtet schlaglichtartig die unüberbrückbare Kluft zwischen zwei Welten, in deren Spannungsfeld Stephen heranwächst.

Als zweiseitig durchgängig erscheint die Tür erstmals im Zusammenhang mit Stephens Beschwerde beim Rektor. Das Sich-Durchringen des Jungen zur Selbstbehauptung ist in besonders auffälliger Weise mit Türbildern durchsetzt. Bereits der Gedanke an den möglichen Einspruch bringt einen ersten Freiheitsspielraum zum Bewußtsein: »Er konnte die Treppe hochgehen, weil vor der Tür zum Refektorium nie ein Priester oder Präfekt stand.« (S. 307) Während Stephen auf dem Wege vom Speisesaal ängstlich die Entscheidung abwägt, wird sein Voranschreiten zum »point of no return« durch das bedrohliche Näherrücken der den Scheideweg markierenden Tür zum »niedrigen dunklen engen Korridor, der zum Schloß führte«, dargestellt: »Er näherte sich der Tür [...] er sah vor sich die Tür. [...] Er hatte die Tür erreicht.« (S. 308) Auch sein endgültiger Entschluß findet Ausdruck in einem entsprechenden Bild: »... wie er die Türschwelle zum Korridor überschritt« (S. 308) – ein hochsymbolischer Vorgang, der eine Grundsituation des Buches versinnbildlicht: Stephen überquert die erste der zahlreichen Schwellen auf seinem Wege zur Selbstwerdung. Dieser Schritt ist indes erst ein Anfang; die entscheidende Tür zum Rektorzimmer liegt noch immer vor ihm. Auf dem Wege dahin muß der weiterhin von Skrupeln geplagte Gerechtigkeitssucher zunächst den dunklen Korridor bedrückender Traditionshaftigkeit durchqueren, muß eine Reihe kleiner (in den Kompromiß führender?) Türen passieren, die in Gemeinschaftsräume führen, d. h. in Bereiche der ihm von Jugend an verinnerlichten kollektiv-konformistischen Leitbilder: »Er lief durch den engen dunklen Korridor, lief vorbei an kleinen Türen, den Türen zu den Zimmern der Gemeinschaft.« (S. 308) Wer will, mag hierin zudem mit Jean Paris[9] einen Hinweis auf das Labyrinth-Motiv sehen – auf jenes »maze«, in das sich Stephen zunächst (S. 358) tatsächlich verirrt und dem er später (S. 483) bewußt zu entkommen sucht. Von (auch psychisch?) erhöhtem Standpunkt aus (»auf dem Treppenansatz über der Eingangshalle«) bemerkt Stephen noch einmal – diesmal schon aus größerer äußerer und innerer Distanz – die ominösen Einschußspuren am Eingangstor. Das Ziel liegt jetzt klar vor ihm; ein hilfreicher Geist (der weise Alte des Märchens?) weist es ihm von fern: »der alte Diener zeigte auf die Tür am anderen Ende« (S. 309). Kurz entschlossen klopft er an, und wieder wird – als Rahmen der entscheidenden Unterredung – das Öffnen und Schließen der Tür eigens hervorgehoben (S. 309 bzw. 311). Stephens inneres Drama seit der Bakel-Szene präsentiert sich so u. a. als symbolträchtiger Weg längs einer zielablenkenden Reihe und durch eine hierarchisch gegliederte, wie ein Instanzenweg anmutende Folge verschiedener Türen.

## Verlockung und Gefahr, Distanzierung

Die Tür als Ort der Verlockung, des Eindringens ins Unbekannte und Verbotene, tritt am deutlichsten hervor im großen Leitmotiv »Frau an der Tür«, welches das ganze Werk durchzieht. Wir begegnen ihm erstmals in Stephens tagtraumartigen Phantasien während der Abendmesse in der College-Kapelle, wo Anblick und Geruch der Bauern das Erlebnis eines Mitschülers in Erinnerung rufen: »da gäbe es kleine Hütten, und er hätte eine Frau an der Niedertür einer Hütte mit einem Kind auf dem Arm stehen sehen.« (S. 267) Dieses Bild, kurz darauf – diesmal schon ohne madonnenhaften Anklang (Kind) – wieder aufgegriffen in Stephens Ferientraum (S. 269), ist eingebettet in den allgemeinen Symbolkontrast »Frustration im Rahmen vorgezeichneter Daseinsbahnen« gegen »Lebensfülle und -risiko jenseits autoritärer Schranken« (hier z. B. ausgedrückt durch das Nebeneinander des »kalten Nachtgeruchs in der Kapelle« und dem »Geruch aus Luft und Regen und Torf und Kord« der knienden Bauern). Zugleich wird dieses Bild als angstumwitterte Versuchung ausgewiesen:

Es wäre wunderbar, eine einzige Nacht in dieser Hütte zu schlafen, vor dem Feuer aus rauchendem Torf, in dem von dem Feuer erleuchteten Dunkel, in dem warmen Dunkel, den Geruch der Bauern dabei zu atmen, Luft und Regen und Torf und Kord. Aber, oh, die Straße dahin zwischen den Bäumen war dunkel! Du tätest dich verlaufen in dem Dunkel. Er bekam Angst, wenn er dran dachte, wie das wäre. (S. 267)

Noch einsichtiger wird dieser Zusammenhang an jener Kernstelle, wo Stephen seine Sehnsucht formuliert, »in der wirklichen Welt dem unstofflichen Bild beegnen, das seine Seele so beständig erschaute.« Das pubertäre Idealbild von Mercedes, der hehren Geliebten, verbindet sich dort mit ähnlicher Motivik: Sie würden sich eines Tages treffen, hofft Stephen, »vielleicht bei einem der Tore oder an einem geheimeren Ort« (S. 318). Unwillkürlich denkt man an »Mangan's Schwester« aus »Araby«, die für den jungen Protagonisten die gleiche Rolle spielt wie Mercedes für Stephen: Auch sie tritt als fernes Idealbild vorzugsweise im Rahmen der Tür in Erscheinung[10]. Den Bezug jener Wunschvorstellung auf Stephens spätere Frauenbegegnungen hat bereits Hugh Kenner betont: »Wie die vaginalen Bilder von Toren, geheimen Orten und Dunkelheit implizieren, ist dies der Traum, der in dem Sich-Hineinstürzen in die profane Liebe zeitweise Erfüllung findet.«[11] Folgerichtig kehrt das gleiche Motiv – jetzt freilich in ironischer Umkehr – wieder in den Straßen der Prostitution, wo es im Zuge unterschwelliger Liturgie-Persiflage zugleich mit Zügen der Schwarzen Messe (»wie vor einem Altar«; »Ritual«) gekoppelt ist:

Vor den Türen und in den erleuchteten Fenstern standen Gruppen geschmückt wie zu einem Ritual. Er war in einer anderen Welt: er war aus einem jahrhundertelangen Schlaf erwacht. (S. 358)

Diesmal durchschreitet Stephen die versucherische Tür *in concreto* und erreicht den tiefsten Punkt seiner geistig-moralischen Entwicklung. Die bäuerliche Mutter mit Kind des Anfangs, Zeichen der mütterlich umfangenden Kräfte Irlands und im madonnenhaften Anklang zugleich Symbol dogmatischer Religiosität, wird so durch Situationsanalogie mit der Hure assoziiert – eine Querverbindung, die auch sonstige Implikationen nahelegt (allgemeine Rolle des Weiblichen im *Portrait*). Beide Frauengestalten verkörpern die verharrenden und verführenden Kräfte des Traditionellen und Banalen, die Stephen von seiner wahren Bestimmung zum Priester der Kunst abzuhalten suchen[12].

Im letzten Entwicklungsstadium des Helden taucht das Motiv abermals auf, jetzt freilich nicht mehr als aktuelles Problem Stephens, sondern als Erinnerungsbericht eines Kommilitonen, dem Stephen bereits distanziert auf höherer Reflexionsstufe gegenübersteht. Davin erzählt einen Vorfall, der unverkennbare Parallelen zu Stephens früheren Phantasien zeigt: Im Vorjahr habe er auf dem Rückweg von Buttevant abends auf einsamer Landstraße an eine Hüttentür geklopft, worauf ihm eine halbbekleidete, offenbar schwangere Frau geöffnet und einen Krug Milch (irische Denkart?) gereicht habe. Die anschließende (erfolglose, aber Davin noch immer seltsam erregende) Verführungsszene steht ganz im Zeichen der Türsymbolik: »Ich geh hin und klopf an die Tür [...] Sie hat ganz lang an der Tür mit mir gesprochen [...]. [...] (sie) faßt ... mich bei der Hand und will mich hineinziehen über die Schwelle [...]. [...] (ich) hab ... mich umgeschaut und da stand sie noch an der Tür.« (S. 453) Eine Ursituation der Versuchung und Initiation gleichsam, archetypisches Erleben jedes Heranwachsenden. Stephen reagiert in bezeichnender Weise. Er assoziiert sofort eigene Erinnerungsbilder, erkennt die Situation rückblickend freilich klar als Zeichen der Verlockung seitens dumpfer Verharrungskräfte, die er mittlerweile endgültig zu überwinden im Begriffe ist:

> Die letzten Worte von Davins Geschichte sangen in seiner Erinnerung, und die Frau in der Geschichte nahm Gestalt an, sie spiegelte sich wider in den Gestalten der andern Bauersfraun, die er in Clane in den Türen hatte stehen sehen, wie die Collegewagen vorüberfuhren, als eine Verkörperung ihres Volkes und seines eigenen, eine Fledermausseele, die in Dunkelheit und Heimlichkeit und Einsamkeit zum Bewußtsein ihrer selbst erwacht und, durch die Augen und die Stimme und Gebärde einer Frau ohne Arg, den Fremdling an ihr Bett ruft. (S. 453 f.)

Wie sehr Stephen früheren Pubertätsphantasien inzwischen entwachsen ist, zeigt der letzte Aufgriff dieses Motivs im Schlußgespräch mit Cranly. Davins Erlebnis wird dort – wiederum im Zusammenhang mit dem Fledermaussymbol – noch einmal ins Bewußtsein gerufen, jedoch nur zur Feststellung des Nichtbetroffenseins: »Eine Frau hatte gewartet in der Tür, als Davin vorübergekommen war in der Nacht, sie hatte ihm eine Tasse Milch geboten und ihn freiend fast an ihr Bett gebeten; [...]. Aber ihn hatten keiner Frau Augen freiend umworben.« (S. 516) Für Stephens emanzipierte Künstlerseele gibt es kein Zurück in dumpfe Geborgenheit; diese Möglichkeit war im Grunde auch nie eine Alternative zu seiner tatsächlichen Entwicklung. Die spätere Szene mit dem singenden Dienstmädchen hinter dem Küchenfenster (S. 523) unterstreicht indirekt diese Erkenntnis. Stephen ist jetzt immun gegen die Verlockung ins Volkshaft-Konventionelle. Deshalb ist bei diesem Haus auch von keiner Tür mehr die Rede. Der Gesang ist nur durch ein Fenster vernehmbar; feste Trennwände liegen zwischen Stephen und den sirenenhaften Klängen, deren leidenschaftsloses Anhören die Diskussion mit Cranly einem klärenden Ende zuführt: »Der Zwist ihrer Geister war erstickt.« (S. 523) Zudem transfiguriert Stephens Phantasie das singende Mädchen zur weißgekleideten Frauengestalt aus liturgischen Gesängen – Symbol geistiger Erfüllung in reiner Kunst. »Wahre Poesie« und »wahre Liebe« scheinen hier, Cranlys Skepsis zum Trotz, wirklich in greifbare Nähe gerückt als Realisierung eines Ideals durch distanzierende Sublimierung geistwidriger Regungen und Ablenkungskräfte. Für Stephen scheint der Kampf entschieden: Der Streit mit Cranly kann ihn nicht mehr erregen; der Aufbruch zu völlig Neuem, zum eigenen Selbst, ist innerlich längst beschlossen.

## Seelenkampf und Selbstfindung

Voraussetzung solch innerer Loslösung von aufoktroyierten Leitbildern ist der aus kritischer Selbstanalyse erwachsende Mut zum eigenen Ich, der Stephen schrittweise den Weg zur Freiheit ermöglicht. Auch dieser Vorgang, Grundthema unseres Entwicklungsroman, offenbart sich weithin durch geschickt eingesetzte Türsymbolik. Am deutlichsten im dritten Kapitel, in Stephens unmittelbarem Reagieren auf die Höllenpredigten Father Arnalls. Unauffällig bereiten des Priesters Ausführungen diesen Bildkreis vor. Bereits die Donnerstagpredigt über die vier letzten Dinge bedient sich u. a. diesbezüglicher (aus Bibel und Erbauungsliteratur wohlbekannter) Metaphern:

> Tod und Gericht durch die Sünde unsrer ersten Eltern in die Welt gebracht, sind die dunklen Pforten, die unser Erdendasein schließen, die Pforten, die sich ins Unbekannte und Ungesehene öffnen, Pforten, durch die jede Seele ziehen muß, allein, ohne Unterstützung, es sei denn durch ihre guten Werke, ohne Freund oder Bruder oder Eltern oder Herr, ihr zu helfen, allein und zitternd. (S. 374 f.)

Gleiche Töne klingen am nächsten Tag an in der Erwähnung des Pfortenengels Michael mit dem Flammenschwert und der biblischen Anspielung auf die »Pforten der Hölle [,welche die Kirche] nicht überwinden sollen« (S. 379 bzw. 380). Der Bote, welcher anschließend den Beginn der Beichte verkündet (»ein Bote kam an die Tür«; S. 388), gewinnt so fast erlöserhafte Züge: Er weist dem zutiefst aufgewühlten Helden einen Weg aus der Sündenverstrickung, den Eingang in ein neues Leben der Gnade. Entsprechend steht Stephens Reaktion auf die Exerzitien ganz im Bannkreis analoger Symbolik. Als er sich Freitag abend nach der letzten Predigt erschüttert auf sein Zimmer zurückzieht, kommt sein innerer Kampf zum Ausdruck in einer Reihe beziehungsvoller Türbilder – einer der markantesten Passagen des Buches im Hinblick auf unseren Symbolkreis. Was auf den ersten Blick, von der Metaphorik der Predigten her, zunächst als traditionelles Läuterungsbild im Umkreis von Reue und Beichte anmutet, enthüllt bei genauerem Hinsehen zugleich sehr viel tiefere Bezüge, die Stephens ganze menschliche und künstlerische Existenz betreffen. Im bangen Zögern vor dem Eintritt in das dunkle, von eingebildeten Gefahren erfüllte Zimmer sieht sich Stephen gleichsam mit seinem eigenen Selbst konfrontiert. Der Entschluß zum klärenden Einblick fällt ihm nicht leicht. Bereits die bloße Hinwendung zu diesem gefährlichen Raum fordert eine gewisse Selbstüberwindung: »Er blieb auf dem Treppenansatz vor der Tür stehen, schnappte dann nach dem Porzellanknopf und öffnete die Tür rasch.« Eine starke Scheu, die

Schwelle zu jenem dunklen, von unbekannten Mächten beherrschten Bezirk zu überschreiten, hält ihn aber noch immer zurück:

> Er wartete in Angst, schmachten tat seine Seele in seinem Innern, und betete schweigend, der Tod möge seine Stirn nicht streifen, wenn er über die Schwelle trat, den Erzfeinden, die die Finsternis bewohnen, möge nicht Macht gegeben werden über ihn. Er wartete immer noch an der Schwelle, als wäre sie der Eingang zu einer finstern Höhle. (S. 400)

Dann jedoch, nach einem halluzinatorisch-visionären Zwischenspiel (dessen jähe Einblendungstechnik bereits den Darbietungsstil von *Ulysses* vorwegnimmt), wagt er den entscheidenden Schritt in das »finstere Gehäus der Höhle«[13], d. h. des eigenen Unbewußten: »tapfer den Kopf hochwerfend, schritt er fest ins Zimmer hinein. Eine Türfüllung, ein Zimmer, dasselbe Zimmer, selbe Fenster.« Stephens Entschluß, der Bedrohung ins Auge zu sehen (gestützt auf rationale Überlegungen im Dienste der Selbstberuhigung), ist der erste entscheidende Schritt zur Initiation in das eigene Ich, die ihm durch fortschreitende Selbsterkenntnis und -bejahung schließlich jene innere und äußere Freiheit bringt, der er von Anfang an zustrebte. Zwar gewinnt Stephen hier noch keine absolute Gewißheit, denn die zu erringende Einsicht trägt noch immer Züge bloßer Selbstbeschwichtigung: »Er sagte sich, daß das hier nichts als sein Zimmer wäre, mit geöffneter Tür.« (S. 400) Doch die Erkenntnis, daß im vermeintlich todbringenden Dunkel nur das eigene Zimmer liegt, sein naturhaftes Selbst also, das es furchtlos zu durchdringen und bejahend in Besitz zu nehmen gilt, legt den Grundstein zur späteren Selbsterlösung, erwachsend aus der Einsicht, daß induzierte Leitbilder und ein falsches Sündenbewußtsein ihm höllische Mächte dort vorgaukelten, wo lediglich allgemein menschliche Grunderfahrungen und persönliche Seelenregungen virulent sind. Die hieraus resultierende Möglichkeit völliger Befreiung aus den Fesseln der Fremdbestimmung zur autonomen Existenz künstlerischer Selbstverantwortung wird so durch das Bild der offenen, mutig zu durchschreitenden Tür in unmißverständlicher Klarheit zum Ausdruck gebracht.

Diese Tür wird freilich unmittelbar darauf wieder geschlossen: »Er schloß die Tür, ging schnell zu seinem Bett, kniete daneben nieder und bedeckte das Gesicht mit den Händen.« (S. 400) Dies kann – und hier wird die Ambivalenz des Türsymbols besonders deutlich – nur bedeuten, daß Stephen im gegenwärtigen Stadium seiner Entwicklung für den endgültigen Schritt in personale Freiheit noch nicht reif ist, daß er sich trotz erster Emanzipationsversuche vorerst noch in die Geborgenheit (»Bett«) schutzverheißender Orthodoxien zurückzieht. Tatsächlich ist seine anschließende Lebensphase ganz von der anscheinend erlösenden Beichte und einem zunächst als

Endziel empfundenen Gnadenzustand geprägt. Ironische Querschläger lassen diesen Rückfall in alte, letztlich abzustreifende Bindungen indes unterschwellig als Pseudofrieden erkennen. Als Stephen am Abend der Beichte in die feuchte Dunkelheit (Assoziationskreis des Abstoßenden, Feindlichen) hinaustritt, empfindet er den Gang aus dem Internat in Bezirke jenseits des fest Geregelten (also den Schritt durch die kurz zuvor als grundsätzlich offen erkannte, dann aber aus eigenem Entschluß zugeschlagene Tür) geradezu als Anlaß zu Gewissensskrupeln: »(das) Geräusch, wie sich die Tür hinter ihm schloß, tat seinem Gewissen wieder weh, das von Gebet und Tränen eingelullt gewesen war.« (S. 403) Rückkehr in den College-Bereich erscheint ihm dabei fast als Verheißung eines Neuanfangs, als Wiederaufnahme in das geistige Vaterhaus: Er würde seiner Sünden ledig sein, »bevor er noch wieder die Fußleiste der Haustür über die Schwelle schleifen hörte, wenn sie sich öffnete, um ihn einzulassen« (S. 404). Wieder erkennt man die Ambivalenz eines Symbols wie der Schwelle. Was an anderer Stelle Schritt zur Befreiung bedeutet, dient hier als Ausdruck des Rückschritts in überholte, Stephens wahrem Wesen ungemäße Bindungen. Ähnliches gilt für ein Bild der anschließenden Beichtszene. Das häufig erwähnte Sich-Öffnen und -Schließen von Türen[14] – anderwärts (etwa anläßlich der Theateraufführung; S. 329) fungierend als Erhaschen einer »slice of life« aus einem musikerfüllten Gesellschaftsraum; aber auch (im Gespräch mit dem Studiendekan; S. 455) als Rahmen für einen Bereich geistiger Beschränkung – wird im mechanischen Spiel der »Holzscheibe« des Beichtstuhls, in den Stephen »blind« hineindrängt (S. 407 f.), zum Zeichen unaufhaltsamen Aufgesogenwerdens durch die Mächte der Tradition, einer tückischen Falle geradezu, ähnlich unausweichbar wie die schicksalhafte Bewegung der Klaßzimmertüren in der Bakel-Szene. Bilder dieser Art suggerieren, gleichsam als Komplemantäraspekt der Symbolkette »Öffnung-Freiheit-Selbstbestimmung«, das Gefangensein hinter verschlossenen bzw. das Durchschreiten kompromißweisender Türen. Der ständige Widerstreit solch polar angelegter Bild- und Assoziationsreihen wird bewußt herangezogen zur symbolischen Darstellung und Untermalung des großen inneren Kampfes, den der Held dieses Romans in allen Höhen und Tiefen durchlaufen muß. Dabei zeichnet sich Stephens schließlicher Sieg durch zunehmende Betonung der Befreiungsassoziationen des Türsymbols zwar schon relativ früh ab (ein Sieg freilich nur innerhalb des immanenten Geschehensrahmens, vom Gesamtwerk des Autors her gesehen aber ein bloßer Scheintriumph, denn Joyce bleibt Stephens Aufbruch gegenüber ironisch distanziert, läßt den später unvermeidlichen ikarischen Fall bereits ahnen); doch ist es nicht zuletzt die eigenartige Ambivalenz eben dieser Symbolik, die dem Leser den Seelenkampf des Protagonisten immer wieder bewußt werden läßt. Unbeschadet der allmählichen Akzentverlagerung nämlich bleibt die Doppelfunktion der Tür als Öffnung und Verschluß, ihre Durchlässigkeit nach zwei Richtungen bis in das Schlußkapitel hinein als Motiv präsent, oft genug im Rahmen ein und derselben Anspielung. Nicht selten erreicht die Strahlkraft jener Symbolik gerade in solcher Synopse ihre höchste Stärke.


## Entscheidung und Befreiung

Nirgendwo tritt der Doppelaspekt der Tür so klar zutage wie in der großen Entscheidungsszene im zweiten Abschnitt des vierten Kapitels, die in besonders starkem Maße von unterschwelliger Türsymbolik geprägt ist[15]. Zunächst drängt Unerwünschtes von draußen auf den beklommen Wartenden herein: Gerade als Stephen wünscht, der Rektor käme nicht, »hatte er den Türgriff sich drehen und das Rauschen der Soutane gehört« (S. 421). Doch dies ist nur beiläufiges Vorspiel. Am Schluß des Gesprächs, das Stephen zum Eintritt in den Orden bewegen soll, betont der Priester die ganze Schwere der Entscheidung. Er verabschiedet Stephen an der geöffneten Tür — einem Scheidepunkt gleichsam, der den Weg nach drinnen und draußen gleichermaßen freigibt: »Er hielt die schwere Haustür auf und gab ihm die Hand, wie einem, der sein Gefährte schon war im geistlichen Leben.« (S. 428) Die Ironie dieser Geste wird schon im nächsten Satz evident. Stephen, der sich innerlich längst gegen die Abgeschlossenheit hinter schweren Schul- und Klostertüren entschieden hat, tritt über die Schwelle hinaus ins Freie, wo milde Abendluft Freiheitsahnungen aufkeimen läßt und Fetzen einer schlichten Volksweise verkrampfte Einbildungen sacht hinwegspülen:

Stephen trat hinaus auf den weiten Vorplatz über den Stufen und empfand zärtlich die milde Abendluft. Auf der Höhe von Findlater's Church stolzierte ein Quartett junger Männer mit untergehakten Armen, sie schwangen ihre Köpfe hin und her und schritten zur flinken Melodie der Konzertina ihres Anführers. Die Musik rauschte in einem Augenblick, wie die ersten Takte jäher Musik es stets taten, über die phantastischen Gespinste seines Geistes und löste sie schmerzlos und geräuschlos auf, wie eine jähe Welle die in Sand gebauten Türmchen von Kindern auflöst. (S. 428)

Dieser Vorgang, zusätzlich untermalt vom sich abzeichnenden großen Bildwandel Wasser-Luft (Zeichen des Weges aus Unbewußtheit über säkularisierte Taufe zum geistigen Luftreich des Intellekts und der Kunst [Vogelmotiv; dädalischer Flug]), ist symbolisch ebenso bedeutsam wie das anschließende Überqueren der Tolka-Brücke (S. 430) – ein Akt der Entscheidung und Befreiung, der sich kurz darauf (S. 434) auf der Brücke bei Dollymount wiederholt[16]. Wie sehr die »schwere Haustür« des Colleges geistige Bedrohung und Eingeschlossensein signalisiert, zeigt indirekt auch der Kontrast zur unverschlossenen Tür des Elternhauses, durch die Stephen fröhlich eintritt als in ein nichtasketisches, in mancher Hinsicht zwar durchaus beschränktes, aber dafür unverfälschteres und vitaleres (Joycesches Küchensymbol![17]) Leben: »Er stieß die Haustür, die kein Schnappschloß hatte, auf und ging durch den nackten Flur in die Küche.« (S. 431)

Im Schlußteil des vierten Kapitels endlich, einem der Höhepunkte des Buches, wird das Türsymbol vor und nach der großen Schlüsselszene mit dem watenden Mädchen unübersehbar zum integralen Bestandteil des Zeichenkomplexes »dädalisches Aufbruchstreben«. Gleich eingangs wird die im programmatischen Eröffnungssatz »Er konnte nicht länger warten« angedeutete Unrast vor dem letzten Schritt in souveräne Freiheitsräume illustriert durch das Bild verschiedener Eingänge, die hier (mit fernem Anklang an das Labyrinthmotiv) Möglichkeiten konventioneller Dubliner Lebensmodelle bedeuten (Kirche und Alkoholismus), geistige Sackgassen, die Stephen meiden muß, falls seine Kunst (»Rhythmus von Versen«) nicht in steriler Konformität (»die Felder der Platten auf dem Gehsteig« = Antibild des freien Fluges) verhaftet bleiben soll:

> Von der Tür des Byronschen Wirtshauses zum Tor der Clontarf Chapel, vom Tor der Clontarf Chapel zur Tür des Byronschen Wirtshauses und dann wieder zur Chapel und dann wieder zum Wirtshaus war er zuerst langsam gependelt, hatte seine Schritte peinlich genau in die Felder der Platten auf dem Gehsteig gesetzt, dann ihren Rhythmus im Rhythmus von Versen taktiert. (S. 432)

Als dem unsteten Stadtwanderer kurz darauf beim Überqueren der Brücke von Dollymount eine (verächtlich zur Kenntnis genommene) »Schwadron Christian Brothers« entgegenkommt (Verkörperung der entgegengesetzten Lebensrichtung, der potentiellen Rolle Stephens als irischer Priester), taucht in seinen Reflexionen noch einmal flüchtig das Bild der bergenden Tür auf, der Kirchenpforten gleichsam, die einen reuigen Sünder nur zu gern wieder aufnähmen:

> Es war leeres Gerede, daß er sich dazu antrieb, hochherzig gegen sie zu sein, daß er sich sagte, käme er je an ihre Pforte, seines Stolzes beraubt, daß sie dann hochherzig gegen ihn wären und ihn liebten wie sich selbst. (S. 435)

Stephen weiß, daß er diesen Weg nicht beschreiten wird. Längst hat er sich für den Schritt nach vorn und draußen entschieden, wo ihm andere, verheißungsvollere Eingänge offenstehen. In diesem Sinne heißt es dann – gleichsam als jubelndes Resümee – nach der großen Erleuchtungsszene am Meer:

Ein wilder Engel war ihm erschienen, der Engel sterblicher Jugend und Schönheit, ein Gesandter von den lieblichen Residenzen des Lebens, um vor ihm in einem Augenblick der Ekstase die Tore zu allen Straßen des Irrtums und der Herrlichkeit aufzureißen. Weiter und weiter und weiter und weiter! (S. 441)

Durch die Triumphpforte der Selbsterlösung zum Künstler will Stephen Konvention und Kirche verlassen, nicht »durch die Hintertür der Sünde«, wie es am Schluß im Tagebucheintrag über die Diskussion mit der Mutter heißt (S. 529). Das Bild offener Tore als Symbol des unwiderruflichen, (vermeintlich) endgültigen Durchbruchs in das Freiheitsreich künstlerischer Selbstverwirklichung steht hier gleichsam als flammender Schlußpunkt des großen inneren Klärungsmonologs im Anschluß an die symbolische Tauf- und Wiedergeburtsszene.

Wenig später wird ein Türsymbol zu einem nicht minder bedeutsamen Kontrasteffekt verwendet: in Stephens Ästhetik-Diskussion mit dem »Studiendekan«. Der biedere Ordensmann, der Stephens Argumentation teilweise gar nicht erfaßt – sein Interesse ist mehr archivarischer Art (buchstabengelehrte Reaktion auf das Wort »tundish«) –, möchte ein Feuer entzünden. Doch das Feuer (des Lebens, des freien Geistes[18]) will trotz sorgsamen Bemühens im geschlossenen Raum (dogmatisch bestimmter Orthodoxie) nicht brennen. Ein belebender Luftzug von draußen ist nötig; deshalb öffnet der Dekan die Tür ein Stückchen: »Er stand gelenkig auf und ging zur Tür, machte sie einen Spalt auf.« (S. 457) Trotz dieses (unzureichenden) Öffnungsversuchs (d. h. der Bereitschaft, sich mit Stephen zu verständigen) kommt das Feuer indes kaum in Gang. Der Priester, der den vollen Schritt in gedankliche Freiheit nicht wagt – er bleibt am Schluß in dem kühlen, düsteren und verstaubten Raum (S. 455) zurück, während Stephen »rasch« die Tür nach draußen durchschreitet –, bleibt unerleuchtet, wie die wiederholten hochsymbolischen Bilder von der lichtlosen Lampe noch einmal auf andere Weise untermalen: »... das Gesicht des Priesters, das wie eine nicht angesteckte Lampe aussah oder wie ein Reflektor, der im falschen Fokus hängt.« (S. 459) Wie gezielt solche Symbolik hier gesetzt ist, zeigt der vergleichende Blick auf frühere Entwicklungsstufen dieser Szene. Bei J. F. Byrne, dem Joyce die »fire-lighting scene« ursprünglich verdankt, verließ Father Darlington nach einem belanglosen Gespräch den Raum[19]. Auch in *Stephen Hero* endet die kurze Begegnung noch so:

Pater Butt stand nach diesem Ausspruch von der Kaminplatte auf und ging anderen Geschäften nach, wobei er Stephen in Betrachtung des sich entzündenden Feuers stehenließ, und Stephen grübelte den rasch schmelzenden Kerzenstümpfchen nach und dem Vorwurf im Verhalten des Priesters, bis es soweit war, daß die Physikstunde begann.[20]

Nur ein naiver Leser kann es für Zufall halten, daß der gleiche Vorgang im *Portrait* genau umgekehrt verläuft. Byrnes sarkastisch gemeinte Aufforderung an die Gelehrten, diese Szene nach »verborgenen Bedeutungen« zu durchforschen – er hatte sich über die Art geärgert, wie Joyce seinen Hinweis auf einen unbedeutenden Vorfall ›mißbrauchte‹ –, ist keineswegs so abwegig, wie Byrne glaubt: Die symbolischen Implikationen der Endfassung dieser Szene sind offensichtlich von Joyce bewußt gewollt. – Deutlicher als in den letztgenannten Beispielen läßt sich das Symbolhafte der Türmotivik im *Portrait* kaum zum Ausdruck bringen. Es sind vor allem Sinnbilder wie diese, die uns rückblickend die Berechtigung geben, auch an weniger auffälligen Stellen des Buches in der Erwähnung von Türen und Toren mehr zu sehen als ein zufälliges Stück erzählerischen Sachinventars.

## Motivverkettung

Hinzuweisen ist im weiteren Zusammenhang solcher Strukturerhellung nicht zuletzt auf die z. T. sehr enge Verbindung der hier aufgezeigten Symbolik mit benachbarten und sonstigen (analogen bzw. komplementären) Motivkreisen des Buches. Hierbei fällt zunächst die häufige Erwähnung von Portalen, Treppen, Hallen oder Säulengängen bestimmter Gebäude auf – meist fungierend als Zeichen der Begrenzung, der zu überwindenden geistigen Enge und Sterilität. Etwa finden wir im Schlußkapitel den aus letzten Umklammerungen sich lösenden Helden »auf den Stufen der Bibliothek« (S. 500), d. h. jenes Ortes, der gleichsam die Summe etablierten Denkens verkörpert. »Hinaufschauend von den Stufen der Bibliothek« (also: von der vorgezeichneten Bahn zum Eingang in geistige Konformität aus), beobachtet er das freie Spiel der Vögel – eine bedeutungsvolle Kontrastsituation, eingebettet in den allgemeinen Motivumschwung zu Luft- und Flugbildern, wie er für den Schlußteil des *Portrait* so bezeichnend ist. Das Ganze überdies klar als Symbol ausgewiesen durch Stephens gleichzeitige Gedanken an »Symbole und Vorzeichen« (S. 501; ähnlich S. 503). Nach kurzer Reflexion über Triebfedern und mögliche Konsequenzen seines Fluchtdrangs wendet sich Stephen jedoch wieder der unverdrängbaren Umwelt zu: »Er bog in die Säulenhalle, [...] lief die Treppe hoch und ging durch das klickende Drehkreuz hinein« (S. 503) –

will heißen: vorläufiger Verzicht und Rückwendung in die Begrenztheit. Bezeichnenderweise stößt er im Inneren sogleich auf Cranly, den Prototyp konventionsverhafteter Geister, der hier über trockenen Wörterbüchern sitzt und auch späterhin (z. B. noch im ersten Tagebucheintrag des Schlusses) mit jenem Ort geistiger Dürre liiert bleibt: »Cranly war in der Vorhalle der Bibliothek.« (S. 530) Die hier deutlich anklingende Negativsymbolik – man erinnere sich an Stephens einstige Ernüchterung am »düsteren Portal der Morgue« (S. 342) – findet ihren Fortgang in der zwergenhaften Gestalt, welcher beide kurz darauf in der Bücherei begegnen, »als sie die Halle durchquerten« (S. 504). Es ist eine jener abschreckenden Begegnungen, in denen Stephen sich mit seinem potentiellen künftigen Selbst konfrontiert sieht – jenem reduzierten Menschentum, dem er unweigerlich anheimfallen müßte, gelänge es ihm nicht, sich den kollektiven Verharrungskräften Irlands radikal zu entziehen[21]. Eine analoge Situation fand sich schon zu Beginn des 5. Kapitels, wo Stephen auf seinem »Morgengang quer durch die Stadt« – bezeichnenderweise wiederum in enger Verbindung mit der bekannten Brückensymbolik – jenem Schwindsüchtigen begegnete, dessen gesamte Erscheinung totale geistige Verkümmerung signalisiert (S. 446). Ähnliche »sonderbare Gestalten [...] [...] nicht so groß wie Menschen«, die wortlos etwas von Stephen zu fordern scheinen, geistern auch durch die Traum-Epiphanie (Nr. 29) von der »lange(n) gewundene(n) Galerie«, wo sie aus dem Dunkel des Nicht-Ich (»wie aus einer Höhle«) bedrohlich aufsteigen und an die nie ganz gebannte Gefahr des Abfalls vom wahren Künstlertum erinnern (S. 529). Wohl nicht aus Zufall ist unmittelbar darauf wieder die Rede von Cranly, der »in der Vorhalle der Bibliothek« mit borniertten Mitschülern kasuistische Spitzfindigkeiten (Krokodilparadox) debattiert (S. 530). In ähnlicher Weise standen einst Heron und Wallis zu Beginn der signifikanten Verhör-Szene »im Windfang [shelter, auch: »Schutz«] einer Tür« (S. 330). Und auf der gleichen Linie liegt die anscheinend belanglose Situation, in der Stephen und Lynch nach ihrer Diskussion über das Wesen der Kunst – künstlerisch ungefilterte Sinneseindrücke waren darin charakterisiert worden als »die Gefängnistore unsrer Seele« (S. 481) – vor einem Regenschauer (der erlösenden Einsicht; dem Freiheitsrisiko?) im Bibliothekseingang (Geborgenheit im Traditionellen) Zuflucht suchen: »Als sie durch die Passage an der Royal Irish Academy gingen, sahen sie viele Studenten, die unter den Arkaden der Bibliothek Schutz gesucht hatten« (S. 491) – die gedankenlose Masse, die sich im Schutz des Bewährten sicher geborgen weiß. Cranly lehnt an einem Pfeiler: Er stützt sich auf die Autorität der Traditionsmächte. In *Stephen Hero* hatte Stephen noch Gleiches getan: »Stephen lehnte sich an eine der Steinsäulen und beob-

achtete die hintere Gruppe.«[22] Hier jedoch nimmt allein Cranly diese Haltung ein. Ein Zufall?
Noch ein zweiter Sinnbezug klingt in der letztgenannten Passage an – ein uns schon bekannter Motivkreis, der hier gleichsam kontrapunktische Abwandlung erfährt: »Einige Mädchen standen beim Eingang« (S. 491). Die Frau an der Tür, anderwärts Zeichen der Verlockung und Initiation, wird hier in desillusionierender Umkehrung und zugleich ironischer Parallele zur Pförtnerin sackgassenhafter Traditionsräume. Noch eindeutiger kam dieser Bezug in *Stephen Hero* heraus, wo die Mädchen nach dem Regenschauer wieder der gesicherten Welt ihres Internats zustreben: »Er sah sie zum Konvent zurückkehren – nüchtern-spröde Korridore und einfache Dormitorien; ein stiller Rosenkranz von Stunden.«[23] Emma Clery und ihre identitätslosen Freundinnen verkörpern in dieser Szene gleichsam den Gegenpol zum positiven Aspekt jener Motivik (die Bauersfrauen an den Niedertüren; [S. 269]), erfüllen auf ironisch banalisierte Weise Stephens Traum von der Begegnung mit dem weiblichen Idealbild »bei einem der Tore oder an einem geheimeren Ort« (S. 318). Klar durchschaut Stephen jetzt seinen einstigen Jugendschwarm als Repräsentantin all dessen, über das er hinauszuwachsen bestrebt ist: »die Gälische Liga, die Priester, und die bequeme Heuchelei der philisterhaften Dubliner Bürger, die sich eifrig mit Frömmigkeit beschäftigen, aber weder seelenvoll noch religiös sind.«[24] – Solch sinnsteigernde Überblendung zweier Motivkreise illustriert zur Genüge die nahtlose Einbettung der Türsymbolik in übergreifende Sinnbezüge, und zwar in doppelter Hinsicht. Neben ihren schon genannten Funktionen markiert die Szene vor dem Bibliothekseingang nämlich überdies (wie Andersons Untersuchung zur Bibel- und Liturgiepersiflage des *Portrait* gezeigt hat[25]) auf Stephens symbolischem Passionsweg die Station Golgatha, d. h. das letzte Stadium irdischer (für Stephen: irischer) Misere vor dem Durchbruch zu neuem Leben. Es ist für den zum Exil Entschlossenen der von schmerzlicher Einsicht in frühere Selbsttäuschungen geprägte Augenblick endgültiger innerer Lossagung von seinen einstigen Gefährten. Natürlich ist die Türsituation hierbei nur ein subsidiäres Nebenmotiv innerhalb eines komplexen Anspielungsrahmens. Aber dieses Motiv ist unübersehbar präsent und bildet seiner Implikation nach eine sinnadäquate Untermalung der großen Travestie heilsgeschichtlichen Geschehens. Eingehen eines anderwärts selbständig auftretenden Einzelsymbols in das Schwerefeld übergreifender Sinngefüge also – auch dies ist ein charakteristischer Zug unseres Romans, nachweisbar an zahlreichen weiteren Textstellen.
Abschließend hierzu einige Beispiele solcher »inner correspondences« im Falle anscheinend beiläufiger Türerwähnungen. Man den-

ke an die Szene in der Eingangshalle der Universität nach der Mathematikvorlesung: drinnen, in der inneren Halle, der Studiendekan mit einem der Professoren; am Eingang, auf einem Tisch an der Tür, das Foto des Zaren mit der Unterzeichnungsliste zur Förderung universalen Friedens – alles Dinge und Personen, die Stephen kaum noch interessieren, eher schon in gereizte Stimmung versetzen. Eben deshalb zögert er an der Tür, am Eintritt gehindert (d. h. wohl: innerlich abgestoßen vom abschreckenden Beispiel konventionverhafteter Geister) durch die Masse seiner wichtigtuerisch geschäftigen Kommilitonen: »Stephen, den das Gewimmel an der Tür bremste, blieb unschlüssig stehen.« (S. 466) Diese Situation ist zweifellos typisch für den Stephen dieser Periode: Der Weg ins Konformistische behagt ihm nicht. Es kostet ihn Mühe, diesen Raum geistiger Beschränkung zu betreten, von dem er sich bald endgültig lossagen wird. Im gleichen Sinne war er schon früher – diesmal auf dem Wege nach draußen, aus dem Bannkreis des Schulischen – durch die gedankenlose Masse beim Durchschreiten einer Tür behindert worden: Die am Schluß der Vorstellung durch die offenen Türen nach draußen drängenden Theaterbesucher hemmen Stephen an der Verfolgung seines damals noch ungebrochenen (Pseudo-)Ideals, Emma Clery: »[er] erzwang sich seinen Weg durch die Menge in der Halle und an den beiden Jesuiten vorbei, die dastanden und sich den Exodus anschauten.« (S. 342 f.) Abermals spiegelt ein an sich unbedeutendes Randereignis das Grundthema des ganzen Buches wider (Ausbruch, Exil). Ähnliches gilt für das Bild des rauchenden Onkels Charles »im Rahmen der Häuseltür« zu Beginn des zweiten Kapitels. Dieser anscheinend funktionslose Vorspann hat im Symbolnetz des Gesamtwerks seinen sinnvollen Platz: Tindalls Hinweis, ihn als schlaglichtartige Andeutung des Exilthemas zu verstehen[26], gewinnt Wahrscheinlichkeit vor allem dadurch, daß Onkel Charles, der Ausgestoßene, als einziger (noch) nicht zu jenen »Bildern der Toten, [die] ihm alle fremd waren« zählt, die Stephen auf der Fahrt nach Cork erbarmungslos aus seinem Gedächtnis zu tilgen sucht. Erwähnenswert ist anläßlich des Cork-Erlebnisses ferner die Gestalt des »schwatzhaften Portiers«, der Stephen und seinen Vater durch das Queen's College führt (S. 345). Der servile, geschwätzige Alte, dessen dauerndes Stehenbleiben in auffälliger Weise mit Stephens fiebernder Unrast kontrastiert wird, verkörpert als Wegweiser in die längst tote, als Vorbild niemals ernsthaft diskutable Vergangenheit des Vaters gleichsam die geistige Sterilität einer sentimental glorifizierten, in Wirklichkeit aber hoffnungslos banalen Lebensform, die Stephens drängenden Erwartungen keinerlei Ziel zu bieten vermag. Fast reiht sich der unbedarfte Pförtner damit in die alte literarische Tradition der geistlosen und tölpelhaften Türhüter, deren Kette von der Spätantike über Spenser und Shakespeare bis zu Kafka reicht[27]. Eine neuerliche Variante also der im Zusammenhang mit Cranly und anderen Mitschülern wiederholt registrierten Umkehrung des Türsymbols im Sinne des zu meidenden Eingangs in die Mauern konventioneller Lebensweisen. In den Umkreis solcher Motivmodifizierung und -verschmelzung gehört auch die lange umrätselte Identifikation Cranlys mit dem »heiligen Johannes von der Lateinischen Pforte« (S. 528). Hier konnte Anderson nachweisen, wie mittels dieser Toranspielung eine untergründige Verbindung zu dem für Cranly aktuellen Judas- und Verratsthema gestiftet wird[28]. Ein ähnlicher Überblendungseffekt stellte sich anläßlich der Ästhetik-Diskussion zwischen Stephen und Lynch ein. Durch den Vergleich der Pluralität ästhetischer Ideale mit einem »Labyrinth, aus dem wir nicht entkommen können« (S. 483) – Stephen sieht nur zwei Auswege –, verschmilzt die Symbolik des Drinnen und Draußen dort auf das engste mit dem Dädalus/Labyrinthmotiv.

Tür- und Raumsymbolik beeindrucken den Leser damit nicht allein kraft eigenen Ausstrahlungsvermögens, sondern wirken zudem nach verschiedenen Seiten in andere Symbolkreise hinein und werden so auf raffinierte Weise in das komplexe Netzwerk allgegenwärtiger Zeichenhaftigkeit dieses symbolschwangeren Romans integriert. Solches Neben- und Gegeneinander polyvalenter Bilder und Assoziationen, das Sich-Überkreuzen und situationsbedingte Variieren zentripetaler Einzelmotive sind typische Mittel Joycescher Erzähltechnik nicht erst in den Spätromanen. Es zeugt von der hohen Kunst und Schaffensbewußtheit des Autors, daß man bereits in diesem Jugendwerk immer wieder bewundernd vor Textstellen steht, deren Mikrostruktur unablässig das große Grundthema des gesamten Buches spiegelt und untermalt.

## Zur Methode

Kann über die interpretatorische Relevanz der auf diesem Befund gründenden Textanalysen im markanten Einzelfall auch kein Zweifel bestehen, bleibt die Frage nach der generellen Legitimation und Reichweite des hier praktizierten Deutungsverfahrens nichtsdestoweniger aktuell. Hierbei wird man graduell differenzieren müssen. Es soll nicht behauptet werden, daß Joyce bei jeder einzelnen Türerwähnung bewußt auf Symbolik aus war oder gar sämtliche möglichen Implikationen dieser Motivik von vornherein in Rechnung stellte. Eine solche Annahme, die computerhafte Fähigkeiten des Autors voraussetzte, ist zur prinzipiellen Rechtfertigung unseres Vorgehens aber auch nicht nötig; eine entsprechende Autorabsicht muß nur grundsätzlich einsichtig gemacht, nicht bis ins letzte Detail zwingend demonstriert werden. Andererseits ist unbestreitbar, daß die genannten Sinnkomplexe (Tür und Schwelle als Orte der Entscheidung, des Verharrens, der Ein- und Ausschließung, der Initiation usw.) integrale Bestandteile des Werkganzen darstellen. Sie fügen sich organisch in den Gehaltshorizont dieses Romans, sind in sich stimmig und daher als Instrument vertieften Werkverständnisses nicht nur möglich, sondern an zahlreichen Kernstellen geradezu unabdingbar. Unsere Analysen sind damit in jedem Falle textadäquat und entsprechen zumindest in den markantesten Fällen gewiß auch der Intention des Autors. Diese Autoradäquation mag man an beiläufigen Einzelpunkten in Frage stellen; im Zweifelsfalle wird man sich angesichts der hochentwickelten Symbolkunst von Joyce im allgemeinen und des *Portrait* im besonderen aber eher für als gegen bewußte Gestaltungsabsicht aussprechen müssen. Nicht zuletzt deshalb, weil ja die gleichen Symbolkreise in anderen Joyce-Werken unübersehbar wiederkehren und auch dort wichtige Funktionen erfüllen[29]. Und zweifelsohne steht das *Portrait* hinsichtlich seiner Symbolkunst den großen Spätromanen bereits sehr viel näher als etwa *Dubliners,* wo das nicht immer eindeutige Zusammenspiel von Symbolismus und Realismus im Zweifelsfall eher noch zugunsten des letzteren zu entscheiden wäre. Garrett, der neuerdings den wachsenden Symbolisierungsgrad Joycescher Fiktion näher untersucht hat, illustriert an einer Reihe einschlägiger Beispiele aus dem *Portrait* die Art, in der »Joyces sorgfältig ausgearbeitete Bild-, Motiv- und Entsprechungsmuster schließlich zu einer stark mit komplexer Symbolbedeutung angereicherten Erzählkunst führen«. Dabei hebt er auch die grundsätzliche Bedeutung jener Textschichten für die Gesamtstruktur des Werks hervor:

Dies [= enge Bedeutungsbindung an die Ausdrucksebene der Bilder] soll nicht heißen, daß die Symbolik des *Portrait* dessen wichtigste Bedeutungsebene bildet. Sie fungiert als Kontext für Stephens Geschichte, doch es ist ein außergewöhnlich reicher und unreduzierbar komplexer Kontext, ein Stadium in Joyces Entwicklung zu jenem Punkt hin, an dem die Symbolik den Vorrang gewinnen kann.[30]

Innerhalb dieses allgemeinen Darstellungsrahmens darf die unauflöslich in das Text- und Sinnganze des Werks verwobene, zentrale Grundgehalte und typische Konfliktsituationen in höchst aufschlußreicher Weise verdeutlichende Türsymbolik demnach als nicht unwichtiger Teilschlüssel zu den Tiefenschichten des *Portrait* gelten – als weitere bedeutsame Komponente im subtil verästelten Flechtwerk der unterschwelligen Symbolik dieses so beziehungsreich gewebten Romankunstwerks.

## Anmerkungen

1 Typische Werke dieser Art mit speziellem Bezug auf das *Portrait* sind z.B.: Chester G. Anderson, ›The Sacrificial Butter‹, *Accent* 21 (Winter 1952), 3–13, nachgedruckt in: William E. Morris and Clifford A. Nault, Jr., eds., *Portraits of an Artist: A Casebook on James Joyce's* ›*A Portrait of the Artist as a Young Man*‹, New York 1962, S. 267–77, und in: Thomas Connolly, ed., *Joyce's Portrait. Criticisms and Critiques*, London 1964, 3. Aufl. 1967, S. 124–36; William York Tindall, *The Literary Symbol*, New York 1955, S. 76–86, 239–46, und *passim*, nachgedruckt in: Morris/Nault, S. 233–40; Kristian Smidt, *James Joyce and the Cultic Use of Fiction*, Oxford 1955, S. 35–42, 53–61, und *passim;* Barbara Seward, ›The Artist and the Rose‹, *University of Toronto Quarterly* 26 (Jan. 1957), 180–90, nachgedruckt in: Connolly, S. 167–80; dies., *The Symbolic Rose*, New York 1960, S. 187–221; Ronald Bates, ›The Correspondence of Birds to Things of the Intellect‹, *James Joyce Quarterly* 2/4 (Summer 1965), 281–300; Joseph F. M. Aspell, ›Fire Symbolism in *A Portrait of the Artist as a Young Man*‹, *University of Dayton Review* 3 (1968/69), 29–39; u.ä.

2 Dieser Symbolbereich wurde bisher in der Sekundärliteratur nur kursorisch gestreift. Etwa verweist Hugh Kenner (*Dublin's Joyce*, London 1955) anläßlich der Schlußpassage der ersten Sektion von Kapitel 2 des *Portrait* auf ›the vaginal imagery of gates, secret places, and darkness‹ (S. 120). Chester G. Anderson empfiehlt in seiner kommentierten, in der Reihe ›Viking Critical Texts‹ erschienenen *Portrait*-Ausgabe (New York: The Viking Press 1968) bei seinen ›Topics for Discussion and Papers‹ u.a. eine Analyse der ›images of »passage« and »threshold crossing«‹ (S. 561, Nr. 3).

3 Zu Kafkas ›Metaphysik der Tür‹ vgl. Martin Buber, ›Zwei Glaubensweisen‹ (1950), in: ders., *Werke*, 3 vol., München 1962/64, I, 651–782 (bes. S. 775ff.).

4 Letzteres – auch ein beliebtes Gehaltsmoment des absurden Theaters – bildet z.B. das Haupt- und Titelmotiv von Wolfgang Bächlers Gedichtband *Türklingel. Balladen, Berichte, Romanzen*, München 1962 (Bechtle-Lyrik 4).

5 *Stephen der Held. Ein Porträt des Künstlers als junger Mann.* Übersetzt von Klaus Reichert, Frankfurt 1972, S. 269. Seitenangaben aller folgenden *Portrait*-Zitate nach der gleichen Ausgabe.

6 Vgl. dazu die Ambivalenz der ›doors of escape‹ in ›An Encounter‹ aus *Dubliners*, auf die bereits Fritz Senn hinwies (›An Encounter‹, in: *James Joyce's* ›*Dubliners*‹. *Critical Essays*. Edited by Clive Hart, London 1969, S. 26–38 [hier S. 34; Ringsend]).

7 Näheres dazu bei C.G. Anderson in seiner (in Anm. 2 genannten) *Portrait*-Ausgabe, S. 487f.

8 Zu dieser ›epiphany‹ und ihrem biographischen Hintergrund vgl. Robert Scholes and Richard M. Kain, eds., *The Workshop of Daedalus. James Joyce and the Raw Materials for* ›*A Portrait of the Artist as a Young Man*‹, Evanston (Ill.) 1966, S. 15.

9 *James Joyce in Selbstzeugnissen und Bilddokumenten.* Dargestellt von Jean Paris, Hamburg 1960, 6. Aufl. 1969 (rowohlts monographien), S. 95 (in Kapitel 7: ›Das Labyrinth‹, S. 87–103).

10 Vgl. *Dubliners*, ed. Penguin Modern Classics, zuletzt Harmondsworth 1968, S. 28.

11 *Dublin's Joyce*, London 1955, S. 120 (Üb. v. Hg.).

12 Zum archetypischen, antimodernistischen Zug dieser (mit Molly Bloom, Fiona Macleod oder bestimmten Frauengestalten bei D. H. Lawrence urverwandten) ›symbolic woman‹ vgl. Flavia Alaya, *William Sharp – ›Fiona Macleod‹. 1855–1905*, Cambridge (Mass.) 1970, S. 142 (in Kapitel 7: ›Woman. An Unexplored Country‹).

13 Man beachte die Wandelbarkeit der Implikationen des Höhlensymbols, das – wie gezeigt – im Zusammenhang mit dem Frau/Tür-Motiv sexuelle Untertöne erkennen ließ (*Portrait*, S. 318), im Schlußkapitel andererseits mit der Todesatmosphäre um Cranly und deren Überwindung in Verbindung gebracht wird: ›(es) schimmerte eine sonderbare dunkle Höhle der Spekulation vor ihm auf, aber er wandte sich sofort von ihr weg, da er fühlte, daß es noch nicht die Stunde war, sie zu betreten.‹ (S. 448)

14 Die generelle Symbolträchtigkeit solch anscheinender Nebensächlichkeiten beweist u. a. der analoge Gebrauch gleicher Zeichen im modernen Roman. Auf Kafka wurde bereits verwiesen (s. Anm. 3). Im englischen Bereich vgl. man etwa die symbolische Bedeutung der ›swing-doors‹ in Virginia Woolfs *The Waves* (1931); diese Türen stehen dort laufend für die ›transitoriness of life‹ (nach J. K. Johnstone, *The Bloomsbury Group. A Study of E. M. Forster, Lytton Strachey, Virginia Woolf, and their Circle*, London 1954, S. 365).

15 Vgl. dazu auch die aufschlußreichen Hinweise zu einer Teilpassage dieser Unterredungsszene bei Hugh Kenner, *Dublin's Joyce*, London 1955, S. 113; zum gleichen Thema auch: Kevin Sullivan, *Joyce among the Jesuits*, New York 1958, S. 122 f.

16 Zur Symbolik der letztgenannten Szene vgl. W. Y. Tindall, *a reader's guide to James Joyce*, London 1959, S. 83 ff.

17 Vgl. hierzu die Bemerkungen von W. Y. Tindall, *The Literary Symbol*, New York 1955, S. 81; bzw. ders., *a reader's guide to James Joyce*, London 1959, S. 93. Dort findet auch die Küche des singenden Dienstmädchens (s. S. 171 *ante*) ihre Erklärung.

18 Man vgl. die wichtige Rolle der Feuersymbolik bei Joyce allgemein, deutlich erkennbar z. B. in der Eröffnungsszene von ›Ivy Day in the Committee Room‹ aus *Dubliners*. Ähnlich auch die Feuer-Hinweise an früheren Stellen des *Portrait* (vgl. Zitat S. 169 *ante*). Die andere Assoziationskomponente der ›fire-lighting scene‹ (nämlich: Brand- und Opferstätte, mit Stephen als potentiellem Opfer auf dem Altar orthodoxen Denkens), auf die Marvin Magalaner verwiesen hat (*Time of Apprenticeship. The Fiction of Young James Joyce*, London 1959, S. 113), bleibt als zusätzliche Symbolschicht von unserer Deutung unberührt.

19 Vgl. J[ohn] F[rancis] Byrne, *Silent Years: An Autobiography with Memoirs of James Joyce and Our Ireland*, New York 1953, S. 35 ff.

20 *Stephen Hero. Part of the first draft of ›A Portrait of the Artist as a Young Man‹*. Edited with an Introduction by Theodore Spencer. Revised edition with additional material and a Foreword by John J. Slocum and Herbert Cahoon, London 1956, S. 34, deutsche Übersetzung (s. Anm. 5) S. 30. Vgl. hierzu auch den ausführlichen Vergleich der beiden Joyceschen Fassungen der ›fire-lighting scene‹ bei Magalaner (s. Anm. 18), S. 110–14.

21 Zu diesem Motiv vgl. Magalaner (s. Anm. 18), S. 105 f.

22 *Stephen Hero*, S. 194

23 *Ebd.*

24 So Robert Scholes im gleichen Zusammenhang in seinem Aufsatz ›Stephen Dedalus, Poet or Esthete?‹, *PMLA* 89 (Sept. 1964), 484–89 (hier S. 484; Üb. v. Hg.); nachgedruckt in: James Joyce, *A Portrait of the Artist as a Young Man*. Text, Criticism, and Notes. Edited by Chester G. Anderson, New York 1968, S. 468–80 (hier S. 470). In seiner Interpretation der ‚Villanelle of the Temptress‘ (*ebd.*, S. 470 ff.) hat Scholes ferner nachgewiesen, daß in diesem Desillusionierungsvorgang der eigentliche Ausgangspunkt für Stephens erste poetische Versuche und das Frauenbild der Villanelle liegt (S. 470 f.).

25 ›The Sacrificial Butter‹ (s. Anm. 1)

26 W. Y. Tindall, *The Literary Symbol*, New York 1955, S. 84

27 Zu dieser Tradition vgl. meinen Aufsatz ›Ungenutzte Perspektiven der Spenser-Deutung. Dargelegt an *The Faerie Queene* I, VIII, 30–34‹, *Deutsche Vierteljahresschrift für Literaturwissenschaft und Geistesgeschichte* 45/2 (1971), 252–301, Abschnitt VII (S. 278–84).

28 Anderson, ›The Sacrificial Butter‹, zitiert nach Morris/Nault (s. Anm. 1), S. 274.

29 Auf Parallelen zu *Dubliners* wurde im Laufe unserer Untersuchung bereits verwiesen. Zu *Ulysses* vgl. u. a.: Miles L. Hanley, ed., *Word Index to James Joyce's Ulysses*, Madison 1953, Stichworte: doors, gates, threshold und deren Verbindungen; teilweise Erläuterungen der hier angesprochenen Stellen in: Weldon Thornton, *Allusions in Ulysses. An Annotated List*, Chapel Hill 1961, 2. Aufl. 1968, *passim*

30 Peter K. Garrett, *Scene and Symbol from George Eliot to James Joyce. Studies in Changing Fictional Mode*, New Haven (Conn.) 1969, S. 240 (Üb. v. Hg.). *Ebd.*, S. 231 f., kritische Auseinandersetzung mit fragwürdigen Symbolanalysen, insbesondere bei Robert S. Ryf, *A New Approach to Joyce. The ›Portrait of the Artist‹ as a Guidebook*, Berkeley 1962.

JÖRG DREWS

# Enzyklopädisches Stichwort: Joyces »Portrait«*

*A Portrait of the Artist as a Young Man* (Übersetzung: *Ein Porträt des Künstlers als junger Mann*). Roman von James Joyce (1882–1941); vom 2. 2. 1914 bis 1. 9. 1915 in Fortsetzungen in der Zeitschrift *The Egoist* (London) erschienen, in Buchform publiziert 1916.
Seit 1904 trug sich Joyce mit dem Plan, einen Roman über die Entwicklung eines jungen Künstlers zu schreiben, in dem er hauptsächlich autobiographisches Material verwenden wollte. Im Januar 1904 verfaßte er ein kurzes Prosastück mit dem Titel *A Portrait of the Artist* (= sog. Ur-*Portrait*); als die Skizze von der Zeitschrift *Dana,* in der er sie veröffentlichen wollte, nicht angenommen wurde, begann er das Manuskript zu einem Roman umzuarbeiten, der ihn von 1904 bis 1906 beschäftigte. Diese Vorstufe zu *A Portrait of the Artist as a Young Man* trug den Titel *Stephen Hero* und umfaßte ca. 1 000 Manuskriptseiten, von denen die allein noch erhaltenen 408 erstmals 1944 veröffentlicht wurden (1950 veröffentlichten John J. Slocum und Herbert Cahoon 25 weitere, neu entdeckte Manuskriptseiten). Diese Vorfassung – sie entspricht im wesentlichen den letzten 93 Seiten von *A Portrait* – zu kennen erweist sich als nützlich, wenn man ermessen will, welch revolutionäre Fortschritte Joyce in der Erzähltechnik gemacht hatte, als er das *Portrait* schrieb. *Stephen Hero* ist ein weitgehend autobiographischer Künstlerroman. Was uns erhalten ist, beschreibt zwei Jahre aus dem Leben des Stephen Dedalus, von seinem Eintritt in die Universität bis zu seiner inneren Distanzierung von allen auf eine dem Studium folgende bürgerliche Karriere gerichteten Erwartungen. In einem objektiven, realistischen, sehr nüchternen und klaren Erzählton berichtet Joyce vom Leben Stephens in Dublin, von seiner Liebe zu Emma Clery, von seinen Freunden und den religiösen, ästhetisch-theoretischen und familiären Problemen, mit denen sich Stephen, zu immer größerer Klarheit und Unabhängigkeit des Urteils und der Selbsteinschätzung gelangend, auseinandersetzen muß. Ein überlegener, »allwissender« Erzähler gibt hier im Stil des Romans des 19. Jahrhunderts einen an Charakteren, Situationen, Dialogen und breit ausgeführten Details reichen Bericht, in dessen

---

* Erstabdruck in: *Kindlers Literatur Lexikon*, Zürich: Kindler Verlag 1969, Band 5, Spalte 2354–2358. Hier leicht revidiert.

Mittelpunkt zwar die Entwicklung Stephens steht, neben dem aber auch andere Personen eine durchaus selbständige Existenz haben und der Aufmerksamkeit des Erzählers sicher sind.

In *A Portrait of the Artist as a Young Man,* das Joyce 1907 zu schreiben begann und im November 1914 beendete, steht Stephen in der Weise im Zentrum, daß alles Geschehen von seinem Bewußtsein, seinem subjektiven Erleben her dargestellt wird. Der Erzähler gibt die distanzierte Position auf, übernimmt die Perspektive Stephens und reproduziert bis in den Sprachstil hinein die Alters- und Bewußtseinsstufen, die sein Held von den Kindertagen bis zu dem Zeitpunkt, an dem er sich von Irland lossagt und nach Paris gehen wird, durchläuft. Im *style indirect libre,* der »erlebten Rede«, werden die Denk- und Wahrnehmungsvorgänge und die Ausdrucksweise Stephens deutlich; von einer kindlich-einfachen, noch wortarmen Sprache mit paratraktischer Syntax bis zu der von kühler Intellektualität geprägten Redeweise des jungen Studenten und Künstlers reicht die Skala der Sprachstufen, die Stephens Entwicklung in aller Plastizität vermitteln. Als Kind zu Hause, als Schüler bei den Jesuiten in Clongowes und Belvedere wächst er, ein ängstlicher, kränklicher, sensibler Einzelgänger, heran. Frühzeitig kommt er mit den Irland aufwühlenden politischen Konflikten in Berührung. Sein Vater und seine Tante streiten über Kirche und Politik, und er selbst rebelliert in der Schule schon bald gegen die Forderung der Patres nach absolutem Gehorsam: Als er ungerecht bestraft wird, beschwert er sich beim Rektor und bekommt sein Recht. In diesem Vorfall ist bereits seine spätere Rebellion gegen alles, was ihn binden und abhängig halten soll, vorgebildet: »Der tapfere Junge ist der Vater des arroganten jungen Mannes.« (R. Ellmann) Seine Entwicklung bewegt sich auf das zunächst aus religiösen Gründen als hochmütig verworfene, später aber mit Stolz ausgesprochene *non serviam* zu, jenes »I will not serve«, mit dem er sich von Familie, Nation und Kirche lossagt, um seiner Bestimmung als Künstler zu folgen. Während seine Familie durch die Unfähigkeit des Vaters verarmt, zeichnet sich Stephen unter den Mitschülern immer mehr durch feines Gespür für Dichtung und präzises Denkvermögen aus; er ist

ein Führer, der sich vor seiner eigenen Autorität fürchtet, stolz, sensibel und mißtrauisch, im Kampf mit dem Chaos seines Lebens und dem Aufruhr in seinem Inneren. (R. Ellmann)

Dieser Aufruhr erreicht einen Höhepunkt, als der Sechzehnjährige bei Dubliner Prostituierten seine ersten sexuellen Erfahrungen macht und sich noch einmal in tiefe religiöse Verzweiflung gestürzt sieht. Drei Predigten Father Arnalls über die letzten Dinge, über Tod und Gericht, Hölle und Himmel, versetzen ihn in Gewissensqualen, aus denen er sich durch ein asketisches Leben mit Gebet und strengen Selbstprüfungen befreit, so daß einer der Patres ihn fragt, ob er nicht Priester werden wolle. Doch dann fallen in kurzer Zeit alle wichtigen Entscheidungen: Er entschließt sich gegen den geistlichen Beruf, und als er sich kurze Zeit später über seinen Beweggrund klarzuwerden versucht, fällt ihm eine Zeile ein, die er selbst verfaßt hat. Das bedeutet: Er ist stärker fasziniert von der »Betrachtung einer inneren Welt privater Emotionen, die sich in klarer schmiegsamer periodischer Prosa perfekt spiegelten« (S. 435). Daß er Dedalus heißt, erscheint ihm wie ein Omen, und statt der religiösen erlebt er eine profan-ästhetische Offenbarung, eine »Epiphanie«, in der ihm diesseitige Dinge schön und das Leben der künstlerischen Gestaltung wert erscheinen. Begeistert und getragen von solchen Momenten plötzlicher Einsicht arbeitet er weiter an sich und – in Gesprächen mit seinem Freund Lynch – an der Klärung seiner ästhetischen Ideen; er benutzt in diesem Denkprozeß zwar noch die Begrifflichkeit Aristoteles' und Thomas von Aquins, doch seine Konzeption des Kunstwerks hat sich von jeglicher Bevormundung gelöst. Bald darauf wird beiläufig deutlich, daß er sich auch von seiner Nation gelöst hat: In einer Diskussion weigert er sich, einen nationalistischen Standpunkt einzunehmen, und kritisiert Irland heftig als das Land, das seine größten Söhne verraten habe, als »die alte Sau, die ihre eigenen Ferkel frißt« (S. 477). Gegen den Wunsch seiner Mutter nimmt er nicht mehr am Ostergottesdienst teil; seine Abkehr auch von der Kirche ist vollzogen. Er sieht seinen Weg vorgezeichnet: »Schweigen, Verbannung und List« (S. 526) sind – nach dem Vorbild von Lucien de Rubemprés »Fuge... late... tace« in Balzacs *Splendeurs et misères des courtisanes* – die einzigen Waffen, mit denen er zu kämpfen gedenkt. Und in den Tagebuchaufzeichnungen, mit denen das Werk schließt, ruft er seinen mythisch-weltlichen Namenspatron Dädalus, den Erbauer des Labyrinths von Knossos, an: »Urvater, uralter Artifex, steh' hinter mir, jetzt und immerdar.« (S. 533)

Noch einmal allerdings taucht Stephen im Werk Joyces auf: In den ersten drei Kapiteln des *Ulysses* finden wir ihn, aus Paris zurückgekehrt, wieder in Dublin, in niedergedrückter Stimmung, ohne den Enthusiasmus und die Selbstsicherheit, die ihn in den Schlußsätzen des *Portrait* beflügelten. Erst Jahre später wird er – den man weitgehend mit Joyce gleichsetzen darf – imstande sein, jene epischen Labyrinthe zu bauen, die Joyce mit *Ulysses* und *Finnegans Wake* schuf.

»Wir sind [als Leser] fest in Stephens Kopf eingeschlossen« – so beschreibt J. I. Stewart (L 407) die allein vom Bewußtsein des Helden bestimmte Perspektive des Romans. Das Entstehen eines Gedichts, die Ausformung von Gedanken, die subtilsten Gefühlsregungen sind durch die dem inneren Monolog engverwandte »erlebte Rede« mit einer Intimität wiedergegeben, die der Ausschließlichkeit dieser Perspektive vollkommen entspricht. Dabei wird Stephens Heranreifen nicht als kontinuierlicher Prozeß, sondern in fünf den Akten eines Dramas vergleichbaren Kapitel bzw. Stationen verdeutlicht; zeitliche Zwischenräume werden aufgefüllt bzw. ergänzt durch Erinnerungen oder Anspielungen Stephens. Das Werk ist schon bei einer vergleichsweise vordergründigen Lektüre durchaus verständlich, dem um tieferes Eindringen bemühten Leser erschließt sich jedoch eine weitere Dimension durch das subtile Netz symbolischer Beziehungen und Bedeutungen, das sich durch den ganzen Roman zieht: Selbst realistische Details wie zum Beispiel die »Muhkuh«, von der dem Kind Stephen erzählt wird, und die Namen des Helden und anderer Personen haben tiefere, teils religiöse, teils mythische Bedeutungen, sind symbolische Verweise, die im *Ulysses* und noch in *Finnegans Wake* wiederaufgegriffen werden. Doch nicht nur in dieser Symboltechnik, auch in der strengen Hinordnung der Personen und Erlebnisse auf Stephen Dedalus zeigt sich, um wieviel konsequenter und neuer die Kompositionsform dieses Romans gegenüber *Stephen Hero* ist, der sich im Vergleich fast nur wie Rohmaterial für das *Portrait* ausnimmt.

Ezra Pound war der erste, der die revolutionären Qualitäten des Werks erkannte, und auf seine Empfehlung wurde es im *Egoist* veröffentlicht. Die Bedeutung des Buchs für die Entwicklung der Erzähltechnik im 20. Jahrhundert wird wohl nur noch von Joyces späteren Romanen und von Prousts *A la recherche du temps perdu* erreicht. Ford Madox Ford, H. G. Wells und Wyndham Lewis bestätigten schon bald nach Erscheinen des *Portrait* dessen außerordentlichen Rang. T. S. Eliot erklärte, in diesem Buch habe unser Jahrhundert seinen Ausdruck gefunden, und der Literaturwissenschaftler J. I. M. Stewart faßte die einstimmig hohe Einschätzung des Werks in Kritik und Wissenschaft in dem Satz zusammen, *A Portrait of the Artist as a Young Man* sei »ein ebensolcher Markstein in der Geschichte des englischen Romans wie *Joseph Andrews, Middlemarch* oder *The Way of All Flesh*«.

# Arbeitsmaterialien

# Themenvorschläge für Referate und Diskussionen

(Abkürzungen: *P* = *Portrait*; *SH* = *Stephen Hero*)

1. Hauptrichtungen der Forschung zum *P*
2. Kritische Bibliographie der (erreichbaren) neueren Sekundärliteratur zu *P* und/oder *SH*
3. Die Textgeschichte und Textkritik des *P* [evtl. Teilerstellung eines kritischen Apparats]
4. Die Rezeptionsgeschichte des *P* [evtl. begrenzt auf einzelne Länder oder bestimmte Perioden]
5. Fremdmaterial und die Art seiner Verwertung im *P* [Zitate, Lieder, hell-fire sermons, Materialien aus den Notebooks, Epiphanies, etc.]
6. Umfang, Art und Bedeutung des autobiographischen Elements in *P* und/oder *SH*
7. *P* und *SH* im Spiegel der Joyce-Briefe
8. Die Bedeutung von Joyces Lektüre für das *P* [Vorbilder, Einflüsse, komparatistische Aspekte]
9. Der Meredith-Einfluß in *SH* und dessen Spuren im *P*
10. Das *P* als Erziehungs/Bildungs/Entwicklungs-Roman [evtl. Vergleich mit ähnlichen Werken, z B: Goethe, *Wilhelm Meister*; G. Meredith, *The Ordeal of Richard Feverel*; S. Butler, *The Way of all Flesh*; G. D'Annunzio, *Il Fuoco*; S. Maugham, *Of Human Bondage*; E. M. Forster, *The Longest Journey*; Th. Wolfe, *You Can't Go Home Again*; J. Salinger, *The Catcher in the Rye*; o.a.]
11. Das *P* als Werk der Bewußtseinskunst
12. Die Stellung des *P* innerhalb des Joyceschen Gesamtwerks
13. Motivik und Erzähltechnik des *P* im Vergleich zu *Dubliners*
14. Das ›Ur-*P*‹ und seine Bedeutung für *SH* und/oder *P*
15. Das *P* und *SH*: Möglichkeiten, Probleme und Ergebnisse eines kritischen Vergleichs [evtl. beschränkt auf bestimmte Einzelaspekte, z.B.: Darstellungstechniken, Intentionen, Modifikationen von Motiven und Symbolen, etc.]
16. Berührungspunkte und Unterschiede zwischen *P* und *Exiles*
17. Spuren des *P* und deren Bedeutung in Joyces Spätromanen
18. Die Gestalt Stephens in *SH*, *P* und *Ulysses*: Wandlungen eines fiktionalisierten Selbstbildnisses
19. Stephens Revolte in der Sicht und Wertung des Autors
20. Art und Funktion der ideologischen Leitbilder Stephens und deren Überwindung
21. Die großen Leitthemen des *P* und deren gegenseitige Verflechtung
22. Art und Rolle von Stephens ästhetischen Theorien in *SH* und *P*
23. Theorie und Rolle der ›epiphany‹ in *SH* und *P*
24. Art und Funktion bestimmter Leitmotive und Symbolfelder im *P* [z.B.: Wasser, Feuer, Licht/Dunkel, Labyrinth, Rose, Frau, Straße, Tiere (Vögel, Rind), Farben u.ä.]
25. Art und Bedeutung der ›associative patterns‹ im *P* [z.B.: ›warm/cold‹, ›red/white/dark‹, ›damp/slimy/obedient‹ u.ä.]
26. Das Verhältnis von Naturalismus und Symbolismus im *P*

## Themenvorschläge für Referate und Diskussionen

27. Mythologische Elemente und deren Verwertung im *P* [z. B.: Labyrinth, Bulle, Dädalus, Ikarus u. ä.]
28. Art und Funktion christlicher Motive und Symbole im *P*: ihre Verfremdung und Umfunktionierung
29. Die Symbolik der Eigennamen im *P*
30. Die Rolle Dublins und Irlands im *P* [evtl. im Vergleich zu *Dubliners* und/oder *Ulysses*]
31. Arten, Formen und Funktion der Sozialkritik und/oder des Geschichtsbezugs im *P*
32. Das Problem der Identitäts- und/oder Vatersuche im *P* [evtl. im Vergleich zu *Ulysses*]
33. Die Rolle der Nebenfiguren im *P* [evtl. nur bestimmte einzelne]
34. Die Rolle der Frau im *P*
35. Untersuchungen zum Stil des *P*
36. Stildifferenzierung und deren Funktion im *P*
37. Der Wechsel der Erzähltechnik und dessen Funktion im *P*
38. Die Zeit- und/oder Raumgestaltung des *P*
39. Ironisierungs- und Parodisierungseffekte und deren Funktion im *P*
40. Gebrauch und Rolle rhetorischer Mittel im *P*
41. Stephens Verhältnis zur Sprache im *P*
42. Sprachspielereien und deren Bedeutung im *P*
43. Die Sprache als Charakterisierungsmittel im *P*
44. Allgemeine Charakterisierungstechniken im *P*
45. Der Verben- und/oder Zeitengebrauch im *P* und deren Funktion für die Erzählaussage
46. Linguistische Untersuchungen zum *P* [in Ergänzung zu der Studie von Liisa Dahl, L 93]
47. Die Kürzungstechnik der Schulausgaben des *P* und deren Problematik
48. Didaktische Überlegungen zur Nutzbarmachung des *P* für den Schul-Unterricht
49. Nehmen Sie kritisch Stellung zu einem der folgenden Zitate:
    a) ›Die, erfreulicherweise nur kurze Einleitung [zu *Ulysses*, d. h. Kap. 1–3], ist unverkennbar noch ganz im Stil jenes, von den JOYCE-fans grotesk überschätzten ›PORTRAIT‹; das heißt: halb überanstrengter IBSEN; halb GÖRRES' ›Christliche Mystik‹; und zur dritten Hälfte unangenehmster D'ANNUNZIO: ›IL FUOCO‹. – (*sachlich*): Vermutlich wird es sich sogar um echte Reste aus seiner schriftstellerischen Lehr- & Gesellenzeit handeln; um nachgesickertes Material, das JOYCE weit organischer in Band 1 mit dem ›PORTRAIT‹ hätte zusammendrucken lassen sollen; anstatt es hier mühsam davorkünsteln & uns als ›Telemachie‹ aufschwatzen zu wollen‹. [Arno Schmidt, *Der Triton mit dem Sonnenschirm, Großbritannische Gemütsergetzungen*, Karlsruhe 1969, S. 264f]
    b) ›I believe that the *Portrait*, properly understood, occupies a central position in the Joyce canon. It is a nuclear work, and may properly be considered as a guidebook to the rest of his writings. If we understand the *Portrait* and its organic relationship to the other writings, we shall come to understand the other writings better, and our total understanding of Joyce will measurably increase‹. [R. S. Ryf, L 364, S. 5]
    c) ›In a sense the entire *Portrait* is an expansion of the story of the moocow. Stephen listens to it, then rejects it‹. [ebd., S. 29]

d) ›Every theme of the entire lifework of James Joyce is stated on the first two pages of the *Portrait*‹. [H. Kenner, L 242, S. 142]
50. Bearbeiten Sie eines der Themen aus den Listen entsprechender Vorschläge in folgenden Werken:
a) Morris/Nault (L 299), S. 281–290:
›Suggestions for Individual Interpretation, Class Discussions, and Themes‹ [zahlreiche Vorschläge verschiedener Autoren zu den einzelnen *Portrait*-Kapiteln]
b) *Ebd.*, S. 291–292:
›Some Suggested Research Paper Topics‹ [50 Themen]
c) Dorothy van Ghent, in: Connolly, ed. (L 83), S. 307–318:
›Problems for Study and Discussion for *A Portrait of the Artist as a Young Man*‹ [31 Themen]
d) C. G. Anderson in seiner *Portrait*-Ausgabe (T 16*), S. 556–562:
›Topics for Discussion and Papers‹ [28 Themen]

# Literatur

## 1. Bibliographien

*a) Primär-Bibliographie:*

**B 1** John J. Slocum and Herbert Cahoon. *A Bibliography of James Joyce (1882–1941)*, New Haven (Conn.): Yale University Press 1953; London: Rupert Hart-Davis 1953 (The Soho Bibliographies 5)

*b) Sekundär-Bibliographien* (Auswahl):

**B 2** Robert H. Deming. *A Bibliography of James Joyce Studies*, Lawrence: University of Kansas Libraries 1964, ²1965 (Library Series 18) [erfaßt Material bis Dezember 1961 einschließlich]

**B 3** Maurice Beebe, Phillip F. Herring, Walton Litz. ›Criticism of James Joyce: A Selected Checklist‹, *Modern Fiction Studies* 15/1 (Spring 1969), 105–182 [enthält auf S. 108–109 eine Liste aller wichtigen früheren Joyce-Bibliographien]

**B 4** Laufende Jahresbibliographien in den *Publications of the Modern Language Association of America (PMLA)*

**B 5** Laufende Ergänzungslisten zu B 4 im *James Joyce Quarterly* (›Supplementary James Joyce Checklist‹, von Alan M. Cohn mit wechselnden Mitarbeitern; ab 1959)

## 2. Textausgaben

*a) ›A Portrait of the Artist‹* [= das sog. Ur-*Portrait*]:

**T 1** Richard M. Kain and Robert E. Scholes. ›The First Version of Joyce's *Portrait*‹, *Yale Review* 49 (March 1960), 355–369

**T 2** ›Portrait of the Artist‹, in: *The Workshop of Daedalus: James Joyce and the Raw Materials for ›A Portrait of the Artist as a Young Man‹*. Collected and edited by Robert Scholes and Richard M. Kain, Evanston (Ill.): Northwestern University Press 1965, S. 56–74 (Section 3)

*b) Stephen Hero:*

**T 3** *Stephen Hero*. Part of the first draft of ›A Portrait of the Artist as a Young Man‹ by James Joyce. Edited with an Introduction by Theodore

Spencer, London: Jonathan Cape 1944, fourth printing 1950; dass., London: Star Editions 1948 [First Edition]

**T 4** *Stephen Hero.* A Part of the first draft of ›A Portrait of the Artist as a Young Man‹ by James Joyce. Edited from the manuscript in the Harvard College Library, by Theodore Spencer, New York: New Directions 1944, second edition 1945 [First American Edition]

**T 5** *Stephen Hero.* Edited from the manuscript in the Harvard College Library, by Theodore Spencer. A new edition, incorporating the additional manuscript pages in the Yale Library, edited by John J. Slocum and Herbert Cahoon, New York: New Directions 1955 (A New Directions book)

**T 6** *Stephen Hero.* Part of the first draft of ›A Portrait of the Artist as a Young Man‹ by James Joyce. Edited with an Introduction by Theodore Spencer. Revised edition, with additional material and a Foreword by John J. Slocum and Herbert Cahoon, London: Jonathan Cape 1956 (Type re-set); dass., London: Ace Books 1961 (Ace Books H 429); London: New English Library 1966 (A Four Square book), und London: Jonathan Cape 1969 (Jonathan Cape Paperback 75)

**T 7** John J. Slocum and Herbert Cahoon. ›Five more pages of James Joyce's *Stephen Hero*‹, in: *A James Joyce Miscellany. Second Series*, ed. Marvin Magalaner, New York: James Joyce Society 1957, S. 3–8

**T 8** *Stephen Hero.* Edited from the manuscript in the Harvard College Library by Theodore Spencer. A new edition, incorporating the additional manuscript pages in the Yale University Library and the Cornell University Library, edited by John J. Slocum and Herbert Cahoon, Norfolk (Conn.): New Directions 1963 (A New Directions paperbook 133)

*c) A Portrait of the Artist as a Young Man:*

**T 9** ›A Portrait of the Artist as a Young Man‹, *The Egoist* 1/3–2/9 (Febr. 2, 1914 – Sept. 1, 1915) [Zeitschriftenabdruck in 25 Fortsetzungen. Aufschlüsselung der Einzelstücke mit Hinweisen zur Publikationsgeschichte in B 1, S. 95–96 (Nr. C 46)]

**T 10** *A Portrait of the Artist as a Young Man*, New York: B. W. Huebsch 1916 [First Edition], fifth printing 1922
– dass., New York: Viking Press and B. W. Huebsch 1925, reprint 1927; New York: The Modern Library 1928 (With an introduction by Herbert Gorman), 37th printing 1950; New York: Signet Books 1948 [re-set], fourth printing 1952; New York: New American Library 1954 (A Signet book 1150; with a commentary by Sean O'Faolain)

**T 11** *A Portrait of the Artist as a Young Man*, London: The Egoist Ltd. 1917 [First English Edition; American Sheets] und 1921 [Third English Edition; American Sheets] [ = first and fourth printing von T 10; als Druckbögen aus Amerika importiert und in England publiziert]

**T 12** *A Portrait of the Artist as a Young Man*, London: The Egoist Ltd. 1918 [Second English Edition = Slocum-Cahoon: ›First English Edition; English Sheets‹ [gegenüber T 10/11 mit knapp 400 Autor-Korrekturen]

**T 13** *A Portrait of the Artist as a Young Man*, London: Jonathan Cape 1924 [type re-set], third printing 1928 [enthält fast alle Autor-Korrekturen aus T 12, dazu eine weitere Schicht von Korrektur und Revision von der Hand des Autors]
– dass., London: Jonathan Cape (The Traveller's Library) 1930, 7th printing 1941; (Flexibles) 1934; (Half Crown Fiction) 1936; (Five Shillings Edition, Small Crown Octavo) 1942, 6th printing 1948; (The New Traveller's Library) 1950, fourth printing 1954; (Illustrated Edition. With six drawings by Robin Jacques) 1956, reprint 1958 und 1960, Neuausgabe 1968 [re-set, mit Text aus T 16, s.u.] – Leipzig: Bernhard Tauchnitz 1930 (Collection of British and American Authors 4937.2); Stockholm and London: The Continental Book Company AB 1945 (Zephyr Books. A Library of British and American Authors 18); Harmondsworth: Penguin Books 1960 (Penguin Books 1477), 12th printing 1971 (Penguin Modern Classics); München: Max Hueber 1962 (Huebers fremdsprachliche Texte 201; Hg. Walter Spiegelberg; Auszüge mit ›Anmerkungen‹); London: Heinemann Educational Books Ltd. 1964, 9th printing 1969 (The Modern Novel Series; with an introduction and notes by J.S. Atherton); London: Folio Society 1965 (Drawings by Dodie Masterman)

**T 14** ›A Portrait of the Artist as a Young Man‹, in: *The Portable James Joyce*. With an Introduction and Notes by Harry Levin, New York: Viking Press 1947 (The Viking Portable Library P 30); revised edition 1966 [mit Text aus T 16, s.u.]
– dass., in: *The Essential James Joyce*. With an Introduction and Prefaces by Harry Levin, London: Jonathan Cape 1948 und London: Penguin Books 1963, fifth printing 1971 [ohne die ›bibliographical note‹ der Ausgabe *The Portable James Joyce*]; und in: *The Indispensable James Joyce*. With an Introduction and Notes by Harry Levin, New York: The Book Society 1949; dass. selbständig publiziert: New York: Viking Press 1956 (Compass Books), 15th printing 1969 [ab 1964 als Viking Compass Edition mit Text nach T 16 und ›A Note on the Text‹]; New York: Time Inc. 1964 (A ›Time Reading Program‹ edition; with a new introduction by Frank O'Connor); New York: Watts 1967; New York: Limited Editions Club 1968 (Introduction by Hugh Kenner; illustrations by Brian Keogh)

**T 15** *A Portrait of the Artist as a Young Man*. Critically Edited with an introduction and textual notes by Chester G. Anderson, Diss. New York: Columbia University 1962

**T 16** *A Portrait of the Artist as a Young Man*. The Definitive Text, Corrected from the Dublin Holograph by Chester G. Anderson and Edited by Richard Ellmann, New York: Viking Press 1964
– dass., New York: Viking Press 1964 (Viking Compass Edition: s. o. T 14) und 1966 (Viking Portable Library);* New York: Viking Press 1968 (Viking Critical Library: Text, Criticism, and Notes. Edited by Chester G. Anderson) [enthält neben dem Text noch (z T. im Auszug) die Aufsätze L 13, 48, 63, 107, 114, 150, 202, 242, 260, 322, 340, 344, 373, 422, 444]

**T 17** *A Portrait of the Artist as a Young Man*, London: Jonathan Cape 1968

[Text nach T 16, Illustrationen nach T 13 ab 1956; s.o.]; auch als ›Jonathan Cape Paperback‹ 59

## 3. Manuskripte und Textkritik

M 1 Bibliographie von Slocum/Cahoon (B 1), S. 135–137
M 2 *The Cornell Joyce Collection. A Catalogue.* Compiled by Robert E. Scholes, Ithaca (N. Y.): Cornell University Press 1961, S. 15–17 (Nr. 34–36)
M 3 *James Joyce's Manuscripts & Letters at the University of Buffalo. A Catalogue.* Compiled and with an Introduction by Peter Spielberg, Buffalo (N. Y.): University of Buffalo 1962, S. 7–9

Zur Textkritik vgl. die Arbeiten L 9, 149, 174, auch 374, 394

## 4. Übersetzungen von »A Portrait of the Artist as a Young Man« und »Stephen Hero«

### Dänisch

Ü 1 *Portraet Af Kunstneren Som Ungt Menneske* (Ü: Ove Brusendorff), Kopenhagen: Athenaeum Dansk Forlag 1941; Kopenhagen: Gyldendal 1962 [Gyldendals bekkasinbøger, B 3]

### Deutsch

Ü 2 *Jugendbildnis* (Ü: Georg Goyert), Basel und Zürich: Rhein Verlag 1926; Zürich: Rhein Verlag 1945, [8]1966; Darmstadt: Moderner Buch-Club 1965 [Lizenzausgabe für Mitglieder]
*Jugendbildnis des Dichters* (Ü: Georg Goyert), Frankfurt: Fischer 1960 [Exempla Classica 11; mit Nachwort von H. Viebrock]; Frankfurt: Fischer 1967 [Fischer Bücherei 854]
Auszüge aus dieser Goyert-Übersetzung in:
*Denker und Deuter im heutigen Europa. 2. England, Frankreich, Spanien und Portugal, Italien, Osteuropa*, Hg. Hans Schwerte und Wilhelm Spengler, Oldenburg: Gerhard Stalling Verlag 1954, S. 53–58 [Gestalter unserer Zeit II]
James Joyce, *Die Toten. Erzählungen*. Illustriert von Werner Hofmann, Zürich: Diogenes Verlag 1966, S. 57–90 [›Das Weihnachtsmahl‹], 91–117 [›Stephens Gespräch mit Cranly‹] [Diogenes Erzähler Bibliothek]
Ü 3 *Stephen Daedalus*. Roman [ = *Stephen Hero*] (Ü: Georg Goyert), Pfullingen: Verlag Günther Neske 1958; Frankfurt: Fischer 1963 [Fischer Bücherei 540]
Ü 4 *Stephen der Held. Ein Porträt des Künstlers als junger Mann* (Ü: Klaus Reichert), Frankfurt: Suhrkamp Verlag 1972 [Band 2 der Frankfurter Ausgabe]

## Finnisch

Ü 5 *Taiteilijan Omakuva Nuoruuden Vuosilta* (Ü: Alex Matson), Helsinki: Kustannusosakeyhtiö Tammi 1946, ²1964

## Französisch

Ü 6 *Dedalus. Portrait De L'Artiste Jeune Par Lui-Même* (Ü: Ludmila Savitzky), Paris: Editions de la Sirène 1924; Paris: Gallimard 1943, ¹³1950

Ü 7 *Stephen Le Héros. Fragment De La Première Partie De ›Dedalus‹* (Ü: Ludmila Savitzky), Paris: nrf Gallimard 1948; Paris: Gallimard 1968 [Du monde entier] [Mit Einleitung von Theodore Spencer; s. L 391]

Ü 8 ›La première version du *Portrait*‹ (Ü: Paul Rozenberg), *Revue des Lettres Modernes* 117/122 (1965), 11–30 [ = Ur-*Portrait;* mit Einleitung von R. M. Kain und R. E. Scholes]

## Hebräisch

Ü 9 *Deyokno shel ha-aman ke-ish zair* (Ü: Daniel Doron; Abraham Yeyvin), Tel Aviv: Am oved 1955

## Italienisch

Ü 10 *Dedalus. Ritrato Dell' Artista Da Giovane*. Prefazione di Alberto Rossi (Ü: Cesare Pavese), Turin: Frassinelli Tipografo-Editore 1933 [Biblioteca Europea]; 2. rev. Ausgabe 1942, ²1943

Ü 11 *Stefano Eroe*. Con otto illustrazioni di Luigi Broggini (Ü: Carlo Linati), Mailand und Verona: Arnoldo Mondadori Editore 1950 [Il Ponte. I Grandi Narratori Italiani e Stranieri 26] [Mit Einleitung von Theodore Spencer, übersetzt von Giorgio Monicelli]

Ü 12 James Joyce, *Racconti e Romanzi*. Ed. Giacomo Debenedetti (Gente di Dublino. Dedalus. Stefano Eroe) (Ü: Franca Concogni; Cesare Pavese; Carlo Linati), Mailand: Arnoldo Mondadori Editore 1963

Ü 13 ›La Teoria Della Epifanie‹, *Inventario* 1/2 [Florenz] (Sommer 1946), 54–56 [ = Teilübersetzung aus *Stephen Hero* (ed. New Directions, S. 210–13) von Luigi Berti]

## Japanisch

Ü 14 *Wakaki Hi No Geijutsuka No Jigazo* (Ü: Matsuji Ono und Tomio Yokobori), Tokio: Sogensha 1932

Ü 15 *Wakaki Hi No Geijutsuka Jigazo* (Ü: Kozaburo Nabara), Tokio: Iwanami Shoten 1937; ²1953 [mit Titel Ü 14; Vorname des Übersetzers transkribiert als Hirosaburô]

Ü 16 *Wakaki Hi No Geijutsuku No Shôzô* (Ü: Iijima Yoshihide), Tokio: Kadokawa Shoten 1955, ³1965; dass., zusammen mit *Dublin-Jin ( = Dubliners)*, Tokio: Mikasa Shobo 1955 [Gendai sekai bungaku zenshu 13]

Ü 17 *Wakaki Hi No Geijutsuka No Shôzô* (Ü: Kazuo Nakabashi et al.], Tokio: Kawade Shobo 1956 [Sekai bungaku zenshû 15; zusammen mit Virginia Woolfs *To the Lighthouse* und *Mrs. Dalloway*]
Ü 18 *Wakaki Hi No Geijutsuka No Shôzô* (Ü: Ebiike Toshibaru), Tokio: Chikuma Shobô 1967

*Katalanisch*

Ü 19 *Retrat De L'Artista Adolescent* (Ü: María Teresa Vernet), Barcelona: Vergara 1967

*Koreanisch*

Ü 20 *Jeol 'meun' ye 'sul' ga eui cho'sang* (Ü: Yeo Seog-gi), Seoul: Don 'a' chul 'pan' sa 1959
Ü 21 *Sonyeon Yesulga eui Chosang* (Ü: Bag Si-in), Seoul: Eulyumunhwasa 1960

*Kroatisch*

Ü 22 *Mladost Umjetnika* (Ü: Stanislav Šimić), Zagreb: Zora 1952, [3]1966 [Mit Illustrationen von Boris Dogan]

*Niederländisch*

Ü 23 *Het Portret Van De Jonge Kunstenaar* (Ü: Max Schuchart), Rotterdam: Ad. Donker 1962, [3]1966; Antwerpen: Ontwikkeling 1964 [ab 1967 an: De Bezige Bij, Amsterdam]
Ü 24 ›Het Kerstmaal‹, *Utopia* 8 [Eindhoven] (Juni 1969), 20–22 [= Teilübersetzung aus *A Portrait* (Christmas dinner scene) von J.M.H. Dassen]

*Norwegisch*

Ü 25 *Portrett Af Kunstneren Som Ung Mann* (Ü: Niels Chr. Brøgger), Oslo: Ernst G. Mortensens Forlag 1948, [2]1966

*Polnisch*

Ü 26 *Portret Artysty Z Czasów Młodości* (Ü: Zygmunt Allan), Warschau: Towarzystwo Wydawnicze ›Rój‹ 1931; Warschau: Pánstw. Instytut Wydawn 1957 [Serie ›Powieści XX wieku‹]

*Portugiesisch*

Ü 27 *Retrato Do Artista Quando Jovem* (Ü: José Geraldo Vieira), Pôrto Alegre (Brasilien): Edição da Livraria do Globo 1945 [Colecção Nobel 61]
Ü 28 *Retrato Do Artista Quando Jovem*. Tradução e prefácio de Alfredo

Margarido (Ü: Alfredo Margarido), Lissabon: Livros do Brasil o.D.
[= 1960/61] [Colecção Dois Mundos 55]


*Schwedisch*

Ü 29 *Ett Porträtt Av Författaren Som Ung* (Ü: Ebba Atterbom), Stockholm: Hugo Gebers Förlag 1921, ³1966


*Serbisch*

Ü 30 *Portret Umetnika U Mladosti* (Ü: Petar Čurčija), Belgrad: Nolit 1960; Belgrad: Rad 1964 [Kol. Biblioteka ›Reč i Misao‹, VII, 173/74; mit Vorwort von Vida E. Marković]


*Slowenisch*

Ü 31 *Umetnikov Mladostni Portret* (Ü: Jože Udović), Ljubljana: Cankarjeva Založba 1966 [Mit Studie von Janko Kos, ›Joyceov roman o umetnikovi mladosti‹]


*Spanisch*

Ü 32 *El Artista Adolescente (Retrato)* (Ü: Alfonso Donado [= Pseudonym für Damaso Alonso]), Madrid: Biblioteca Nueva [Mit Vorwort von Antonio Marichalar] 1926, ²1963; Santiago (Chile): Editorial Osiris 1935 [Mit Vorwort von Hugo Galasso Vicari; Coleccion Osiris 74]; Buenos Aires: Espasa-Calpe Argentina S.A. 1938 [Coleccion Austral 29], ²1956; Mexiko: Editorial Ur o.D. [Mit Vorwort von Antonio Marichalar]
*Retrato De Un Artista Adolescente* (Ü: Alfonso Donado), Buenos Aires: Santiago Rueda 1957

Ü 33 *Retrato De L'Artista Adolescente* (Ü: Alfonso Donado, rev. von Edmundo Desnoes), Havana: Editora del Consejo Nacional de Cultura 1964 [Mit Vorwort von Edmundo Desnoes und Illustrationen von Félix Ayón]

Ü 34 *Esteban, El Héroe* (Ü: Roberto Bixio), Buenos Aires: Sur 1960


*Tschechisch*

Ü 35 *Portrét Mladého Umelče* (Ü: Stasi Jilovske), Prag: Václav Petr 1930 [Zusammen mit *Ulysses*]


*Türkisch*

Ü 36 *Sanatçinin Bir Genç Adam Alarak Portresi* (Ü: Murat Belge), Instanbul: De Yayinevi 1966

## Ungarisch

**Ü 37** *Ifjúkori önarckép* (Ü: Tibor Szobotka), Budapest: Magvetö 1958

## 5. Dramatisierungen, Rundfunklesungen, Plattenaufnahme

**D 1** *A Portrait of the Artist as a Young Man*. Adapted by Frederick Ewen, Phoebe Brand, and John Randolph. Martinique Theatre New York (28. 5. 1962–17. 2. 1963)

**D 2** *Stephen Dedalus*. A play in two acts. Adapted by Hugh Leonard from James Joyce's ›A Portrait of the Artist as a Young Man‹ and ›Stephen Hero‹, London and New York: Evans Bros. 1964 (Evans Plays; with plates); New York: Dramatists Play Service 1968 [Nachweis der Aufführungsorte und -zeiten in der laufenden Bibliographie des *James Joyce Quarterly*]

**R 1** ›A Portrait of the Artist as a Young Man‹. Reading from Joyce's autobiography, *BBC Light Service* (May 17, 1946) [Sprecher: Gerard Fay, Bill Shine]

**R 2** ›Portrait of James Joyce‹. Two-hour feature produced by Maurice Brown, *BBC Third Service* (Febr. 13, 1950)

**R 3** ›A Portrait of the Artist as a Young Man‹. Dramatized in a full-hour version, *NBC Theatre* (April 23, 1950)

**R 4** ›Hyperion spricht mit Stephen Dedalus über den Künstler in der Gesellschaft‹, Szene von Helga Oppermann und Friedrich W. Zimmermann [ = Teil 5 der Fernseh-Serie *Begegnungen auf dem Parnass. Figuren der Literatur in erdachten Gesprächen*], Studienprogramm des *Bayerischen Rundfunks*, Samstag, 1. Juli 1972, 21.25–21.45 h

**P 1** *A Portrait of the Artist as a Young Man*. Selections read by Cyril Cusack, New York: Caedmon 1959 [TC 1110]; Düsseldorf: Polyglotte 1959 [E 320440-U] (Schallplatte, 30 cm)

## 6. Sekundärliteratur zu »Stephen Hero« und »A Portrait of the Artist as a Young Man«

Zum Auswahlprinzip s. S. 16 *ante*. Abkürzungen: (J)J = (James) Joyce; *JJQ* = *James Joyce Quarterly*; Nd. = Nachdruck; NY = New York; *PAYM* = *A Portrait of the Artist as a Young Man*; *SH* = *Stephen Hero*; UP = University Press. Die mit Kleinbuchstaben versehenen Nummern sind Nachträge.

**L 1** Adams, Robert Martin. ›The Operatic Novel: J and D'Annunzio‹, in: ders. *New Looks at Italian Opera: Essays in Honour of Donald* J[ay] *Grout*. Edited, with an introduction by William W. Austin, Ithaca (N.Y.): Cornell UP 1968, S. 260–281

## Literatur

L 2 – *JJ: Common Sense and Beyond*, NY: Random House 1967, S. 91–116 [vgl. dazu L 10]

L 3 Agrawal, I. N. ›Epiphanies in *PAYM*‹, *Indian Journal of English Studies* 8 (1967), 72–78

L 3a Albérès, R. M. *Histoire du Roman Moderne*, Paris: Albin Michel 1962; dass. deutsch: *Geschichte des modernen Romans*, Düsseldorf-Köln: Eugen Diederich Verlag 1964, S. 221–224, und *passim*

L 4 Albert, Leonard. *JJ and the New Psychology*, Diss. NY: Columbia University 1957, *passim*

L 4a Allen, Walter. *Tradition and Dream: The English and American Novel From the Twenties to Our Time*, London: Phoenix House 1964, S. 4–6

L 5 Aloyse, Sister M. ›The Novelist as Popularizer: J and Psychological Fiction‹, in L 127, S. 31–42

L 6 A. M. [Rezensenten-Zeichen]. ›A Sensitivist‹, *Manchester Guardian* 22018 (March 2, 1917), 3 [Rezension des *Portrait*]; Nd. in L 96, S. 92–93

L 7 Anderson, Chester G. ›The Sacrificial Butter‹, *Accent* 12 (Winter 1952), 3–13; Nd. in L 75, S. 99–109, und in L 83, S. 124–136

L 8 – *A Word Index to JJ's SH*, Ridgefield (Conn.): Ridgebury Press 1958

L 9 – ›The Text of JJ's *PAYM*', *Neuphilologische Mitteilungen* 65 (1964), 160–200

L 10 – ›Animus Towards Robert Adams' New Book Explained‹, JJQ 5/3 (Spring 1968), 245–255, *passim* [über L 2]

L 11 Anderson, Margaret, ed. *The Little Review Anthology*, NY: Hermitage House 1953, S. 129–131, 298–299

L 12 Andreach, Robert J. *Studies in Structure: The Stages of the Spiritual Life in Four Modern Authors*, NY: Fordham UP 1964, S. 40–71

L 13 Angeli, Diego. ›Un Romanzo di Gesuiti‹, *Il Marzocco* [Florenz] 32 (Aug. 12, 1917), 2–3; übersetzt von Joyce für *The Egoist* 5/2 (Febr. 1918), 30; Nd. von letzterem in T 16*, S. 325–328, und in L 96, S. 114–116

L 14 Anon. ›A Study in Garbage‹, *Everyman* (Febr. 23, 1917), 398; Nd. in L 96, S. 85 [Rezension]

L 15 – [Rezension des *Portrait*], *The Literary World* 83/I, 985 (March 1, 1917), 43; Nd. in L 96, S. 91–92

L 15a – [Rezension des *Portrait*], *The Bellman* 22 (March 3, 1917), 245, 250

L 15b – ›Queer, but Honest‹, *Brooklyn Daily Eagle* (March 3, 1917), 6 [Rezension des *Portrait*]

L 15c – [Rezension des *Portrait*], *Glasgow Herald* (March 8, 1917), o.S.

L 15d – [Rezension des *Portrait*], *Cambridge Magazine* (March 10, 1917), 425–426

L 16 – ›A Dyspeptic Portrait‹, *Freeman's Journal* (April 7, 1917), o.S.; Nd. in L 96, S. 98–99 [Rezension]

L 17 – [Rezension des *Portrait*], *Irish Book Lover* 8/9–10 (April/May 1917), 113; Nd. in L 96, S. 102

L 17a – [Rezension des *Portrait*], *The English Review* 24 (May 1917), 478

L 17b – [Rezension des *Portrait*], *The Continent* [Chicago] (May 3, 1917), 548

L 17c – [Rezension des *Portrait*], *The Nation* 104 (May 17, 1917), 600, 602

L 17d – [Rezension des *Portrait*], *The Catholic World* 105 (June 1917), 395–396

L 17e – [Rezension des *Portrait*], *The Future* (June 1917), 237

L 18 – [Rezension des *Portrait*], *New Age* 21, n.s. 11 (July 12, 1917), 254; Nd. in L 96, S. 110–111

**L 19** – ›Over the Top with the New Novelists‹, *Current Opinion* 66 (June 1919), 387–388 [Rezension von *PAYM* und *Ulysses*; zitiert ausführlich L 451]

**L 20** – *A Critical Commentary: PAYM*, NY: American R.D.M. Corporation 1963 [Erstfassung von L 111]

**L 21** Arnold, Armin. *JJ*, Berlin: Colloquium Verlag 1963, S. 22–27 und *passim*

**L 22** Aspell, Joseph S.M. ›Fire Symbolism in *PAYM*‹, *University of Dayton Review* 3 (1968/69), 29–39

**L 23** August, Eugene R. ›Father Arnall's Use of Scripture in *A Portrait*‹, *JJQ* 4/4 (Summer 1967), 275–279

**L 24** Baker, James R. ›JJ: Esthetic Freedom and Dramatic Art‹ *Western Humanities Review* 5 (Winter 1950/51), 29–40; Nd. in L 299, S. 179–190

**L 25** – ›JJ: Affirmation after Exile‹, *Modern Language Quarterly* 18 (Dec. 1957), 275–281

**L 26** Balotă, Nicolae. ›Resurectia lui J: Portretul artistului întinerete‹, *România Literară* 1 (19. Mai 1969)

**L 27** Bates, Ronald. ›The Correspondence of Birds to Things of the Intellect‹ *JJQ* 2/4 (Summer 1965), 281–290

**L 28** Beckson, Karl. ›Stephen Dedalus and the Emblematic Cosmos‹ *JJQ* 6/1 (Fall 1968), 95–96

**L 29** Beebe, Maurice. *The Alienation of the Artist: A Study of Portraits of the Artist by Henry James, Marcel Proust, and JJ*, Diss. Cornell University 1953 (Teil 3)

**L 30** – ›JJ: Barnacle Goose and Lapwing‹, *PMLA* 71 (June 1956), 302–320, *passim*

**L 31** – ›J and Aquinas: The Theory of Aesthetics‹, *Philological Quarterly* 36 (Jan. 1957), 20–35; Nd. in L 83, S. 272–289

**L 32** – ›JJ and Giordano Bruno: A Possible Source for ›Dedalus‹‹, *JJ Review* 1 (Dec. 1957), 41–44

**L 33** – ›J and Stephen Dedalus: The Problem of Autobiography‹, in L 278, S. 67–77

**L 34** – *Ivory Towers and Sacred Founts: The Artist as Hero from Goethe to J*, NY: NY UP 1964, S. 260–295 und *passim*

**L 35** Beer, Otto F. ›Daedalus, Mary Stuart und Don Juan. Wiener Premieren: Joyce/Leonard, Hildesheimer und Horvath‹, *Süddeutsche Zeitung* 270 (11. Nov. 1971), 21

**L 36** Beja, Morris. ›Evanescent Moments: The Epiphany in the Modern Novel‹, *Dissertation Abstracts* 24 (1964), 2903

**L 37** – ›The Wooden Sword: Threatener and Threatened in the Fiction of JJ‹, *JJQ* 2/1 (Fall 1964), 33–41

**L 38** – ›The Bread of Everyday Life‹, in: ders., *Epiphany in the Modern Novel*, London: Peter Owen 1971, Kap. 3, S. 71–111 und *passim*

**L 39** Benson, Eugene P. ›JJ: Orthodoxy and Heterodoxy‹, *Dissertation Abstracts* 28 (1967), 1426 A

**L 40** Benstock, Bernard. ›A Portrait of the Artist in *Finnegans Wake*‹, *Bucknell Review* 4 (1961), 257–271

**L 41** Berger, Hélène. ›L'avant-portrait ou la bifurcation d'une vocation‹, *Tel Quel* 22 (Eté 1965), 69–76

**L 42** – ›Portrait de sa femme par l'artiste‹, *Lettres Nouvelles* (Mars-Avril 1966), 41–67

**L 43** Bernhardt-Kabisch, E. ›J's *PAYM*‹, *Explicator* 18 (Jan. 1960), item 24; Teil-Nd. in L 379, S. 114–115

**L 44** Biderson, Ellis. ›J Without Fear‹, *English Journal* 57 (Febr. 1968), 200–202

**L 45** Birkenfeld, Erich. ›JJs Jugendbildnis‹, *Orplid* 3 (1926), 63–66

**L 46** Blamires, Harry. *The Bloomsday Book: A Guide through ›Ulysses‹*, London: Methuen & Co. 1966, 1967, mehrfach *passim*

**L 47** Block, Haskell M. ›The Critical Theory of JJ‹, *Journal of Aesthetics and Art Criticism* 8 (March 1950), 172–184; Nd. in L 83, S. 231–249

**L 48** Booth, Wayne, C. ›The Problem of Distance in *PAYM*‹, in: ders., *The Rhetoric of Fiction*, London and Chicago: University of Chicago Press 1961, S. 324–336; Nd. in T 16*, S. 455–467, und in L 379, S. 85–95

**L 49** Boyd, Elizabeth F. ›JJ's Hell-Fire Sermons‹, *Modern Language Notes* 75 (Nov. 1960), 561–571; Nd. in L 75, S. 85–95, und in L 299, S. 253 bis 263

**L 50** Boyd, Ernest. *Ireland's Literary Renascence.* Revised Edition, London: Grant Richards 1923, S. 402–408; Teil-Nd. in L 96, S. 301–305

**L 51** Boyle, Robert, S.J. ›The Priesthood of Stephen and Buck‹, in: Thomas F. Staley and Bernard Benstock, eds. *Ulysses: Ten Essays*, Pittsburgh: University of Pittsburgh Press 1970, S. 29–60

**L 52** Boynton, H.W. ›Outstanding Novels of the Season‹, *The Nation* 104/2701 (April 5, 1917), 403–405, *passim;* Teil-Nd. in L 96, S. 97 [Rezension des *Portrait*]

**L 53** Brandabur, Edward. ›Stephen's Aesthetic in *A Portrait of the Artist*‹, in: Ray B. Browne, W.J. Roscelli, and Richard Loftus, eds., *The Celtic Cross: Studies in Irish Culture and Literature*, Lafayette (Ind.): Purdue University Studies 1964, S. 11–21 [vgl. dazu die Kritik von Beebe, in L 34, S. 22–25]

**L 54** – *A Scrupulous Meanness. A Study of J's Early Work*, Urbana, Chicago and London: University of Illinois Press 1971

**L 55** Bredin, Hugh T. ›Applied Aquinas: JJ's Aesthetics‹, *Eire-Ireland* 3 (Spring 1968), 61–78, *passim*

**L 56** – ›J et l'Aquinate‹, *Il Verri* 31 (1969), 96–112, *passim*

**L 56a** Brennan, Joseph Gerard. *Three Philosophical Novelists: JJ, André Gide, Thomas Mann*, NY: The Macmillan Co.; London: Collier-Macmillan Ltd. 1964, S. 4–28 und *passim*

**L 57** Brown, Homer Obed. ›The Early Fiction of JJ: The Biography of a Form‹ *Dissertation Abstracts* 27 (1966), 1813 A–1814 A

**L 58** Brown, Malcolm. *The Politics of Irish Literature from Thomas Davis to W.B. Yeats*, London: George Allen and Unwin Ltd. 1972, S. 278f., 304f., 385–89, und *passim*

**L 59** Brown, Richard K. *J's PAYM*, NY: Barrister 1967 (Bar-Notes Literary Study and Examination Guides 5563/2)

**L 59a** Budgen, Frank. *JJ and the Making of ›Ulysses‹*, London: Grayson & Grayson 1934; Bloomington (Ind.): Indiana UP 1960; dass. in erw. Fassung mit dem Untertitel: *and other writings*, with an introduction by Clive Hart, London, Oxford, Melbourne: Oxford UP 1972, S. 57–59 und *passim*

**L 60** Burgess, Anthony. ›Silence, Exile, and Cunning‹, *The Listener* 73 (May 6, 1965), 661–663

**L 61** – *RE JOYCE*, NY: Norton 1965; dass. als: *Here Comes Everybody: An Introduction to JJ for the Ordinary Reader*, London: Faber and Faber 1965, S. 48–69 und *passim*

**L 62** Burgum, Edwin Berry, *J*, Buenos Aires: Jorge Alvarez 1969, S. 161 bis 168

**L 63** Burke, Kenneth. ›Three Definitions: The J Portrait‹, *Kenyon Review* 13 (Spring 1951), 181–192; Teil-Nd. in T 16\*, S. 440–445

**L 64** Burrows, John. ›A Sketch of J's *Portrait*‹. *Balcony. The Sydney Review* 3 (Spring 1965), 23–29

**L 65** Busch, Günther. ›Einspruch gegen das Hauptwerk: Zur Neufassung des ›Jugendbildnisses‹ und der Novellen ›Dublin‹ von JJ‹, *Wort in der Zeit* 5 (1959), 45–48

**L 66** Byrd, Don. ›J's Method of Philosophic Fiction‹, *JJQ* 5/1 (Fall 1967), 9–21, *passim*

**L 67** Byrne, J[ohn] F[rancis]. *Silent Years: An Autobiography with Memoirs of JJ and Our Ireland*, NY: Farrar, Straus, and Young Inc. 1953, S. 33–37, 43–44, 58–66; – Teil-Nd. in L 374, S. 180–192

**L 68** Callahan, Edward F. *JJ's Early Esthetic: A Study of Its Origin and Function*, Diss. University of Wisconsin 1957 [unveröffentlicht; Mikrofilm]

**L 69** Campbell, John Waverly. *PAYM: An Appreciation*, Sydney: Sydney University Literary Society 1933

**L 70** Carothers, Robert L. ›The Hand and Eye in J's *Portrait*‹, *Serif* 4 (March 1967), 17–29

**L 70a** C.H.S.M. ›The Birth of an Artist's Soul‹, *Challenge* [London] 161/7 (May 25, 1917), 54 [Rezension des *Portrait*]

**L 70b** Church, Margaret. ›JJ: Time and Time Again‹, in: dies. *Time and Reality: Studies in Contemporary Fiction*, Chapel Hill: University of North Carolina Press 1963, S. 27–66 (hier S. 30–37)

**L 71** Cixous, Hélène. ›JJ et la mort de Parnell‹, *Langues Modernes* 61 (Avril/Mars 1967), 142–147

**L 72** – *L'Exil de JJ, ou l'art du remplacement*, Paris: Bernard Grasset 1968, Kap 1–3, *passim* (Publications de la Faculté des Lettres et Sciences Humaines de Paris-Sorbonne, série ›Recherches‹ 46)

**L 73** Clutton-Brock, A. ›Wild Youth‹, *Times Literary Supplement* 789 (March 1, 1917), 103–104; Teil-Nd. in L 96, S. 89–91 [Rezension des *Portrait*]

**L 74** Cohn, Alan M. ›The Spanish Translation of *PAYM*‹, *Revue de Littérature Comparée* 37 (Juillet-Sept. 1963), 405–410

**L 75** Collingwood, Frank. *PAYM*, London: Coles Publishing Co. Ltd. 1966, 1968 (Coles Notes 951); enthält L 7, 49, 143, 231, 283, 345, 355, 422

**L 76** Collins, Ben L. ›The Created Conscience: A Study of Technique and Symbol in JJ's *PAYM*‹, *Dissertation Abstracts* 23 (1961), 2523

**L 77** Collins, Robert George. ›Four Interpretations in the Modern Novel‹, *Dissertation Abstracts* 22 (1961), 3642 (Teil II)

**L 78** – ›The Second Dedalus: Simon the Testifier‹, *JJQ* 8/3 (Spring 1971), 233–235

L 79 Colum, Padraic. ›JJ‹, *Pearson's Magazine* (May 1918), 38–42; Teil-Nd. in L 96, S. 163–166

L 80 Connolly, Cyril. *The Modern Movement*, London: Andre Deutsch and Hamish Hamilton 1965; NY: Athenaeum Press 1966, S. 33

L 81 Connolly, Thomas E. ›J's Aesthetic Theory‹, *University of Kansas City Review* 23 (Oct. 1956), 47–50; Nd. in L 83, S. 266–271

L 82 – ›SH Revisited‹, *JJ Review* 3 (1959), 40–46

*L 83 – ed. *J's Portrait: Criticisms and Critiques*, NY: Appleton-Century Crofts 1962; London: Peter Owen 1964; enthält L 7, 31, 47, 81, 112, 174, 202, 212, 216, 260, 272, 292, 301, 304, 347, 355, 385, 394, 426

L 84 – ›Kinesis and Stasis: Structural Rhythm in J's *PAYM*‹, *University Review* [Dublin] 3 (1966), 21–30

L 85 Coveney, Peter. ›J, Virginia Woolf, D.H. Lawrence‹, in: ders. *Poor Monkey: The Child in Literature*, London: Rockliff 1957, passim

L 85a Cox, C.B. and Dyson, A.E., eds. *The Twentieth-Century Mind: History, Ideas, and Literature in Britain II, 1918–1945*, London, Oxford, NY: Oxford UP 1972, S. 378–384 und passim

L 86 Crane, Hart. ›J and Ethics‹, *The Little Review* 5/3 (July 1918), 65; Nd. in: *Twice a Year* 12/13 (1945), 427–428, in L 9, S 298–299, in: *The Complete Poems and Selected Letters and Prose of Hart Crane*. Ed. by Brom Weber, Garden City (N.Y.): Anchor Books 1966, S. 199–200, und in L 96, S. 123–124

L 87 Cronin, John. ›The Funnel and the Tundish: Irish Writers and the English Language‹, *Wascana Review* 3 (1968), 88–99

L 88 Cross, Richard K. ›By Obstinate Isles: A Study in the Craft of Flaubert and J‹, *Dissertation Abstracts* 28 (1968), 2678 A

L 89 – ›Les Nourritures Celestes: Sympathy and Judgment in *L'éducation sentimentale* and *PAYM*‹, in: ders., *Flaubert and J: The Rite of Fiction*, Princeton (N.J.): Princeton UP 1971, S. 35–67

L 90 Curran, Constantine P. ›J's D'Annunzian Mask‹, *Studies* 51 (Summer 1962), 308–316; Nd. in L 91, S. 105–115

L 91 – *JJ Remembered*, NY and London: Oxford UP 1968, S. 51–53, 55–58, 77–82, 105–115, und passim; enthält L 90

L 92 Curran, Stewart. ›»Bous Stephanoumenos«: J's Sacred Cow‹, *JJQ* 6/2 (Winter 1968), 163–170

L 93 Dahl, Liisa. *Linguistic Features of the Stream-of-Consciousness Techniques of JJ, Virginia Woolf and Eugene O'Neill*, Turku: Turun Yliopisto 1970, S. 16–17 (Annales Universitatis Turkuensis, Series B., Tom. 116)

L 94 Daiches, David. ›JJ: The Artist as Exile‹, *College English* 2 (1940), 197–206; Nd. in: William O'Connor, ed., *Forms of Modern Fiction*, Minneapolis: University of Minnesota Press 1948, S. 61–71 (hier S. 62–65)

L 95 – *The Novel in the Modern World*, Chicago: University of Chicago Press 1939, S. 101–110; Revised Edition 1960, S. 83–90

*L 96 Deming, Robert H., ed. *JJ: The Critical Heritage*, 2 vols., London: Routledge and Kegan Paul 1970, I,9–13, 81–129 [früheste Rezensionen und Kurzkommentare]; enthält L 6, 13–18, 50, 52, 73, 79, 86, 129, 150, 186, 192, 199, 214, 225, 257, 262, 275, 340–343, 352, 381, 399, 413, 416, 428, 444, 451. II, Appendix D, S. 778: Titel-Liste von 14 frühen (in vorliegende Bibliographie aufgenommenen) Rezensionen des *Portrait*.

L 97 Desnoes, Edmundo. ›La Mirada de J‹, *Edita* 1 [Havana] (Oct. 1964), 1–4

L 98 Dev, Amiya. ›The Artist in Ibsen and J‹, *Jadavpur Journal of Comparative Literature* 7 (1967), 85–101, *passim*

L 99 Dibble, Brian. ›A Brunonian Reading of J's *PAYM*‹, *JJQ* 4/4 (Summer 1967), 280–285

L 100 Doherty, James. ›J and *Hell Opened to Christians:* The Edition He Used for His Hell Sermons‹, *Modern Philology* 61 (Nov. 1963), 110 bis 119

L 101 Donoghue, Denis. ›J and the Finite Order‹, *Sewanee Review* 68 (April/June 1960), 256–273, *passim*

L 102 Dougherty, Charles T. ›J and Ruskin‹, *Notes and Queries* 198 (Febr. 1953), 76–77

L 103 Douglass, James W. ›JJ's *Exiles:* A Portrait of the Artist‹, *Renascence* 15 (1963), 82–87

L 104 Drew, Elizabeth. ›JJ: *PAYM*‹, in: dies., *The Novel: A Modern Guide to Fifteen English Masterpieces*, NY: Dell 1963, S. 245–261

L 105 Drews, Jörg. ›*PAYM*‹, in: *Kindlers Literatur Lexikon*, Zürich: Kindler Verlag 1969, Band 5, Sp. 2354–2358; Nd. in L 148, S. 187–190

L 106 Duncan, Iris June Autry. ›The Theme of the Artist's Isolation in Three Modern British Novelists‹, *Dissertation Abstracts* 26 (1965), 3332

L 106a Edel, Leon. *The Psychological Novel 1900–1950*, NY and Philadelphia: J.B. Lippincott Co. 1955, S. 15f., 19–21, 123–126, 144f., 165f., 168 bis 170, 177f., und *passim*

L 107 Egoist, The (1917), *passim* (First Press Notices; Report of Reviews); Teil-Nd. in T 16\*, S. 334–339

L 108 Egri, Péter. ›JJ: Ifjukori önarcképe‹, *Filologiai Kozlony* 6 [Budapest] (1960), 261–266

L 109 – ›The Function of Dreams and Visions in *A Portrait* and *Death in Venice*‹, *JJQ* 5/2 (Winter 1968), 86–102

L 110 Eliot, T.S. *After Strange Gods*, London: Faber and Faber 1934, S. 35 bis 38

\*L 111 Ellis, Charles. *PAYM: A Critical Commentary*. Including Historical Background and Chapter Comments by Ellsworth Mason, NY: American R.D.M. Corporation 1966

L 112 Ellmann, Richard. ›A Portrait of the Artist as Friend‹, *Kenyon Review* 18 (Winter 1956), 53–67; Nd. in: Mark Schorer, ed., *Society and Self in the Novel: English Institute Essays* 1955, NY: Columbia UP 1956, S. 60–77; und in L 83, S. 88–101

L 113 – ›Two Faces of Edward‹, in: ders., *Edwardians and Late Victorians: English Institute Essays* 1959, NY: Columbia UP 1960, S. 188–210

L 114 – *JJ*, NY: Oxford UP 1959, vielfach (vgl. Index) *passim* (dass. deutsch Zürich: Rhein Verlag 1961); Teil-Nd. in T 16\*, S. 388–398, und in L 379, S. 38–40, 110

L 115 – ›The Hawklike Man‹, in: ders., *Eminent Domain: Yeats among Wilde, J, Pound, Eliot, and Auden*, NY: NY UP 1967, S. 29–56 und *passim*

L 116 – *Ulysses on the Liffey*, London: Faber and Faber 1972, S. 4–7, 86–88, 192f., 147f. und *passim*

L 117 Epstein, E.L. ›Tom and Tim‹, *JJQ* 6/2 (Winter 1968), 158–162 [zur Cork-Episode]
L 118 – ›JJ and *The Way of All Flesh*‹, *JJQ* 7/1 (Fall 1969), 22–29
*L 119 Erzgräber, Willi. ›JJ: *PAYM*‹, in: Horst Oppel, ed., *Der moderne englische Roman: Interpretationen*, Berlin: Erich Schmidt Verlag 1965, ²1971, S. 78–114
L 120 Evans, Fallon. ›The *Portrait* as a Literary Work‹, in: L 127, S. 11–28
L 121 Fackler, Herbert V. ›Stephen Dedalus Rejects Forgotten Beauty: A Yeats Allusion in *PAYM*‹, *College Language Association Journal* 12 (Morgan State College, Baltimore) (Dec. 1968), 164–167
L 122 Fanger, Donald. ›J and Meredith: A Question of Influence and Tradition‹, *Modern Fiction Studies* 6/2 (Summer 1960), 125–130
L 123 Farrell, James T. ›J and His Self-Portrait‹, *New York Times Book Review* (Dec. 31, 1944), 6, 16, bzw. (Jan. 21, 1945), 4, 18
L 124 – ›J's *PAYM*‹, in: ders., *The League of Frightened Philistines*, NY: Vanguard Press 1946, S. 45–59; Nd. in L 162, S. 175–190
L 125 – ›Postscript on *SH*‹, in L 162, S. 190–197
L 126 Farwer, Gottfried. »Ahn, alter Künstler, steh mir bei...«, *aachener prisma* 9/1 (1960/61), 24–25
*L 127 Feehan, Joseph, ed. *Dedalus on Crete: Essays on the Implications of J's ›Portrait‹*, Los Angeles: Saint Thomas More Guild, Immaculate Heart College 1957, 1964 (paperback); enthält L 5, 120, 315, 358, 369
L 128 Fehr, Bernhard. ›J's Jugendbildnis‹, in: *Von Englands geistigen Beständen: Ausgewählte Aufsätze von Bernhard Fehr*. Herausgegeben von Max Wildi, Frauenfeld: Huber 1944, S. 168–171
L 129 Fels, Florent. ›Revues‹, *Action* 6 (Dec. 1920), 63–64 [Rezension des *Portrait*]; Teil-Nd. in L 96, S. 127
L 130 Fenichel, Robert B. ›A Portrait of the Artist as a Young Orphan‹, *Literature and Psychology* 9 (Spring 1959), 19–22
L 131 Feshbach, Sidney. ›A Slow and Dark Birth: A Study of the Organization of *PAYM*‹, *JJQ* 4/4 (Summer 1967), 289–300
L 132 – ›A Dramatic First Step: A Source for J's Interest in the Idea of Daedalus‹, *JJQ* 8/3 (Spring 1971), 197–204
L 133 Finke, Wilhelm. ›Die inneren Aspekte der Jugend des Autors in *PAYM*‹, in: ders., *Der Ausdruck seelischer Wirklichkeit im Werk des JJ: Versuch einer Deutung von Inhalt, Form und Entwicklung*, Diss. Kiel 1953 [masch.], S. 23–55
L 134 Fleming, Rudd. ›Quidditas in the Tragi-Comedy of J‹, *University of Kansas City Review* 15 (Summer 1949), 288–296, *passim*
L 135 – ›Dramatic Involution: Tate, Husserl, and J‹, *Sewanee Review* 60 (Summer 1952), 445–464, *passim*
L 136 Foran, Donald J., S.J. ›A Mirror Held Up to Stephen‹, *JJQ* 4/4 (Summer 1967), 301–309, *passim*
L 137 Forster, Jean Paul. ›*SH* et Stephen Dedalus‹ *Etudes de Lettres* 2/9 (Juillet/Sept. 1966) 149–164
L 138 Fortuna, Diane de Turo. ›The Labyrinth of Art: Myth and Ritual in JJ's *PAYM*‹ *Dissertation Abstracts* 28 (1967), 1817 A
L 139 Franke, Rosemarie. *JJ und der deutsche Sprachbereich: Übersetzung, Verbreitung und Kritik in der Zeit von 1919–1967*, Diss. Berlin 1970, S. 43, 59, 109–120 und *passim* [Englisches Summary in: *English and*

*American Studies in German. Summaries of Theses and Monographs. A Supplement to Anglia.* 1970. Edited by Werner Habicht, Tübingen: Max Niemeyer Verlag 1971, S. 88–90]

**L 140** – ›Die Rezeption des *Portrait* im deutschen Sprachbereich: Übersetzung, Verbreitung und Kritik‹, in: L 148, S. 39–64 (überarbeitete Teilfassung von L 139)

**L 141** French, Warren. ›Two Portraits of the Artist: JJ's *Young Man;* Dylan Thomas' *Young Dog*‹, *University Review* 33 (Summer 1967), 261–266

**L 142** Fricker, Robert. ›JJ‹, in: ders., *Der moderne englische Roman,* Göttingen: Vandenhoeck 1958, S. 93–112 (Kleine Vandenhoeck-Reihe 67/69)

**L 143** Friedman, Melvin J., *Stream of Consciousness: A Study in Literary Method,* New Haven (Conn.): Yale UP 1956, S. 214–220; Nd. in L 75, S. 60–64, und in L 299, S. 228–232

**L 144** Frierson, William C. *The English Novel in Transition,* University of Oklahoma Press 1942, S. 200–203

**L 145** Frisch, Efraim. ›Jugendbildnis eines Dichters‹, *Der Tag* [Berlin] (Sept. 12, 1926); Nd. in: *Die Fünf Weltteile: Ein unidyllisches Verlegerjahrbuch mit einem idyllischen Dichter-Almanach von Francis Jammes,* Basel: Rhein Verlag 1928, S. 47–49

**L 146** Füger, Wilhelm. ›Türsymbolik in Js *Portrait*‹, *Germanisch Romanische Monatsschrift* 22/1 (1972), 39–57; Nd. in L 148, S. 165–186

**L 147** – ›Js *Portrait* und Nietzsche‹, *arcadia. Zeitschrift für Vergleichende Literaturwissenschaft* 7/2 und 3 (1972)

**\*L 148** – ed. *JJs ›Portrait‹. Das ›Jugendbildnis‹ im Lichte neuerer deutscher Forschung,* München: Goldmann Verlag 1972 (Das Wissenschaftliche Taschenbuch Ge-15). Enthält L 105, 146, 149, 206, 227, 284

**L 149** Gabler, Hans Walter. ›Zur Textgeschichte und Textkritik des *Portrait*‹, in: L 148, S. 20–38

**L 150** Garnett, Edward. ›*PAYM* by JJ‹, in: ders., *Minute Book* (1915) [ = Reader's Report on *PAYM* for Duckworth & Co. Publishers]; Nd. mit Erläuterungen in T 16\*, S. 319–320 [Urfassung mit erweiterter Fassung vom 26. Juni 1916]; Nd. letzterer in L 96, S. 81–82; in L 114, S. 416–417 (deutsche Fassung S. 397); in L 299, S. 21, und in: Richard Ellmann, ed. *Letters of JJ II,* London: Faber and Faber; NY: Viking Press 1966, S. 371–372

**L 151** Garrett, Peter K. ›JJ: The Artifice of Reality‹, in: ders. *Scene and Symbol from George Eliot to JJ: Studies in Changing Fictional Mode,* New Haven (Conn.) and London: Yale UP 1969, S. 214–271, *passim*

**L 152** Geckle, George L. ›Stephen Dedalus and W.B. Yeats: The Making of the Villanelle‹, *Modern Fiction Studies* 15 (Spring 1969), 87–96

**L 153** Gerard, Albert. ›Le Dédale de JJ‹, *Revue Nouvelle* 27 (1958), 493–501

**L 154** Gerö [ = Rezensentenzeichen]. ›JJ: »Jugendbildnis«‹, *Imago. Zeitschrift für Anwendung der Psychoanalyse auf die Natur- und Geisteswissenschaften* 14 (1928), 535–536

**L 155** Gheerbrant, Bernard. *JJ: Sa Vie, son Oeuvre, son Rayonnement,* Paris: La Hune 1949, *passim*

**L 156** Giedion-Welcker, Carola. ›Der frühe J‹, *Neue Züricher Zeitung* 1231 (5. Juli 1928)

**L 157** Gifford, Don, with assistance of Robert J. Seidman. *Notes for J:*

›Dubliner‹ and ›PAYM‹, Toronto: Clarke, Irwin; NY: E.P. Dutton 1967 (Dutton Paperbacks)
L 158 Gilbert, Stuart. ›The Latin Background of JJ's Art‹, *Horizon* 10 (Sept. 1944), 178–188, *passim*
L 159 – ›JJ‹ (1946), in L 162, S. 450–467 (hier S. 458–461)
L 160 Gillam, Doreen M.E. ›Stephen Kouros‹, *JJQ* 8/3 (Spring 1971), 221 bis 232
L 161 Gillie, Christopher ›Human Subject and Human Substance: Stephen Dedalus of *PAYM*, Rupert Birkin of *Women in Love*‹, in: ders., *Character in English Literature*, London: Chatto and Windus; NY: Barnes and Noble 1965, S. 177–202
L 162 Givens, Seon, ed. *JJ: Two Decades of Criticism*, NY: Vanguard Press 1948, dass. (With a New Introduction) 1963; enthält L 124, 125, 159, 241
L 163 Glasheen, Adaline. ›J and the Three Ages of Charles Stewart Parnell‹, in L 278, S. 151–178, *passim*
L 164 Godin, Henri. ›Variations Littéraires sur le Thème de la Confession‹, *French Studies* 5 (July 1951), 197–216
L 165 Goldberg, Gerald J. ›The Artist as Hero in British Fiction 1890–1930‹, *Dissertation Abstracts* 20 (1958), 2289
L 166 Goldberg, S.L. ›J and the Artist's Fingernails‹, *Review of English Literature* 2 (April 1961), 59–73, *passim*
L 167 – ›Art and Life: The Aesthetic of the *Portrait*‹, in: ders., *The Classical Temper: A Study of JJ's ›Ulysses‹*, London: Chatto and Windus; NY: Barnes and Noble 1961, S. 41–65; Nd. in L 379, S. 64–84
L 168 – *JJ*, NY: Grove Press 1962, S. 47–63 und *passim*
L 169 Golding, Louis. *JJ*, London: Thornton Butterworth Ltd. 1933, S. 34–68
L 170 Goldman, Arnold. *The JJ Paradox: Form and Freedom in his Fiction*, Evanston (Ill.): Northwestern UP 1966, S. 22–73, 120–125
L 171 – *JJ*, London: Routledge and Kegan Paul; NY: Humanities Press 1968, S. 4–6, 11–29 (Profiles in Literature Series)
L 172 – ›Stephen Dedalus' Dream of Parnell‹, *JJQ* 6/3 (Spring 1969), 262–264
L 173 Goodheart, Eugene. ›J and the Career of the Artist-Hero‹, in: ders. *The Cult of the Ego: The Self in Modern Literature*, Chicago and London: University of Chicago Press 1968, S. 183–200
L 174 Gordon, Caroline. ›Some Readings and Misreadings‹, *Sewanee Review* 61 (Summer 1953), 384–407; Nd. in L 83, S. 136–156
L 175 – *How to Read a Novel*, NY: Viking Press 1957, S. 210–214
L 176 Gorman, Herbert. *JJ: His First Forty Years*, NY: Huebsch 1924, S. 65–100
L 177 – ›Introduction‹ [zu *PAYM*], NY: The Modern Library 1928, S. v–vii
L 178 Grayson, Thomas W. ›JJ and Stephen Dedalus: The Theory of Aesthetics‹, *JJQ* 4/4 (Summer 1967), 310–319
L 179 Griffin, Gerald. *Wild Geese: Pen Portraits of Famous Irish Exiles*, London: Jarrolds 1938, S. 22–30
L 180 Gross, John. *J*, London: Fontana/Collins 1971, S. 40–45 (Fontana Modern Masters)
L 181 Grossvogel, David J. ›J and Robbe-Grillet‹, in: ders. *Limits of the Novel. Evolutions of a Form from Chaucer to Robbe-Grillet*, Ithaca and London: Cornell UP 1971 (Cornell Paperbacks), S. 256–299 (hier S. 263–268)

L 182 Guidi, Augusto. ›Il Primo J‹, *Idea: Settimanale di Cultura* 6 (Mai 9, Juni 13, Juli 4, Sept. 19, 1954); Nd. in: ders. *Il Primo J*, Rom: Edizioni di Storia e Letteratura 1954, S. 41–106 (hier S. 41–46)

L 183 Gwynn, Stephen. *Irish Literature and Drama in the English Language: A Short History*, London: Nelson 1936, S. 192–202

L 184 Haas, Willy. ›Konfessionen aus dem Inferno‹, *Die Literarische Welt* II 21/22 (21. Mai 1926), 7–8; Nd. als ›JJs Jugendbildnis‹ in: ders. *Gestalten der Zeit*, Berlin: Gustav Kiepenheuer Verlag 1930, S. 100–104, und in: ders. *Gestalten. Essays zur Literatur und Gesellschaft*. Mit einer Einführung von Hermann Kesten und einem Nachwort von Walter Benjamin, Berlin/Frankfurt/Wien: Propyläen Verlag 1962, S. 159–162

L 185 – ›Gestalten der Dämmerung, gespensterhaftes Relief: »Stephen Dedalus« von Hugh Leonard nach J in Hamburg‹, *Die Welt* (14. Febr. 1964)

L 186 Hackett, Francis. ›Green Sickness‹, *New Republic* 10/122 (March 3, 1917), 138–139 [Rezension des *Portrait*]; Nd. in *Horizons* (1918), 163–168, und in: ders. *On Judging Books*, NY: o. V. 1947, S. 251–254, und in L 96, S. 94–97 (zitiert in L 447, S. 275)

L 187 Hancock, Leslie. *Word Index to JJ's ›Portrait of the Artist‹*, Carbondale and Edwardsville: Southern Illinois UP 1967

L 188 Handy, William J. ›Criticism of J's Works: A Formalist Approach‹, in: Wolodymyr T. Zyla, ed. *JJ: His Place in World Literature*, Lubbock (Texas): Texas Technological College 1969 (Proceedings of the Comparative Literature Symposium 2), S. 53–90 (hier S. 68–71) [Auseinandersetzung mit Booth, L 48]

L 189 Hanlon, James. ›Reality in JJ's *PAYM*‹, *Shippenburg State College Review* (Oct. 1968), 31–34

L 190 Hanson, Christopher. *PAYM*, Oxford: Basil Blackwell 1969

L 191 Hardy, John Edward. ›J's *Portrait:* The Flight of the Serpent‹, in: ders. *Man in the Modern Novel*, Seattle: University of Washington Press 1964, S. 67–81

L 192 Harris, John F. ›A Note on JJ‹, *To-Day* 3/15 (May 1918), 88–92; Teil-Nd. in L 96, S. 121–123

L 193 Harrison, Kate. ›The *Portrait* Epiphany‹, *JJQ* 8/2 (Winter 1970), 142–150

L 194 Hart, Clive. *JJ's ›Ulysses‹*, Sydney: Sydney UP 1968, S. 28–36

L 195 Harvey, Francis. ›*SH* and *PAYM:* The Intervention of Style in a Work of Creative Imagination‹, in L 363, S. 203–207

L 196 Hayman, David. ›Daedalian Imagery in *PAYM*‹, in: *Hereditas. Seven Essays on the Modern Experience of the Classical*. Edited with an Introduction by Frederic Will, Austin: University of Texas Press 1964, S. 31–54

L 197 – ›*PAYM* and *L'éducation sentimentale:* The Structural Affinities‹, *Orbis Litterarum* 19 (1964), 161–175

L 198 – ›Dédale et Dedalus dans *Portrait de l'artiste jeune*‹, *Revue des Lettres Modernes* 117/22 (1965), 49–71

L 199 Heap, Jane. ›JJ‹, *The Little Review* 3/10 (April 1917), 8–9 [Rezension des *Portrait*]; Nd. in L 96, S. 117–118

L 200 Hellyar, Richmond H. *W.N.P. Barbellion*, London: Leonard Parsons 1926, S. 55, 82–89, 130 [Vergleich des *Portrait* mit B. F. Cummings *The Journal of a Disappointed Man*]

L 201 Helms, Denise M. ›A Note on Stephen's Dream in *Portrait*‹, *JJQ* 8/2 (Winter 1970), 151–156

L 202 Hendry (Chayes), Irene. ›J's Epiphanies‹, *Sewanee Review* 54 (July 1946), 449–467, *passim;* Nd. in T 16*, S. 358–370, in L 83, S. 204–220, in L 299, S. 153–167, in: *Critiques and Essays on Modern Fiction 1920-1951. Representing the Achievement of Modern American and British Critics.* Selected by John Watson Aldridge. With a Foreword by Mark Schorer, NY: Ronald Press Co. 1952, S. 129–142, und in: Willi Erzgräber, ed. *Moderne Englische und Amerikanische Literaturkritik*, Darmstadt: Wissenschaftliche Buchgesellschaft 1970, S. 445–460; Teil-Nd. in L 379, S. 117–118

L 203 Hennig, John. ›*SH* and *Wilhelm Meister:* A Study of Parallels‹, *German Life and Letters* 5 (Oct. 1951), 22–29

L 204 Herrmann, Walter M. ›Deutsche Erstaufführung im Schauspielhaus: »Ich will nicht dienen!« »Stephen Dedalus« – erfolgreiche Dramatisierung einer JJ-Biographie‹, *Hamburger Abendblatt* (13. Febr. 1964)

L 204a Hoare, Dorothy M. ›Moore and J: A Contrast‹, in: dies. *Some Studies in the Modern Novel*, London: Chatto and Windus 1938, S. 133–147 (hier S. 141–145)

L 205 Hodgart, Matthew J. C. and Mabel Worthington, *Song in the Work of JJ*, NY: Columbia UP 1959, S. 60–61

L 206 Höllerer, Walter. ›Die Epiphanie als Held des Romans‹, *Akzente* 8 (April 1961), 125–136, (Juni 1961), 275–285, *passim:* Teil-Nd. in L 148, S. 65–74; französische Fassung: ›L'Epiphanie, personnage principal du roman‹, *Méditations* 4 (Hiver 1961/62), 25–40 (übersetzt von Anne Leroy)

L 207 Hoffmann, Frederick John. ›The Hardness of Reality: JJ's Stephen Dedalus‹, *Barat Review* 1 (June 1966), 129–147; Nd. in: ders. *The Imagination's New Beginning: Theology and Modern Literature*, Notre Dame and London: University of Notre Dame Press 1967, ²1971, S. 20–47 (Ward Phillips Lectures in English Language and Literature 1)

L 208 Hohoff, Curt. ›JJ und die Einsamkeit‹, *Wort und Wahrheit* 6 (1951), 506–516; Nd. in: ders. *Geist und Ursprung*, München: Ehrenwirt Verlag 1954, S. 38–51

L 209 – ›Die schwarze Summa des JJ‹, *Hochland* 51 (1959), 534–544; Nd. in: ders. *Schnittpunkte: Gesammelte Aufsätze*, Stuttgart: Deutsche Verlags Anstalt 1963, S. 206–221

L 210 Holthusen, Hans Egon. ›Der junge J‹, *Süddeutsche Zeitung* (Okt. 18./19, 1958)

L 211 Honig, Edwin. ›Hobgoblin or Apollo‹, *Kenyon Review* 10 (Autumn 1948), 664–681, *passim*

L 212 Hope, A. D. ›The Esthetic Theory of JJ‹, *Australasian Journal of Psychology and Philosophy* 21 (Dec. 1943), 93–114, Nd. in L 83, S. 183–203

L 213 Hopper, J. L., Jr. *A Comprehensive Outline of J's ›PAYM‹*, East Longmeadow (Mass.): Harvard Outline Co. 1965

L 214 Hueffer [später: Ford], Ford Madox. ›A Haughty and Proud Generation‹, *Yale Review* 11 (July 1922), 714–717; Teil-Nd. in L 96, S. 128–129

L 214a Huneker, James ›JJ‹, in: ders. *Unicorns*, NY: Scribner's 1917, S. 187 bis

194 [Rezension des *Portrait*, ursprünglich erschienen in der *New York Sun*; ausführlich zitiert von W.C. Williams in L 447]

L 215 Itō, Sei, ed. *Joisu kenkyû*, Tokio: Eihosha 1955, verm. und verb. Ausg. 1965 [19 Joyce-Essays]

L 216 Jack, Jane H. ›Art and *The Portrait of the Artist*‹, *Essays in Criticism* 5 (Oct. 1955), 354–364; Nd. in L 83, S. 156–167

L 217 Jacquot, Jean. *Mélanges Georges Jamati*, Paris: Editions du Centre Nationale de la Recherche Scientifique 1956, S. 135–159

L 218 – ›J ou l'exil de l'artiste‹, in: ders. *Visages et Perspectives de l'art moderne*, Paris: Editions du Centre Nationale de la Recherche Scientifique 1956, S. 79–112

L 219 Jaffe, Adrian and Herbert Weisinger. *The Laureate Fraternity: An Introduction to Literature*, Evanston (Ill.): Row, Peterson 1960, S. 272 bis 273

L 220 Jaloux, Edmond. *Au Pays du Roman*, Paris: Editions R.-A. Corrêa 1931, S. 111–122

L 221 Jarnes, Benjamin. ›JJ's »El Artista Adolescente«‹, *Revista de Occidente* [Madrid] 13/39 (Sept. 1926), 383–386

L 222 John, Augustus, ›Fragment of an Autobiography‹, *Horizon* 13/73 (Jan. 1946), 56–57; Nd. in: ders. *Chiaroscuro*, NY: Pellegrini and Cudahy 1952, S. 216–218

L 223 Jones, Alun. ›Portrait of the Artist as Himself‹, *Critical Quarterly* 2 (1960), 40–46

L 224 Jones, William Powell. *JJ and the Common Reader*, Norman: University of Oklahoma Press 1955, S. 24–38; Nd. in L 299, S. 12–18

L 225 Joyce, Stanislaus. [Journaleintrag vom 29. März 1904], in: *The Dublin Diary of Stanislaus J.* Edited by George Harris Healy, London: Faber and Faber 1962, S. 25 und *passim*; Nd. in L 96, S. 112; dass. in: *The Complete Dublin Diary of Stanislaus J.* Edited by George H. Healy, Ithaca (N. Y.) and London: Cornell UP 1971, S. 11, 19 und *passim*

L 226 – *My Brother's Keeper: JJ's Early Years*. Edited with an Introduction and Notes by Richard Ellmann, preface by T.S. Eliot, NY: Viking Press 1958, *passim*

L 227 Kahn, Ludwig W[erner]. ›JJ: Der Künstler als Luzifer und Heiland‹, in: ders. *Literatur und Glaubenskrise*, Stuttgart: W. Kohlhammer Verlag 1964, S. 109–113 (Sprache und Literatur 17); Nd. in L 148, S. 95–101

L 228 Kain, Richard M. ›New Perspectives on the *Portrait*: A Prefatory Note‹, *JJQ* 4/4 (Summer 1967), 251–254

L 229 Kaiser, Joachim. ›Die Mühe des Werdens: Hans Schweikart inszeniert in Hamburg Hugh Leonards »Stephen Dedalus«‹, *Süddeutsche Zeitung* (14. Febr. 1964)

L 230 Karl, Frederick R. and Marvin Magalaner. *A Reader's Guide to Great Twentieth Century English Novels*, NY: Noonday Press 1959; London: Thames and Hudson 1959, 1960, S. 209–221 und *passim*

L 231 Kaye, Julian B. ›Who is Betty Byrne?‹, *Modern Language Notes* 71 (Febr. 1956), 93–95; Nd. in L 75, S. 96–98, und in L 299, S. 264–266

L 232 – ›Simony, the Three Simons, and Joycean Myth‹, in L 277, S. 20–36 (hier S. 24–30)

L 233 – ›The Wings of Daedalus: Two Stories in *Dubliners*‹, *Modern Fiction Studies* 4 (Spring 1958), 31–41

Literatur 215

L 234 — ›A Portrait of the Artist as Blephen-Stoom‹, in L 278, S. 79–91
L 235 K.E. [Rezensenten-Zeichen]. ›JJ: »Jugendbildnis des Dichters«‹, *Die Welt der Literatur* 22/4 (1967), 21
L 236 Kelleher, John V. ›The Perception of JJ‹, *Atlantic Monthly* 201 (March 1958), 82–90; Nd. in L 299, S. 85–94
L 237 Kelleher, V.M.K. ›*The Fingernails of God:* a comment on JJ's aesthetic‹, *Unisa English Studies. Journal of the Department of English, University of South Africa* 9/1 (March 1971), 14–17
L 238 Kelly, Edward Hanford. ›J's *PAYM:* Chapter Two, Conclusion‹, *The Explicator* 27 (Jan. 1969), item 32
L 239 Kelly, Robert G. ›JJ: A Partial Explanation‹, *PMLA* 64 (March 1949), 26–39
L 240 — ›J Hero‹, in: L 403, S. 3–10
L 241 Kenner, Hugh. ›The *Portrait* in Perspective‹, *Kenyon Review* 10 (Summer 1948), 361–381; Nd. in L 64, S. 25–60, in L 162, S. 132–174, und in L 379, S. 26–37
L 242 — *Dublin's J*, Bloomington: Indiana UP 1956, S. 109–157; dass. Beacon Paperback Edition 1962; Teil-Nd. in T 16*, S. 416–439, und in L 299, S. 45–64
L 243 — ›J's *Portrait:* A Reconsideration‹, *University of Windsor Review* 1 (Spring 1965), 1–15
L 244 Kermode, Frank. ›Puzzles and Epiphanies‹, in: ders. *Puzzles and Epiphanies: Essays and Reviews, 1958–1961*, London: Routledge and Kegan Paul 1962, S. 86–90
L 245 Kließ, Werner. ›Kann man J dramatisieren?‹, *Theater heute* 5/3 (1964), 52
L 246 Klug, Michael. ›Comic Structure in the Early Fiction of JJ‹, *Dissertation Abstracts* 28 (1968), 3188 A
L 247 Knapp, Otto. ›Das Bild des Menschen im neuen englischen Roman‹, *Hochland* 30/2 (1933), 532–544, *passim*
L 248 Koljević, Svetozar. ›Roman o recima: Ogled o Dzojsovom portretu umetnika u mladosti‹, *Književnost* [Belgrad] 22 (1967), 1–16
L 249 Kreutzer, Eberhard. *Sprache und Spiel im ›Ulysses‹ von JJ*, Bonn: Bouvier 1969, *passim* (Studien zur englischen Literatur 2)
L 250 Kronegger, Maria Elisabeth. ›JJ and Associated Image Makers‹, *Dissertation Abstracts* 20 (1960) 4398; dass. New Haven (Conn.): College and UP 1968, *passim*
L 250a Krüsli, Anna. *Die Darstellung des Kindes in der modernen englischen Erzählung*, Diss. Zürich 1943, S. 77–82
L 251 Kuhn, Ortwin. ›Zur Rolle des Nationalismus im Frühwerk von JJ‹, in: L 148, S. 102–164
L 252 Kulemeyer, Günther. *Studien zur Psychologie im neuen englischen Roman*, Diss. Greifswald 1933, S. 12–15
L 253 Kumar, Shiv K. ›Bergson and Stephen Dedalus' Aesthetic Theory‹, *Journal of Aesthetics and Art Criticism* 16 (Sept. 1957), 124–127; Nd. in L 299, S. 196–200
L 254 — ›J's Epiphany and Bergson's l'Intuition Philosophique‹, *Modern Language Quarterly* 20 (March 1959), 27–30
L 255 — *Bergson and the Stream of Consciousness Novel*, London: Blackie 1962; NY: NY UP 1963, S 103–138, *passim*

L 256 Kunkel, Frank L. ›Beauty in Aquinas and J‹, *Thought Patterns* 2 (1951), 61–68

L 257 Larbaud, Valéry ›JJ‹, *Nouvelle Revue Française* 18 (Avril 1922), 385–405 (hier S. 395–398); englischer Teil-Nd. in L 96, S. 252–262 (hier S. 256–258)

L 258 Lass, Abraham H. ed. ›*PAYM* by JJ‹, in: ders. *A Student's Guide to 50 British Novels*, NY: Washington Square 1966, S. 277–284

L 259 Lemon, Lee D. ›*PAYM:* Motif as Motivation and Structure‹, *Modern Fiction Studies* 12 (Winter 1966/67), 439–450; Nd. in L 379, S 41–52

L 260 Levin, Harry. *JJ: A Critical Introduction*, Norfolk (Conn.): New Directions 1941, rev. ed. 1960 (auch London: Faber and Faber), S. 41–62 und *passim;* Teil-Nd. in T 16*, S. 399–415, in L 83, S. 9–24, L 299, S 31–44, und in L 379, S. 107–108

L 261 – ›JJ‹, *Atlantic Monthly* 188 (Dec. 1946), 125–129

L 262 Lewis, Wyndham. ›First Meeting with JJ‹, in: ders. *Blasting and Bombardiering*, London: Eyre and Spottis-Woode 1937, S. 271–272; Teil-Nd. in L 96, S. 120

L 263 Lilly, Katherine A. *PAYM: Notes*, Lincoln (Nebr.): Cliff's Notes 1964

L 264 Lind, Ilse Dusoir. ›*The Way of all Flesh* and *PAYM:* A Comparison‹, *Victorian Newsletter* 9 (Spring 1956), 7–10

L 265 Link, Frederick M. ›The Aesthetics of Stephen Dedalus‹, *Papers on Language and Literature* 2 (Spring 1966), 140–149

L 266 Little, George A. ›JJ and the Boy Called Little‹, *Irish Digest* 76 (Nov. 1962), 53–57

L 267 – ›JJ and Little's Death‹, *JJQ* 4/4 (Summer 1967), 258–262

L 268 Litz, Walton A. ›Early Vestiges of J's *Ulysses*‹, *PMLA* 71 (March 1956), 51–60, *passim*

L 269 – *The Art of JJ: Method and Design in* ›*Ulysses*‹ *and* ›*Finnegans Wake*‹, London: Oxford UP 1961, S. 1–3, 35f., 122, 132–142, und *passim*

L 270 – *JJ*, NY: Twayne 1966, S. 60–72 (Twayne's English Authors Series 31)

L 271 Lundkvist, Artur. *Ikarus' Flykt*, Stockholm: Albert Bonniers 1950, S. 73–112

L 272 MacGregor, Geddes. ›Artistic Theory in JJ‹, *Life and Letters* 54 (July 1947), 18–27; Nd. in L 83, S. 221–230

L 273 Mackworth, Cecily. ›J, L'Irlande et les jésuites‹, *Critique* 185 (1962), 830–845

L 274 MacLeod, Vivienne K. ›Influence of Ibsen on J‹, *PMLA* 60 (Sept. 1945), 879–898, Addendum *PMLA* 52 (June 1947), 573–580

L 275 Macy, John. ›JJ‹, *Dial* 62/744 (June 14, 1917), 525–527 [Rezension von *Dubliners* und *A Portrait*]; Teil-Nd. in L 96, S. 107–109

L 276 Magalaner, Marvin. ›James Mangan and J's Dedalus Family‹, *Philological Quarterly* 31 (Oct. 1952), 363–371

L 277 – ed. *A JJ Miscellany*, NY: JJ Society 1957; enthält L 232

L 278 – ed. *A JJ Miscellany. Second Series*, Carbondale: Southern Illinois UP 1959; enthält L 33, 163, 234, 432

L 279 – ed. *A JJ Miscellany. Third Series*, Carbondale: Southern Illinois UP 1962

L 280 – *Time of Apprenticeship: The Fiction of Young JJ*, NY: Abelard-Schuman 1959, 97–115 und *passim*

L 281 – ed. *Critical Reviews of* ›*PAYM*‹, NY: Selected Academic Readings 1966

L 282 – ›Reflections on *A Portrait of the Artist*‹, *JJQ* 4/4 (Summer 1967), 343–346

L 283 – and Richard M. Kain. J.: *The Man, the Work, the Reputation*, NY: NY UP 1956, S. 102–129; Teil-Nd. in L 75, S. 73–79, und in L 299, S. 22–27, 241–247

L 284 Maierhöfer, Fränzi. ›Die fledermausähnliche Seele des Stephan Dädalus: Zum Werk von JJ‹, *Stimmen der Zeit* 182 (1968), 39–53; Nd. in L 148, S. 75–94

L 285 Majault, Joseph. *JJ*, Paris: Editions Universitaires 1963, S. 66–71

L 286 Manso, Peter. ›The Metaphoric Style of J's *Portrait*‹, *Modern Fiction Studies* 13 (Summer 1967), 221–236

L 286a Marinoff, Irene. *Neue Wertungen im englischen Roman: Problemgeschichte des englischen Romans im zwanzigsten Jahrhundert*, Leipzig: Bernhard Tauchnitz 1932, S. 117–119 und *passim*

L 286b Martindale, C. C. ›Some Recent Books‹, *Dublin Review* 164 (Jan.-March 1920), 135–138 [enthält Rezension des *Portrait*]

L 287 Masato, Ara and Schoichi Saeki, eds. *Joisu Nyumon*, Tokio: Nanun-do 1960 [25 Joyce-Essays]

L 288 Mason, Ellworth. ›J's Categories‹, *Sewanee Review* 61 (Summer 1953), 427–432; Nd. in L 299, S. 191–195

L 289 Mason, Michael York. ›*Ulysses* The Sequel to *A Portrait*? J's Plans for the Two Works‹, *English Language Notes* 8/4 (June 1971), 296–300

L 290 Mayoux, Jean-Jacques. *J*, Paris: Gallimard 1965, *passim*

L 291 McCaughy, G.S. ›Stephen Ego‹, *Humanities Association Bulletin* 13 (1962/63), 5–9

L 292 Mc Luhan, Herbert Marshall. ›J. Aquinas, and the Poetic Process‹, *Renascence* 4 (Autumn 1951), 3–28 (mit ›A Survey of J Criticism‹) (hier S. 3–11); Nd. in L 83, S. 249–265

L 293 Mercer, Caroline G. ›Stephen Dedalus' Vision and Synge's Peasant Girl‹, *Notes and Queries* 7/205 (Dec. 1960), 473f.

L 294 Misra, B.P. *Indian Inspiration of JJ*, Agra (Indien): Gaya Prasad and Sons o.D., S. 29–32

L 295 Molen, Sven Eric. ›A Method for Analyzing Novels‹, *Exercise Exchange* 11 (Nov. 1963), 7–9

L 295a Monroe, Elizabeth. *The Novel and Society: A Critical Study of the Modern Novel*, Port Washington (N.Y.): Kennikat Press Inc. 1965, S. 251 und *passim*

L 296 Montgomery, Judith. ›The Artist as Silent Dubliner‹, *JJQ* 6/4 (Spring 1969), 306–320

L 297 More, Paul Elmer. ›JJ‹ (1935), in: ders. *On Being Human*, Princeton (N.J.): Princeton UP 1936, S. 70–74

L 298 Morin, Edward. ›J as Thomist‹, *Renascence* 9 (Spring 1957), 127–131

*L 299 Morris, William E. and Clifford A. Nault, Jr, eds. *Portraits of an Artist: A Casebook on JJ's* ›*PAYM*‹, NY: Odyssey Press 1962; enthält L 24, 49, 143, 150, 202, 224, 231, 236, 242, 253, 260, 283, 288, 316, 345, 355, 422, 426, 434

L 300 Morse, J. Mitchell. ›Arts and Fortitude: J and the *Summa Theologica*‹, *JJ Review* 1 (Febr. 1957), 19–30

L 301 – ›Augustine's Theodicy and J's Aesthetics‹, *A Journal of English Literary History* 24 (March 1957), 30–43; Nd. in L 83, S. 290–303

L 302 – ›A Personal Postcript‹, *JJ Review* 1/2 (June 1957), 39–40

L 303 – ›Baudelaire, Stephen Dedalus, and Shem the Penman‹, *Bucknell Review* 7 (1958), 187–198

L 304 – *The Sympathetic Alien: JJ and Catholicism*, NY: NY UP 1959, *passim:* Teil-Nd. in L 83, S. 290–303 [= L 301]

L 305 – ›Study Guide to *PAYM*‹, *Exercise Exchange* 9 (Nov. 1961), 13–16

L 306 Moseley, Virginia. ›JJ's »Grave of Boyhood«‹, *Renascence* 13/1 (Autumn 1960), 10–20; Nd. in L 308, S. 31–34

L 307 – ›*SH:* »The Last of the First«‹, *JJQ* 3/4 (Summer 1966), 278–287

L 308 – *J and the Bible*, DeKalb: Northern Illinois UP 1967, S. 1–11, 31–44 (enthält L 306)

L 309 Mueller, William R. ›The Theme of Vocation: JJ's *PAYM*‹, in: ders. *The Prophetic Voice in Modern Fiction*, NY: Association Press 1959, S. 27–55, dass. NY: Doubleday Anchor 1966, S. 15–45

L 310 Murillo, L. A. *The Cyclical Night: Irony in JJ and Jorge Luis Borges*, Cambridge (Mass.): Harvard UP 1968, S. 5–13, 24f., 28–32

L 311 Naganowski, Egon. *Telemach w labiryncie swiata: o twórczosci Jamesa Joyce'a*, Warschau: Czytelnik 1962, S. 59–77

L 312 Naremore, James. ›Style as Meaning in *A Portrait of the Artist*‹, *JJQ* 4/4 (Summer 1967), 331–342; Teil-Nd. in L 379, S. 110–111

L 313 Natanson, Maurice. ›Being-in-Reality‹, *Philosophy and Phenomenological Research* 20 (Dec. 1959), 231–237, *passim*

L 314 Newman, Francis X. ›A Source for the Name »Dedalus«‹, *JJQ* 4/4 (Summer 1967), 271–274

L 315 Nims, John Frederick. ›Dedalus in Crete‹, in L 127, S. 77–88

L 316 Noon, William T., S. J. *J and Aquinas*, New Haven (Conn.): Yale UP 1957, S. 18–59 und *passim;* Teil-Nd. in L 299, S. 201–213

L 317 – ›JJ: Unfacts, Fiction, and Facts‹, *PMLA* 76 (1961), 254–276

L 318 – ›Three Young Men in Rebellion‹, *Thought* 38 (Winter 1963), 560–577

L 319 – ›*PAYM:* After Fifty Years‹, in: Thomas F. Staley, ed. *JJ Today: Essays on the Major Works*, Bloomington: Indiana UP 1967, S. 54–82

L 320 – ›The Religious Position of JJ‹, in: Wolodymyr T. Zyla, ed. *JJ: His Place in World Literature*, Lubbock (Texas): Texas Technological College 1969 (Proceedings of the Comparative Literature Symposium 2), S. 7–21, *passim*

L 321 O'Brien, Darcy. *The Conscience of JJ*, Princeton (N.J.): Princeton UP 1967, *passim*

L 322 O'Connor, Frank. ›J and Dissociated Metaphor‹, in: ders. *The Mirror in the Roadway: A Study of the Modern Novel*, NY: Knopf 1956, S. 301–308; Nd. in T 16*, S. 371–377

L 323 O'Dea, Richard. ›The Young Artist as Archangel‹, *Southern Review* 3 (Jan. 1967), 106–114

L 324 O'Faolain, Sean. ›Introduction‹ [zu *PAYM*], NY: New American Library 1954

L 325 Olfson, Lewy, ed. ›*PAYM*‹, in: ders. *Plot Outlines of 100 Famous Novels. The Second Hundred*, Garden City (N.Y.): Dolphin Doubleday 1966, S. 110–115

**L 326** O'Mahony, Eoin. ›Father Conmee and His Associates‹, *JJQ* 4/4 (Summer 1967), 263–270; Nd. in L 363, S. 147–155

**L 327** O'Neill, Bridget. ›J and Lemon Platt‹, *American Notes and Queries* [New Haven, Conn.] 3 (1965), 117–118

**L 328** Paci, Francesca. *Vita e Opere di JJ*, Bari: Editori Laterza 1968, *passim* in allen Kapiteln (Universale Laterza 95)

**L 329** Pascal, Roy. ›The Autobiographical Novel and the Autobiography‹, *Essays in Criticism* 9 (April 1959), 134–150

**L 330** Paris, Jean. *JJ par lui-même*, Paris: Editions du Seuil 1957 (Ecrivains de Toujours 39), dass. deutsch: *JJ in Selbstzeugnissen und Bilddokumenten*, Hamburg: Rowohlt 1960, ⁹1969, Kap. 2 und 7, und *passim*

**L 331** Pearce, Donald R. ›»My Dead King!«: The Dinner Quarrel in J's *Portrait of the Artist*‹, *Modern Language Notes* 66 (April 1951), 249–251

**L 332** Penzoldt, Günther. ›»Stephan Daedalus« von JJ/Hugh Leonard‹, *Die Volksbühne: Blätter für Kunst und Volkskultur* [Hamburg] 14 (1963/64), 123–125

**L 333** Pinguenti, Gianni. *JJ in Italia*, Florenz: Libreria Commissionaria Sansoni 1963, *passim*

**L 334** Plessner, Monika. ›Bildnis des Künstlers als Volksaufwiegler‹, *Merkur. Deutsche Zeitschrift für europäisches Denken* 267, 24/7 (Juli 1970), 629–643 [über den auf das *Portrait* verweisenden Roman *Invisible Man* (1952) von Ralph Ellison; vgl. dazu L 54, S. 159]

**L 335** Plummer, Joachim. ›The Secular City and the Sacred Countryside: A Reflection on J's *PAYM*‹, *Dominicana* 53 (Summer 1968), 128–135

**L 336** Pollock, Harry J. ›The Girl J Did Not Marry‹, *JJQ* 4/4 (Summer 1967), 255–257 [Eileen]

**L 337** Poss, Stanley H. ›A Portrait of the Artist as Beginner‹, *University of Kansas City Review* 26 (March 1960), 189–196

**L 338** – ›Stephen's Words, J's Attitude‹, *Research Studies* (Washington State University) 28 (Dec. 1960), 156–161

**L 339** – ›A Portrait of the Artist as Hard-Boiled Messiah‹, *Modern Language Quarterly* 27 (March 1966), 68–79

**L 340** Pound, Ezra. ›At Last the Novel Appears‹, *The Egoist* 4/2 (Febr. 1917), 21–22; Nd. in T 16\*, S. 321–324, in L 96, S. 82–84, und in L 344, S. 88–91

**L 341** – ›Letter to John Quinn‹ (April 18, 1917), *passim;* in: *The Letters of Ezra Pound, 1907–1941*. Edited by D.D. Paige, NY: Harcourt, Brace and World Inc. 1950, S. 109; Teil-Nd. in L 96, S. 113

**L 342** – ›Editorial‹, *The Little Review* 4/1 (May 1917), 3–6, *passim;* Teil-Nd. in L 96, S. 119

**L 342a** – ›JJ's Novel‹, *The Little Review* 4/4 (Aug. 1917), 7–8

**L 343** – ›J‹, *The Future* (May 1918), 161–163; Nd. in: ders. *Instigations*, NY: Boni and Liveright 1920, S. 203–211, in: *Literary Essays of Ezra Pound*. Edited with an Introduction by T.S. Eliot, London: Faber and Faber 1954, S. 410–417, und in L 96, S. 167–170

**L 344** – *Pound/J: The Letters of Ezra Pound to JJ, with Pound's Essays on J*. Edited and with Commentary by Forrest Read, London: Faber and Faber 1967; Norfolk (Conn.): New Directions 1967, S. 88–91 und *passim* [vgl. Index-Stichwort: J]; (enthält L 340); Teil-Nd. in T 16\*, S. 317 bis 318 (dass. deutsch, Zürich: Die Arche 1972)

**L 345** Prescott, Joseph. ›JJ: A Study in Words‹ *PMLA* 54 (March 1939), 304–315; Nd. in L 349, S. 17–28, und in L 350, S. 3–16; Teil-Nd. in L 75, S. 80–84, und in L 299, S. 248–252

**L 346** – ›JJ's Epiphanies‹, *Modern Language Notes* 64 (May 1949), 346

**L 347** – ›JJ's *SH*‹, *Journal of English and Germanic Philology* 53 (April 1954) 214–223; Nd. in L 83, S. 77–88, und in L 350, S. 17–28 (*ebd.* S.xi Angaben über sonstige Nachdrucke, Übersetzungen und Bandaufnahmen; dazu: ›*SH* van JJ‹ [Ü: Ben Cami], *De Vlaamse Gids* 58 [1964], 663–673, und: ›*SH*‹, *Nuova Antologia* 504 [1968], 353–362)

**L 348** – ›The Characterization of Stephen Dedalus in *Ulysses*‹, *Letterature Moderne* 9 (März/April 1959), 145–163; Nd. in L 350, S. 59–76

**L 349** – *Exploring JJ*, Carbondale and Edwardsville: Southern Illinois UP 1964, S. 17–28 und *passim;* (enthält L 345); London and Amsterdam: Feffer and Simons Inc. 1966, S. 214–219 und *passim;* Nd. in L 379, S. 21–25

**L 350** – *JJ: The Man and His Work*, Toronto: Forum House Publishing Cp. 1969, S. 3–28, 59–76, und *passim;* enthält L 345, 347, 348

**L 351** Quasha, George. *JJ's ›Dubliners‹ and ›PAYM‹*, NY: Monarch Press 1965 (Monarch Notes and Study Guides 563–7)

**L 352** Quinn, John. ›JJ: A New Irish Novelist‹, *Vanity Fair* 8 (May 1917), No. 3, 48, 128; Teil-Nd. in L 96, S. 103–106

**L 353** Ranald, Margaret Loftus. ›Stephen Dedalus' Vocation and the Irony of Religious Ritual‹, *JJQ* 2/3 (Winter 1965), 97–102

**L 354** Reddick, Brian. ›The Importance of Tone in the Structural Rhythm of J's *Portrait*‹, *JJQ* 6/3 (Spring 1969), 201–218

**L 355** Redford, Grant H. ›The Role of Structure in J's *Portrait*‹, *Modern Fiction Studies* 4 (Spring 1958), 21–30; Nd. in L 75, S. 49–59, in L 83, S. 102–114, und in L 299, S. 217–227

**L 356** Reece, Shelley C. ›*PAYM*: Its Narrative Art and Its Origins‹, *Dissertation Abstracts* 28 (1968), 2693 A

**L 357** Reichert, Klaus. ›Reise ans Ende des Möglichen: JJ‹, in: Norbert Miller, ed. *Romananfänge: Versuch zu einer Poetik des Romans*, Berlin: Literarisches Colloquium 1965, S. 317–343, *passim*

**L 358** Reilly, James P. ›Non Ego – Non Serviam: The Problem of Artistic Freedom‹, in L 127, S. 45–62

**L 359** Reyes, Pedro A., Jr. ›A Difference of Grammar‹, *Diliman Review* 9 (Jan. 1961), 117–123 [*Huckleberry Finn* und *PAYM*]

**L 360** Riley, Sister Mary Geraldine. ›The Verbal Ritual of JJ‹, *Greyfriar* 3 (1960), 13–21

**L 361** Roberts, John H. ›JJ: From Religion to Art‹, *New Humanist* 7 (May/June 1934), 7–13

**L 362** Rubin, Louis D., Jr. ›A Portrait of a Highly Visible Artist‹, in: ders. *The Teller in the Tale*, Seattle and London: University of Washington Press 1967, 141–177, *passim*

**L 363** Ryan, John, ed. *The Bash in the Tunnel: JJ by the Irish*, London: Clifton Books 1970; enthält L 195, 326

**L 364** Ryf, Robert S[tanley]. *A Study of JJ's ›Portrait of the Artist.‹* Diss. Columbia 1956 (unveröff.; Mikrofilm)

**L 365** – *A New Approach to J: ›A Portrait of the Artist‹ as a Guidebook.* Berkeley and Los Angeles: University of California Press 1962, S. 42–58 und *passim* (Perspectives in Criticism 8)

L 366 Sanches, Luis Alberto. *Panorama de la Literatura Actual,* 3. ed., Santiago de Chile :Biblioteca America 1936, S. 113–118

L 367 Săndulescu, C. G. ›Epifanie și Structură la J‹, *Secolul XX* 6 (1968), 20–27

L 368 Savage, D.S. *The Withered Branch: Six Studies in the Modern Novel,* London: Eyre and Spottiswoode 1950, S. 160–168

L 369 Schardt, Alois. ›The Mission of the Artist‹, in L 127, S. 63–74

L 370 Scherbacher, Wolfgang, ›JJ: *PAYM* (1916)‹, in: ders. *Der Künstler im modernen englischen Roman 1916–1936,* Diss. Tübingen 1954, S. 96–110 [masch.]

L 371 Scholes, Robert E. ›Stephen Dedalus: *Eiron* and *Alazon*‹, *Texas Studies in Literature and Language* 3 (Spring 1961), 8–15

L 372 – ›J and the Epiphany: The Key to the Labyrinth?‹, *Sewanee Review* 72 (Jan./March 1964), 65–77

L 373 – ›Stephen Dedalus: Poet or Esthete?‹, *PMLA* 79 (Sept. 1964), 484 bis 489; Nd. in T 16*, S. 468–480

*L 374 – and Richard M. Kain, eds. *The Workshop of Daedalus: JJ and the Raw Materials for PAYM,* Evanston (Ill.): Northwestern UP 1965; enthält Auszüge aus L 67; und T 2

L 375 – and Robert Kellogg. *The Nature of the Narrative,* NY: Oxford UP 1966, S. 215–217 und *passim*

L 376 – and Florence L. Walzl. ›The Epiphanies of J‹, *PMLA* 82 (March 1967), 152–154

L 377 Schorer, Mark, ›Technique as Discovery‹, *Hudson Review* 1 (1948), 67–87; Nd. in: ders. *The World We Imagine,* NY: Farrar, Straus and Giroux 1968, S. 3–23, und in: Willi Erzgräber, ed. *Moderne englische und amerikanische Literaturkritik,* Darmstadt: Wissenschaftliche Buchgesellschaft 1970, S. 395–412 (speziell S. 405–406)

L 378 Schutte, William M. *J and Shakespeare: A Study in the Meaning of ›Ulysses‹,* New Haven (Conn.): Yale UP 1957, S. 80–84 (Yale Studies in English 134)

*L 379 – ed. *Twentieth Century Interpretations of ›PAYM‹: A Collection of Critical Essays,* Englewood Cliffs (N.J.): Prentice Hall Inc. 1968 (A Spectrum Book); enthält L 43, 48, 114, 167, 202, 241, 259, 260, 312, 349, 385, 388, 407, 426, 434, 439

L 380 Schwartz, Edward. ›J's *Portrait*‹, *The Explicator* 9 (Febr. 1953), item 27

L 381 Scott, Evelyn. ›Contemporary of the Future‹, *Dial* 69 (Oct. 1920), 353–367; Teil-Nd. in L 96, S. 177–181

L 382 Semmler, Clement. ›Portrait of the Artist as a Humorist‹, in: ders. *For the Uncanny Man: Essays, Mainly Literary* Melbourne: F.W. Cheshire 1963, London: Angus and Robertson 1963, S. 109–11

L 383 Senn, Fritz. ›Latin me that‹, *JJQ* 4/3 (Spring 1967), 241–243

L 384 – ›*PAYM:* Goodness Gracious‹, *Joycenotes* 1 (June 1969), 13

L 385 Seward, Barbara. ›The Artist and the Rose‹, *University of Toronto Quarterly* 26 (Jan. 1967), 180–190; Nd. in L 83, S. 167–180, und in L 379, S. 53–63

L 386 – ›J and Synthesis‹, in: dies. *The Symbolic Rose,* NY: Columbia UP 1960, S. 187–221, *passim* [Einarbeitung von L 385]

**L 387** Shanks, Edward. *First Essays on Literature*, London: Collins 1923, S. 23–45, 139, 180–182

**L 388** Sharpless, F. Parvin. ›Irony in J's *Portrait*‹, *JJQ* 4/4 (Summer 1967), 320–330; Nd. in L 379, S. 96–106

**L 388a** Shaw Weaver, Harriet. ›Views and Comments‹, *The Egoist* 3 (March 1, 1916), 35 [kurz über das *Portrait*]

**L 389** Smidt, Kristian. *JJ and the Cultic Use of Fiction*, Oslo: Akademisk Forlag; London: Basil Blackwell 1955, rev ed. 1959, S. 35–42, 53–61 und *passim* (Oslo Studies in English 4)

**L 390** Sole, J. L. ›Structure in J's *A Portrait*‹, *The Serif* 5/4 (1968), 9–13

**L 391** Spencer, Theodore ›Introduction and Editorial Note‹ [zu *SH*], Norfolk (Conn): New Directions 1944, S. 7–19; dass. NY: New Directions Books 1955, S. 7–19; in französischer Übersetzung in Ü 7

**L 392** – ›A Proposito di *SH*‹, *Inventario* 1/2 (Sommer 1946), 47–54

**L 393** Spielberg, Peter. ›*PAYM*: A Novel for Reading in Freshman English‹, *Exercise Exchange* 7 (April 1960), 5–7

**L 394** – ›JJ's Errata for American Editions of *A Portrait of the Artist*‹, in L 83, S. 318–328

**L 395** Spinner, Kaspar. ›Vorwort‹ [zu: JJ. *Die Toten: Erzählungen*], Zürich: Diogenes Verlag 1966, S. 7–25. *passim* (Diogenes Erzähler Bibliothek)

**L 396** Sprague, June Elizabeth. ›Strategy and the Evolution of Structure in the Early Novels of JJ‹, *Dissertation Abstracts* 25 (1964), 2051

**L 397** Sporn, Paul. ›JJ: Early Thoughts on the Subject Matter of Art‹, *College English* 24 (1962), 19–24

**L 398** Sprinchorn, Evert. ›A Portrait of the Artist as Achilles‹, in: John Underecker, ed. *Approaches to the Twentieth Century Novel*, NY: Crowell 1965, S. 9–50

**L 399** Squire, J.C. ›Mr. JJ‹, *New Statesman* 9 (April 14, 1917), 40 [Rezension des *Portrait*]; Nd. in: ders. *Books in General*, NY: Knopf 1919, S. 225 bis 230, und in L 96, S. 99–102

**L 400** Staley, Harry C. ›JJ and the Cathechism‹, *Dissertation Abstracts* 29 (1968), 275 A

**L 401** Staley, Thomas F. ›JJ's *PAYM* and the *Bildungsroman*‹, *South Central Bulletin* 24 (Febr. 1964), 8 [Summary eines SCMLA-Vortrags]

**\*L 402** – *A Critical Study Guide to JJ's ›PAYM‹*, Totowa (N.J.) and Los Angeles: Littlefield, Adams 1968; Philadelphia: Educational Research Associates 1968 (ERA Key Guides PQ 138)

**L 403** – ed. *JJ Today: Essays on the Major Works. Commemorating the Twenty-fifth Anniversary of his Death*, Bloomington: Indiana UP 1967, 1968, S. 3–10 [ = L 240] und *passim*

**L 404** –›Stephen Dedalus and the Temper of the Modern Hero‹, in: Thomas F. Staley and Bernard Benstock, eds. *Ulysses. Ten Essays*, Pittsburgh: University of Pittsburgh Press 1970, S. 3–28

**L 405** Stern, Barbara Bergenfeld. ›Entrapment and Liberation in JJ's Dedalus Fiction‹, *Dissertation Abstracts* 26 (1968), 6726/6727

**L 406** Stewart, Douglas. ›JJ – Apocalypticism‹, in: ders. *The Ark of God: Studies in Five Modern Novelists*, London: Carey Kingsgate Press 1961, S. 17–43, *passim*

**L 407** Stewart, J[ohn] I[nnes] M[ackintosh]. *JJ*, London: Longmans, Green

       & Co 1957, S. 15–22; rev. ed. 1960, S. 16–23 (Writers and Their Works 91); Nd. in L 379, S. 15–20
L 408 – ›J‹, in: ders. *Eight Modern Writers*, NY: Oxford UP 1963 S. 438–450 und *passim* [= vol. 12 der *Oxford History of English Literature*]
L 409 Stief, Carl, ed. *Moderne Litteratur Efter 1914*, Kopenhagen: Gyldendal 1950, S. 132–135
L 410 Strong, L[eonard] A[lfred] G[eorge] *The Sacred River: An Approach to JJ*, London: Methuen & Co. 1949; NY: Pellegrini and Cudahy 1951, S. 23–27 und *passim*
L 411 Sullivan, Kevin. *J Among the Jesuits*, NY: Columbia UP 1958
L 412 Sultan, Stanley. *The Argument of* ›*Ulysses*‹, Columbus: Ohio State UP 1964, S. 62–88
L 413 Svevo, Italo [= Ettore Schmitz]. ›Letter to Joyce, Febr. 8, 1909‹ [über ›A Portrait of the Artist‹]; Nd. in: Richard Ellmann, ed. *Letters of JJ II*, London: Faber and Faber 1966; NY: Viking Press 1966, S. 226 bis 227, und in L 96, S. 56f.
L 414 Sypher, Wylie. ›Portrait of the Artist as John Keats‹, *Virginia Quarterly Review* 25 (Summer 1949), 420–428
L 415 Tau, Max. ›JJ‹, *Die Neueren Sprachen* 40/6 (Aug. 1932), 344–354 (hier: S. 346–348)
L 416 Thayer, Scofield. ›JJ‹, *The Dial* 65/773 (Sept. 19, 1918), 201–203; Teil-Nd. in L 96, S. 173–176
L 417 Thomson, Allan. ›Space-time in JJ's Thought: A Study of the Role of the Artist in History‹, *Dissertation Abstracts* 22 (1961), 265
L 418 Thoth, Alexander Stephen, Jr. ›J.-Bergson Correspondences in the Theory and Time Structure of *Dubliners*, *PAYM*, and *Ulysses*‹, *Dissertation Abstracts* 30 (1969), 738 A–739 A
L 419 Thrane, James R. ›J's Sermon on Hell: Its Sources and Its Background‹, *Modern Philology* 57 (Febr. 1960), 172–198
L 420 Tindall, William York. *JJ: His Way of Interpreting the Modern World*, NY: Scribners 1950, S. 16–22 und *passim*
L 421 – ›The Symbolic Novel‹, *A.D.* 3 (Winter 1952), 56–68, *passim*
L 422 – *The Literary Symbol*, NY: Columbia UP 1955, S. 76–86, 239–246 und *passim;* Teil-Nd. in T 16\*, S. 378–387, in L 75, S. 65–72, und in L 299, S. 233–240
L 423 – *a reader's guide to JJ*, NY: Noonday Press 1959, ³1970, S. 50–103
L 424 Troy, William. ›Stephen Dedalus and JJ‹, *The Nation* 138 (Febr. 14, 1934); Nd. in: ders. *Selected Essays*. Ed. by Stanley Edgar Hyman, New Brunswick (N.J.): Rutgers UP 1967, S. 89–93
L 425 Tysdahl, B.J. *J and Ibsen: A Study in Literary Influence*, Oslo: Norwegian UP 1968, S. 68–86; NY: Humanities Press 1968, S. 50–55, 59–86 und *passim*
L 426 Van Ghent, Dorothy. ›On *PAYM*‹, in: dies. *The English Novel: Form and Function*, NY: Rinehart 1953, S. 263–276, 463–473; Nd. in L 83, S. 60–74, 307–318, Teil-Nd. in L 299, S. 65–76, und in L 379, S. 112–114
L 427 Van Laan, Thomas F. ›The Meditative Structure of J's *Portrait*‹, *JJQ* 1/3 (Spring 1964), 3–13
L 428 Van Wyck Brooks. [Rezension des *Portrait*], *The Seven Arts* 2/7 (May 1917), 122; Nd. in L 96, S. 106–107

L 429 Vidan, Ivo. ›Ravnodušnost tvorac‹ [≈ indifferent creator], *Izraz* [Sarajevo] 8 (Dez. 1960), 515–523

L 430 Viebrock, Helmut. ›Nachwort‹ [zu: *Jugendbildnis des Dichters*], Frankfurt: Fischer Bücherei 1960, S. 199–201 (Exempla Classica 11)

L 431 Villasenor, Tejeda, José. ›La Evolucion del adolescente en J‹, *Revista de la Facultad de Humanidades, Universidad Autonoma de San Luis Potosi* 1 (Jan./März 1959), 55–59

L 432 Von Phul, Ruth. ›J and the Strabismal Apologia‹, in L 278, S. 119–132

L 433 Wagner, Klaus. ›Im Labyrinth des Lebens: »Stephen Dedalus« nach JJ in Hamburg inszeniert‹, *Frankfurter Allgemeine Zeitung* (Febr. 15, 1964)

L 434 Waith, Eugene M. ›The Calling of Stephen Dedalus‹, *College English* 18 (Febr. 1957), 256–261; Nd. in L 299, S. 77–84, Teil-Nd. in L 379, S. 108–110

L 435 Walbank, Alan. ›SH's Bookshops‹, *Book Collector* 14 (Summer 1965), 194–199

L 436 Walcott, William O. ›The Paternity of J's Stephen Dedalus‹, *Journal of Analytical Psychology* 10 (Jan. 1965), 77–95

L 437 Waldron, Philip. *The Novels of JJ*, Wellington (Neu-Seeland): Wai-teata Press (Department of English, Victoria University) o.D., S. 1–5

L 437a – ›A Note on the Text of *SH*‹, *JJQ* 3/3 (Spring 1966), 220–221

L 438 Walsh, Ruth M. ›That Pervasive Mass – In *Dubliners* and *PAYM*‹, *JJQ* 8/3 (Spring 1971), 205–220

L 439 Walzl, Florence L. ›The Liturgy of the Epiphany Season and the Epiphanies of J‹, *PMLA* 80 (Sept. 1965), 436–450; Teil-Nd. in L 379, S. 115–117

L 440 Warren, Joyce W. ›Faulkner's »Portrait of the Artist«‹, *Mississippi Quarterly* 19 (Summer 1966), 121–131

L 441 Wasson, Richard. ›Stephen Dedalus and the Imagery of Sight: A Psychological Approach‹, *Literature and Psychology* 15 (Fall 1965), 195–209

L 441a Watson, Francis. ›Portrait of the Artist in Maturity‹, *The Bookman* [London] 135 (Nov. 1933), 102–105, *passim*

L 442 Weinstock, Donald J. ›Dedalus as the Great Oscar [= Wilde]‹, *American Notes and Queries* 8 (Oct. 1969), 22–23

L 443 Weiß, Wolfgang. ›JJ und Joachim von Fiore‹, *Anglia* 85 (1967), 58–63, *passim*

L 444 Wells, H[erbert] G[eorge]. ›JJ‹, *The Nation* 20 (Febr. 24, 1917), 710, 712 [Rezension des *Portrait*]; Nd. in *The New Republic* 10 (March 10, 1917), 158–160; in: *The New Republic Anthology*, ed. Groff Conklin, NY: Dodge 1936, S. 45–48; in *The New Republic* 121 (1954), 91–92; in: *Novelists on Novelists: An Anthology*. Ed. Louis Kronenberger, Garden City (N.Y.): Anchor Books 1962; in T 16*, S. 329–333, und in L 96, S. 86–88

L 445 Whalley, George. *Poetic Process*, London: Routledge and Kegan Paul 1953, S. 16–24

L 446 Wilhelm, Wolfgang. ›Das literarische Porträt bei JJ: Betrachtung über ein Frühwerk des irischen Dichters‹, *Zeitschrift für Ästhetik und Allgemeine Kunstwissenschaft* 36 (1942), 166–173

L 447 Williams, William Carlos. ›Advent in America of a New Irish Realist‹,

## Literatur 225

- **L 448** *Current Opinion* 63 (April 1917), 275 [Rezension des *Portrait*] (zitiert L 186)
- **L 448** Wolff-Windegg, Philipp. ›Auf der Suche nach dem Symbol: JJ und W.B. Yeats‹, *Symbolon* 5 (1966), 35–52, *passim*
- **L 449** Woods, Samuel H., Jr. ›Style and Point of View in *PAYM*‹, in: *An Introduction to Literature*, ed. Mary Rohrberger, Samuel H. Woods, Jr., and Bernard F. Dukore, NY: Random House 1968, S. 342–345
- **L 450** Woodward, A.G. ›Technique and Feeling in JJ's *PAYM*‹, *English Studies in Africa* 4 (March 1961), 39–53; dass. französisch: ›Technique et sentiment dans *Le Portrait de l'artiste jeune*‹, *Revue des Lettres Modernes* 117/22 (1965), 31–48
- **L 451** Woolf, Virginia. ›Modern Novels‹, *The Times Literary Supplement* 899 (April 10, 1919), 189–190 (ausführlich zitiert in L 19); dass. als ›Modern Fiction‹ in: Leonard and Virginia Woolf, *The Common Reader*, London: Hogarth Press 1925, Abschnitt 15, und in: *Collected Essays* by Virginia Woolf, 4 vol., London Hogarth Press 1966/67, II, 103–110; Teil-Nd. in L 96, S. 125f.
- **L 452** Zaniello, Thomas. ›The Epiphany and the Object-Image Distinction‹, *JJQ* 4/4 (Summer 1967), 286–288
- **L 453** Žantieva, D.G. ›Džheims Džhois‹, in: ders., *Anglіskij roman XX veka*, Moskau: Isdatelstvo ›Nauka‹ 1967, S. 14–67 (hier S. 21–37)
- **L 454** Zingrone, Frank Dominic. ›The Thematic Structure of JJ's *PAYM*‹, *Dissertation Abstracts* 27 (Dec. 1966), 1845 A
- **L 455** Ziolkowski, Theodore. ›JJs Epiphanie und die Überwindung der empirischen Welt in der modernen deutschen Prosa‹, *Deutsche Vierteljahresschrift für Literaturwissenschaft und Geistesgeschichte* 53 (1961), 594 bis 616, *passim*

# Personen- und Sachverzeichnis

Werk- und Zeitschriftentitel sind kursiv gesetzt. Kursivierte Seitenzahlen beziehen sich auf Anmerkungen, Zahlen hinter Großbuchstaben auf die entsprechenden Bibliographieteile und -nummern.

## A

Abenteuerroman 66
absurdes Theater *184*
Achilles – L 398
*A la recherche du temps perdu* *63*, 190
Allegorie 156
Alltagssprache 66
Anderson, C. G. 25, 29, 32–37, *38*, 106, 124, 151, 153, 156, 180, *186*; T 15, 16; L 7–10
Apostelgeschichte 97
Aquin, Th. v. 69, 78–81, *93*, 189; L 31, 55, 56, 256, 292, 298, 300, 316
Archer, W. 158
Aristoteles 78, *93*, 189
Arnall, Father 172, 188
associative patterns
   s. inner correspondences
ästhetische Theorie 14, 49f., 50, 70, 72, 78ff., 101f., 150, *160*, 177; L 24, 31, 47, 53, 55, 68, 81, 84, 167, 178, 212, 237, 253, 265, 301, 373
Auden, W. H. – L 115
Augenblick(e)
   s. Epiphanie
Augustinus – L 301
Auto(r)biographie
   s. biographischer Bezug bzw. Joyce-Biographie
Ayón, F. – Ü 33

## B

Bächler, W. *184*
Bakelszene 84, 167, 169, 174
Balzac, H. de 189
Baudelaire, Ch. – L 303
Beckett, S. 75, *94*
Bergson, H. – L 253, 254, 255, 418

Berkeley, G. 136
beurla 149
Bewußtsein(skunst) 47f., 53, 76f., 96, 188 f.
Bibel 36, 172, 179; L 23, 308
Biggar. J. 132
Bildungsroman 66, *92*, 96, 102; L 401
biographischer Bezug 51, *58*, 70, 101, 131, 150, 154, 158, 174, 187, 192; L 33, 329
Björnson, B. 158
Blindheit(smotiv) 142
Blöcker, G. 12, *18*, 47, *62*
Bloom, Leopold 10, 74, 77, 87, 90f., 145
Bloom, Molly 87, *185*
*Book of Kells, The* *60*f.
Borges, J. L. – L 310
Broch, H. 11, 56, *64*, 75, *92*
Broggin, L. 199
Bruno, G. *94*; L 32, 99
Buber, M. *184*
Büchner, G. 72
Bühnenaufführungen
   s. Dramatisierungen
Burke, E. 136
Burton 136
Butler, S. 192,; L 118, 264
Butt, Father 177
Butt, I. 120f., 132
Byrne, Betty *101*; L 231
Byrne, J. F. 177f., *185*; L 67
Byron, Lord 75

## C

camánn 105, 148, 152
Cary H. F. 136
*Casad-an-Súgán* 157
Casey, Mr. 109f., 139–144, 167

*Catcher in the Rye, The* 192
Christmas-dinner (scene)
 s. Weihnachtsmahl
Christus (parallele) 85, 100f., 138, 145, 150
Citizen 105, 156f.
Clancy, G. 157
Claudel, P. 75
Clery, Emma 87, 180f., 187
Confessiones 92, 96; L 164, 184
Congreve, W. 136
Conmee, Father 82f., *93*; L 326
Conrad, J. *60*
conscience 78, *93*, *163*, 174; L 76, 321
*Countess Cathleen, The* 157
Crane, H. – L 86
Cranly 22, 69, 85, 99f., 104, 151, 171, 179f., 182, *185*, 193
Cullen, P. 108, 118
Cumming, B. F. – L 200
Curtius, E. R. 11, *18*, 40, *58*, *62*, 74f., 90f., *92*
Cusack, M. 105, 146, 150, 156
cycles
 s. Zyklen

D

Dädalus (-mythos, -motiv) 10, 22, 78, 89ff., 97, 100, 175f., 182, 189, 193; L 132, 153, 196, 198, 233, 314
Daedalus 39, *92*; L 35, 374
*Dana* 187
D'Annunzio, G. 10, 192f.; L 1, 90
Dante [Tante] 109, 139f., 142f., 167, 188
Dante, A. *94*, 136
Darlington, Father 177
Davin 103–106, 111, 131f., 144f., 146–159, *162*f., 170f.
Davis, Th. 132, *161*
Davitt, M. 137
dean of studies 150, 174, 177, 181
Dedalus, Charles 107, 131, 139f., 143f., 181
 – [family] – L 276, 314
 s. auch Familie
 – [grandfather] 107, 143
 – Isabel 88
 – Mary

 s. Mutter
 – Simon 139, 142f.
 s. auch Vater
 – Stephen
 s. Joyce (*SH*, *Portrait*, *Ulysses*)
deus-poeta Vorstellung 50
*Diarmuid and Grania* 157
*Discours de la Méthode* 65
Disraeli, B. 120, 138
Dixon 25
Dogan, B. – Ü 22
Doherty-Episode 22
Dolan, Father 167
Dramatik 76
Dramatisierungen 16, 44f., *58*, 202; L 185, 204, 229, 245, 332, 433
Druck(er[eien])
 s. Textgeschichte
Dualismus 68
Dublin 19f., 22, 32, 69, 75ff., 82f., 103, 112f., 116, 119, 122, 126, 133f., 151, 155, 158, 176, 180, *184*f., 187ff.; L 142
Duns Scotus *93*

E

*éducation sentimentale, L'* – L 89, 197
Edward VII 109
*Egoist, The* 20f., 23–35, 37, 187, 190, 196; L 107
Eileen 142; L 336
Eliot, G. *186*; L 151
Eliot, T. S. 7, 12, *18*, 75, *160*, *162*, 190; L 110, 115, 226
Ellison, R. – L 334
Ellmann, R. 32, 34, 36ff., *92–94*, *161*f.; L 112–116, 150, 226
Emmet, R. 118, 132, 154
empfindsamer Roman 66
England (Engländer) 7, 85, 103, 108, 110, 112, 114f., 118, 121, 131–134, 137f., 144f., 156
Epik 76
Epiphanie(n) 14, 21, 48, 53, *60*, *62*f., 65–74, 80f., *93*, 167, *184*, 189, 192f., 199; L 3, 36, 38, 193, 202, 206, 244, 254, 346, 367, 372, 375, 439, 452, 455
Erinnerung 66f., 167, 190

erlebte Rede 48, 72, 188, 190
Erzgräber, W. 11, 14, 46–55, 57, 92; L 119, 202, 377
Euphorie 67
Expressionismus 69, 73

F

Familie 97f., 100, 102, 109, 139, 143, 145, 176, 188; L 276, 314
Faulkner, W. *60*
Fenianism s. Fenier
Fenier 105, 108, 117ff., 121, 126, 132, 146, 154f., *163*
Feuer(motiv) 84, 89ff., 165f., 169, 177, *184f.*
Firbolg 105, 146
fire-lighting scene 177f., *185*
Fitzgerald, E. 132, 136
Flaubert, G. – L 88, 89
Ford, F. M. 190; L 214
Forster, E. M. *185*, 192
Fox, Mr. 110, 142
Frankreich (Franzosen) 111ff., 146, 154f., *168*
Frau(enbild) 67, 86ff., 168–171, 180, *185*

G

Gaelic Athletic Association 134, 153
Gälische Liga 124, 127ff., 131f., 147, 149, 152f., 156, 180
gälische Sprache 124, 128, 149
Galvani, L. 70, 80
Garcia Lorca, F. 74
George IV, 114
Geruch(sinn) 66, 166, 169
Gesellschaftsroman 66
Gestik 140ff., 174
Giacosa 158
Gide, A. 65; L 56a
Gilbert, St. 81; L 158
Gladstone 119ff., 125ff., 137f., 144, *162*
Goethe, J. W. v. 7, 96, 101, 192; L 34
Gogarty, O. 22
Goldoni, C. *94*
Goldsmith, O. 136

Goll, I. 40, *62*
Gorman, H. 70, 73, *92f.*
Görres, J. v. 10, 193
Goyert, G. 11, 17, 39ff., 44, *59*, *92*, *162*, 198; L 176, 177
Grass, G. 74
Gregory, Lady 159
Griffith, A. 130f., 154
*Gulliver's Travels* 106

H

Hamilton Rowan-Episode 167
Hauptmann, G. 81
*Heatherfield, The* 157
hell-fire sermons s. Höllenpredigten
Hemingway, E. 75
Hermetik 50
Heron 179
Hofmannsthal, H. v. 73
Höllenpredigten 28, 35, 84, *93f.*, 98, 172, 188; L 49, 100, 419
Home-Rule(r) 119ff., 123–126, 130ff.
*Huckleberry Finn* – L 359
Huebsch, B. W. 20, 26–29, 196
hurley (-match, -stick) 104, 106, 111, 151ff., 157
Husserl, E. – L 135
Hyde, (D.) 128, 153, 157f.
Hyperion 202

I

Ibsen, H. 10, 81, 193; L 98, 274, 425
Ikarus(motiv) 174, 193; L 271
*Il Fuoco* 10, 192f.
Illustrationen – T 13, 14, 17; Ü 11, 22, 33
image(ry) 73; L 441, 452
Impressionismus 48
inner correspondence(s) 15, 83f., 166, 174, 180f.
innerer Monolog *62f.*, 72, 87, 190
Interpunktion 28, 30–32
*Invisible Man* – L 334
irische Geschichte (Politik) 84, 97, 111–131, *160*, *162*, 189
Irische Literaturrenaissance 146, 153, 157ff.; L 50
irisches Theater 157f., *163*

*Irish People, The* 119
Irland 75, 97, 103 f., 108–113, 117, 120, 124, 132–138, 143 f., 146, 149, 154, 156, 188 f.; L 67
Ironie 76, 170, 180; L 388
Italien – L 333

J

Jacques, R. 197
Jamati, G. – L 217
James, H. – L 29
Joachim von Fiore 46, *58*; L 443
Johannes der Täufer 100; L 231
John at the Latin Gate 182
John, A. – L 222
Johnson, U. 74
*Joseph Andrews* 190
*Journal of a Disappointed Man, The* – L 200
Joyce, James
– *Anna Livia Plurabelle* 40, 88, 91, *94*
– ›A Portrait of the Artist‹ (Ur-*Portrait*) 21, 31, 75, 187, 192, 195
– Bibliographie(n) 16, 195
– Biographie 75 f., *92*; L 33, 114
 s. auch biographischer Bezug
– *Brilliant Career* 158
– *Chamber Music* (Poetry) 20, 23, 45, 53, 57, 88, *94*
– *Critical Writings* 15, 39, 102 f., 107, 131–138, 145, 148 f., 155, 157, 159, *161–164*
– *Dubliners* 7, 12, 23, 40, 42, 45, 50, 53, 57, *59*, *64*, 77, 88 (Eveline), *92*, 102 u. 110 (Ivy Day ...), 169 (Araby), 183, *184*, *185* (Ivy Day ...), *186*, 193, 199; L 65, 157, 233, 275, 296, 351, 395 (The Dead), 418, 438
– epiphanies
 s. Epiphanie
– *Exiles* 39, 42, 45, 53, 55, 57, 76; L 103
– *Finnegans Wake* 8, 12, 41, 45, 53, *60 ff.*, 66, 72, 74, 77, 88, *92*, 189 f.; L 40, 269, 303, 310
– Forschung 2, 7–17, 18, 33, 102, 192; L 148
– Kritik (deutsche) 8, 11, 15, 39–64; L 139

– Letters 23, 40, *57*, 149, *163*; L 150, 341, 344
– Notebooks 21, 151, 192
– *Stephen Hero* 2, 9 ff., 14, 16, 21 ff., 39 ff., 44–47, 50 f., 65 ff., 69, 75, 77 ff., 80 ff., 82, 85, 87 f., 91, *92*, 103, 105 f., 130, 149–153, 155 f., *160*, *163*, 177–180, *184 f.*, 187, 190, 192, 195 f., 198 f., 201 f.; L 8, 125, 137, 195, 203, 347, 391, 392, 435
– *Ulysses* 2, 7 ff., 11 f., 14, *18*, 22, 39–42, 44–47, 49, 51, 53–56, *57–64*, 66, 74, 77, 80, 82 f., 85, 87–91, *92 f.*, 105, 145, 156, 161 ff., 173, *186*, 189 f., 192 f.; L 46, 116, 167, 194, 234, 249, 268, 269, 289, 348, 378, 404, 412, 418, 437a; Ü 35
– Verbot 43 f.
Joyce, John 110, 143
 s. auch Vater
Joyce, Stanislaus 21, 70–73, *74*, 149, *160*, *162*; L 225, 226
Jung, C. G. *62*, 75, 91

K

Kafka, F. 7, 73, 165, 182, *184 f.*
Katholizismus 81–85, *92 f.*, 98, 107, 113 ff., 118, 122 f., 135 ff.; L 304
Keats, J. – L 414
Kelly of Tralee, J. 109
Kelten(tum) 130, 132, 134, 146, 158 f.
Keogh, B. – T 14
Khayyam, O. 136
Kirche 82–85, 97, 99, 122 f., 135 ff., 166, 176, 189
Klassizismus 68, 70, 72
Kommentar(e) 92, 106, 161, 196 f.; L 20, 43, 59, 96, 111, 157, 263, 305, 352, 402
Kos, J. – Ü 31
Kunst (-verständnis, -theorie) 31, 46, 49 ff., 65, 67, 75, 78, 81, 95 ff., 99 f., 171; L 216, 272, 292, 358, 361, 397
 s. auch ästhetische Theorie
Künstler (-selbstverständnis, -rolle) *59*, *61*, *63*, 75 f., 78 f., 81, 95–101, 171, 188; L 70a, 105 f., 165, 166, 173, 218, 227, 362, 369, 370, 385, 417
 s. auch ästhetische Theorie

Künstlerroman 92, 102
Kyklop(en) 105

## L

Labyrinth(motiv) 10, 15, 47, *58*, 77f., 97, 168, 176, 182, 184, 189, 192f.; L 138, 311, 372, 433
Lanigan, J. 108
Lawrence, D. H. *60*, *185*; L 85, 161
Leitrim, Lord 109
Leitwort(e) 139, 142, 146
lemon platt – L 327
*Lenz*-Fragment 72
Leonard, H. 44, *58*; L 35, 185, 204, 229, 332, 433
s. auch Dramatisierungen
Lermontow, M. *92*
Leser(bewußtsein) 76f., 104, 106, 110
Lewis, W. 190; L 262
Liberator, The 107, 121, 143
Lichtenberg, G. Chr. 65
Lichtenstein, A. 73
Little [boy] – L 266, 267
*Little Review, The* – L 10, 86, 199
Logue, M. 106
*Longest Journey, The* 192
Luby Th. C. 154
Lynch 70, 72, 103, 179, 182, 189
Lyrik(er) 20, 76, 78, 87

## M

Macleod, F. *185*
MacManus, T. B. 108, 110, 118
MacNeill, J. 128
Madden 150f., 155
Mädchen 35, 86ff., 169ff., 176f., 180
s. auch Frau
Mallarmé, St. 77
Mangan, J. *93*; L 276
Mann, Th. *63*, 96, 101; L 56a
Manuskript(e)
s. Textgeschichte
Marsden, D. 26
Martyn, E. 157
Masterman, D. – T 13
Mat [Davins Onkel] 105, 151
Maugham, S. 192
Mercedes 169f.

Meredith, G. 192; L 122
Metapher(n) 71f.; L 286, 322
Michael, Brother 82, 167
*Middlemarch* 190
Mitchel, J. 117, 120, 132, 137
moderner Roman 52, 56, *62ff.*, *92*, *185*; L 3a, 119, 142, 191, 286a, 295a, 309, 370, 451
Moment(e)
s. Epiphanie
*Monsieur Teste* 65
Moore, G. 157f.; L 204a
Mulligan, Buck 22; L 51
Musil, R. 67, 73
Mutter 22, 50, 85ff., 91, 145, 170, 177
Mystik *58*, *60*, *62*, 67, 97f.
Mythos *60f.*, 62, 77, 97f., 130, 144, 147, 157f., *161*, 165; L 138

## N

Nationalismus 102–164, 189; L 251
Naturalismus 7, 48, 69, 192
Newman, J. H. 75, 81
Nietzsche, F. 15; L 146
nouveau roman 74; L 181

## O

O'Brien, S. 120
O'Connel, D. 107f., 110, 113–117, 121, 130f., 143
*Of Human Bondage* 192
O'Leary, J. 145, 154
O'Mahony, J. 118
O'Neill, E. – L 93
*Ordeal of Richard Feverel, The* 192
O'Shea, Captain 127
O'Shea, Kitty 110, 127, 140

## P

pandy-bat (scene)
s. Bakelszene
Parabel 67
Paris 72, 90, 111f., 188f.
Paris Funds 110
Paris, J. 15, *18*, *92*, 168, *184*; L 330
Parnell, Ch. St. 102, 106, 108ff., 111, 118, 121–127, 130–134, 137–145, 152f., *161f.*; L 71, 163, 172, 331

Parodie 67, 105
Phoenix-Park 126f., 152, 155
*Piccolo de la Sera* 102
Pigot, R. 138
Pinker, J. P. 25, 27
Platon *93*
Plattenaufnahme 202
Poetik 74; L 292, 445
*Poets and Dreamers* 159
Pola 21, 73
Pound, E. 23, 25f., 73, 75, 190; L 115, 340–344
Priester(rolle) 14, 78, 86, 99f., 170, 176; L 51
Protestantismus 111, 114, 116f., 119f., 122f., 126f., 135f., 142f.
Proust, M. 7, 63, 73, 190; L 29
Psychologie 51, 58, *60*, *62f.*, 102; L 4, 106a, 130, 154, 252, 441
psychologischer (Entwicklungs-) Roman 66, 96
Publikations(-daten, -organe)
s. Textgeschichte

Q

quidditas 71, 80, *93*; L 134
Quinn, J. 27, 38; L 341

R

Realismus 183; L 189
Redmond, J. 127f., 130f.
Reichert, K. 11, 17, 39, 41, 44, 53, *64*, 86, *92f.*, *161ff.*, 198; L 357
Reiseroman 66
Relativitätstheorie 92; L 417
Religion 49f., 53, 68, 82, 95f., 97, 99, 101, *160*, 165, 170; L 320, 353, 361
s. auch Katholizismus, Kirche
Revision(en)
s. Textgeschichte
Rezension(en) 16, 25, 42; L 6, 14–19, 52, 96, 129, 186, 214a, 275, 281, 286b, 340, 343a, 399, 428, 444, 447
Rezeption 2, 7f., 13, 16, 39–64; L 140
Rhythmus 31, 40, 67, 76f., 80, 84, 91, 176; L 84, 354
Richardson, D. 60
Rimbaud, A. 81

Robbe-Grillet, A. – L 181
Romantheorie 53, 56f.
Rubempré, Lucien de 189
Rundfunklesung(en) 202
Ruskin, J. – L 102

S

Sabellianismus 87
Salinger, J. D. 192
Sampson, G. 8
Schiller, F. 96
Schmidt, A. 7–10, *18*, 72, *74*, 193
Schmitz, E.
s. Svevo, I.
Schöffler, H. 95
Scholastik 67, 69, 80
s. auch Aquin, Th. v.
Schönheit 78ff., 91; L 121, 256
Schotten (Schottland) 111, 121, 123
Schwarze Messe 83, 170
Schweiz 23, 42
Seele(nkampf) 46, 48f., *61f.*, 69, 72, 75–94, 96, 98f., 171, 173, 175; L 284
Shakespeare, W. 7, 87, 148, 182; L 378
Sharp, W.
s. Macleod, F.
Shaw Weaver, H. 23, 25–28, 37ff.
Shelley, P. B. 70
Sheridan, R. 136
Simon – L 78, 232
s. auch Dedalus, Simon
Sinn Fein (Bewegung) 105, 124, 130f., 154f.
Spenser, E. 182, *186*
*Splendeurs et misères des courtisanes* 189
Sport 105, 148, 151, 153, 155
Sprache 20, 24, 31, 49, *58*, *61f.*, *64*, 66, 76f., 105f., 124, 128f., 133, 140f., 147, 150–159, *162*; L 87, 249
– Alltags- 66
– ›altenglisch‹ 105, 147f.
– Cranlys 151
– Davins 147–151, *162*
– Dialekt 105, 147f., 151
– elisabethanisch 105, 151
– gälisch 124, 128, 149
– irisches Englisch 149, 151
– Stephens 150, 188

Stephens, J. 119, 154
Stevenson, R. L. 71
Stil 22, 32, 47, *57*, *61*, 77, 102, 160, 188; L 286, 312, 354, 449
*stray document, A* 73
stream of consciousness 87, 96; L 93, 143, 254
s. auch Bewußtsein
Struktur 47, 53, 80, 91, 160, 190; L 12, 84, 246, 259, 354, 355, 390, 396, 418, 427, 454
Subjekt-Objekt (Beziehung) 71, 73, 79f.; L 452
Sudermann, H. 158
*Summa theologica* 93; L 300
s. auch Aquin, Th. v.
Svevo, I. 23, 75; L 413
Swift, J. 136
Symbolik 7, 15, 34, 36, 53, 77, 89f., 100, 102, 139–142, 144, 165–186; L 76, 151, 421, 422, 448
– Bauer 149
– Brücke 98, 165, 176, 179
– Exil 181
– Feuer 89f., 165f., 169, 177f., 184f.; L 22
– Fledermaus 75, 87, 89f., 171; L 284
– Flug 91, 99, 175f.
– Frau 165, 169ff., 180
– Gebäude(teile) 178ff.
– Gesten 139ff.
– Höhle 173, 179, *185*
– hurley stick 157
– Ich-Werdung 48f., 172ff., 177
– Küche 176, *185*
– Kunst, Künstler 89, 98, 171
– Licht 176
– Passion(sgeschichte) 100, 180
– Rind 165, 190, 192f.
– Rose 165, 184; L 385, 386
– Schwelle 165, 168f., 170, 173ff., 183f.
– Straße 165
– Tür 48, *160*, 165–186; L 146
– Vogel 78, 86ff., 90, 165, 175, 184; L 27, 30
– Wasser 88, 90, 165, 175
– Zimmer 172f.
Symbolismus 48, 183, 192
Synge, J. M. – L 293

T

Tandy, N. 132
Tate, A. – L 135
Telemach(ie) 9f., 22, 53; L 311
Textausgabe(n) 195–198
Textgeschichte 13, 20–29, 195–198; L 149
Textkritik 13, 30–38, 198; L 9, 149, 174, 394, 437a
Theorie
s. Ästhetik, Kunst, Scholastik
Thomas, D. – L 141
Thoth 78
*Times, The* 118, 127, 138
*Tod in Venedig, Der* – L 109
Tone, Wolf 108, 110–114, 132, 143, 154
*Tonio Kröger* 101
Traum (-notiz, -epiphanie) 71, 80, 86f., 166, 180; L 109, 201
Triest 21, 23f., 30, 33, 36, 69, 75, 102, 150
Trivialität 68
Typographie
s. Textgeschichte, speziell 28f., 32

U

Übersetzung(en) 11, 16., 39–64, *92*, 198–202; L 74, 139
Union, The 108, 115, 133
*United Irishman, The* 117, 130f.

V

Valéry, P. 65
Varianten
s. Textgeschichte
Vater 50, 87, *94*, 97, 110, 131, 143, 145, 174, 181, 188; L 436
s. auch Dedalus, Simon bzw. Joyce, John
Vater-Sohn (Beziehung) 87, *94*, 100
Verlag(e), Verleger
s. Textgeschichte
Vico, G. 91, *94*
Victoria, Queen 109f., 119, 133f.
Villanelle of the Temptress 68, *186*; L 152

Vision(en)
  s. Epiphanie
Vokabular
  s. Wort

# W

Wallis 179
Walser, R, 73
Walsh. W. C. 107
*Way of all Flesh, The* 190, 192; L 118, 264
Weaver, H.
  s. Shaw Weaver, H.
Weber, M. 95
Weihnachtsmahl(szene) 102, 106, 133, 139–145, *161*, *163*, 167; Ü 2, 24; L 331
Wells, H. G. 75, 190; L 444
Werkgenese
  s. Textgeschichte; auch L 374
*Werther* 101
*What Ireland Wants* 131
whiteboy(s) 107, 143
Whitman, W. 159
Wilde, O. – L 115, 442
Wilder, Th. 75
wild geese *163*; L 179
*Wilhelm Meister* 192; L 203
Williams, W. C. – L 447
Wolfe, Th. 192
Wolff, K. 40
*Women in Love* – L 161
Woolf, V. *185*, 199; L 85, 93, 451
Wort (-artistik, -magie, -spiel, -verwendung) 67, 77, 81, 86, 105, 158, 177; L 87, 187, 338, 345, 360
  s. auch Sprache
*Woyzeck* 72

# Y

Yeats, W. B. 23, 75, 157 ff., *163*; L 58, 115, 121, 152, 448
*You Can't Go Home Again* 192

# Z

Zitat(e) 66, 73
Zürich 24, 26, 75
Zyklen 146, 157

*Auf den folgenden Seiten finden Sie eine Auswahl der bis Herbst 1972 erschienenen Bände. Die angegebenen Preise können sich nach wirtschaftlicher Notwendigkeit ändern.*

## »Das Wissenschaftliche Taschenbuch«

*Abteilung Geisteswissenschaften:*

**Emanzipation und Freiheit.** 392 Seiten. Von Prof. Dr. phil. Günter Rohrmoser. (Ge-1) DM 38,–

**Shakespeare. Erfahrung der Geschichte.** 136 Seiten. Von Prof. Dr. Günter Rohrmoser. (Ge-2) DM 16,–

**Die Krise der Institutionen.** 96 Seiten. Von Prof. Dr. Günter Rohrmoser. (Ge-3) DM 9,–

**Emotionspsychologie.** Ein Beitrag zur empirischen Dimensionierung emotionaler Vorgänge. 320 Seiten, 12 Abbildungen und 7 Tabellen. Von Dr. Ernst Heinrich Bottenberg. (Ge-4) DM 38,–

**Vorläufer der Massenpresse.** Ökonomie und Publizistik zwischen Reformation und Französischer Revolution. Öffentliche Kommunikation im Zeitalter des Feudalismus. 160 Seiten. Von Prof. Dr. Kurt Koszyk. (Ge-5) DM 18,–

**Kreativität.** Untersuchungen zu einem problematischen Konzept. 168 Seiten, 5 Abbildungen und 24 Tabellen. Von Rainer Krause. (Ge-6) DM 22,–

**Mythos – Neuplatonismus – Mystik.** Studien zur Gestaltung des Alkestisstoffes bei Hugo von Hofmannsthal, T. S. Eliot und Thornton Wilder. 240 Seiten. Von Dr. Ortwin Kuhn. (Ge-7) DM 30,–

**Paul Rohrbach und das »Größere Deutschland«.** Ethischer Imperialismus im Wilhelminischen Zeitalter. Ein Beitrag zur Geschichte des Kulturprotestantismus. 312 Seiten mit 2 Karten der deutschen Afrika-Kolonien. Von Dr. Walter Mogk. (Ge-8) DM 35,–

**Karl Marx – Wesen und Existenz des Menschen.** Ansätze zur kritischen Erörterung seiner Anthropologie. 104 Seiten. Von Ursula Müller-Herlitz M. A. (Ge-9) DM 9,–

**Sprache und Gehirn – Elemente der Kommunikation.** Zu einem kybernetischen Modell der menschlichen Nachrichtenverarbeitung. 176 Seiten, 24 Abbildungen. Von Dr. Hermann Schnabl. (Ge-10) DM 22,–

**Matthias Grünewald – Mensch und Weltbild.** 264 Seiten, 36 Text- und Tafelabbildungen. Von Dr. Bernhard Saran. (Ge-11) DM 36,–

**Religionskritik der Neuzeit.** 176 Seiten. Von Prof. Dr. Friedrich Wilhelm Kantzenbach. (Ge-12) DM 28,–

**WILHELM GOLDMANN VERLAG IN MÜNCHEN**

*Abteilung Geisteswissenschaften (Fortsetzung):*

**Philosophie des Fortschritts.** 136 Seiten. Von Dr. Henning Günther. (Ge-13) DM 20,–

**Klassiker heute.** 144 Seiten. Herausgegeben von Dr. Holger Sandig. (Ge-14) DM 20,–

**James Joyces »Portrait«.** 160 Seiten. Herausgegeben von Dr. Wilhelm Füger. (Ge-15) DM 24,–

**Lehrererwartungen.** 192 Seiten. Von Dipl.-Psych. Dr. Gerhard Schusser. (Ge-16) DM 26,–

*Abteilung Soziologie:*

**Der »wohlhabende« Arbeiter in England.** Von John H. Goldthorpe/Prof. David Lockwood/Frank Bechhofer/Jennifer Platt.

**Band I: Industrielles Verhalten und Gesellschaft.** 240 Seiten, 83 Tabellen. (So-1) DM 28,–

**Band II: Politisches Verhalten und Gesellschaft.** 112 Seiten, 44 Tabellen. (So-2) DM 14,–

**Band III: Der »wohlhabende« Arbeiter in der Klassenstruktur.** 288 Seiten, 25 Tabellen. (So-3) DM 36,–

**Selbstmord.** Soziologie – Sozialpsychologie – Psychologie. 192 Seiten, 19 Übersichten. Von Dipl.-Sozialwirt Christa Braun. (So-4) DM 24,–

**Schulreform.** Daten – Fakten – Analysen. 304 Seiten. Von Prof. Dr. Walter Ludwig Bühl. (So-5) DM 39,–

**Ökologie.** Mensch – Umwelt. 216 Seiten. Von Prof. Harold Sprout. (So-6) DM 26,–

**Psychagogik im Strafvollzug.** 184 Seiten, 17 Abbildungen, 22 Tabellen. Von Dr. Balthasar Gareis. (So-7) DM 28,–

**Politisches Bewußtsein der Frauen.** Eine Sekundäranalyse empirischer Materialien. 160 Seiten, 39 Tabellen. Von Dr. Margarete Heinz. (So-8) DM 20,–

**Die soziale Situation der psychisch Behinderten.** 136 Seiten. Von Dr. Peter Runde. (So-9) DM 16,–

WILHELM GOLDMANN VERLAG IN MÜNCHEN

*Abteilung Soziologie (Fortsetzung):*

**Wirtschaftliche Entwicklung und Sozialer Wandel.** Die Dritte Welt im sozioökonomischen Modell. 136 Seiten. Von Dr. Peter K. Schneider. (So-10) DM 18,–

**Soziologische Theorie und Psychoanalyse.** Freuds Begriff der Verdrängung und seine Rezeption durch Parsons. 120 Seiten. Von Dr. Heinrich Kunze. (So-11) DM 18,–

**Psychologie im Strafvollzug.** Analysen und Reformvorschläge. 176 Seiten, 22 Tabellen. Von Dipl.-Psych. Dr. Georg Wagner. (So-12) DM 22,–

**Theorie der Revolution.** 256 Seiten. Von Dr. Clausjohann Lindner. (So-13) DM 35,–

*Abteilung Wirtschaftswissenschaften:*

**Wirtschaftswachstum und Einkommensverteilung.** 184 Seiten, 13 Abbildungen und 2 Tabellen. Von Prof. Dr. Fritz Abb. (Wi-1) DM 22,–

**Wirtschaftspolitik.** 392 Seiten, theoretischer Anhang mit 15 Schaubildern. Von Prof. Henry Smith. (Wi-2) DM 48,–

**Gewinnermittlung ausländischer Zweigbetriebe.** 352 Seiten und 7 Tabellen. Von Dr. Gottfried Bähr. Mitchel-B.-Carroll-Preisträger 1971. (Wi-3) DM 48,–

**Methodologie der Betriebswirtschaftslehre.** 256 Seiten. Von Dipl.-Kfm. Dr. Wolf F. Fischer-Winkelmann. (Wi-4) DM 36,–

**Grenzen der Lohnpolitik.** 144 Seiten. Von Dr. Dieter W. Schoeppner. (Wi-5) DM 20,–

**Marketing.** Ideologie oder operable Wissenschaft? 160 Seiten. Von Dipl.-Kfm. Dr. Wolf F. Fischer-Winkelmann. (Wi-6) DM 18,–

**Wandlungen im deutschen Notenbankwesen.** Stationen auf dem Wege zu einer europäischen Währungsunion. 128 Seiten. Von Bundesbankdirektor Dr. Gerhard Prost. (Wi-7) DM 24,–

**Wirtschaftskriminalität als gesamtwirtschaftliches Problem.** 144 Seiten. Von Prof. Dr. Adolf Zybon. (Wi-8) DM 18,–

**Übungsbuch zur Makroökonomik.** 176 Seiten. 24 Abbildungen. Von F. Allgayer, Dr. F. Geigant, H.W. Holub, Dr. H. Schnabl, D. Sobotka und K. R. Steeb. (Wi-10) DM 16,–

WILHELM GOLDMANN VERLAG IN MÜNCHEN

*Abteilung Medizin:*

**Physiologie der Sinneshemmung.** 224 Seiten, 188 Abbildungen. Von Prof. Dr. Georg von Békésy, Nobelpreisträger 1961. (Me-1) DM 30,–

**Behandlung kindlicher Verhaltensstörungen.** 4. Auflage. 128 Seiten. Von Dipl.-Psych. Irmela Florin und Dr. phil. Wolfgang Tunner. (Me-2) DM 9,–

**Genetik. Moderne Medizin und Zukunft des Menschen.** 136 Seiten, 35 Abbildungen und 6 Tabellen. Von Prof. Dr. med. Walter Fuhrmann. (Me-3) DM 14,–

**Psychoanalyse und Seelsorge.** 2. Auflage. 128 Seiten. Von Dr. med. Walter Leodegar Furrer. (Me-4) DM 14,–

**Beleuchtung und Sehen am Arbeitsplatz.** 224 Seiten, 84 Abbildungen und 8 Tabellen. Von Prof. Dr. rer. nat. Erwin Hartmann. (Me-5) DM 28,–

**Hormonale Kontrazeption.** 304 Seiten, 15 Tabellen. Von Priv.-Doz. Dr. med. Dipl.-Chem. Friedrich Husmann. (Me-6) DM 29,–

**Ganzkörper-Plethysmographie zur Messung des Zeit- und Schlagvolumens.** 80 Seiten, 25 Abbildungen und 1 Tabelle. Von Priv.-Doz. Dr. med. Rudolf Juchems. Unter Mitarbeit von F. Hampl und Dr. U. Wertz. (Me-7) DM 10,–

**Nierenübertragung und künstliche Niere.** 104 Seiten, 31 Abbildungen. Von Prof. Dr. med. Ullrich Gessler. (Me-8) DM 12,–

**Physikalische Umwelteinflüsse.** 248 Seiten, 145 Abbildungen und 15 Tabellen. Von Prof. Dr. med. Gerhard Lehnert, Dr. med. Dieter Szadkowski und Klaus Peter Holzhauser. (Me-9) DM 31,–

**Antibiose.** 224 Seiten, 27 Abbildungen und 12, zum Teil farbige Tafeln. Von Dr. phil. Georg Meinecke. (Me-10) DM 32,–

**Organverpflanzung. Ethische Probleme aus katholischer Sicht.** 192 Seiten. Von Priv.-Doz. Dr. med. Wilfried Ruff S. J. (Me-11) DM 22,–

**Immunbiologie. Eine Einführung.** 352 Seiten, 284 Abbildungen und 58 Tabellen. Von Prof. Dr. med. Gerhard Uhlenbruck. (Me-12) DM 33,–

**Diabetes mellitus in Praxis und Forschung.** 456 Seiten, 105 Abbildungen und 23 Tabellen. Von Dr. med. Hasso Wandrey. (Me-13) DM 30,–; Ln. DM 40,–

WILHELM GOLDMANN VERLAG IN MÜNCHEN

*Abteilung Medizin (Fortsetzung):*

**Leber- und Gallenleiden.** 128 Seiten, 26 Abbildungen. Von Prof. Dr. med. Rolf Erich Dohrmann. (Me-14) DM 18,–

**Leberschäden durch Alkohol.** 232 Seiten, 37 Abbildungen und 12 Tabellen. Von Dr. med. Learco Filippini. (Me-15) DM 32,–

**Wurmerkrankungen des Menschen.** 192 Seiten, 73 Abbildungen. Von Prof. Dr. phil. Egbert Geyer und Prof. Dr. med. Wolfgang Bommer. (Me-16) DM 28,–

**Karies und Kariesprophylaxe.** 224 Seiten, 31 Abbildungen und 17 Tabellen. Von Prof. Dr. med. dent. Klaus G. König. (Me-17) DM 30,–

**Die juristische Problematik in der Medizin.** Herausgegeben von Prof. Dr. Dr. Armand Mergen. In drei Bänden.

**Band I: Der Arzt und seine Beziehung zum Recht.** 224 Seiten. (Me-18) DM 30,–

**Band II: Ärztliche Aufklärungs- und Schweigepflicht.** 272 Seiten. (Me-19) DM 35,–

**Band III: Die Verantwortung des Arztes.** 296 Seiten. (Me-20) DM 38,–

**Medizinische Probleme des Alterns.** 128 Seiten. 6 Abbildungen und 6 Tabellen. Von Dr. med. Joachim Rustemeyer. (Me-21) DM 18,–

**Gesundheitsschäden durch Tabakgenuß.** 2. Auflage. 96 Seiten, 6 Tabellen. Von Prof. Dr. med. Meinrad Schär. (Me-22) DM 10,–

**Chromosomenanomalien als Ursache von Fehlgeburten.** 128 Seiten, 23 Abbildungen und 3 Tabellen. Von Dr. rer. nat. Veronika Wieczorek. (Me-23) DM 18,–

**Experimentelle Neurophysiologie.** Funktionsprinzipien der Motorik. 208 Seiten, 131 Abbildungen und 8 Tabellen. Von Priv.-Doz. Dr. Gerrit ten Bruggencate. (Me-24) DM 25,–

**Gewebeklebstoffe in der Medizin.** Anwendungsbereiche für Klebstoffe in der operativen Medizin. 124 Seiten, 29 z.T. farbige Abbildungen und 1 Tabelle. Von Dr. Peter Rathert und Dr. Wolfgang Poser. (Me-28) DM 18,–

**Der Neurosebegriff.** Ein Beitrag zu seiner historischen Entwicklung. 144 Seiten. Von Dr. Michael L. Schäfer. (Me-29) DM 20,–

WILHELM GOLDMANN VERLAG IN MÜNCHEN

*Abteilung Medizin (Fortsetzung):*

**Biochemische Aspekte der Nierenfunktion (Biochemical Aspects of Kidney Function).** 256 Seiten, 66 Abbildungen und 27 Tabellen. Herausgegeben von Dr. Dr. Max Hohenegger. (Me-25) DM 39,–

**Geschlechtskrankheiten.** 160 Seiten, 5 Abbildungen und 11 Tabellen. Von Priv.-Doz. Dr. Frowine Leyh. (Me-26) DM 16,–

**Krankheit und Verbrechen.** 184 Seiten. Von Prof. Dr. Dr. Armand Mergen. (Me-27) DM 24,–

**Toxikomanien.** 192 Seiten, 6 Abbildungen und 2 Tabellen. Herausgegeben von Priv.-Doz. Dr. Kurt Biener und Prof. Dr. Boris Luban-Plozza. (Me-30) DM 20,–

**Sehtestungen.** 208 Seiten, 31 Abbildungen und 43 Tabellen. Von Dr. Gerhard Barthelmeß, Dipl.-Psych. Helmut von Benda, Dipl.-Ing. Dr. Günther Guilino, Prof. Dr. Dr. Benedikt von Hebenstreit und Dr. Klaus Schildwächter. (Me-31) DM 28,–

**Orthopädische Erkrankungen des Säuglings und Kindes.** 192 Seiten, 182 Abbildungen. Von Prof. Dr. Walter Schwetlick. (Me-32) DM 26,–

*Abteilung Naturwissenschaften:*

**Genregulation in der lebenden Zelle.** 184 Seiten, 61 Abbildungen und 4 Tabellen. Von Prof. John A. V. Butler. (Na-1) DM 24,–

**Struktur des Atomkerns.** 108 Seiten, 9 Abbildungen und 4 Tabellen. Von Prof. Dr. Bernard L. Cohen. (Na-2) DM 10,–

**Von Molekülen und Menschen.** 96 Seiten. Von Prof. Dr. Francis Crick, Nobelpreisträger 1962. (Na-3) DM 10,–

**Erdbebenvorhersage, Zusammenhang zwischen Gaskonzentration und Erdbeben.** 80 Seiten, 25 Abbildungen. Von Prof. Dr. Werner Ernst. (Na-4) DM 10,–

**Zahlentheorie.** 136 Seiten. Von Prof. C. Stanley Ogilvy und John T. Anderson. (Na-5) DM 18,–

**Physiologie niederer Tiere. Eine Einführung.** 168 Seiten, 49 Abbildungen. Von Prof. Dr. James Arthur Ramsay. (Na-6) DM 22,–

**Moderne Physik.** 232 Seiten. Von Prof. Dr. W. R. Watson. (Na-7) DM 28,–

WILHELM GOLDMANN VERLAG IN MÜNCHEN

*Abteilung Naturwissenschaften (Fortsetzung):*

**Die Geschichte der Naturwissenschaften.** Von Prof. Stephen Toulmin und June Goodfield. In drei Bänden.

**Band I: Modelle des Kosmos.** 288 Seiten, 32 Abbildungen. (Na-8) DM 24,–

**Band II: Materie und Leben.** 424 Seiten, 40 Abbildungen. (Na-9) DM 39,–

**Band III: Entdeckung der Zeit.** 320 Seiten, 12 Abbildungen. (Na-10) DM 28,–

**Isotope in der Chemie.** 384 Seiten, 70 Abbildungen und 33 Tabellen. Von Prof. James Francis Duncan und Gerald Bernard Cook. (Na-11) DM 48,–

**Doppelsterne.** 200 Seiten, 35 Abbildungen. Von Priv.-Doz. Dr. Wulff Dieter Heintz. (Na-12) DM 24,–

**Biochemie des Lebens.** 272 Seiten, 24 Abbildungen und 6 Tabellen. Von Prof. Frederic Raphael Jevons. (Na-13) DM 34,–

**Biogeographie der Inseln.** 208 Seiten, 60 Abbildungen und 12 Tabellen. Von Robert Helmer Mac Arthur. (Na-14) DM 26,–

**Vogelflug.** 240 Seiten, 40 Abbildungen. Von Prof. Geoffrey Vernon Townsend Matthews. (Na-15) DM 30,–

**Moderne Biologie. Experimentelle Grundlagen.** 376 Seiten, 155 Abbildungen und 15 Tabellen. Von Prof. Dr. James Arthur Ramsay. (Na-16) DM 46,–

**Antikarzinogenese.** 96 Seiten, 31 Abbildungen. Von Prof. Dr. rer. nat. Günter Reske. (Na-17) DM 12,–

**Protonen, Elektronen, Phosphorylierung, aktiver Transport.** 120 Seiten, 17 Abbildungen und 5 Tabellen. Von Prof. Rutherford Ness Robertson. (Na-18) DM 14,–

**Belastete Landschaft – Gefährdete Umwelt.** 352 Seiten, 39 Abbildungen und 26 Tabellen. Herausgegeben von Prof. Dr. Gerhard Olschowy. (Na-19) DM 48,–

**Chromosomen.** Struktur, Funktion und Evolution. Abriß der klassischen und molekularen Karyologie. 272 Seiten, 92 Abbildungen und 9 Tabellen. Von Dr. Walter Nagl, Innitzer Preis 1966 und 1970. (Na-20) DM 28,–

**Leben und Überleben der Insekten.** 152 Seiten, 64 Farb- und 180 Schwarzweiß-Fotos. Von Dr. Frieder Sauer. (Na-21) DM 25,–

**Nutzbare Mineralien.** 232 Seiten, 5 Abbildungen. Von Dr. Walter Kühnel. (Na-22) DM 36,–

**WILHELM GOLDMANN VERLAG IN MÜNCHEN**

»Das Wissenschaftliche Taschenbuch«

Bitte senden Sie die untenstehende Karte an den Verlag. Sie erhalten dann sofort den Sonderprospekt »Das Wissenschaftliche Taschenbuch«. Nach Einsendung der Karte werden Ihnen dann zukünftig regelmäßig die Ankündigungen der neuen Bände zugestellt. Der Verlag pflegt gewissenhaft die Verbindung zu seinen Lesern.

WILHELM GOLDMANN VERLAG 8 MÜNCHEN 80

---

Bitte hier abschneiden

---

Diese Karte entnahm ich dem Buch:

Kritik + Anregungen:

Ich wünsche die kostenlose und unverbindliche Zusendung des Sonderprospekts »Das Wissenschaftliche Taschenbuch«. Besonderes Interesse besteht für die nachstehend angekreuzten Gebiete:

- ☐ Medizin
- ☐ Naturwissenschaften
- ☐ Technik und Technologie
- ☐ Rechts- und Staatswissenschaften
- ☐ Wirtschaftswissenschaften
- ☐ Soziologie
- ☐ Geisteswissenschaften
- ☐ Theologie
- ☐ Varia

Ich wünsche die laufende Unterrichtung über die Neuerscheinungen des Wilhelm Goldmann Verlages.

Name:

Beruf: Ort:

Straße:

Ich empfehle, den Katalog auch an die nachstehende Adresse zu senden:

Name:

Beruf: Ort:

Straße:

Goldmanns GELBE Taschenbücher enthalten neben Gesamtausgaben und ausgewählten Werken von über 100 Autoren der Weltliteratur auch neuere deutsche Belletristik und wichtige Werke moderner internationaler Autoren. Wichtige Spezialgebiete sind zusammengefaßt in folgenden Reihen: Goldmann Taschenbücher JURA, MEDIZIN, Psychologie + Pädagogik und Haus + Freizeit.

Goldmann Taschenbücher sind mit 3 450 Titeln (Herbst 1972) die größte deutsche Taschenbuchreihe. Jeden Monat etwa 25 Neuerscheinungen. Gesamtauflage über 131 Millonen.

Bitte hier abschneiden

Aus dem WILHELM GOLDMANN VERLAG
8 München 80, Postfach 80 07 09 bestelle ich durch die Buchhandlung

| Anzahl | Titel bzw. Band-Nr. | Preis |
|---|---|---|
|  |  |  |
|  |  |  |
|  |  |  |
|  |  |  |
|  |  |  |
|  |  |  |

Datum:

Unterschrift:

Wilhelm Goldmann Verlag
**8000 MÜNCHEN 80**
Postfach 80 07 09

Bitte mit Postkarten-Porto frankieren!